관 광
법규론

박철호 · 한수정 공저

기문사
www.kimoonsa.co.kr

머리말

관광 소비계층의 다양화와 여가시간의 증대에 따라 관광에 대한 인식은 높아지고 있으며, 관광산업의 사회적 위상도 크게 제고되고 있다. 이러한 시점에서 관광법규도 사회의 트렌드에 맞추어 변화해야 할 것이다.

법은 사회현상의 변화를 반영하면서도 길잡이 역할을 하는 초석이다. 인간은 누구나 행복을 추구할 수 있는 권리가 있고 각자의 행복지수를 높이기 위해 다양한 노력을 하고 있다. 그 중에서도 관광은 인간의 삶의 질을 향상시켜 주는 가장 중요한 포인트가 될 수 있을 것이다.

이에 본 교재는 누구나 쉽게 관광법규를 이해할 수 있도록 관광기본법, 관광진흥법, 국제회의산업법 등 관광법규론의 전반적인 내용을 세세하게 다루었으며, 다양한 실제 사례(판시)를 통해 관광법을 이해하기 쉽도록 구성하였다.

이에 관광전공자들이 관광행정의 다양성과 현장성을 경험하며 관광법에 있어서 전문 능력을 함양하는 데 기여할 것으로 기대한다.

마지막으로 본서가 출간될 수 있도록 도움을 주신 모든 분들께 이 지면을 빌어 깊은 감사의 말씀을 전하며, 본서를 소중하게 출간해 주신 도서출판 기문사 한인환 사장님, 이하 임직원분들의 노고에 깊은 감사를 드린다.

2023년 7월

저자일동

차 례

I

관광법규의 개요

I

관광법규의 개요

제1절 법령체계의 이해

1. 법령구조

대한민국의 법령체계는 최고 규범인 헌법과 헌법이념을 구현하기 위한 법률 및 법률의 효과적인 시행을 위한 대통령령, 총리령, 부령 등의 행정입법으로 체계화되어 있다. 또한 대한민국 법령은 일정한 위계를 형성하기 때문에, 상위법령의 위임 또는 상위법령의 집행을 위하여 제정되는 하위법령은 상위법령에 저촉되는 내용을 담을 수 없다.

2. 법령의 종류

1) 헌법

대한민국의 최상위 법규범으로, 국민의 권리와 의무, 정부구조, 경제 질서 및 선거관리 등에 관한 기본적인 사항을 규정한다.

헌법은 대한민국 모든 하위법령의 제정과 개정의 기준과 근거가 된다.

만일 법률이나 대통령령 등이 헌법에 위반될 경우, 헌법재판소는 헌법규정, 헌법전문 및 헌법의 기본이념에 대한 해석을 통하여 당해 법령의 위헌여부 등을 결정한다.

2) 법률

법률은 국회에서 제정되는 성문법으로서, 죄형법정주의, 조세법률주의, 국적 취득요건, 재산권의 수용과 보상, 행정각부의 설치 및 지방자치단체의 종류 등을 정한다.

국민의 모든 자유와 권리는 국가안전보장, 질서유지 또는 공공복리를 위하여 필요한 경우에 한하여 법률로써 제한할 수 있으며, 제한하는 경우에도 자유와 권리의 본질적인 내용을 침해할 수 없다.

긴급명령과 긴급재정 · 경제명령은 대통령이 국가비상시에 발령하고, 국회에 보고 · 승인을 얻는 경우에 한해 법률의 효력을 갖게 된다.

3) 조약

조약이란 국가간의 문서에 의한 합의을 말하고, 일반적으로 승인된 국제법규란 국제사회에서 일반적으로 규범력이 인정된 국제관습을 말한다.

헌법에 의하여 체결, 공포된 조약과 일반적으로 승인된 국제법규는 국내법과 같은 효력을 가진다.

4) 명령

명령이란 행정권에 의하여 정립되는 법 규범을 총칭한다.

대통령령은 행정권의 수반인 대통령이 발하는 위임명령과 집행명령으로서, 그 업무 소관은 행정작용 전반에 걸쳐 있다.

총리령은 행정부의 부처 중에서 국무총리 직속기관인 인사혁신처, 법제처, 국가보훈처 등의 소관사항에 관하여 제정되고, 일반적으로 부령과 같은 위계이다.

5) 행정규칙

행정규칙은 행정기관 내부에서 직무수행이나 업무처리기준을 제시할 목적으로 제정한다.

6) 자치법규

지방자치단제의 자치와 관련 있는 법으로서, 지방자치단체가 제정한다.

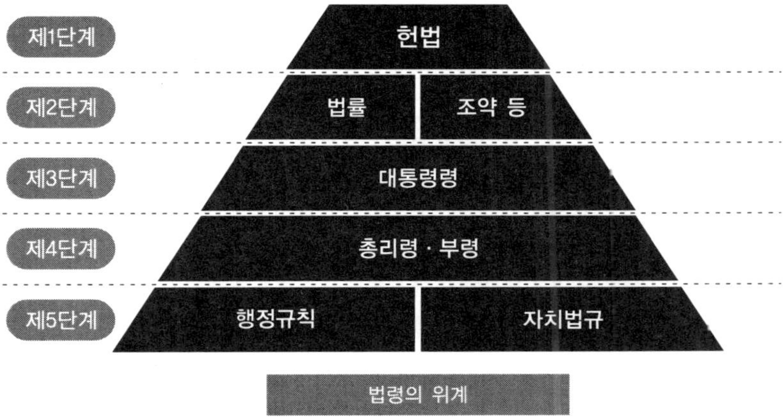

자료 : 한국법제연구원(http://www.klri.re.kr)

그림 1-1 법령의 체계

제2절 관광법규의 의의

1. 관광법규의 의의 및 특성

1) 관광법규의 의의

현대사회에서 관광은 인간의 일상생활에서 매우 중요한 몫을 차지하고 있다. 관광은 삶의 질을 향상시키는 인간의 기본권으로 인식되고 있으며, 경제 · 사회 · 문화 등에 미치는 영향이 크다. 관광이 안전하게 발전하기 위해서는 관광분야의 질서가 유지되어야 하고, 관광과 관련분야의 질서가 유지되어야 하며, 관광생활과 관련되는 여러 현상을 규율하는 법이 필요하게 된 것이다.

관광법규는 관광행정에 관한 법으로, 관광활동에 관한 질서유지와 권리 · 의무관계를 규율하며, 행정기관의 관광행정행위에 관하여 규정하는 법이다. 크게 보면 다양한 정책적 목적을 실현하기 위해 만들어진 일종의 특별법이라 볼 수 있다. 관광법규는 관광의 매체인 관광사업에 관한 전반적인 사항과 관광의 객체인 관광대상과 관광자원에 관한 보전 및 개발에 관한 사항, 관광주체인 관광객의 관광활동 보장을 위한 국가의 공권력 발동과 관련된 사항 등을 주요 내용으로 하고 있다. 관광사업 측면에서 볼 때 관광법규는 관광기업들이 정상적인 투자와 합리적인 경영을 통한 이익을 보장하고 무분별한 중복투자나 과대광고, 허위광고, 서비스 질 저하 등을 방지하기 위한 규제를 담당하고, 관광질서를 유지하여 관광객 상호간의 안전을 보장하며, 사업자로부터 관광객의 권리를 보호하여 관광사업의 장기적 발전을 위해 생성된 법이다.

또한 관광법규는 국내 관광행정에 관한 법이며, 관광행정을 담당하는 국가 및 지방자치단체와 개인간의 관계를 규율하고 공공의 이익을 도모하기 위한 공익보호를 우선으로 하는 공법이기 때문에, 사익보호를 사법과의 합리적인 조화를 이루어 나가야 하고, 공공의 이익추구를 수행한다는 점에서 행정주체의 우위성과 강제성 그리고 획일성을 규정하고 있다. 그리고 관광법규는 불특정다수를 대상으로 적용하고 규율하는 법이기 때문에 법의 적용은 공평하게 이루어져야 한다.

2) 관광법규의 특성

표 1-1 관광법규의 특성

구 분	내 용
특별법적 성격	관광이라는 특정한 분야에 한정하여 적용되는 법임
행정법적 성격	관광행정의 목적을 실현하기 위하여 자유재량성을 가지고 행정주체가 우위를 가지며 국가의 공권력을 작용시켜 관광질서 유지를 위한 질서행정과 국민에게 이익을 주는 행정법임
육성법 · 조성법적 성격	관광사업자의 책임과 의무, 지원 내용, 관광자원의 보호, 관광지 및 관광단지 개발, 관광의 진흥 등을 규정함
임무법적 성격	국가와 관광행정조직이 관광진흥을 위해 수행해야 할 책임과 의무를 규정함
복지지향적 성격	여가활동을 통하여 국민의 삶의 안녕과 풍요를 가능하게 하여 복지를 실현하는데 기여하는 복지지향적 법임

2. 관광 관련 법규의 다양성

관광법규가 규율하는 관광분야는 관광현상과 관광사업의 복합성뿐만 아니라 사회현상 전체와 관련되어 있는 복합적인 성격을 갖고 있기 때문에 다른 분야를 규율하는 다양한 행정법과 직 · 간접적인 연관을 맺고 있다.

제3절 관광법규의 구조

1. 관광 고유 법규

관광활동과 직접적으로 관련된 법규로는 「관광기본법」, 「관광진흥법」, 「관광진흥개발기금법」, 「국제회의산업 육성에 관한 법률」, 「한국관광공사법」 등을 들 수 있다.

표 1-2 관광 고유 법규

구 분	내 용
관광기본법	관광진흥의 방향과 시책에 관한 사항을 규정함으로써 국지친선을 증진하고 국민경제와 국민복지를 향상시키며 건전한 국민관광의 발전을 도모하는 것을 목적으로 함
관광진흥법	관광 여건을 조성하고 관광자원을 개발하며 관광사업을 육성하여 관광 진흥에 이바지하는 것을 목적으로 함
관광진흥개발기금법	관광사업을 효율적으로 발전시키고 관광을 통한 외화 수입의 증대에 이바지하기 위하여 관광진흥개발기금을 설치하는 것을 목적으로 함
국제회의산업 육성에 관한 법률	국제회의의 유치를 촉진하고 그 원활한 개최를 지원하여 국제회의산업을 육성 · 진흥함으로써 관광산업의 발전과 국민경제의 향상 등에 이바지함을 목적으로 함
한국관광공사법	정부투자기관으로서 한국관광공사를 설립하여 관광진흥, 관광자원 개발, 관광산업의 연구 · 개발 및 관광 관련 전문인력의 양성 · 훈련에 관한 사업을 수행하게 함으로써 국가경제 발전과 국민복지 증진에 이바지함을 목적으로 함

2. 관광 관련 법규

관광 관련 법규는 크게 행위제한에 관한 법규(출입국관련법과 숙박 · 외식관련법), 관광시설관련법, 관광개발관련법, 관광자원보존과 관리관련법, 교통 · 운수관련법으로 나눌 수 있다.

표 1-3 관광 관련 법규

구분			내용
행위 제한에 관한 법규	출입국 관련법	여권법	외국에 여행하고자 하는 국민에게 여권(旅券)의 발급, 효력과 그 밖에 여권에 관하여 필요한 사항을 규정함을 목적으로 함
		출입국 관련법	대한민국에 입국하거나 대한민국에서 출국하는 모든 국민 및 외국인의 출입국관리와 대한민국에 체류하는 외국인의 체류관리 및 난민(難民)의 인정절차 등에 관한 사항을 규정함을 목적으로 함
		관세법	관세의 부과·징수 및 수출입물품의 통관을 적정하게 하고 관세수입을 확보함으로써 국민경제의 발전에 이바지함을 목적으로 함
		검역법	우리나라로 들어오거나 외국으로 나가는 운송수단, 사람 및 화물을 검역(檢疫)하는 절차와 감염병을 예방하기 위한 조치에 관한 사항을 규정하여 국내외로 감염병이 번지는 것을 방지함으로써 국민의 건강을 유지·보호하는 것을 목적으로 함
		외국환 거래법	외국환거래와 그 밖의 대외거래의 자유를 보장하고 시장기능을 활성화하여 대외거래의 원활화 및 국제수지의 균형과 통화가치의 안정을 도모함으로써 국민경제의 건전한 발전에 이바지함을 목적으로 함
	숙박·외식 관련법	공중위생 관리법	공중이 이용하는 영업과 시설의 위생관리 등에 관한 사항을 규정함으로써 위생수준을 향상시켜 국민의 건강증진에 기여함을 목적으로 함
		식품 위생법	식품으로 인하여 생기는 위생상의 위해(危害)를 방지하고 식품영양의 질적 향상을 도모하며 식품에 관한 올바른 정보를 제공하여 국민보건의 증진에 이바지함을 목적으로 한다. 관광객은 관광 시 필수적으로 음식을 섭취해야 하기 때문에 이들에게 안전식품을 제공하고 영양의 질적 향상을 기하는 식품위생법은 관광과 밀접한 관련이 있음
		주세법	주류에 대하여는 이 법에 따라 주세를 부과함
관광시설 관련법	수도법		법은 수도(水道)에 관한 종합적인 계획을 수립하고 수도를 적정하고 합리적으로 설치·관리하여 공중위생을 향상시키고 생활환경을 개선하게 하는 것을 목적으로 함
	하수도법		하수도의 설치 및 관리의 기준 등을 정함으로써 하수와 분뇨를 적정하게 처리하여 지역사회의 건전한 발전과 공중위생의 향상에 기여하고 공공수역의 수질을 보전함을 목적으로 함
	소방시설설치 유지 및 안전 관리에 관한 법률		화재, 재난·재해 그 밖의 위급한 상황으로부터 국민의 생명·신체 및 재산을 보호하기 위하여 소방시설 등의 설치·유지 및 소방대상물의 안전관리에 관하여 필요한 사항을 정함으로써 공공의 안전과 복리증진에 이바지함을 목적으로 함
세금 관련법	지방세법		지방자치단체가 과세하는 지방세 각 세목의 과세요건 및 부과·징수, 그 밖에 필요한 사항을 규정함을 목적으로 함
	조세특례 제한법		조세(租稅)의 감면 또는 중과(重課) 등 조세특례와 이의 제한에 관한 사항을 규정하여 과세(課稅)의 공평을 기하고 조세정책을 효율적으로 수행함으로써 국민경제의 건전한 발전에 이바지함을 목적으로 함
	법인세법		법인으로 사업을 영위하는 자에게 그 사업에서 발생한 소득에 대하여 부과·징수되는 법인세의 납세의무자, 과세표준, 세율 신고 및 납부 등의 절차와 납세의무의 적정한 이행을 확보하기 위해 필요한 사항을 정한 법률

세금 관련법	부가가치세법	부가가치세의 과세(課稅) 요건 및 절차를 규정함으로써 부가가치세의 공정한 과세, 납세의무의 적정한 이행 확보 및 재정수입의 원활한 조달에 이바지함을 목적으로 함
	소비세법	일반 경제주체의 재화(財貨)의 소비 또는 화폐의 지출로써 담세력(擔稅力)을 추량하여 과세하는 조세(租稅)
관광개발 관련법	국토기본법	국토에 관한 계획 및 정책의 수립 · 시행에 관한 기본적인 사항을 정함으로써 국토의 건전한 발전과 국민의 복리향상에 이바지함을 목적으로 함
	국토의 이용 및 계획에 관한 법률	국토의 이용 · 개발과 보전을 위한 계획의 수립 및 집행 등에 필요한 사항을 정하여 공공복리를 증진시키고 국민의 삶의 질을 향상시키는 것을 목적으로 함
	건축법	건축물의 대지 · 구조 · 설비 기준 및 용도 등을 정하여 건축물의 안전 · 기능 · 환경 및 미관을 향상시킴으로써 공공복리의 증진에 이바지하는 것을 목적으로 함
	하천법	하천사용의 이익을 증진하고 하천을 자연친화적으로 정비 · 보전하며 하천의 유수(流水)로 인한 피해를 예방하기 위하여 하천의 지정 · 관리 · 사용 및 보전 등에 관한 사항을 규정함으로써 하천을 적정하게 관리하고 공공복리의 증진에 이바지함을 목적으로 함
	항만법	항만의 지정 · 개발 · 관리 · 사용 및 재개발에 관한 사항을 정함으로써 항만과 그 주변지역 개발을 촉진하고 효율적으로 관리 · 운영하여 국민경제 발전에 이바지함을 목적으로 함
	온천법	온천에 대한 적절한 보호와 온천의 효율적인 개발 · 이용을 도모함으로써 공공의 복지증진과 지역경제 활성화 등에 이바지함을 목적으로 함
	환경영향 평가법	환경영향평가 대상사업의 사업계획을 수립 · 시행할 때 미리 그 사업이 환경에 미칠 영향을 평가 · 검토하여 친환경적이고 지속가능한 개발이 되도록 함으로써 쾌적하고 안전한 국민생활을 도모함을 목적으로 함
	자연재해 대책법	태풍 · 홍수 등 자연현상으로 인한 재난으로부터 국토를 보존하고 국민의 생명 · 신체 및 재산과 주요기간시설을 보호하기 위하여 자연재해의 예방 · 복구 그 밖의 대책에 관하여 필요한 사항을 규정함을 목적으로 함
	도시교통정비 촉진법	교통시설의 정비를 촉진하고 교통수단과 교통체계를 효율적으로 운영 · 관리하여 도시교통의 원활한 소통과 교통편의 증진에 이바지함을 목적으로 함
	산지관리법	산지의 합리적인 보전과 이용을 통하여 임업의 발전과 산림의 다양한 공익기능의 증진을 도모함으로써 국민경제의 건전한 발전과 국토환경보전에 이바지함을 목적으로 함
	농지법	농지의 소유 · 이용 및 보전 등에 필요한 사항을 정함으로써 농지를 효율적으로 이용하고 관리하여 농업인의 경영 안정과 농업 생산성 향상을 바탕으로 농업 경쟁력 강화와 국민경제의 균형 있는 발전 및 국토 환경 보전에 이바지하는 것을 목적으로 함
관광자원 보존과 관리 관련법	자연공원법	자연공원의 지정 · 보전 및 관리에 관한 사항을 규정함으로써 자연생태계와 자연 및 문화경관 등을 보전하고 지속 가능한 이용을 도모함을 목적으로 함
	도시공원 및 녹지 등에 관한 법률	도시에 있어서의 공원녹지의 확충 · 관리 · 이용 및 도시녹화 등에 관하여 필요한 사항을 규정함으로써 쾌적한 도시환경을 형성하여 건전하고 문화적인 도시생활의 확보와 공공의 복리증진에 기여함을 목적으로 함

관광자원 보존과 관리 관련법	문화재보호법	문화재를 보존하여 민족문화를 계승하고, 이를 활용할 수 있도록 함으로써 국민의 문화적 향상을 도모함과 아울러 인류문화의 발전에 기여함을 목적으로 함
	자연환경 보전법	자연환경을 인위적 훼손으로부터 보호하고, 생태계와 자연경관을 보전하는 등 자연환경을 체계적으로 보전·관리함으로써 자연환경의 지속가능한 이용을 도모하고, 국민이 쾌적한 자연환경에서 여유있고 건강한 생활을 할 수 있도록 함을 목적으로 함
교통·운수 관련법	도로법	도로망의 정비와 적정한 도로관리를 위하여 도로에 관한 계획을 수립하고 노선을 지정하거나 인정하는 데에 필요한 사항과 도로의 관리·시설기준·보전 및 비용에 관한 사항을 규정하여 교통의 발달과 공공복리의 향상에 기여하는 것을 목적으로 함
	도로교통법	도로에서 일어나는 교통상의 모든 위험과 장해를 방지하고 제거하여 안전하고 원활한 교통을 확보함을 목적으로 함
	항공법	「국제민간항공조약」 및 같은 조약의 부속서(附屬書)에서 채택된 표준과 방식에 따라 항공기가 안전하게 항행(航行)하기 위한 방법을 정하고, 항공시설을 효율적으로 설치·관리하도록 하며, 항공운송사업의 질서를 확립함으로써 항공의 발전과 공공복리의 증진에 이바지함을 목적으로 함
	해운법	해상운송의 질서를 유지하고 공정한 경쟁이 이루어지도록 하며, 해운업의 건전한 발전과 여객·화물의 원활한 운송을 도모함으로써 이용자의 편의를 향상시키고 국민경제의 발전과 공공복리의 증진에 이바지하는 것을 목적으로 함
	여객자동차 운수사업법	여객자동차 운수사업에 관한 질서를 확립하고 여객의 원활한 운송과 여객자동차 운수사업의 종합적인 발달을 도모하여 공공복리를 증진하는 것을 목적으로 함
	궤도운송법	궤도시설(軌道施設)의 안전을 확보하고, 궤도운송과 궤도사업의 능률적인 운영 및 발전을 도모하여 공공복리(公共福利)를 증진함을 목적으로 함
	유선 및 도선 사업법	유선사업 및 도선사업에 관하여 필요한 사항을 정하여 유선 및 도선의 안전운항과 유선사업 및 도선사업의 건전한 발전을 도모함으로써 공공의 안전과 복리의 증진에 기여함을 목적으로 함

Ⅱ

관광기본법

II

관광기본법

[시행 1975. 12. 31.] [법률 제2877호, 1975. 12. 31., 제정]
[시행 2021. 6. 23.] [법률 제17703호, 2020. 12. 22., 일부개정]

제1절 관광기본법의 이해

1. 관광기본법의 신규제정

「관광기본법」은 관광산업을 주요 국가전략산업으로 육성함과 동시에 점차적으로 활성화되어 가고 있는 국민관광의 건전한 발전을 위해서는 관광의 양적 확대뿐만 아니라 질적인 충실을 함께 기하여야 한다는 시대적 요청에 따라 정부의 관광정책도 이에 부응하는 시책을 강구하여야 한다는 판단 아래, 1975.12.31 기존의 관광사업진흥법을 폐지하고 이 법에 관광에 관한 기본적인 사항을 규정하여 관광사업을 전략산업으로 국가적 차원에서 적극적으로 진흥하는 데 필요한 사항을 정하려고 제정된 법률이다.

① 관광진흥에 관한 정부의 시책과 이 시책수행을 위한 국가의 임무에 관하여 규정함.
② 정부는 국회에 매년 관광진흥에 관한 시책과 동향에 대한 보고를 하도록 함.
③ 정부는 관광진흥을 위하여 관광진흥개발기금을 설치하도록 함.

2. 관광기본법의 제정 · 개정이유 및 주요내용

1) 1차 일부개정 [시행 2000.1.12.] [법률 제6129호, 2000.1.12., 일부개정]

관광진흥계획의 수립, 외국관광객의 유치촉진 및 관광자원의 보호 · 개발 등 관광진흥에 관한 정부의 시책을 심의하기 위하여 국무총리소속하에 관광정책심의위원회를 두었으나, 그간의 운영실적이 저조하여 존치의 필요성이 적은 동 위원회를 폐지하려는 것이다.

2) 2차 일부개정 [시행 2007.12.21.] [법률 제8741호, 2007.12.21., 일부개정]

법 문장을 원칙적으로 한글로 적고, 어려운 용어를 쉬운 용어로 바꾸며, 길고 복잡한 문장은 체계 등을 정비하여 간결하게 하는 등 국민이 법 문장을 이해하기 쉽게 정비하려는 것이다.

3) 3차 일부개정 [시행 2017.12.29.] [법률 제15056호, 2017.11.28., 일부개정]

관광진흥계획을 체계적으로 수립하도록 하고, 계획의 실효성을 높이기 위하여 관광진흥에 관한 기본계획의 수립 주기 및 기본계획에 포함되어야 하는 세부 사항을 규정하며, 기본계획에 따라 매년 시행계획을 수립 · 시행하고 그 추진실적을 평가하여 기본계획에 반영하도록 하는 한편, 관광진흥의 방향 및 주요 시책에 대한 수립 · 조정, 관광진흥계획의 수립 등에 관한 사항을 심의 · 조정하기 위하여 국무총리 소속으로 국가관광전략회의를 설치 · 운영하도록 하려는 것이다.

4) 4차 일부개정 [시행 2018. 12. 24.] [법률 제16049호, 2018. 12. 24., 일부개정]

현행법은 관광진흥의 방향과 시책에 관한 사항을 규정함으로써 건전한 국민관광의 발전을 위한 제도적 기반을 마련하고 있다.

정부는 학교의 재량휴업 제도, 대체공휴일 제도, 임시공휴일 제도 등을 도입하여 관광 여건을 조성하고 있지만 이를 위한 체계적인 시책 마련이 제대로 이루어지고 있지 않은 상황이다.

이에 정부는 관광 여건 조성을 위하여 관광객이 이용할 숙박 · 교통 · 휴식시설 등의 개선 및 확충, 휴일 · 휴가에 대한 제도 개선 등에 필요한 시책을 마련하도록 함으로써 국민경제와 국민복지 향상에 이바지하려는 것이다.

5) 5차 일부개정 [시행 2021. 6. 23.] [법률 제17703호, 2020. 12. 22., 일부개정]

현행법은 관광진흥의 기반을 조성하고 관광산업의 경쟁력을 강화하기 위하여 정부가 관광진흥에 관한 기본계획을 5년마다 수립·시행하도록 하고 있다.

하지만 최근 코로나바이러스감염증-19로 인해 사회적 거리두기와 방역수칙이 시행됨에 따라 관광산업 전반이 침체되고, 코로나바이러스감염증-19의 대유행과 장기화로 관광진흥의 기반 약화가 우려되면서, 감염병 등에 대한 장기적이고도 지속적인 관광시설 관리 및 예방대책 수립 필요성이 제기되었기에 관광시설의 감염병 등에 대한 안전·위생·방역 관리에 관한 사항이 관광진흥에 관한 기본계획에 포함되도록 하려는 것이다.

3. 관광기본법의 성격

관광기본법은 관광진흥의 방향과 시책의 기본을 규정하고, 그에 따라 국제친선의 증진과 국민경제의 향상을 기하며, 건전한 국민관광의 발전을 도모함을 목적으로 제정되었다. 이러한 관광기본법은 정부의 관광정책(행정)에 대한 통일적이고 종합적인 시책의 기본을 규정한 선언적·규범적 특성을 가진 관광행정의 헌법이라 할 수 있다. 따라서 관광기본법은 같은 법률임에도 불구하고 '구법은 신법에 우선한다' 고 하는 일반적인 법 원칙이 적용되지 않고 우월적·지도적·유도적 지위와 역할을 수행하는 법률이다.

1975년 2월, 정부는 관광산업의 중요성을 인식하고 관광산업을 국가전략산업 중 하나로 육성하기로 하였으며, 그 정책의 일환으로 「관광기본법」을 12월 31일, 법률 제 2877호로 제정했다. 「관광기본법」은 국가와 정부의 관광에 관한 책임과 의무를 규정하고 있으며, 일반 법률과는 다른 기본적인 법제도로서의 성격을 갖고 있다. 같은 일반 법률이면서도 관광 분야의 다른 일반 법률에 대해 상위법적 성격을 갖고 있으며, 기본적인 규정 방향을 제시해 준다.

「관광기본법」은 16조와 부칙으로 되어 있다.

제2절 관광기본법의 해설

1. 관광기본법 제정목적

제1조(목적) 이 법은 관광진흥의 방향과 시책에 관한 사항을 규정함으로써 국제친선을 증진하고 국민경제와 국민복지를 향상시키며 건전한 국민관광의 발전을 도모하는 것을 목적으로 한다. [전문개정 2007.12.21.]

「관광기본법」의 3대 목적은 관광진흥의 방향과 시책에 관한 사항을 규정함으로써 ① 국제친선을 증진하고, ② 국민경제와 국민복지를 향상시키며, ③ 건전한 국민관광의 발전을 도모하는 데에 있다.

「관광기본법」의 주요시책을 살펴보면, 외국관광객 유치, 시설개선, 관광자원의 보호 등, 관광사업의 지도육성, 관광종사자의 자질향상, 관광지의 지정 및 개발, 국민관광의 발전 등을 들 수 있다.

2. 정부의 시책

제2조(정부의 시책) 정부는 이 법의 목적을 달성하기 위하여 관광진흥에 관한 기본적이고 종합적인 시책을 강구하여야 한다. [전문개정 2007.12.21.]

제2조는 정부가 해야 할 책무를 규정한 것으로 제1조가 선언적이라면 제2조는 실천적인 것이다. 본 조항의 '기본적이고 종합적인 시책'이란 관광이 사회 전체의 모든 현상과 연결되어 있고, 정부의 관광행정도 주무부서인 문화관광부에 한정되는 것이 아니라 관련 부서와 밀접한 관련을 가지고 있다.

정부는 국무총리 소속하의 관광정책심의위원회의 심의를 거쳐 관광진흥 장기계획 및 연도별 계획을 수립하고, 법제상 · 재정상 · 행정상 필요한 조치를 강구하여야 하며, 매년 관광진흥에 관한 시책과 동향에 대한 보고서를 정기국회 개시 전까지 국회에 제출하여야 한다.

정부는 외국 관광객의 유치, 시설의 개선, 관광자원의 보호, 관광사업의 지도육성, 관광종사자의 자질 향상, 국민관광의 발전을 필요한 시책을 강구하여야 하며, 지방자치단체는 관광에 관한 국가시책에 관하여 필요한 시책을 강구하여야 한다. 정부는 관광에 적합한 지역을 관광지로 지정하여 필요한 개발을 하여야 하며, 관광진흥개발기금을 설치하여야 한다.

3. 관광진흥계획의 수립

제3조(관광진흥계획의 수립) ① 정부는 관광진흥의 기반을 조성하고 관광산업의 경쟁력을 강화하기 위하여 관광진흥에 관한 기본계획(이하 "기본계획"이라 한다)을 5년마다 수립·시행하여야 한다.

② 기본계획에는 다음 각 호의 사항이 포함되어야 한다. 〈개정 2020. 12. 22.〉

1. 관광진흥을 위한 정책의 기본방향
2. 국내외 관광여건과 관광 동향에 관한 사항
3. 관광진흥을 위한 기반 조성에 관한 사항
4. 관광진흥을 위한 관광사업의 부문별 정책에 관한 사항
5. 관광진흥을 위한 재원 확보 및 배분에 관한 사항
6. 관광진흥을 위한 제도 개선에 관한 사항
7. 관광진흥과 관련된 중앙행정기관의 역할 분담에 관한 사항
8. 관광시설의 감염병 등에 대한 안전、위생、방역 관리에 관한 사항
9. 그 밖에 관광진흥을 위하여 필요한 사항

③ 기본계획은 제16조제1항에 따른 국가관광전략회의의 심의를 거쳐 확정한다.

④ 정부는 기본계획에 따라 매년 시행계획을 수립、시행하고 그 추진실적을 평가하여 기본계획에 반영하여야 한다.

[전문개정 2017. 11. 28.]

제3조제1항은 기본법 제2조에서 규정한 정부의 '기본적이고 종합적인 시책'을 구체화하기 위함으로 정부는 관광진흥의 기반을 조성하고 관광산업의 경쟁력을 강화하기 위하여 '관광진흥에 관한 기본계획(이하 "기본계획"이라 한다)을 5년마다 수립·시행'할 것을 정부의 의무로 규정하고 있다.

4. 연차보고

제4조(연차보고) 정부는 매년 관광진흥에 관한 시책과 동향에 대한 보고서를 정기국회가 시작하기 전까지 국회에 제출하여야 한다. [전문개정 2007.12.21.]

관광진흥에 관한 시책과 동향에 대한 보고서인 '관광동향에 관한 연차보고서'를 국회에 제출하도록 한 것은 국민의 대표기관인 국회에 대한 보고를 통해 주권자인 국민에게 알린다는 점에서 의미가 있으며 「국회법」 제4조에 의거 매년 9월 1일까지 국회에 제출해야 한다.

보고서 내용은 지난 한 해동안의 주요관광정책 성과, 관광환경의 변화, 국내 · 외 관광동향, 국민관광의 진흥 및 국제관광의 진흥, 관광자원개발, 관광산업육성, 관광교통발전, 관광관련기구와 활동, 지방자치단체의 관광진흥 등에 관한 실적 등 관광에 관한 모든 분야를 포함하고 있다.

5. 법제상의 조치

> **제5조(법제상의 조치)** 국가는 제2조에 따른 시책을 실시하기 위하여 법제상 · 재정상의 조치와 그 밖에 필요한 행정상의 조치를 강구하여야 한다. [전문개정 2007.12.21.]

제5조는 제2조의 '기본적이고 종합적인 시책'을 실시하기 위해 법제상, 재정상, 기타행정상의 조치를 정부가 아닌 국가가 강구하도록 하고 있다. 이는 모든 정부시책을 구체적으로 실시하기 위해서는 필요에 따라 법을 만들거나 예산을 확보하거나 또는 세부적인 행정조치들을 취하여야 하기 때문에 이러한 일련의 조치들을 할 수 있도록 국가에 의무를 부과한 것이다. 이는 법제상의 조치 또는 재정상의 조치가 행정부 단독으로 결정하여 실행하기가 불가능하여 국회에서 입법을 하거나 예산을 의결해야 할 사항이 있기 때문에 행위주체를 입법부 · 사법부 · 행정부가 포함되는 넓은 의미의 정부인 국가로 확대한 것이다.

1) 법제상의 조치내용

① 관광진흥시책에 필요한 관련법률을 제정할 수 있는 근거를 마련하기 위함이다.
② 「관광진흥법」, 「관광진흥개발기금법」, 「한국관광공사법」, 「조세감면법」, 「출입국관리법」 등

2) 재정상의 조치내용

① 정부가 제출한 예산안을 국회에서 의결하여야 가능하고, 재정지원이나 보조, 각종 기금의 조성 · 운영 등의 근거법률이 국회에서 제정되어야만 정부가 추진할 수 있다.

② 관광시설건설과 개 · 보수비 지원, 관광기반시설 확충을 위한 정부예산보조, 특정법인에 대한 정부출자

3) 행정상의 조치내용

① 관광과 관련되는 모든 행정조치

② 관광행정절차의 간소화, 관광사업에 대한 지속적인 규제완화, 관광객을 위한 출 · 입국절차의 개선, 관광종사원의 교육 · 훈련지원 등

6. 지방자치단체의 협조

제6조(지방자치단체의 협조) 지방자치단체는 관광에 관한 국가시책에 필요한 시책을 강구하여야 한다. [전문개정 2007.12.21.]

지방자치단체는 국가의 관광시책을 차질 없이 수행하기 위해서는 국가가 수립한 관광시책을 실시함에 있어 지방자치단체가 협조하도록 의무를 부여한 것이다

지방자치단체는 그 지역의 지역실정을 그 지역을 관할하는 지방자치단체가 가장 잘 알 것이기 때문에 스스로 지역실정에 맞는 관광시책을 강구하여 국가시책을 보완하여야 할 것이며, 가장 적합한 세부시책을 수립할 수 있는 것이다.

7. 외국 관광객의 유치

제7조(외국 관광객의 유치) 정부는 외국 관광객의 유치를 촉진하기 위하여 해외 홍보를 강화하고 출입국 절차를 개선하며 그 밖에 필요한 시책을 강구하여야 한다. [전문개정 2007.12.21.]

현재 해외홍보는 정부투자기관인 한국관광공사가 주도적으로 전담하여 전문적이고 집중적으로 실시하고 있고, 이와는 별도로 민간기업체 및 지방자치단체가 독자적으로 실행하고 있다.

한편, 출 · 입국시에 받는 출입국절차는 CIQ인 세관(Customer), 출입국심사(Immigration),

검역(Quarantine)와 사증제도(Visa)가 있다. 뛰어난 해외홍보를 통해 외국인 관광객을 유치하려고 하더라도 출입국절차가 복잡하고 까다로울수록 출 · 입국자에게는 불편함을 가중시키기 때문에 홍보효과는 반감될 것이다. 따라서 정부로 하여금 출입국절차의 개선에 필요한 시책을 마련하도록 하고 있다.

그 밖에 필요한 시책으로는 관광인프라, 즉 교통수단과 교통시설, 관광숙박시설, 관광편의시설의 확충과 다양한 언어로 구비된 관광안내체계 및 전반적인 서비스의 질 제고 등을 강구하여야 할 것이다.

8. 관광 여건의 조성

제8조(관광 여건의 조성) 정부는 관광 여건 조성을 위하여 관광객이 이용할 숙박 · 교통 · 휴식시설 등의 개선 및 확충, 휴일 · 휴가에 대한 제도 개선 등에 필요한 시책을 마련하여야 한다. 〈개정 2018. 12. 24.〉 [전문개정 2007. 12. 21.] [제목개정 2018. 12. 24.]

정부는 관광객의 관광 여건 개선과 유지를 위한 시책을 지속적으로 강구하여야 할 것이다.

9. 관광자원의 보호 등

제9조(관광자원의 보호 등) 정부는 관광자원을 보호하고 개발하는 데에 필요한 시책을 강구하여야 한다. [전문개정 2007.12.21.]

관광자원은 관광대상으로서 다양한 자원들이 포함되는데, 관광자원이란 관광객의 관광욕구를 충족시키고 관광객을 유인할 수 있는 관광매력을 지닌 모든 자원을 말하는 것으로, 우리나라에서는 크게 5가지로 분류하고 있다.

① 자연적 관광자원 : 지형 · 지질(산악, 화산, 계곡, 고원, 해양, 해안, 온천, 폭포 등), 천문기상(춘하추동의 변화, 자연현상 등), 동 · 식물 등
② 문화적 관광자원 : 유형 · 무형의 문화재, 민속자료, 기념물 등과 같은 문화유산
③ 사회적 관광자원 : 사회형태(집락(集落), 사회제도, 국민성, 민족성 등), 생활형태(인정, 풍속, 습관, 생활방식, 식사, 의복, 주거 등)

④ 산업적 관광자원 : 농업, 임업, 어업, 공업, 상업관계의 산업시설과 그 기술수준, 공장 시설, 사회공공시설

⑤ 위락적 관광자원 : 캠프장, 수영장, 테마파크, 카지노, 레저타운 등

정부가 '관광자원의 보호와 개발'에 필요한 시책을 강구하도록 규정하고 있다. 특히, 개발보다 보호를 우선적 가치로 하고 있음을 유의할 필요가 있다. 국가적인 차원에서 관광자원을 균형 있게 보호, 개발하려는 정책적인 의지가 절대적으로 필요로 하는데 그 이유는 관광객에게 매력있는 관광대상물을 개발한다는 이유로 자연을 훼손해서도 안 되고, 보호에 중점을 두고 조화 있고 균형적인 지속가능한 관광자원의 개발이 필요하다.

10. 관광사업의 지도 · 육성

제10조(관광사업의 지도 · 육성) 정부는 관광사업을 육성하기 위하여 관광사업을 지도□감독하고 그 밖에 필요한 시책을 강구하여야 한다. [전문개정 2007.12.21.]

관광산업은 다양한 업종들로 구성된 복합산업이다. 또한 대개의 경우 영세규모의 사업을 하고 있다. 이러한 점에서 경쟁력 강화를 위한 기술지원, 사업여건 개선 및 공정한 경쟁질서 유지 등이 필요하다고 할 수 있다.

관광사업의 건전한 육성을 위해 정부가 민간사업자의 자율성을 침해하지 않는 범위 내에서 개입할 수 있는 근거를 제공하고 있다. 관광사업은 비록 영리목적의 개인에 의해 영위되고 있다고 하지만 그 파급효과는 국가적인 것으로 확대된다. 또한 관광사업은 관광진흥의 핵심적인 영역을 차지하고 있어 관광이 진흥되기 위해서는 관광사업이 시설면과 운영면에서 건전하게 육성되어야 하며, 정부의 지도 · 감독뿐 아니라 금융 세제 및 행정지원 등의 지원대책이 강구되어야 한다.

11. 관광 종사자의 자질 향상

제11조(관광 종사자의 자질 향상) 정부는 관광에 종사하는 자의 자질을 향상시키기 위하여 교육훈련과 그 밖에 필요한 시책을 강구하여야 한다. [전문개정 2007.12.21.]

관광사업은 고객과의 최일선에서 관광객에게 서비스를 제공하는 것이 바로 관광종사자이다. 고객을 직접 접하는 관광종사원의 자세 등의 서비스의 질이 매우 중요하고, 특히 관광사업 대부분이 인적 서비스가 주축을 이루고 있기 때문에 전문적인 기술과 지식을 습득한 관광종사자의 확보는 중요한 의의를 갖는다.

관광사업의 핵심 경쟁력은 서비스이고, 이는 인적자원의 전문적인 능력에 달려 있다. 종사자는 경영자, 관리자, 일선요원을 망라하는 종합적인 개념으로서 이해된다. 지원대책으로는 교육훈련에 대한 재정 지원과 자격증 제도의 운영 등을 들 수 있다.

12. 관광지의 지정 및 개발

제12조(관광지의 지정 및 개발) 정부는 관광에 적합한 지역을 관광지로 지정하여 필요한 개발을 하여야 한다. [전문개정 2007.12.21.]

관광지란 자연적 또는 문화적 관광자원을 갖추고 관광객을 위한 기본적인 편의시설을 설치하는 지역으로 「관광진흥법」에 의해 지정된 지역을 말하는 것으로서, 관광대상이 될 잠재적 가치를 가진 지역을 관광지로 지정하여 널리 알림은 물론이고, 지정된 관광지가 국민과 외래관광객을 위하여 제 구실을 할 수 있도록 필요한 개발을 하도록 규정하고 있다.

관광개발의 적합지를 대상으로 집중적인 개발방식을 적용하고 있으며, 보다 대규모적인 개발단위로 관광단지의 지정 및 개발이 이루어지고 있다. 이러한 개발은 정부, 지방자치단체 그리고 민간사업자가 공동으로 참여하고 있으며, 정부 및 지방자치단체는 주로 기본 시설 등을 공공사업으로 개발하고, 숙박 및 상가시설 등 수익사업에 대해서는 민간사업자의 참여를 유도하고 있다.

13. 국민관광의 발전

제13조(국민관광의 발전) 정부는 관광에 대한 국민의 이해를 촉구하여 건전한 국민관광을 발전시키는 데에 필요한 시책을 강구하여야 한다. [전문개정 2007.12.21.]

국민관광수요가 증가하면서, 국민국외여행인구도 급증하고 있다. 이러한 추세를 감안할 때 국민국내관광에 대한 홍보도 중요하며, 합리적인 관광행동을 위한 국민의식개선도 중요하다고 하겠다. 또한 국민관광참여에 대한 제약요인을 제거하고, 소외계층에 대한 지원책 마련도 요구되고 있다. 이른바 복지관광에 대한 인식과 대책 마련이 필요하다고 할 수 있다. 일반대중 가운데는 저소득층, 신체적 장애자, 노약자, 여가시간이 부족한 자등 국민관광에 참여하지 못하는 계층이 상당수 있는 것도 사실이다. 본 조는 이러한 국민관광의 문제점을 해결하기 위해 정부가 필요한 시책을 강구하도록 하여 복지사회를 구현하는데 그 취지가 있다.

14. 관광진흥개발기금

제14조(관광진흥개발기금) 정부는 관광진흥을 위하여 관광진흥개발기금을 설치하여야 한다.
[전문개정 2007.12.21.]

정부는 관광진흥을 위하여 여러 가지의 시책을 마련하여 시행하도록 규정하고 있다. 이러한 시책을 실행하기 위해서는 거대한 자본을 필요로 한다. 특히 관광시설의 확충 및 정비, 관광자원의 개발 등은 초기 투자가 높고 회임기간이 길어 쉽게 민간투자를 기대하기 어렵다. 따라서 관광사업을 효율적으로 발전시키고, 관광사업체에 대한 금융지원을 위해 제도금융으로써 1972년에 「관광진흥개발기금법」을 제정하여 관광진흥개발기금을 설치하도록 하였다.

15. 삭제

제15조 삭제 〈2000. 1. 12.〉

16. 국가관광전략회의 : 본조신설 〈2017.11.28.〉

제16조(국가관광전략회의) ① 관광진흥의 방향 및 주요 시책에 대한 수립 · 조정, 관광진흥계획의 수립 등에 관한 사항을 심의 · 조정하기 위하여 국무총리 소속으로 국가관광전략회의를 둔다.
②국가관광전략회의의 구성 및 운영 등에 필요한 사항은 대통령령으로 정한다.
[본조신설 2017.11.28.]

2017년 11월 28일에 국가관광전략회의를 설치 · 운영하도록 신설되었다.

III

관광진흥법

Ⅲ

관광진흥법

1. 관광진흥법의 이해

1) 관광진흥법의 이해

관광사업법 [시행 1976. 7. 1.] [법률 제2878호, 1975. 12. 31., 제정]
관광진흥법 [시행 1987. 7. 1.] [법률 제3910호, 1986. 12. 31., 전부개정]
[시행 2023. 12. 21.] [법률 제19478호, 2023. 6. 20., 일부개정]

관광진흥법을 이해하기 위해서는 관광사업법을 전제로 이해할 필요가 있다.

1976년 7월 1일, 기존의 관광사업진흥법을 폐지하고, 동법중 관광사업의 육성과 규제에 관한 사항을 분리하여 종전의 잡다한 관광사업의 종류를 일부 통·폐합하며, 관광사업을 건전하게 지도·육성하기 위하여 필요한 사항을 규정하기 위하여 관광사업법을 제정ㆍ개정하였다.

① 관광사업은 여행알선업, 관광숙박업 및 관광객 이용시설업으로 구분함.
② 여행알선업은 허가제로 하고, 관광숙박업 및 관광객 이용시설업은 등록제로 하여 3년마다 갱신하도록 함.
③ 관광숙박업의 등급은 대통령령으로, 그 등급별 시설기준은 교통부령으로 정하도록 함.
④ 관광여행·관광숙박 및 관광객이용시설의 요금 또는 가격은 신고제로 함.
⑤ 여행알선업의 양도·양수 및 합병은 인가제로 하고, 이의 휴지 및 폐지와 관광숙박업 및 관광객 이용시설업의 양도·양수, 휴지 및 폐지는 신고제로 함.
⑥ 관광종사원이 되고자 하는 자는 시험에 합격하고 자격증을 교부받도록 함.

1987년 7월 1일, 기존의 관광사업법을 관광여건의 조성과 진흥에 기여하기 위한 「관광진흥법」으로 그 제명을 변경하고 관광단지개발촉진법을 폐지하여 그 내용을 이 법에 흡수 · 통합하는 한편, 현행 규정상 불합리한 제도나 행정절차를 보완하기 위하여 제정하였다.

① 관광사업법에 의한 관광지에서의 관광자원의 보호 · 관리업무와 관광단지개발촉진법에 의한 관광단지의 개발업무가 각각 개별법으로 이원화되어 있어 이를 통합 규정하고 그 제명을 관광진흥법으로 변경함.

② 대규모 관광수요를 유발하는 국제회의의 계획 · 준비 · 진행 등을 대행하는 국제회의용역업을 이 법의 규율대상으로 함.

③ 대규모 국제회의나 외국인관광객을 유치하고자 하는 자는 미리 그 유치시기, 수용시설등 유치계획을 교통부장관에게 제출하도록 하고, 교통부장관은 수용여건등을 고려하여 그 계획의 조정을 권고할 수 있도록 함.

④ 관광종사원의 자격증을 5년마다 갱신하도록 함.

⑤ 관광사업의 사업정지에 갈음하여 과징금을 부과할 수 있는 근거를 마련하고, 관광사업의 등록을 취소하거나 사업정지등 행정처분시에는 청문을 거치도록 함.

2) 관광진흥법의 최근 주요 일부개정이유

[시행 2023. 12. 21.] [법률 제19478호, 2023. 6. 20., 일부개정]

문화체육관광부장관과 지방자치단체의 장이 관광객의 유치, 관광복지의 증진 및 관광 진흥을 위하여 추진할 수 있는 사업에 주민 주도의 지역관광 활성화 사업을 추가할수 있도록 하기 위하여 개정한다.

[시행 2023. 6. 22.] [법률 제19246호, 2023. 3. 21., 일부개정]

시 · 도지사가 지역별 관광협회의 수행 사업에 대한 사업비를 예산의 범위에서 지원할 수 있도록 하고, 구체적인 사항은 해당 지방자치단체의 조례로 정하도록 하여 지역 관광산업 활성화의 토대를 마련하는 한편, 고령자의 여행 및 관광 활동 권리를 증진하기 위하여 필요한 지원을 할 수 있도록 법적 근거를 마련하기 위하여 개정한다.

[시행 2022. 9. 27.] [법률 제18982호, 2022. 9. 27., 일부개정]

국제회의업은 관광산업의 진흥을 위한 고부가가치 전략산업으로서, 지역별로 특화된 산업과 문화를 바탕으로 활발하게 개최되고 있는 기업회의 등 다양한 형태의 행사를 포괄하는 산업으로 확장되고 있음.

이에 국제회의업이 관광산업의 진흥에 기여하는 산업임을 명확히 규정하고, 국제회의의 범주에 기업회의를 추가하는 등 국제회의업의 정의 규정을 보완하여 관련 산업을 육성하기 위한 근거를 마련하기 위하여 개정한다.

개정된 세부 내용은 아래와 같다.

> **제3조 제1항 4. 국제회의업 : 대규모 관광 수요를 유발하여 관광산업 진흥에 기여하는 국제회의(세미나 · 토론회 · 전시회 · 기업회의 등을 포함한다. 이하 같다)를 개최할 수 있는 시설을 설치 · 운영하거나 국제회의의 기획 · 준비 · 진행 및 그 밖에 이와 관련된 업무를 위탁받아 대행하는 업**

[시행 2023. 5. 4.] [법률 제18856호, 2022. 5. 3., 일부개정]

코로나바이러스감염증-19 등 행정환경 변화에 적극적으로 대응하고, 자치분권 확대를 통하여 지방자치단체의 특성에 맞는 정책결정과 행정서비스 제공을 촉진하기 위하여 종전에는 특별시장 · 광역시장 · 도지사 등 시 · 도지사에게만 부여되었던 관광특구의 지정 권한을 인구 100만 이상의 대도시의 경우에는 그 대도시의 장에게도 부여하는 등 「지방자치분권 및 지방행정체제개편에 관한 특별법」에 따른 자치분권위원회가 지방자치단체에 이양하기로 심의、의결한 권한과 사무를 조속히 이양할 필요가 있다.

이에 인구 100만 이상 대도시에 대한 특례를 마련하여 관광특구의 지정, 지정취소, 면적조정, 개선권고 등의 사무 권한을 인구 100만 이상의 대도시인 특례시의 시장에게 부여하도록 규정하려는 것이다.

개정된 주요 내용은 아래와 같다.

> **제70조(관광특구의 지정)** ② 제1항 각 호 외의 부분 전단에도 불구하고 「지방자치법」 제198조제2항제1호에 따른 인구 100만 이상 대도시(이하 "특례시"라 한다)의 시장은 관할 구역 내에서 제1항 각 호의 요건을 모두 갖춘 지역을 관광특구로 지정할 수 있다. 〈신설 2022. 5. 3.〉
>
> ③ 관광특구의 지정 · 취소 · 면적변경 및 고시에 관하여는 제52조제2항 · 제3항 · 제5항 및 제6항을 준용한다. 이 경우 "시 · 도지사"는 "시 · 도지사 또는 특례시의 시장"으로 본다. 〈개정 2018. 6. 12., 2022. 5. 3.〉

제70조의2(관광특구 지정을 위한 조사·분석) 제70조제1항 및 제2항에 따라 시·도지사 또는 특례시의 시장이 관광특구를 지정하려는 경우에는 같은 조 제1항 각 호의 요건을 갖추었는지 여부와 그 밖에 관광특구의 지정에 필요한 사항을 검토하기 위하여 대통령령으로 정하는 전문기관에 조사·분석을 의뢰하여야 한다. 〈개정 2022. 5. 3.〉
[본조신설 2019. 12. 3.] [제목개정 2022. 5. 3.]

제73조(관광특구에 대한 평가 등) ① 시·도지사 또는 특례시의 시장은 대통령령으로 정하는 바에 따라 제71조에 따른 관광특구진흥계획의 집행 상황을 평가하고, 우수한 관광특구에 대하여는 필요한 지원을 할 수 있다. 〈개정 2008. 2. 29., 2019. 12. 3., 2022. 5. 3.〉
② 시·도지사 또는 특례시의 시장은 제1항에 따른 평가 결과 제70조에 따른 관광특구 지정 요건에 맞지 아니하거나 추진 실적이 미흡한 관광특구에 대하여는 대통령령으로 정하는 바에 따라 관광특구의 지정취소·면적조정·개선권고 등 필요한 조치를 하여야 한다. 〈개정 2021. 4. 13., 2022. 5. 3.〉
⑤ 문화체육관광부장관은 제3항에 따른 평가 결과 제70조에 따른 관광특구 지정 요건에 맞지 아니하거나 추진 실적이 미흡한 관광특구에 대하여는 대통령령으로 정하는 바에 따라 해당 시·도지사 또는 특례시의 시장에게 관광특구의 지정취소·면적조정·개선권고 등 필요한 조치를 할 것을 요구할 수 있다. 〈신설 2019. 12. 3., 2022. 5. 3.〉

[시행 2021. 8. 10.] [법률 제18377호, 2021. 8. 10., 일부개정]

한국 여행업협회의 업계 피해 실태 전수조사 결과에 의하면 2020년 10월 말 기준 조사대상 17,664개 업체 중 폐업 신고완료 업체는 202개, 사실상 폐업상태는 3,953개인 것으로 나타났고 지방의 소규모 업체들도 함께 고사 상태에 빠져있다.

2020년 여행업 전체 매출은 1조 9,198억원으로 2019년 11조 7,949억원 대비 83.7퍼센트가 감소한 것으로 추정되며 실직자 역시 4만5천여명에 이르는 것으로 파악되고 있다.

그러나 현행법에는 관광사업자들에 대한 재난 지원 사항이 명시되어 있지 않기에 국가와 지방자치단체는 감염병 확산 등으로 관광사업자에게 경영상 중대한 위기가 발생한 경우 필요한 지원을 할 수 있는 근거를 마련하려는 것이다.

개정된 주요내용은 다음과 같다.

제76조의2(감염병 확산 등에 따른 지원) 국가와 지방자치단체는 감염병 확산 등으로 관광사업자에게 경영상 중대한 위기가 발생한 경우 필요한 지원을 할 수 있다.

[시행 2021. 9. 16.] [법률 제18243호, 2021. 6. 15., 일부개정]

현행법은 관광 여건을 조성하고 관광자원을 개발하며 관광사업을 육성하여 관광진흥에 이바지하는 것을 목적으로 하고 있다

그런데 최근 코로나바이러스감염증-19(COVID-19)의 유행으로 관광업계 및 관련 상권이 직격탄을 맞고 있는 상황에서 관광정책도 포스트 코로나 시대를 대비해야 한다는 목소리가 지속적으로 제기되고 있는 상황이다.

이에 정부가 추진 중인 스마트관광산업의 정의와 육성 관련 규정을 마련하여 새로운 시대에 대비한 스마트관광산업을 안정적으로 육성할 수 있도록 하려는 것이기에 개정한다.

개정된 주요내용은 다음과 같다.

제47조의8(스마트관광산업의 육성) ① 국가와 지방자치단체는 기술기반의 관광산업 경쟁력을 강화하고 지역관광을 활성화하기 위하여 스마트관광산업(관광에 정보통신기술을 융합하여 관광객에게 맞춤형 서비스를 제공하고 관광콘텐츠 · 인프라를 지속적으로 발전시킴으로써 경제적 또는 사회적 부가가치를 창출하는 산업을 말한다. 이하 같다)을 육성하여야 한다.

② 문화체육관광부장관은 스마트관광산업의 육성을 위하여 다음 각 호의 사업을 추진、지원할 수 있다.

1. 스마트관광산업 발전을 위한 정책、제도의 조사 · 연구 및 기획
2. 스마트관광산업 관련 창업 촉진 및 창업자의 성장 · 발전 지원
3. 스마트관광산업 관련 기술의 연구개발 및 실용화
4. 스마트관광산업 기반 지역관광 개발
5. 스마트관광산업 진흥에 필요한 전문인력 양성
6. 그 밖에 스마트관광산업 육성을 위하여 필요한 사항

제80조제3항에 제6호의2를 다음과 같이 신설한다.

6의2. 제47조의8제2항에 따른 사업의 수행을 문화체육관광부에서 시 · 도지사에게 위임할 수 있다.

[시행 2021. 10. 14.] [법률 제18009호, 2021. 4. 13., 일부개정]

최근 감염병의 확산으로 관광이 어려워지면서 관광숙박시설 및 야영장에 대한 평가가 정상적으로 이루어지기 어려운 상황이므로 관광숙박업 및 야영장업에 대한 등급결정을 연기하거나 기존 등급결정의 유효기간을 연장하려는 것이다.

또한 특별관리지역은 해당 지방자치단체의 조례에 따라 지방자치단체별로 지정하도록 규정하고 있어 타 지역 주민들이나 일반 국민들이 그 지정여부를 알기 어려운 측면이 있는 등 미비점이 있으므로 이를 정비 · 보완함으로써 특별관리지역 지정제도의 실효성을 제고하려는 것이다.

아울러 관광특구 평가결과에 따른 시 · 도지사의 사후조치를 의무화함으로써 관광특구 평가의 효과성을 담보하려는 것이다.

3) 관광진흥법의 구성

총7장 86조 부칙으로 구성되어 있다.

① 1장 총칙 제1조~제2조
② 2장 관광사업 제3조~제40조
③ 3장 관광사업자 단체 제41조~제46조
④ 4장 관광의 진흥과 홍보 제47조~제48조
⑤ 5장 관광지 등의 개발 제49조~제74조
⑥ 6장 보칙 제75조~제80조
⑦ 7장 벌칙 제81조~제86조
⑧ 부칙

2. 관광진흥법시행령의 이해

관광사업법시행령 [시행 1981. 5. 18.] [대통령령 제10309호, 1981. 5. 18., 일부개정]
관광진흥법시행령 [시행 1987. 7. 1.] [대통령령 제12212호, 1987. 7. 1., 전부개정]
[시행 2023. 5. 4.] [대통령령 제33442호, 2023. 5. 2., 일부개정]

1) 관광진흥법시행령의 이해

관광사업법이 전문개정되고 그 명칭도 관광진흥법(1986 · 12 · 31, 法律第3910號)으로 바뀜에 따라 동법시행령의 명칭을 변경하며, 아울러 동법에서 위임된 사항과 그 시행에 관하여 필요한 사항을 정하려는 것이다.

주요내용은 다음과 같다.

가. 종전에는 국제여행알선업자는 국내여행알선업무를 겸할 수 없도록 되어 있어 외국인관광객을 유치할 경우 유치업무는 국제여행알선업자가 담당하고 이들에 대한 국내관광업무는 국내여행알선업자가 담당함으로써 업무의 연계성을 유지하지 못하였는 바, 이를 개선하기 위하여 종전의 국제여행알선업의 업무범위에 국내여행알선업무를 추가한 일반여행업을 신설하고, 종전의 국제여행알선업은 신설된 일반여행업으로 등록한 것으로 보도록 함(令 第2條第1項가目 · 附則第4條).

나. 관광숙박업종에 한국전통호텔업을 신설하여 한국고유의 건축양식과 내부설비를 갖춘 시설을 외국인관광객에게 소개할 수 있는 호텔의 건설 · 운영을 촉진할 수 있도록 함(令 第2條第2號바目).

다. 관광객이용시설업종에 전문휴양업을 신설하여 관광객의 휴양이나 여가선용을 위한 운동 · 오락시설, 관람시설 등 휴양에 적합한 시설을 갖추어 영업을 할 수 있도록 함(令 第2條第3號가目).

라. 관광호텔의 등급을 종전의 4개등급(特 · 1 · 2 · 3等級)에서 5개등급(特1 · 特2 · 1 · 2 · 3等級)으로 구분함으로써 관광호텔의 시설개선과 서비스수준의 향상을 도모함(令 第15條).

마. 종전에는 관광지 또는 관광단지의 면적을 변경하거나 관광지 또는 관광단지의 조성계획을 변경하고자 할 때에는 모든 경우에 관계부처의 협의를 받도록 하였으나, 지적측량의 결과에 의한 관광지 또는 관광단지의 면적의 정정 등 경미한 변경이나 조성계획중 관광시설계획면적의 100분의 30이내의 변경 등 경미한 사항은 관계부처의 협의를 생략하도록 함으로써 절차를 간소화 함(令 第19條 · 第21條).

바. 법령을 위반한 관광사업자에게 부과하는 과징금의 부과대상이 되는 위반행위의 종별과 금액의 기준을 정함(令 第16條).

사. 국내를 여행하는 외국인관광객의 안내를 담당하는 통역안내원과 국외를 여행하는 내국인의 해외안내를 담당하는 국외여행안내원은 그 자격요건과 기능이 비슷하므로 이를 통합하여 관광통역안내원으로 함(令 第32條).

2) 관광진흥법시행령의 최근 주요 일부개정 이유

[시행 2023. 5. 4.] [대통령령 제33442호, 2023. 5. 2., 일부개정]

행정환경 변화에 적극적으로 대응하고 자치분권 확대를 통하여 지방자치단체의 특성에 맞는 정책결정과 행정서비스 제공을 촉진하기 위하여 종전에는 시 · 도지사에게만 부여되었던 관광특구 지정 및 평가 등의 권한을 특례시*의 시장에게도 부여하는 내용으로 「관광진흥법」이 개정(법률 제18856호, 2022. 5. 3. 공포, 2023. 5. 4. 시행)됨에 따라, 특례시의 시장도 관광특구진흥계획의 집행 상황을 연 1회 평가하도록 하고, 그 결과를 문화체육관광부장관에게 보고하도록 하는 등 법률에서 위임된 사항과 그 시행에 필요한 사항을 정하려는 것이다.

* 특례시 : 「지방자치법」 제198조제2항제1호에 따른 인구 100만 이상 대도시

[시행 2021. 10. 14.] [대통령령 제32044호, 2021. 10. 14., 일부개정]

지속가능한 관광활성화를 위하여 특별관리지역*으로 지정된 지역에 대하여 그 지정 내용에 경미한 사항을 변경하는 경우에는 주민의견 청취 절차 등을 생략하고 변경 지정을 할 수 있도록 하는 내용으로 「관광진흥법」이 개정(법률 제18009호, 2021. 4. 13. 공포, 10. 14. 시행)됨에 따라, 그 경미한 사항의 변경을 특별관리지역의 위치 또는 면적 등에 해당하지 않는 사항의 변경 등으로 정하는 등 법률에서 위임된 사항과 그 시행에 필요한 사항을 정하려는 것이다.

* 특별관리지역 : 시 · 도지사 또는 시장 · 군수 · 구청장이 수용 범위를 초과한 관광객의 방문으로 자연환경이 훼손되거나 주민의 평온한 생활환경을 해칠 우려가 있어 관리하기 위하여 지정하는 지역

[시행 2021. 8. 10.] [대통령령 제31938호, 2021. 8. 10., 일부개정]

「감염병의 예방 및 관리에 관한 법률」에 따른 제1급감염병 확산으로 매출액이 감소하여 관광진흥개발기금에 납부금을 내기 어려운 카지노사업자들을 대상으로 납부기한을 연기할 수 있는 근거를 마련하고, "일반여행업"의 명칭을 "종합여행업"으로 변경하면서 종합여행업의 등록기준 중 자본금 기준을 1억원 이상에서 5천만 원 이상으로 하향하는 등 현행 제도의 운영상 나타난 일부 미비점을 개선 · 보완하려는 것이다.

[시행 2021. 9. 24.] [대통령령 제31543호, 2021. 3. 23., 일부개정]

「감염병의 예방 및 관리에 관한 법률」에 따른 제1급감염병 확산으로 매출액이 감소하여 관광진흥개발기금에 납부금을 내기 어려운 카지노사업자들을 대상으로 납부기한을 연기할 수 있는 근거를 마련하고, "일반여행업"의 명칭을 "종합여행업"으로 변경하면서 종합여행업의 등록기준 중 자본금 기준을 1억 원 이상에서 5천만 원 이상으로 하향하는 등 현행 제도의 운영상 나타난 일부 미비점을 개선 · 보완하려는 것이다.

3. 관광진흥법시행규칙의 이해

관광사업법시행규칙 [시행 1984. 6. 15.] [교통부령 제786호, 1984. 6. 15., 일부개정]
관광진흥법시행규칙 [시행 1987. 7. 7.] [교통부령 제857호, 1987. 7. 7., 전부개정]

1) 관광진흥법시행규칙의 이해

관광사업법이 전면 개정되고 그 명칭도 관광진흥법(1986.12.31, 법률 제3,910호)로 바뀌어짐에 따라 동법의 시행규칙의 명칭을 변경하고 아울러 동법 및 동법시행령에서 위임된 사항과 그 시행에 관하여 필요한 사항을 정비 · 보완하여 전문개정하려는 것이다.

주요내용은 다음과 같다.

가. 관광사업의 건전한 육성과 관광사업자의 사업활동상 불편을 줄이기 위해 관광사업자에 대한 불합리한 의무부과나 불필요한 민원요구절차등을 간소화하는 한편 등록기준중 일부를 보강함(영 제8조, 별표 1).

(1) 여행업의 경우 전세버스운송사업자 또는 국제항공운송사업자와의 승객계약의무, 여행안내원의 고용의무, 외화획득의무를 삭제하고 자본금을 상향조정함.

(2) 관광숙박업의 경우 대규모 관광객 유치를 위하여 특1등급 관광호텔에는 5개국어 동시통역시설을 갖춘 국제회의장 설치를 의무화하고, 신규사업자의 관광종사원 과열 스카웃행위를 방지하기 위해 사업계획승인신청시 관광종사원 확보계획을 추가하도록 하였으며, 휴양콘도미니엄의 분양은 공유제를 원칙으로 하고 회원제를 병행하고자 할 경우 그 범위가 30퍼센트를 초과하지 아니하도록 함.

(3) 관광편의시설업의 지정을 위한 심사기준을 종전에는 한국관광협회가 정하였으나, 이를 이 규칙에 정함으로써 관광편의시설업지정의 객관성을 확보함.

나. 법에 의하면 관광사업자는 그 사업을 타인명의로 경영하게 할 경우 교통부장관의 허가를 받도록 하였으나, 등록시에 갖추어야 하는 관광호텔의 부대시설과 무도유흥음식점은 허가대상에서 제외함(영 제16조).

다. 종전에는 관광사업에 따른 모든 이용요금이나 가격이 신고의 대상이었으나, 이를 업종별로 기본이 되는 품목에 대한 요금 또는 가격만 신고하도록 함으로써 관광사업자가 자율적인 경영을 도모할 수 있도록 함(영 제21조).

라. 관광종사원 자격시험의 응시범위를 4년제대학 관광분야의 학과를 졸업한 자 또는 졸업예정자로 확대하고 영행업무와 관련한 업무에 5년이상 종사한 경력이 있는 자가 필기시험을 면제하는 등 관광에 관한 전문지식을 갖추었거나 관광업무에 경험이 있는 자가 관광종사원이 될 수 있도록 응시자격 · 필기시험 면제의 범위를 확대함(영 제36조).

마. 종전에는 관광종사원자격시험에 합격한 자가 자격증을 취득하고자 할 경우 1월이상 교육을 받도록 하였으나 이를 폐지함으로써 자격증취득이 용이하도록 함(영 제37조).

바. 종전에는 한국관광협회가 회원에게 부과하는 분담금에 대한 분담율을 조정하거나 분담금을 경감하고자 할 경우 교통부장관의 승인을 받도록 하였으나 이를 삭제하여 한국관광협회가 자율적으로 운영할 수 있도록 함(영 제42조 및 영 제44조).

2) 관광진흥법시행규칙의 최근 주요 일부개정 이유

[시행 2023. 2. 2.] [문화체육관광부령 제502호, 2023. 2. 2., 일부개정]

카지노업의 영업 종류에 무인 전자 테이블 게임(Automated Electronic Table Game)도 포함됨을 명확히 규정하고, 「민사집행법」에 따른 경매 등으로 관광사업자의 지위를 승계하여 지위승계 신고서에 양도인의 서명 또는 날인을 받기 어려운 경우에는 이를 생략할 수 있도록 하여 민원인의 불편을 해소하는 등 현행 제도의 운영상 나타난 일부 미비점을 개선 · 보완하기 위하여 법을 개정하였다.

[시행 2022. 10. 17.] [문화체육관광부령 제492호, 2022. 10. 17., 일부개정]

진입규제 완화를 통해 관광산업을 활성화하기 위하여 종전에는 건축물이 3층 이하인 경우에만 관광펜션업 지정을 하던 것을 4층 이하인 경우에도 지정할 수 있도록 하고, 유원시설업의 안전관리 강화를 위하여 유기시설 또는 유기기구의 신설 · 이전에 따른 변경허가 또는 변경신고 시에 안전관리계획서를 제출하도록 하는 한편, 쾌적하고 청결한 야영장 이용 환경을 조성하기 위하여 야영장 이용객이 바뀔 때마다 해당 이용객이 사용한 침구의 홑청과 수건을 세탁하게 하는 등 현행 제도의 운영상 나타난 일부 미비점을 개선 · 보완하기 위하여 법을 개정하였다.

[시행 2021. 12. 31.] [문화체육관광부령 제469호, 2021. 12. 31., 일부개정]

감염병 확산으로 경계 이상의 위기경보가 발령된 경우 현재는 등급결정 기관이 호텔업의 등급결정을 문화체육관광부장관이 정하여 고시하는 기간까지 연장할 수 있도록 했으나, 앞으로는 기존의 호텔업 등급결정의 유효기간을 연장할 수 있도록 하여 해당 기간 동안 별도의 등급결정 절차를 밟지 않아도 되도록 하는 등 현행 제도의 운영상 나타난 일부 미비점을 개선 · 보완하기 위하여 법을 개정하였다.

[시행 2021. 9. 24.] [문화체육관광부령 제454호, 2021. 9. 24., 일부개정]

"일반여행업"의 명칭을 "종합여행업"으로 변경하는 등의 내용으로 「관광진흥법 시행령」이 개정됨에 따라 관련 조문을 정비하는 한편, 관광종사원 외국어시험 중 2018년 5월 12일 이전에 실시된 텝스(TEPS) 점수는 더 이상 반영하지 않도록 하는 등 현행 제도의 운영상 나타난 일부 미비점을 개선 · 보완하기 이하여 일부 개정하였다.

제1장 총칙

제1장 총칙에는 제1조 목적과 제2조 정의를 규정하고 있다.

제1절 목적

관광진흥법 제1조(목적) 이 법은 관광 여건을 조성하고 관광자원을 개발하며 관광사업을 육성하여 관광 진흥에 이바지하는 것을 목적으로 한다.

관광진흥법시행령 제1조(목적) 이 영은 「관광진흥법」에서 위임된 사항과 그 시행에 필요한 사항을 규정함을 목적으로 한다.

관광진흥법시행규칙 제1조(목적) 이 규칙은 「관광진흥법」 및 같은 법 시행령에서 위임된 사항과 그 시행에 필요한 사항을 규정함을 목적으로 한다.

「관광진흥법」은 「관광기본법」의 목적(① 국제친선의 증진, ② 국민경제 및 국민복지의 향상, ③ 건전한 국민관광의 발전도모)을 달성하기 위한 법으로, 관광여건을 조성하고 관광자원을 개발하며 관광사업을 육성하여 관광진흥에 이바지하는 것을 목적으로 한다.

제2절 관광진흥법에서 사용하는 용어의 정의

「관광진흥법」에서 사용하는 용어의 정의는 다음과 같다.(관광진흥법 제2조) 〈개정 2007.7.19., 2011.4.5., 2014.5.28.〉

1. 관광사업

"관광사업"이란 관광객을 위하여 운송 · 숙박 · 음식 · 운동 · 오락 · 휴양 또는 용역을 제공하거나 그 밖에 관광에 딸린 시설을 갖추어 이를 이용하게 하는 업(業)을 말한다.(관광진흥법 제2조 제1항)

「관광진흥법」 제1조에 의하면, 이 법은 관광여건을 조성하고 관광자원을 개발하며, 관광사업을 육성함으로써 관광진흥에 이바지함을 목적으로 하고 있다. 관광사업의 육성이란 관광사업의 건전한 발전을 지원하고 유도하며, 필요시 감독하겠다는 의지의 표현이라 판단된다.

관광사업을 우리나라 관광법규의 효시인 관광사업진흥법(1961.8.22.~1975.12.31.)에서는 여행알선업, 통역안내업, 관광호텔업, 관광시설업, 토산품판매업 그리고 관광교통업 등으로 구분하여 육성하도록 하였다.

관광사업진흥법이 폐지되고 관광기본법(1975.12.31.~현재)과 관광사업법(1975.12.31.~1986.12.31.)이 제정되면서 관광사업법에서 관광사업의 종류도 바뀌게 되면서 관광사업의 종류가 여행알선업, 관광숙박업 그리고 관광객 이용시설업 등 3종류로 단순화되었다.

관광사업법과 관광단지개발촉진법(1975.4.4.~1986.12.31.)이 폐지되고, 관광진흥법(1986.12.31.~현재)이 제정되면서 현재 관광진흥법상 관광사업의 종류는 여행업, 관광숙박업(호텔업, 휴양콘도미니엄업), 관광객 이용시설업, 국제회의업, 카지노업, 유원시설업, 관광 편의시설업 등 7종류로 관광사업법상의 관광사업종류보다 확대되었다.

국가의 관광정책에서 거시적 측면을 제외하면, 실질적으로 관광사업이 가장 큰 비중과 역할을 담당하게 된다. 즉, 정부의 활동은 방향제시와 지원에 한정되지만, 관광객을 유치하고, 접대하며 수익을 창출하는 것은 관광사업이다. 따라서 정부의 관광정책도 관광사업의 육성에 큰 무게를 둘 수밖에 없고, 관광진흥법에서 가장 큰 부분을 차지하는 것도 관광사업에 관한 것이다.

우리나라는 1961년 8월 22일에 제정 · 공포한 관광관련법률 최초인「관광사업진흥법」에서 여행알선업, 관광호텔업, 통역안내업, 관광휴양업, 토산품판매업, 관광교통업, 관광시설업 등 7개 업종을 관광사업으로 규정하고 있었으나, 1975년 12월에 제정된「관광사업법」에서는 여행알선업, 관광숙박업, 관광객 이용시설업 등 3개 업종으로 축소하였다. 그러나 그 후 시대의 변천에 따라 관광형태의 변화에 맞추어 관광사업의 종류도 변화(확대 · 조정)할 필요가 있게 되었다.

이에 따라 1986년 12월 31일에 전문 개정되고, 1987년 7월 1일부터 시행된「관광진흥법」에서는 관광사업의 종류를 여행업, 관광숙박업, 관광객 이용시설업, 국제회의용역업, 관광편의사설업 등 5개 업종으로 구분하였고, 1994년 8월 3일에는 관광진흥법을 일부개정하여 카지노업을 관광사업의 일종으로 포함시켜 모두 6개의 업종으로 구분하였다.

그리고 1999년 1월 21일 전문 개정된「관광진흥법」에서는 관광산업의 변화와 발전추세에 부응하여 국제회의시설업과 시내순환 관광업을 신설하고, 종전의「공중위생법」에 의하여 보건복지부장관의 소관에 속하였던 유원시설업을 문화관광부장관(現, 문화체육부장관)의 소관으로 이관하여 관광사업의 일종으로 규정함으로써, 현재「관광진흥법」에서 규정하고 있는 관광사업의 종류는 여행업, 관광숙박업, 관광객 이용시설업, 국제회의업, 카지노업, 유원시설업, 관광 편의시설업 등 모두 7종으로 구분되고 있다.

2. 관광사업자

"관광사업자"란 관광사업을 경영하기 위하여 등록 · 허가 또는 지정(이하 "등록등"이라 한다)을 받거나 신고를 한 자를 말한다.(관광진흥법 제2조 제2항)

3. 기획여행

"기획여행"이란 여행업을 경영하는 자가 국외여행을 하려는 여행자를 위하여 여행의 목적지 · 일정, 여행자가 제공받을 운송 또는 숙박 등의 서비스 내용과 그 요금 등에 관한 사항을 미리 정하고 이에 참가하는 여행자를 모집하여 실시하는 여행을 말한다.(관광진흥법 제2조 제3항)

기획여행은 일반적으로 포괄적인 서비스를 제공하는 조건으로 여행업체가 참가희망자를 모집하여 실시하는 여행을 말한다. 사전에 준비된 여정과 여행조건에 따라 이루어지므로 기획여행이라고 명명한 것 같으며, 흔히 포괄여행(IT: Inclusive Tour), 단체 포괄여행(GIT: Group Inclusive Tour), 혹은 패키지 투어(Package Tour)라고도 한다. 정부는 이러한 기획여행에서 발생할 수 있는 관광객의 피해를 보상하기 위해 여행업으로 하여금 직전 사업연도의 매출액(손익계산서에 표시된 매출액을 말한다) 규모에 따라 보증보험 등에 가입하거나 영업보증금을 예치하고 유지하도록 하고 있다.(관광진흥법시행규칙 제18조 제3항) 〈개정 2010.8.17. 별표 3〉

특정여행업체가 포괄적인 서비스를 제공하는 조건으로 사전에 준비된 여행일정과 여행조건(가격, 교통편, 호텔등급 등)을 미리 정하여 직접 개발하고 판매하는 여행상품을 말하는 것으로, 흔히 패키지 투어(package tour)라고도 한다. 기획여행제도는 소비자의 피해보상과 여행업의 유통구조개선 차원에서 도입한 제도로서, 여행상품의 구체적 내용을 고지하게 하고 기획능력이 있는 여행업체로 하여금 상품을 개발, 광고, 판매할 수 있도록 함으로써 소비자 피해를 방지하고, 과장 · 허위광고 억제를 통하여 시장질서를 유지 · 도모하는 데 그 의의가 있으며, 기획여행은 사전신고제도로 실시되고 있다.

4. 회원

"회원"이란 관광사업의 시설을 일반 이용자보다 우선적으로 이용하거나 유리한 조건으로 이용하기로 해당 관광사업자(제15조제1항 및 제2항에 따른 사업계획의 승인을 받은 자를 포함한다)와 약정한 자를 말한다.(관광진흥법 제2조 제4항)

위의 관광사업자는 관광진흥법 제15조 제1항 및 제2항에 따른 사업계획의 승인을 받은 관광숙박업(호텔업/휴양콘도미니엄업)을 뜻한다.

[별표 3] 관광진흥법시행규칙 〈개정 2021. 9. 24.〉

보증보험등 가입금액(영업보증금 예치금액) 기준(제18조제3항 관련)

(단위: 천원)

직전 사업연도 매출액 \ 여행업의 종류(기획여행 포함)	국내여행업	국내외여행업	종합여행업	국내외여행업의 기획여행	종합여행업의 기획여행
1억원 미만	20,000	30,000	50,000	200,000	200,000
1억원 이상 5억원 미만	30,000	40,000	65,000		
5억원 이상 10억원 미만	45,000	55,000	85,000		
10억원 이상 50억원 미만	85,000	100,000	150,000		
50억원 이상 100억원 미만	140,000	180,000	250,000	300,000	300,000
100억원 이상 1,000억원 미만	450,000	750,000	1,000,000	500,000	500,000
1000억원 이상	750,000	1,250,000	1,510,000	700,000	700,000

(비고) 1. 국내외여행업 또는 종합여행업을 하는 여행업자 중에서 기획여행을 실시하려는 자는 국내외여행업 또는 종합여행업에 따른 보증보험등에 가입하거나 영업보증금을 예치하고 유지하는 것 외에 추가로 기획여행에 따른 보증보험등에 가입하거나 영업보증금을 예치하고 유지하여야 한다.

2. 「소득세법」 제160조제3항 및 같은 법 시행령 제208조제5항에 따른 간편장부대상자(손익계산서를 작성하지 아니한 자만 해당한다)의 경우에는 보증보험등 가입금액 또는 영업보증금 예치금액을 직전 사업연도 매출액이 1억원 미만인 경우에 해당하는 금액으로 한다.

3. 직전 사업연도의 매출액이 없는 사업개시 연도의 경우에는 보증보험등 가입금액 또는 영업보증금 예치금액을 직전 사업연도 매출액이 1억원 미만인 경우에 해당하는 금액으로 한다. 직전 사업연도의 매출액이 없는 기획여행의 사업개시 연도의 경우에도 또한 같다.

4. 여행업과 함께 다른 사업을 병행하는 여행업자인 경우에는 직전 사업연도 매출액을 산정할 때에 여행업에서 발생한 매출액만으로 산정하여야 한다.

5. 종합여행업의 경우 직전 사업연도 매출액을 산정할 때에, 「부가가치세법 시행령」 제33조제2항제7호에 따라 외국인관광객에게 공급하는 관광알선용역으로서 그 대가를 받은 금액은 매출액에서 제외한다.

5. 공유자

"공유자"란 단독 소유나 공유(共有)의 형식으로 관광사업의 일부 시설을 관광사업자(제15조 제1항 및 제2항에 따른 사업계획의 승인을 받은 자를 포함한다)로부터 분양받은 자를 말한다.(관광진흥법 제2조 제5항)

6. 관광지

"관광지"란 자연적 또는 문화적 관광자원을 갖추고 관광객을 위한 기본적인 편의시설을 설치하는 지역으로서 이 법에 따라 지정된 곳을 말한다.(관광진흥법 제2조 제6항)

관광지의 지정은 1969년부터 실시하였다. 관광지는 관광자원이 풍부하고 관광객의 접근이 용이한 지역에 주차장, 상 · 하수도, 벤치 등의 공공 및 편익시설을 공공사업으로 조성하고 그 외 이용관광객 편의를 위한 각종 유희시설과 숙박 및 상가시설을 민간자본으로 개발하는 관광단지 개발사업보다 규모가 작은 관광개발사업이다. 관광지 개발사업은 대부분 지방자치단체가 개발주체가 되어 추진하고 있으나 개별관광시설에 대한 민자유치가 관광지개발의 성공을 위한 관건이다.

한편 21세기의 관광개발은 선택과 집중, 네트워크화, 지방분권형 개발의 중요성이 대두되면서 정부는 지역특성을 살린 관광지 개발을 촉진하기 위해 관광지 지정 및 조성 계획 승인 권한을 기존의 지정권자인 시 · 도지사로서 1994년 당시의 문화관광부장관으로부터 지정권한을 위임받아 지정해 왔으나, 2005년 4월 17일자로 시 · 도지사에 이양하였으며, 동시에 관광지 지정 등의 실효성을 제고하기 위해 지정 후 2년 이내 조성 계획 승인신청이 없거나 승인 후 2년 이내에 사업에 착수하지 않으면 관광지의 지정 또는 조성 계획 승인효력이 상실되도록 하였다.

2023년 6월 30일 기준으로 전국에 지정된 관광지 현황은 총 224개소이다.

표 3-1 관광지 지정 현황

시·도	지정개소	관광지명
부 산	5	기장도예촌, 용호씨사이드, 금련산 청소년수련원, 태종대, 해운대
인 천	2	마니산, 서포리
대 구	2	비슬산, 화원

경 기	14	대성, 산장, 수동, 장흥, 용문산, 신륵사, 한탄강, 공릉, 임진각, 내리, 백운계곡, 산정호수, 소요산, 궁평
강 원	41	호반, 구곡폭포, 청평사, 간현, 옥계, 주문진, 연곡, 등명, 대관령 어흘리, 무릉계곡, 망상, 추암, 구문소, 속초해수욕장, 척산온천, 장호, 맹방, 삼척해수욕장, 초당, 팔봉산, 홍천온천, 어답산, 유현문화, 고씨동굴, 영월온천, 마차탄광문화촌, 미탄마하생태, 화암, 아우라지, 고석정, 직탕, 광덕계곡, 후곡약수터, 내설악 용대, 방동약수터, 오토테마파크, 송지호, 삼포 문암, 화진포, 오색, 지경
충 북	22	세계무술공원, 충온온천, 능암온천, 충주호체험, 교리, 능강, 금월봉, 계산, 제천온천, 만남의광장, KBS촬영장, 속리산레저, 구병산, 장계, 송호, 다리안, 수옥정, 괴강, 무극, 천동, 레인보우힐링, 온달
충 남	23	천안종합휴양, 태조산, 곰나루, 마곡사, 마곡온천, 공주문화, 대천해수욕장, 무창포 해수욕장, 죽도, 아산온천, 간월도, 삽교호, 왜목마을, 난지도, 구드레, 서동요역사, 금강하구둑, 춘장대해수욕장, 칠갑산도립온천, 예당, 덕산온천, 만리포해수욕장, 안면도
전 북	21	석정온천, 금강호, 은파, 김제온천, 벽골제, 남원, 모항, 변산해수욕장, 위도, 모악산, 금마, 미륵사지, 왕궁보석테마, 웅포, 사선대, 오수의견, 방화동, 내장산리조트, 백제 가요정읍사, 마이산회봉온천, 운일암반일암
전 남	27	대구면도요지, 곡성 도림사, 지리산온천, 나주호, 담양호, 회산연꽃방죽, 율포해수욕장, 한국차소리문화공원, 불갑사, 성기동, 마한문화, 영산호 쌀문화 테마공원, 신지명사십리, 장성호, 홍길동테마파크, 정남진우산도, 녹진, 아리랑마을, 해신장보고, 회동, 사포, 땅끝, 우수영, 도곡온천, 운주사, 화순온천, 대광해수욕장
경 북	32	경산온천, 고령부례, 문경온천, 문경상리, 오전약수, 다덕약수, 경천대, 문장대온천, 회상나루, 안동하회, 예안현, 고래불, 장사해수욕장, 선바위, 문수, 부석사, 영주순흥, 풍기온천, 치산, 포리, 예천삼강, 개척사, 울릉도, 백암온천, 성류굴, 의성탑산온천, 신화랑, 청도온천, 청도용암온천, 주왕산, 가산산성, 호미곶
경 남	21	거가대교, 장목, 가조, 수승대, 당항포, 송정, 표충사, 실안, 금서, 전통한방휴양, 중산, 벽계, 오목내, 부곡온천, 마금산온천, 도남, 묵계, 농월정, 미숭산, 합천보조댐, 합천호
제 주	14	제주남원, 돈내코, 수망, 미천굴, 토산, 표선, 곽지, 제주상상나라탐라공화국 김녕해수욕장, 돌문화공원, 봉개휴양림, 용머리, 함덕 해안, 협재 해안
합 계	224	

자료 : 문화체육관광부, 2023년 6월 30일 기준

7. 관광단지

"관광단지"란 관광객의 다양한 관광 및 휴양을 위하여 각종 관광시설을 종합적으로 개발하는 관광 거점 지역으로서 이 법에 따라 지정된 곳을 말한다.(관광진흥법 제2조 제7항)

관광단지는 관광산업의 진흥을 촉진하고 국내 · 외 관광객의 다양한 관광 및 휴양을 위하여 각종 관광시설을 종합적으로 개발하는 관광거점 지역을 말한다. 2023년 6월 30일 기준으로 전국에 지정된 관광단지 현황은 총 49개소이다.

정부는 관광단지 조성 활성화를 위해 관광단지를 「사회간접자본시설에 대한 민간투자법」상 사회간접자본시설로 포함하여 민간자본을 적극 유치하도록 하고 있으며, 취득세(25%, 조례에 따라 추가로 50% 감면), 대체산림조성비(준보전산지) 및 대체초지조성비의 100% 면제 등 각종 세제 및 부담금의 감면 혜택을 주고 있다.

또한 관광단지 지정을 위한 면적 기준을 현행 100만 제곱미터에서 50만 제곱미터로, 관광단지 설치시설 기준을 4종에서 3종으로 완화(공공편의시설, 숙박시설, 운동 · 오락시설, 휴양 · 문화시설에서 공공편의시설, 숙박시설, 관광휴양 · 오락시설)하였고, 민간개발자가 관광단지를 개발할 경우 지방자치단체장과의 협약을 통해 지원이 필요하다고 인정하는 공공시설에 대해 지방비를 지원할 수 있도록 하고 있다.

관광단지내 전기시설을 설치하는 경우 설치비용은 전기를 공급하는 자가 부담하되, 땅속에 설치하는 경우에는 전기를 공급하는 자와 땅속에 설치할 것을 요청하는 자가 50:50의 비율로 정하는 등 관광단지 활성화를 위한 제도개선을 추진하였다. 앞으로 관광단지는 건강 · 교육 · 체험 등 다양한 관광수요를 특징으로 하는 관광패러다임 변화에 맞춰 특성화하여 개발함으로써 지역 관광산업의 동력으로 활성화시킬 계획이다.

표 3-2 관광단지 지정 현황

자체단체		명칭	지정면적(㎡)	사업시행자	단지지정	조성계획	주요 도입시설
부산	기장군	오시리아	3,662,486	부산도시공사	′05.03.	′22.12.	호텔, 콘도, 리조트, 복합쇼핑몰, 골프장, 테마파크, 녹지시설 등
인천	강화군	강화종합리조트	652,369	(주)해강개발	′12.07.	′20.01.	콘도, 루지코스, 전망휴게소 등
광주	광산구	어등산	2,736,219	광주광역시도시공사	′06.01.	′19.12.	호텔, 콘도미니엄, 테마파크, 골프장, 경관녹지 등
울산	북구	강동	1,367,240	울산 북구	′09.11.	′20.04.	콘도, 호텔, MICE복합센터, 워터파크, 수련시설 오토캠핑장 등
경기 (2)	안성시	안성 죽산	1,352,312	(주)송백개발, (주)서해종합건설	′16.10.	′22.10.	골프콘도, 휴양콘도, 워터파크, 캠핑장, 컨벤션센터, 힐링센터 등
	평택시	평택호	663,115	평택도시공사	′77.03.	′20.02.	관광호텔, 쇼핑몰, 워터레포츠, 테마파크, 수변공원, 캠핑장 등
강원 (15)	고성군 (2)	델피노골프앤리조트	900,018	(주)대명레저산업	′12.05.	′20.10.	콘도, 호텔, 골프장 등
		고성 켄싱턴 설악밸리	849,114	(주)이랜드파크	′23.02.	′23.02.	
	속초시	설악한화리조트	1,332,578	한화호텔앤드리조트(주)	′10.08.	′21.06.	콘도, 온천장, 레이크가든, 골프장 등
	양양군	양양국제공항	2,730,219	(주)새서울레저	′15.12.	′20.12.	관광호텔, 휴양콘도, 생활숙박시설, 아울렛몰, 골프장 등
	원주시 (3)	원주 오크밸리	11,349,396	한솔개발(주)	′95.03.	′20.10.	가족호텔, 콘도, 골프장, 스키장, 미술관, 에코파크, 수목정원 등

자체단체		명칭	지정면적(㎡)	사업시행자	단지지정	조성계획	주요 도입시설
	원주시 (3)	원주 더 네이처	1,444,086	경안개발(주)	’15.01.	’22.10.	휴양콘도, 가족호텔, 골프장, 아이스링크, 야영장, 자동차극장 등
		원주 루첸	2,644,254	(주)지프러스	’17.04.	’22.04.	콘도, 테마스토어, 골프장, 승마장, 스키장, 숲체험원 등
	춘천시 (2)	라비에벨	4,843,796	(주)코오롱글로벌	’09.09.	’17.10.	한옥호텔, 콘도, 골프장, 세계풍물거리, 힐링&클리닉센터, 명품아울렛 등
		신영	1,695,923	(주)신영종합개발	’10.02.	’20.12.	골프장, 스키장, 콘도, 커뮤니티센터 등
	평창군 (3)	휘닉스파크	4,233,039	(주)휘닉스중앙	’98.10.	’18.12.	관광호텔, 콘도, 골프장, 다목적운동장, 유스호스텔 등
		평창 용평	16,219,204	(주)용평리조트	’01.02.	’19.04.	호텔, 콘도, 골프장, 스키장, 빙상장, 유스호스텔 등
		대관령 알펜시아	4,837,015	강원도개발공사	’05.09.	’06.04.	호텔, 콘도, 명품아울렛, 골프장, 스키장, 워터파크, 콘서트홀 등
	홍천군	비발디파크	7,052,479	(주)소노호텔앤드리조트	’08.11.	’20.11.	콘도, 관광호텔, 스키장, 골프장, 승마장, 호수공원, 체험마을 등
	횡성군 (2)	웰리힐리파크	4,830,709	(주)신안종합리조트	’05.06.	’20.11.	휴양콘도, 골프장, 스키장, 친환경놀이공원, 오토캠핑장 등
		드림마운틴	1,796,574	케이앤드씨	’16.03.	’20.12.	생활숙박시설, 가족호텔, 워터파크, 스키장, 동계스포츠체험장 등
경북 (6)	경주시 (4)	보문	8,515,243	경북관광공사	’75.04.	’20.11.	호텔, 콘도, 골프장, 놀이공원, 신라촌, 연수원, 관광야영장, 식물원 등
		감포해양	1,804,215	경북관광공사	’93.12.	’19.02.	호텔, 콘도, 골프장, 오션랜드, 씨라이프파크, 연수원, 수목원 등
		마우나오션	6,419,256	(주)엠오디	’94.03.	’20.12.	콘도, 팬션, 상가, 야생동물방사공원, 캠핑장, 골프장, 루지 등
		북경주 웰니스	809,797	(주)월성종합개발	’21.07.	미수립	
	김천시	김천 온천	1,424,423	(주)우촌개발	’96.03.	’05.01.	관광호텔, 콘도, 온천장, 스포츠센터, 골프장, 노인휴양촌 등
	안동시	안동문화	1,655,181	경북관광공사	’03.12.	’20.05.	호텔, 콘도, 골프장, 테니스장, 유교랜드, 온뜨레피움, 전망대 등
경남 (3)	거제시	거제 남부	3,693,875	(주)경동건설	’19.5.	미수립	
	창원시 (2)	창원 구산해양	2,842,634	창원시장	’11.04.	’15.03.	웰니스타운, 골프장, 승마장, 연수원, 캠핑장, 별빛카페촌 등
		웅동복합레저	2,101,234	창원시장, 경남개발공사	’12.02.	’18.09.	호텔/빌리지, 대중골프장, 스포츠파크, 수변문화테마파크, 오토캠핑장 등
전북	남원시	드래곤	795,133	신한레저주식회사	’18.09.	’20.06.	대중골프장, 가족호텔, 한옥호텔, 남원전통문화테마시설, 아트뮤지엄 등
전남 (6)	고흥군	고흥 우주해양	1,157,970	고흥군수, 동호(주)	’09.02.	’09.05.	콘도, 호텔, 골프장, 우주해양전망대, 종합해양레포츠센터, 미리내조각공원 등
	여수시 (3)	여수 화양	9,873,525	에이치제이매그놀리아 용평디오션호텔앤리조트	’03.10.	’20.12.	호텔, 콘도, 팬션, 골프장, 산악레저월드, 세계민속촌, 수목원, 복합힐링타운 등
		여수경도 해양	2,152,973	와이케이디벨롭먼트	’09.12.	’20.10.	호텔, 콘도, 레지던스, 골프장, 워터파크, 근린공원 등

자체단체		명칭	지정면적(㎡)	사업시행자	단지지정	조성계획	주요 도입시설
전남 (6)	여수시 (3)	여수챌린지파크	510,424	여수챌린지파크관광(주)	'19.05.	'19.05.	호텔, 풀빌라, 컨벤션센터, 청소년수련시설, 챌린지파크, 루지 등
	진도군	진도 대명리조트	559,089	소노호텔앤리조트	'16.12.	'19.11.	호텔, 콘도, 산림체험학습관, 힐링파크, 진도전통문화체험관 등
	해남군	해남 오시아노	5,073,425	한국관광공사	'92.09.	'21.11.	호텔, 콘도, 팬션단지, 골프장, 마리나시설 등
충북	증평군	증평 에듀팜 특구	2,622,825	블랙스톤에듀팜리조트	'17.12.	'20.08.	휴양콘도, 관광팬션, 루지, 골프장, E-레포츠, 농촌휴양테마파크 등
충남 (3)	부여군	백제문화	3,024,905	(주)호텔롯데	'15.01.	'18.02.	콘도, 스파빌리지, 골프빌리지, 아울렛, 골프장, 전통민속촌, 에코파크 등
	천안시	골드힐카운티리조트	1,692,980	(주)골드힐	'11.12.	'17.07.	콘도, 가족호텔, 골프장, 저수지 등
	보령시	원산도 대명리조트	966,748	(주)소노인터내셔널	'22.11.	'22.11.	
제주 (8)	서귀포시 (5)	중문	3,200,925	한국관광공사	'71.01.	'20.12.	관광호텔, 콘도, 골프장, 중문랜드, 식물원, 야외공연장, 박물관, 공원 등
		성산포해양	746,939	휘닉스중앙제주	'06.01.	'20.10	호텔, 콘도, 엔터테인먼트센터, 해양레포츠센터, 전시관 등
		신화역사공원	3,985,601	제주국제자유도시개발센터	'06.12.	'21.01.	호텔, 콘도, MICE 및 워터파크, 테마파크, 승마장, 테마거리, 항공우주박물관 등
		제주헬스케어타운	1,539,339	제주국제자유도시개발센터	'09.12.	'19.10.	휴양콘도, 호텔, 웰니스몰, 워터파크, 명상원, 전문병원 등
		록인제주	523,766	(주)록인제주	'13.12.	'22.12.	콘도, 테마상가, 연수원, 불로장생테마파크 등
	제주시 (3)	애월국제문화복합단지	587,726	이랜드테마파크제주	'18.05.	'19.07.	한옥리조트, 호텔, 콘도, 문화체험마을, 미술관, 테마정원, 공연장 등
		프로젝트 ECO	696,932	(주)제주대동	'18.05.	'22.12.	팜빌리지, 호텔, 승마장, 네이처플레이, 체험형농장, 도시농업센터 등
		묘산봉	4,221,984	(주)제이제이 한라	'20.01.	'20.01.	콘도, 관광호텔, 골프장, 테마파크, 미술관, 식물원 등
계		49개					

자료 : 문화체육관광부, 2023년 6월 30일 기준

8. 민간개발자

"민간개발자"란 관광단지를 개발하려는 개인이나 「상법」 또는 「민법」에 따라 설립된 법인을 말한다.(관광진흥법 제2조 제8항)

9. 조성계획

"조성계획"이란 관광지나 관광단지의 보호 및 이용을 증진하기 위하여 필요한 관광시설의 조성과 관리에 관한 계획을 말한다.(관광진흥법 제2조 제9항)

10. 지원시설

“지원시설”이란 관광지나 관광단지의 관리 · 운영 및 기능 활성화에 필요한 관광지 및 관광단지 안팎의 시설을 말한다.(관광진흥법 제2조 제10항)

지원시설이란 관광안내소, 상가시설, 공중시설(진입로, 도로, 가로등, 주차장, 상 · 하수도), 통신시설(전기 · 통신) 등을 의미한다.

11. 관광특구

“관광특구”란 외국인 관광객의 유치 촉진 등을 위하여 관광 활동과 관련된 관계 법령의 적용이 배제되거나 완화되고, 관광 활동과 관련된 서비스 · 안내 체계 및 홍보 등 관광 여건을 집중적으로 조성할 필요가 있는 지역으로 이 법에 따라 지정된 곳을 말한다.(관광진흥법 제2조 제11항)

관광특구는 외국인 관광객의 유치 촉진을 위하여 관광시설이 밀집된 지역에 대해 야간 영업시간 제한을 배제하는 등 관광활동을 촉진하고자 1993년에 도입된 제도이다.「관광진흥법」 제2조에서는 ‘외국인 관광객의 유치 촉진 등을 위하여 관광활동과 관련된 관계법령의 적용이 배제되거나 완화되고, 관광활동과 관련된 서비스 · 안내체계 및 홍보 등 관광여건을 집중적으로 조성할 필요가 있는 지역으로서 관광진흥법에 의하여 지정된 곳’이라고 정의하고 있다. 문화체육관광부는 2004년 10월「관광진흥법」을 일부 개정하여 특구 지정권한을 시 · 도지사에게 이양하고 특구에 대한 국가 및 지자체의 지원근거를 마련하였으며, 관광특구 진흥계획의 수립 · 시행 및 평가를 의무화하는 등 특구제도의 실효성을 확보하기 위한 다양한 제도적 장치를 도입하였다. 또한 2005년 4월에는「관광진흥법」 개정을 통해 관광특구 지역 안의 문화 · 체육시설, 숙박시설 등으로서 관광객 유치를 위하여 특히 필요하다고 문화체육관광부 장관이 인정하는 시설에 대하여 관광진흥개발기금의 보조 또는 융자가 가능하도록 하였다. 2019년 12월에는「관광진흥법」에 문화체육관광부 장관의 관광특구 평가 조항을 신설, 기존 관광특구 지정권자(시 · 도지사)의 자체 평가 이외 문화체육관광부 장관이 3년마다 관광특구 평가를 실시하도록 하여 관광특구 평가 기능을 강화하였다. 관광특구 지정 요건(「관광진흥법」 제70조 및 동법 시행령 제58조)은 문화체육관광부령이 정하는 상가 · 숙박 · 공공편익시설, 휴양 · 오락시설 등의 요건을 갖추고 외국인 관광객의 수요를 충족시킬 수 있는 지역으로 당해 지역의 최근 1년 간 외국인 관광객이 10만 명(서울특별시는 50만 명) 이상(문화체육관광부 장관이 고시하는 통계전문기관의 통계)이어야 하며, 임야 · 농지 · 공업용지 · 택지 등 관광활동과 관련이 없는 토지가 관광특구 전체 면적의 10%를 초과하지 않아야 한다. 1994년 8월 31일 관광특구로 제주도, 경주시, 설악산, 해운대, 유성의 5개 지역이 최초 지정된 이래, 2021년에 홍대 문화예술 관광특구를 새로 지정하여 2021년 12월 말 기준 13개 시·도 34곳이 관광특구로 지정되어 있다. 1999년 외국인 관광객 유치 촉진을 위해 실시하던 관광특구 대상지역의 야간영업시간 제한 완화 조치가 전국적으로 자율화되면서 관광특구에 대한 실질적인 지원혜택이 부족하게 됨에 따라 2008년부터 지정 관광특구를 대상으로 관광진흥개발기금을 지속적으로 지원해왔다.

2008년에는 '관광특구 평가 및 개선 방안 연구' 결과에 따라 부산 해운대특구 등 8개 우수 특구에 50억 원을 차등적으로 지원하였고, 2009년은 주제 및 테마의 참신성, 개발 잠재력 및 사업의 실현가능성 등을 기준으로 강원 설악관광특구 등 5개 지역에 50억 원, 2010년에는 속리산관광특구 등 5개 지역, 2011년에는 용두산·자갈치 관광특구 등 5개 지역에 45억 원, 2012년도에도 월미 관광특구 등 5곳에 대하여 40억 원, 2013년도에도 명동 관광특구 등 5곳에 대하여 40억 원, 2014년도에는 수안보온천 관광특구 등 7곳에 대하여 36억 원, 2015년도에는 종로 청계 특구 등 8곳에 28억 원, 2016년도에는 강원도 설악특구 등 5곳에 28억 원, 2017년도에는 정읍 내장산 관광특구 등 6곳에 26억 원, 2018년도에는 수원화성 특구 등 3곳에 대해 14억 원을 지원하였다. 2019년부터는 실집행률 제고 등 사업 효과를 높이고자 2개년도 지원으로 사업방식을 변경하였고, 유성, 보은속리산 등 4곳에 11억 원, 2020년도에는 4곳 외에 통일동산, 포항 영일만을 포함하여 9억 원을 지원하였다. 2021년도에는 월디 관광특구 등 5곳에 9억 원을 지원하였으며, 13개 관광특구에 대해 문화체육관광부 시범평가를 실시하였다. 앞으로 관광 관련 법령에 대한 특례 확대 및 제도개선 과제의 발굴·개선을 통해 관광특구의 경쟁력 강화 및 외국인 관광객 유치 확대에 적극 노력할 계획이다.

표 3-3 관광특구 지정현황

지역	특구명	지정 지역(소재지)	면적(㎢)	지정일
서울(7)	명동·남대문·북창	명동, 회현동, 소공동, 무교동·다동 각 일부지역	0.87	2000.03.30
	이태원	용산구 이태원동·한남동 일원	0.38	1997.09.29
	동대문 패션타운	중구 광희동·을지로5~7가·신당1동 일원	0.58	2002.05.23
	종로·청계	종로구 종로1가~6가·서린동·관철동·관수동·예지동 일원, 창신동 일부 지역(광화문 빌딩~숭인동 4거리)	0.54	2006.03.30
	잠실	송파구 잠실동·신천동·석촌동·송파동·방이동	2.31	2012.03.15
	강남	강남구 삼성동 무역센터 일대	0.19	2014.12.18
	홍대 문화예술	마포구 홍대 일대(서교동, 동고동, 합정동, 상수동 일원)	1.13	2021.12.02.

지역	특구명	지정 지역(소재지)	면적(㎢)	지정일
부산(2)	해운대	해운대구 우동 · 중동 · 송정동 · 재송동 일원	6.22	1994.08.31
	용두산 · 자갈치	중구 부평동 · 광복동 · 남포동 전지역, 중앙동 · 동광동 · 대청동 · 보수동 일부	1.08	2008.05.14
인천(1)	월미	중구 신포동 · 연안동 · 신흥동 · 북성동 · 동인천동 일원	3.00	2001.06.26
대전(1)	유성	유성구 봉명동 · 구암동 · 장대동 · 궁동 · 어은동 · 도룡동	5.86	1994.08.31
경기(5)	동두천	동두천시 중앙동 · 보산동 · 소요동 일원	0.40	1997.01.18
	평택시 송탄	평택시 서정동 · 신장1, 2동 · 지산동 · 송북동 일원	0.49	1997.05.30
	고양	고양시 일산 서구, 동구 일부 지역	3.94	2015.08.06
	수원 화성	경기도 수원시 팔달구, 장안구 일대	1.83	2016.01.15
	통일동산	경기도 파주시 탄현면 성동리, 법흥리 일원	3.01	2019.4.30
강원(2)	설악	속초시 · 고성군 및 양양군 일부 지역	138.2	1994.08.31
	대관령	강릉시 · 동해시 · 평창군 · 횡성군 일원	428.3	1997.01.18
충북(3)	수안보온천	충주시 수안보면 온천리 · 안보리 일원	9.22	1997.01.18
	속리산	보은군 내속리면 사내리 · 상판리 · 중판리 · 갈목리 일원	43.75	1997.01.18
	단양	단양군 단양읍 · 매포읍 일원(2개읍 5개리)	4.45	2005.12.30
충남(2)	아산시온천	아산시 음봉면 신수리 일원	3.71	1997.01.18
	보령해수욕장	보령시 신흑동, 웅천읍 독산 · 관당리, 남포면 월전리 일원	2.52	1997.01.18
전북(2)	무주 구천동	무주군 설천면 · 무풍면	7.61	1997.01.18
	정읍 내장산	정읍시 내장지구 · 용산지구	3.45	1997.01.18
전남(2)	구례	구례군 토지면 · 마산면 · 광의면 · 산동면 일부	78.02	1997.01.18
	목포	북항 · 유달산 · 원도심 · 삼학도 · 갓바위 · 평화광장 일원	6.90	2007.09.28
경북(4)	경주시	경주 시내지구 · 보문지구 · 불국지구	32.65	1994.08.31
	백암온천	울진군 온정면 소태리 일원	1.74	1997.01.18
	문경	문경시 문경읍 · 가은읍 · 마성면 · 농암면 일원	1.85	2010.01.18
	포항 영일만	영일대해수욕장, 해안도로, 환호공원, 송도해수욕장, 송도송림, 운하관, 포항운하, 죽도시장, 시내 실개천 일대	2.41	2019.8.12
경남(2)	부곡온천	창녕군 부곡면 거문리 · 사창리 일원	4.82	1997.01.18
	미륵도	통영시 미수1, 2동 · 봉평동 · 도남동 · 산양읍 일원	32.90	1997.01.18
제주(1)	제주도	제주도 전역 (부속도서 제외)	1,809.56	1994.08.31
13개 시 · 도 34개소		–	2,643.89	

자료 : 문화체육관광부, 2023년 4월 기준

관광진흥법 위반 사례 1

손해배상(기) [대법원 2017. 12. 13., 선고, 2016다6293, 판결]

【판시사항】

[1] 기획여행업자가 여행자에게 부담하는 안전배려의무의 내용 및 여행 실시 도중 안전배려의무 위반을 이유로 기획여행업자에게 손해배상책임을 인정하기 위한 요건

[2] 甲 등이 여행사인 乙 주식회사와 기획여행계약을 체결하고 베트남 여행 중 자유시간인 야간에 숙소 인근 해변에서 물놀이를 하였는데, 乙 회사 소속 인솔자 丙이 "바닷가는 위험하니 빨리 나오라"고 말하였으나, 甲 등이 계속 물놀이를 하다가 파도에 휩쓸려 익사한 사안에서, 제반 사정 등에 비추어, 乙 회사가 사고와 관련하여 기획여행계약의 여행주최자로서 여행계약상의 안전배려의무를 위반하였다고 단정하기 어려운데도, 이와 달리 본 원심판단에 법리오해의 잘못이 있다고 한 사례

【판결요지】

[1] 기획여행업자는 통상 여행 일반은 물론 목적지의 자연적 · 사회적 조건에 관하여 전문적 지식을 가진 자로서 우월적 지위에서 행선지나 여행시설의 이용 등에 관한 계약 내용을 일방적으로 결정하는 반면, 여행자는 그 안전성을 신뢰하고 기획여행업자가 제시하는 조건에 따라 여행계약을 체결하는 것이 일반적이다. 이러한 점을 감안할 때 기획여행업자가 여행자와 여행계약을 체결할 경우에는 다음과 같은 내용의 안전배려의무를 부담한다고 봄이 타당하다. 기획여행업자는 여행자의 생명 · 신체 · 재산 등의 안전을 확보하기 위하여 여행목적지 · 여행일정 · 여행행정 · 여행서비스기관의 선택 등에 관하여 미리 충분히 조사 · 검토하여 전문업자로서의 합리적인 판단을 하여야 한다. 그에 따라 기획여행업자는 여행을 시작하기 전 또는 그 이후라도 여행자가 부딪칠지 모르는 위험을 예견할 수 있을 경우에는 여행자에게 그 뜻을 알려 여행자 스스로 그 위험을 수용할지를 선택할 기회를 주어야 하고, 그 여행계약 내용의 실시 도중에 그러한 위험 발생의 우려가 있을 때는 미리 그 위험을 제거할 수단을 마련하는 등의 합리적 조치를 하여야 한다. 여행 실시 도중 위와 같은 안전배려의무 위반을 이유로 기획여행업자에게 손해배상책임을 인정하기 위해서는, 문제가 된 사고와 기획여행업자의 여행계약상 채무이행 사이에 직접 또는 간접적으로 관련성이 있고, 그 사고 위험이 여행과 관련 없이

일상생활에서 발생할 수 있는 것이 아니어야 하며, 기획여행업자가 그 사고 발생을 예견하였거나 예견할 수 있었음에도 그러한 사고 위험을 미리 제거하기 위하여 필요한 조치를 다하지 못하였다고 평가할 수 있어야 한다. 이 경우 기획여행업자가 취할 조치는 여행일정에서 상정할 수 있는 모든 추상적 위험을 예방할 수 있을 정도일 필요는 없고, 개별적 · 구체적 상황에서 여행자의 생명 · 신체 · 재산 등의 안전을 확보하기 위하여 통상적으로 필요한 조치이면 된다.

[2] 甲 등이 여행사인 乙 주식회사와 기획여행계약을 체결하고 베트남 여행 중 자유시간인 야간에 숙소 인근 해변에서 물놀이를 하였는데, 乙 회사 소속 인솔자 丙이 "바닷가는 위험하니 빨리 나오라"고 말하였으나, 甲 등이 계속 물놀이를 하다가 파도에 휩쓸려 익사한 사안에서, 甲 등이 성년자이고, 사고 당시 음주한 상태가 아니었으며 별다른 신체장애도 없었던 것으로 보이는 점, 甲 등을 포함한 여행자들이 사고 당일 야간에 숙소 인근 해변에서 물놀이하는 것은 여행계약의 내용에 명시되어 있지 않았고, 위 여행계약에 당일 오전에 해변에서 해수욕하거나 휴식을 취하는 자유시간 일정이 있었다는 점만으로 이러한 해변에서의 야간 물놀이가 위 여행계약의 급부와 관련이 있다고 보기 어려운 점, 위 사고는 乙 회사가 객관적으로 예견할 수 있는 위험에 해당한다고 보기 어려운 점 등에 비추어, 乙 회사가 사고와 관련하여 기획여행계약의 여행주최자로서 여행계약상의 안전배려의무를 위반하였다고 단정하기 어려운데도, 이와 달리 본 원심판단에 법리오해의 잘못이 있다고 한 사례.

【참조조문】

[1] 관광진흥법 제2조 제3호, 제12조, 민법 제2조, 제390조, 제680조

[2] 관광진흥법 제2조 제3호, 제12조, 민법 제2조, 제390조, 제680조

【참조판례】

[1] 대법원 1998. 11. 24. 선고 98다25061 판결(공1999상, 5), 대법원 2011. 5. 26. 선고 2011다1330 판결(공2011하, 1293)

【원심판결】

대구고법 2015. 12. 23. 선고 2014나1127 판결

【주 문】

원심판결을 파기하고, 사건을 대구고등법원에 환송한다.

【이 유】

상고이유를 판단한다.

1. 기획여행업자는 통상 여행 일반은 물론 목적지의 자연적 · 사회적 조건에 관하여 전문적 지식을 가진 자로서 우월적 지위에서 행선지나 여행시설의 이용 등에 관한 계약 내용을 일방적으로 결정하는 반면, 여행자는 그 안전성을 신뢰하고 기획여행업자가 제시하는 조건에 따라 여행계약을 체결하는 것이 일반적이다. 이러한 점을 감안할 때 기획여행업자가 여행자와 여행계약을 체결할 경우에는 다음과 같은 내용의 안전배려의무를 부담한다고 봄이 타당하다. 기획여행업자는 여행자의 생명 · 신체 · 재산 등의 안전을 확보하기 위하여 여행목적지 · 여행일정 · 여행행정 · 여행서비스기관의 선택 등에 관하여 미리 충분히 조사 · 검토하여 전문업자로서의 합리적인 판단을 하여야 한다. 그에 따라 기획여행업자는 여행을 시작하기 전 또는 그 이후라도 여행자가 부딪칠지 모르는 위험을 예견할 수 있을 경우에는 여행자에게 그 뜻을 알려 여행자 스스로 그 위험을 수용할지를 선택할 기회를 주어야 하고, 그 여행계약 내용의 실시 도중에 그러한 위험 발생의 우려가 있을 때는 미리 그 위험을 제거할 수단을 마련하는 등의 합리적 조치를 하여야 한다(대법원 1998. 11. 24. 선고 98다25061 판결, 대법원 2011. 5. 26. 선고 2011다1330 판결 등 참조). 여행 실시 도중 위와 같은 안전배려의므 위반을 이유로 기획여행업자에게 손해배상책임을 인정하기 위해서는, 문제가 된 사고와 기획여행업자의 여행계약상 채무이행 사이에 직접 또는 간접적으로 관련성이 있고, 그 사고 위험이 여행과 관련 없이 일상생활에서 발생할 수 있는 것이 아니어야 하며, 기획여행업자가 그 사고 발생을 예견하였거나 예견할 수 있었음에도 그러한 사고 위험을 미리 제거하기 위하여 필요한 조치를 다하지 못하였다고 평가할 수 있어야 한다. 이 경우 기획여행업자가 취할 조치는 여행일정에서 상정할 수 있는 모든 추상적 위험을 예방할 수 있을 정도일 필요는 없고, 개별적 · 구체적 상황에서 여행자의 생명 · 신체 · 재산 등의 안전을 확보하기 위하여 통상적으로 필요한 조치이면 된다.

2. 원심판결 이유와 채택된 증거에 의하면, 다음 사실을 알 수 있다.

가. 망 소외 1, 망 소외 2(이하 '망인들'이라고 한다)와 ㅇㅇ회 회원 17명은 2012. 3. 중순경 피고와 여행기간 3박 5일, 여행지 베트남의 호치민, 붕타우로 정하여 기획여행계약(이하 '이 사건 여행계약'이라고 한다)을 체결하였다.

나. 망인들 일행은 2012. 3. 27. 밤에 피고 소속 국외여행 인솔자 소외 3과 함께 김해국제공항을 출발하여 2012. 3. 28. 새벽에 베트남 호치민시에 도착하였다. 거기서 피고의 현지 국외여행 인솔자 소외 4를 만나서 함께 베트남 남부의 해변 휴양지인 붕타우에 도착하였다.

다. 망인들은 다른 여행자들과 함께 2012. 3. 29. 20:00경 저녁 식사를 마치고 이 사건 호텔로 돌아와서 자유시간을 보냈는데, 일부 여행자들은 이 사건 호텔 내 수영장에서 물놀이하였고 망 소외 2는 위 호텔 인근 해변에서 물놀이하였다.

라. 그 후 소외 3은 망인들과 함께 여행을 온 소외 5로부터 "소외 2씨가 보이지 않는다"라는 말을 듣자 망 소외 1을 포함한 여행자 2~3명과 함께 망 소외 2를 찾으러 이 사건 호텔 인근 해변으로 나갔다.

마. 소외 3은 그때 망 소외 2가 이 사건 호텔 인근 해변에서 물놀이하고 있는 모습을 목격하였고, 망 소외 2에게 "바닷가는 위험하니 빨리 나오라"고 말하였다.

바. 소외 3은 망 소외 2가 바닷가에서 나오는 모습을 확인하지는 않은 채 위 해변을 떠나 위 호텔로 돌아왔고, 소외 4는 위 해변에 직접 다가가지 않았다.

사. 소외 3이 위 해변을 떠난 다음, 망인들은 계속 물놀이를 하다가 2012. 3. 29. 21:00경 파도에 휩쓸려 익사하였다(이하 '이 사건 사고'라고 한다).

아. 이 사건 여행일정표에는, 여행자들이 이 사건 사고 당일 오전에 해변으로 이동하여 해수욕이나 해변 산책을 하면서 자유시간을 갖고 오후에 붕타우 시내 관광 등을 하며 저녁 식사 후에는 자유시간을 갖는 것으로 예정되어 있었다.

3. 위와 같은 사실관계 및 채택된 증거에 의하여 알 수 있는 아래와 같은 사정을 종합하여 앞서 본 법리에 비추어 살펴보면, 피고가 이 사건 사고와 관련하여 기획여행계약의 여행주최자로서 이 사건 여행계약상의 안전배려의무를 위반하였다고 단정하기는 어렵다.

가. 망인들은 성년자(망 소외 1은 1979년생, 망 소외 2는 1960년생)이고, 이 사건 사고 당시 음주한 상태가 아니었으며 별다른 신체장애도 없었던 것으로 보인다.

나. 망인들을 포함한 여행자들이 이 사건 사고 당일 야간에 이 사건 호텔 인근 해변에서 물놀이하는 것은 이 사건 여행계약의 내용에 명시되어 있지 않았고, 위 여행계약에 이 사건 당일 오전에 해변에서 해수욕하거나 휴식을 취하는 자유시간 일정이 있었다는 점만으로 이러한 해변에서의 야간 물놀이가 위 여행계약의 급부와 관련이 있다고 보기는 어렵다.

다. 일반적으로 야간에 해변에서 물놀이할 경우 생명 또는 신체에 대한 위험에 노출될 확률이 높다. 망인들이 사리 분별력이 있는 성년자들임에도 야간에 해변에서 물놀이한 것은 스스로 그 위험을 감수하고 하는 행동으로 보아야 한다. 따라서 이 사건 사고는 피고가 객관적으로 예견할 수 있는 위험에 해당한다고 보기 어렵고, 특별한 사정이 없는 한 여행주최자인 피고는 사전에 여행자들인 망인들에게 야간 해변 물놀이의 위험성을 경고할 의무를 부담하지 않는다고 보아야 한다.

라. 야간 해변 물놀이가 이 사건 여행계약의 내용에 포함되지 않았을 뿐만 아니라, 망 소

외 2는 야간 해변 물놀이의 위험성을 충분히 인식할 수 있는 성년자이다. 설령 피고의 국외여행 인솔자 소외 3이 이 사건 사고 발생 전에 망 소외 2를 찾다가 야간 해변 물놀이 활동을 목격하였다면 그 위험성을 고지할 의무가 있다고 하더라도, 여행 주최자인 소외 3이 망 소외 2에게 물놀이를 중단하라는 취지로 그 위험성을 경고한 것만으로도 충분한 조치를 취하였다고 볼 수 있다.

마. 이에 더 나아가 소외 3이 망 소외 2의 안전 여부가 확실해질 때까지 계속해서 망 소외 2에게 그 위험성을 경고하거나, 강제로 망 소외 2를 끌어내거나, 망인들이 물놀이하지 않도록 감시하는 행위는 소외 3에게 기대할 수 있는 합리적 조치의 범위를 초과한다.

바. 소외 3이 위와 같이 합리적 조치를 취한 이상, 피고의 현지 인솔자 소외 4가 망 소외 2가 물놀이하던 해변에까지 가지 않았다고 하더라도 피고가 안전배려의무를 위반하였다고 인정할 수 없다.

4. 그런데도 원심은, 기획여행업자인 피고가 여행자들의 안전을 배려함으로써 사고가 발생하지 않도록 예방할 의무가 있음에도 위 의무를 게을리하였음을 전제로 피고가 망인들의 유족인 원고들에게 이 사건 사고로 인한 손해를 배상할 의무가 있다고 판단하였다.

그러나 앞서 본 바와 같이 이러한 원심의 판단에는 피고의 상고이유 주장과 같이 기획여행업자의 안전배려의무에 관한 법리를 오해하여 판결에 영향을 미친 잘못이 있다.

5. 그러므로 원심판결을 파기하고, 사건을 다시 심리 · 판단하도록 원심법원에 환송하기로 하여, 관여 대법관의 일치된 의견으로 주문과 같이 판결한다.

issue

위 판례의 관광진흥법 위반 조문 항목을 찾아보고 토론하시오.

제2장 관광사업

제1절 통칙

1. 관광사업의 종류

관광사업의 종류는 「관광진흥법」 제3조(<개정 2022. 9. 27.>)에서 크게 7가지로 분류하고, 이를 「관광진흥법시행령」 제2조(<개정 2021. 3. 23.>)에서 다시 세분하였다.

제1항제1호부터 제4호까지, 제6호 및 제7호에 따른 관광사업은 대통령령으로 정하는 바에 따라 세분할 수 있다.

표 3-4 관광진흥법에 따른 우리나라 관광사업의 분류

분류	세부종류		근거법령
여행업	종합여행업, 국내외여행업, 국내여행업		관광진흥법 제3조제1항제1호 관광진흥법시행령 제2조제1항제1호
관광숙박업	호텔업	관광호텔업, 수상관광호텔업, 한국전통호텔업, 가족호텔업, 호스텔업, 소형호텔업, 의료관광호텔업	관광진흥법 제3조제1항제2호 가목 관광진흥법시행령 제2조제1항제2호
	휴양콘도미니엄업		관광진흥법 제3조제1항제2호 나목
관광객 이용시설업	전문휴양업	민속촌, 해수욕장, 수렵장, 동물원, 식물원, 수족관, 온천장, 동굴자원, 수영장, 농어촌휴양시설, 활공장, 등록및신고체육시설업시설(스키장 · 요트장 · 골프장 · 조정장 · 카누장 · 빙상장 · 자동차경주장 · 승마장 또는 종합체육시설), 산림휴양시설, 박물관, 미술관	관광진흥법 제3조제1항제3호 관광진흥법시행령 제2조제1항제3호 가목
	종합휴양업	제1종종합휴양업, 제2종종합휴양업	관광진흥법시행령 제2조제1항제3호 나목
	야영장업	일반야영장업, 자동차야영장업	관광진흥법시행령 제2조제1항3제호 다목
	관광유람선업	일반관광유람선업, 크루즈업	관광진흥법시행령 제2조제1항제3호 라목
	관광공연장업		관광진흥법시행령 제2조제1항제3호 마목
	외국인관광 도시민박업		관광진흥법시행령 제2조제1항제3호 바목
	한옥체험업		관광진흥법시행령 제2조제1항제3호 사목
국제회의업	국제회의시설업, 국제회의기획업		관광진흥법 제3조제1항제4호 관광진흥법시행령 제2조제1항제4호
카지노업			관광진흥법 제3조제1항제5호
유원시설업	종합유원시설업, 일반유원시설업, 기타유원시설업		관광진흥법 제3조제1항제6호 관광진흥법시행령 제2조제1항제5호

분류	세부종류	근거법령
관광 편의시설업	관광유흥음식점업, 관광극장유흥업, 외국인전용 유흥음식점업, 관광식당업, 관광순환버스업, 관광사진업, 여객자동차터미널시설업, 관광펜션업, 관광궤도업, 관광면세업, 관광지원서비스업	관광진흥법 제3조제1항제4호 관광진흥법시행령 제2조제1항제6호

자료 : 「관광진흥법」 제3조, 「관광진흥법시행령」 제2조에 근거하여 논자 구성.

1) 여행업

관광진흥법 제3조(관광사업의 종류) 제1항제1호

1. 여행업 : 여행자 또는 운송시설 · 숙박시설, 그 밖에 여행에 딸리는 시설의 경영자 등을 위하여 그 시설 이용 알선이나 계약 체결의 대리, 여행에 관한 안내, 그 밖의 여행 편의를 제공하는 업

관광진흥법시행령 제2조(관광사업의 종류) 제1호 1. 여행업의 종류

가. 종합여행업: 국내외를 여행하는 내국인 및 외국인을 대상으로 하는 여행업[사증(査證)을 받는 절차를 대행하는 행위를 포함한다]

나. 국내외여행업: 국내외를 여행하는 내국인을 대상으로 하는 여행업(사증을 받는 절차를 대행하는 행위를 포함한다)

다. 국내여행업 : 국내를 여행하는 내국인을 대상으로 하는 여행업

일반적으로 여행업을 여행사라고 부르고 있으나, 여행알선업체라고도 하는데 이는 수수료를 받고 하는 사업을 의미하기 때문이다. 즉, 여행업(여행알선업)이란 여행객과 공급업자 사이에서 여행에 관한 시설의 예약 · 수배 · 알선 등의 여행서비스를 제공하고 공급자로부터 일정액의 수수료를 받는 것을 영업으로 하는 사업체를 말한다. 이 사업체를 영위하는 자를 여행업자라 부르고, 여기서 공급자는 여행업자 입장에서는 프린시펄(Principal, 운송시설 · 숙박시설, 기타 여행에 수반되는 시설의 경영자)이라고 부르고 있다.

따라서 여행사는 숙박시설 즉, 호텔 및 여관업자를 대신하여 그 이용을 관광객에게 알선하여 주고 그 시설을 경영하는 자와 이용에 관한 계약을 대리하는 행위를 말한다. 뿐만 아니라 이외에도 대리행위로는 버스 등의 운송시설, 여권사증을 받는 절차를 대행하고, 여행에 관한 상담에 응하거나 여행 관련 정보를 제공하는 행위가 여행사의 업무 중 하나이다. 또한, 항공운송업자를 위하여 국내 또는 국외를 여행하는 외국인 및 국외를 여행하는 내국인의 운송에 관한 계약체결을 여행사가 대행하고 있다. 그러므로 이러한 업무를 지속적으로 대행하

기 위해서는 평소에 각종 운송업자와 외국의 같은 거래선인 여행사와의 업무알선계약을 체결해 두지 않으면 안 된다.

여행사의 주요업무는 다음과 같다. ① 여행자를 위하여 운송 · 숙박시설의 이용을 알선하거나, 그 시설을 경영하는 자와 이용에 관한 계약을 체결하고, ② 여행에 관한 정보수집업무로서, 여행자를 위하여 여행에 관한 안내 및 편의를 제공하며, ③ 운송 · 숙박 · 관광시설 등의 예약을 대행하며, ④ 여행에 관한 상담이나 정보를 제공하고, 패키지 상품의 개발 등의 업무를 하고 있다.

여행업은 관광산업 발전의 동맥과 같은 위치에 있는 것으로서 우리나라 여행업의 종류에는 종합여행업과 국내외여행업 그리고 국내여행업의 3종으로 분류되어 있다.

여행업의 분류 및 등록기준은 다음과 같다.(관광진흥법시행령 제5조 별표1)

관광진흥법시행령 제5조(등록기준) 법 제4조제3항에 따른 관광사업의 등록기준은 별표 1과 같다.

[별표 1] 관광진흥법시행규칙 〈개정 2023. 3. 28.〉

관광사업의 등록기준(제5조 관련)

1. 여행업
   가. 종합여행업
      (1) 자본금(개인의 경우에는 자산평가액): 5천만원 이상일 것
      (2) 사무실 : 소유권이나 사용권이 있을 것
   나. 국내외여행업
      (1) 자본금(개인의 경우에는 자산평가액): 3천만원 이상일 것
      (2) 사무실 : 소유권이나 사용권이 있을 것
   다. 국내여행업
      (1) 자본금(개인의 경우에는 자산평가액): 1천500만원 이상일 것
      (2) 사무실 : 소유권이나 사용권이 있을 것

「관광진흥법」 시행령 개정(2005.4.22.)을 통하여 여행업에 대한 문화체육관광부 장관 또는 시 · 도지사의 등록 권한을 각각 시 · 도지사 또는 시장 · 군수 · 구청장에게 이양하였다. 2021년 12월 말 기준 시 · 도별 여행업체 등록 현황은 아래와 같다.

표 3-5 시 · 도별 여행업 등록 현황

구분	종합여행업	국내외여행업	국내여행업	계
서울	3,479	3,318	907	7,704
부산	278	754	428	1,460
대구	157	423	215	795
인천	150	219	160	529
광주	117	297	184	598
대전	103	265	129	497
울산	54	136	52	242
세종	18	38	25	81
경기	732	1,263	666	2,661
강원	117	216	240	573
충북	71	204	139	414
충남	44	267	251	562
전북	134	384	321	839
전남	99	330	347	776
경북	73	335	270	678
경남	126	434	249	809
제주	341	142	637	1,120
계	6,093	9,025	5,220	20,338

자료 : 지방행정 인허가 데이터, 2021년 12월 31일 기준

(1) 종합여행업

종합여행업은 외국인 관광객 유치의 중추적 역할을 하고 있으나, 종합여행업체의 외국인 유치실적은 코로나19로 인한 국가 간 입국제한 및 항공노선 중단 등으로 급감하였다. 2020년 1월~3월 종합여행업체의 외국인 유치실적은 약 33만 명으로 전체 방한객 중 16.0%를 차지하여 전년대비 51.9% 감소하였다. 또한 내국인 관광객을 해외로 송출한 실적은 전년대비 61.3% 감소하여 약 96만 명을 기록하였으며 전체 출국자 수의 25.8%를 차지하였다.

(2) 국내외여행업

정부는 국민의 해외여행에 따른 여권 발급업무 및 여권 수속대행업무 등 해외여행자의 편의를 증진하기 위하여 1982년에 종전의 항공운송대리점업에 대한 등록기준을 강화하여 명칭을 여행대리점업으로 변경하였다.

1987년 7월에는 내국인을 대상으로 하는 국외여행 알선업무를 수행하도록 업무범위를 확

대하면서 국외여행업으로 변경하였고, 2021년 3월 국외여행업체가 추가적인 자본금 부담없이 국내여행업을 병행할 수 있도록 관광진흥법 시행령 개정을 통해 국내외여행업으로 변경하였다. 2021년 12월 말 기준으로 등록된 국내외여행업체는 9,025개이다.

(3) 국내여행업

국내여행업은 다양한 국민관광의 수요충족을 위하여 1982년에 종전의 허가제에서 등록제로 변경된 이후 국내여행업 수는 282개에서 2021년 12월 말 기준 5,220개로 크게 증가하였다. 이는 국민 경제발전에 따른 가처분소득의 증가와 여가시간의 확대 등으로 관광이 국민생활의 중요한 일부분으로 자리잡게 됨으로써 국민관광이 증가한 결과이다.

2) 관광숙박업

관광진흥법 제3조(관광사업의 종류) 제1항제2호 2. 관광숙박업 : 다음 각 목에서 규정하는 업

가. 호텔업 : 관광객의 숙박에 적합한 시설을 갖추어 이를 관광객에게 제공하거나 숙박에 딸리는 음식 · 운동 · 오락 · 휴양 · 공연 또는 연수에 적합한 시설 등을 함께 갖추어 이를 이용하게 하는 업

나. 휴양 콘도미니엄업 : 관광객의 숙박과 취사에 적합한 시설을 갖추어 이를 그 시설의 회원이나 공유자, 그 밖의 관광객에게 제공하거나 숙박에 딸리는 음식 · 운동 · 오락 · 휴양 · 공연 또는 연수에 적합한 시설 등을 함께 갖추어 이를 이용하게 하는 업

관광진흥법시행령 제2조(관광사업의 종류) 제2호 2. 호텔업의 종류

가. 관광호텔업 : 관광객의 숙박에 적합한 시설을 갖추어 관광객에게 이용하게 하고 숙박에 딸린 음식 · 운동 · 오락 · 휴양 · 공연 또는 연수에 적합한 시설 등(이하 "부대시설"이라 한다)을 함께 갖추어 관광객에게 이용하게 하는 업(業)

나. 수상관광호텔업 : 수상에 구조물 또는 선박을 고정하거나 매어 놓고 관광객의 숙박에 적합한 시설을 갖추거나 부대시설을 함께 갖추어 관광객에게 이용하게 하는 업

다. 한국전통호텔업 : 한국전통의 건축물에 관광객의 숙박에 적합한 시설을 갖추거나 부대시설을 함께 갖추어 관광객에게 이용하게 하는 업

라. 가족호텔업 : 가족단위 관광객의 숙박에 적합한 시설 및 취사도구를 갖추어 관광객에게 이용하게 하거나 숙박에 딸린 음식 · 운동 · 휴양 또는 연수에 적합한 시설을 함께 갖추어 관광객에게 이용하게 하는 업

마. 호스텔업 : 배낭여행객 등 개별 관광객의 숙박에 적합한 시설로서 샤워장, 취사장 등의 편의시설과 외국인 및 내국인 관광객을 위한 문화 · 정보 교류시설 등을 함께 갖추어 이용하게 하는 업

바. 소형호텔업 : 관광객의 숙박에 적합한 시설을 소규모로 갖추고 숙박에 딸린 음식 · 운동 · 휴양 또는 연수에 적합한 시설을 함께 갖추어 관광객에게 이용하게 하는 업

사. 의료관광호텔업 : 의료관광객의 숙박에 적합한 시설 및 취사도구를 갖추거나 숙박에 딸린 음식 · 운동 또는 휴양에 적합한 시설을 함께 갖추어 주로 외국인 관광객에게 이용하게 하는 업

관광진흥법에 따른 관광숙박업은 호텔업과 휴양콘도미니엄업으로 구분되며, 호텔업은관광호텔업, 수상관광호텔업, 한국전통호텔업, 가족호텔업, 호스텔업, 소형호텔업, 의료관광호텔업으로 구성되어 있다.

2007년에는 과거 호텔업에서 휴양콘도미니엄업과 달리 공유제 분양 또는 회원모집을 할 수 없도록 규정(가족호텔업에 한해서는 회원모집 허용)하였던 것을 2006년 2월 2일 이후 사업계획승인을 받은 모든 호텔업에 대하여 회원모집을 허용함으로써 호텔업의 경영 효율화를 도모하였고(「관광진흥법」 시행령 개정/2007.11.13.), 2008년에는 2006년 2월 2일 이전에 사업계획의 승인을 받은 관광호텔업, 수상관광호텔업 및 한국전통호텔업에 대해서도 회원모집을 허용하였으며(「관광진흥법」 시행령 개정/ 2008.8.26.), 2009년에는 배낭여행객 등 개별관광객의 숙박시설로 호스텔업이 추가(「관광진흥법」 시행령 개정/2009.10.7.)되었다.

2012년에는 외국인 관광객 2천만 명 시대를 대비한 관광숙박시설 확충기반을 조성하고, 국내 관광산업의 경쟁력을 획기적으로 강화하기 위한 제도적 기반을구축하기 위해 「관광숙박시설 확충을 위한 특별법」을 제정 · 시행하였다(제정/2012.1.26.). 2013년에는 숙박시설의 다양성 부족문제 해소를 위하여 중저가 · 부티크 호텔 확충 기반을 마련하고자 소형호텔업과 의료관광 활성화를 위한 의료관광호텔업을 신설하였다(「관광진흥법」 시행령 개정/2013.11.29.). 2014년에는 등급제도 신뢰성 강화를 위하여 호텔업 등급제도 의무화(「관광진흥법」 개정/2014.3.11.), 등급구분을 성(星)급으로 변경(「관광진흥법」 시행령 개정/2014.11.28.)하였다.

2015년에는 호텔업 등급제도 신뢰성 강화를 위하여 등급별 평가기준 도입 및 암행 · 불시평가 시행(문화체육관광부 고시 개정/2015.2.13.), 등급결정업무를 한국관광공사로 이관(문화체육관광부 공고/2015.1.1.), 호텔 등급표지 고시 제정(문화체육관광부 고시 제정/2015.5.8.)을 추진하였고, 관광숙박업 입지 확충을 위하여 유해부대시설이 없는관광숙박시설에 한하여 일정기준을 충족하면 학교환경위생정화구역 내 입지를 허용(「관광진흥법」 개정/ 2015.12.22.)토록 개선하였으며, 관광숙박업에 대한 한시적 인센티브를 연장시행(「관광숙박시설 확충을 위한 특별법[1]」/2015.12.31.)하였다.

2019년 말 전 세계적으로 코로나19가 확산함에 따라 정상적인 등급평가 실시가 어려워「관광진흥법」 시행규칙 개정(2020.4.28.)을 통한 호텔업 등급평가를 유예할 수 있는 근거를 마련하고, 호텔 등급결정 통지기간을 총 4차례 연장하였으며, 코로나19 장기화와 등급결정 통지기간 연장 고시의 불편함을 개선하여 호텔업 등급결정 유효기간 연장고시를 제정함으로서 2022.12.31.일까지 유효기간을 연장할 수 있도록 하였다.

「관광진흥법」에 규정되어 있는 관광숙박업 외에도 다양한 숙박공간 확충사업을 추진하여 관광수요에 부응하고 있으며 향후에도 지속적으로 관광객의 수요에 부합하는 숙박시설을 확충해 나갈 계획이다(문화체육관광부, 2021년 기준 관광동향에 관한 연차보고서).

표 3-6 시 · 도별 관광숙박업 등록 현황

(단위 : 개소, 실)

구분		서울	부산	대구	인천	광주	대전	울산	세종	경기	강원	충북	충남	전북	전남	경북	경남	제주	소계
관광호텔업	5성급 특1급	24	8	1	5	–		1	–	1	4	1	–	–	1	2	2	14	64
	4성급 특2급	39	4	3	5	2	2	2	–	9	11	–	–	4	4	4	4	12	105
	3성급 1등급	81	12	4	8	4	6	4	–	20	12	5	4	4	7	9	18	21	219
	2성급 2등급	57	34	10	23	4	3	4	–	37	9	10	5	7	13	16	21	8	261
	1성급 3등급	42	13	1	25	1		4	–	20	1	1	1	1	9	4	14	4	141
	등급 없음	83	26	9	18	3	8	3	–	44	11	4	5	13	42	11	26	66	372
	소계	326	97	28	84	14	19	18	0	131	48	21	15	29	76	46	85	125	1,162
수상관광호텔업		–	–	–	–	–	–	–	–	–	–	–	–	–	–	–	–	–	0
전통호텔업		–	–	–	2	–	–	–	–		1	–	–	1	1	1	–	1	7
가족호텔업		20	1	–	3		1	1	–	15	15	1	4	6	12	1	27	62	169
호스텔업		108	92	5	–	–	–	1	–	19	56	5	2	8	240	30	36	170	772
소형호텔업		9	4	–	2	–	–	–	–	6	7	–	1	3	1	4	4	4	45
의료관광호텔업		–	–	–	–	–	–	–	–	–	–	–	–	–	–	–	–	–	0
소계 (관광호텔업 외)		137	97	5	7	0	1	2	0	40	79	6	7	18	254	36	67	237	993
호텔업 합계		463	194	33	91	14	20	20	0	171	127	27	22	47	330	82	152	362	2,155
휴양콘도미니엄업		1	6		2		–		–	19	79	8	15	6	12	14	17	60	239
총계		464	200	33	93	14	20	20	0	190	206	35	37	53	342	96	169	422	2,394

1)「관광숙박시설 확충을 위한 특별법」은 2012. 12. 26.에 제정되어 2016. 12. 31.까지 한시적으로 적용되었다.

자료 : 문화체육관광부, 2022년 12월 31일 기준
주) 등급없음은 신규등록업체 및 등록유효기간 만료업체로서 기준일 현재 유혀등급을 보유하지 못한 업체임

(1) 관광호텔업

관광호텔업은 호텔등급제도의 심사를 받아서 호텔등급을 결정한다. 대한민국의 호텔 등급 결정사업은 1971년부터 시작되었다. 1999년까지는 문화체육관광부와 지방자치단체와 함께 등급을 직접 결정하였으나, 1999년부터는 한국관광협회중앙회와 한국호텔업협회에 등급 결정 사업을 위탁하였고, 현재는 한국관광공사가 2015년부터 호텔업 등급결정사업을 문화체육관광부로부터 위탁받아 사업을 수행하고 있다.

1971년 호텔 등급 결정사업이 시작된 이래로 무궁화 등급 제도가 시행되었으나, 호텔등급제도에 대해 글로벌 스탠다드에 맞는 개선의 필요성이 제기되면서 2014년 말 무궁화를 별로 바꾸는 신등급제도(star rating)가 도입되었으며, 도입 이후로 2015년 5월 호텔 신라가 국내 최초로 5성급 호텔로 선정되었다.

2022년 12월 31일 기준으로 관광호텔업의 등록 현황은 전국 1,162개 업체에 139,474실이다. 이를 지역별로 보면 서울 326개 업체 54,673실, 제주 125개 업체 16,059실, 경기 131개 업체 13,114실, 부산 97개 업체 12,398실, 인천 84개 업체 9,208실 순으로 등록되어 있다. 등급별로 보면 5성급 · 특1등급이 64개 업체 26,190실, 4성급 · 특2등급이 105개 업체 24,611실, 3성급 · 등급이 219개 업체 29,385실, 2성급 · 등급이 261개 업체 18,423실, 1성급 · 등급이 141개 업체 7,676실, 등급없음이 372개 업체 33,189실로 나타나고 있다.

표 3-7 시 · 도별 관광호텔업 등록 현황

(단위 : 개소, 실)

구분			서울	부산	대구	인천	광주	대전	울산	세종	경기	강원	충북	충남	전북	전남	경북	경남	제주	소계
관광호텔업	5성급 특1급	업체수	24	8	1	5	–		1	–	1	4	1	–	–	1	2	2	14	64
		객실수	10,832	2,883	325	2,484	–		200	–	826	799	328	–	–	311	754	332	6,116	26,190
	4성급 특2급	업체수	39	4	3	5	2	2	2	–	9	11	–	–	4	4	4	4	12	105
		객실수	11,061	1,360	354	1,295	325	510	403	–	1,982	2,539	–	–	469	541	1,022	664	2,086	24,611
	3성급 1등급	업체수	81	12	4	8	4	6	4	–	20	12	5	4	4	7	9	18	21	219
		객실수	14,899	1,634	211	970	339	608	1,105	–	2,505	1,104	485	721	412	475	710	1,485	1,722	29,385
	2성급 2등급	업체수	57	34	10	23	4	3	4	–	37	9	10	5	7	13	16	21	8	261
		객실수	4,862	2,879	694	1,964	271	159	478	–	2,431	460	683	249	411	626	875	979	402	18,423

구분			서울	부산	대구	인천	광주	대전	울산	세종	경기	강원	충북	충남	전북	전남	경북	경남	제주	소계
관광호텔업	1성급 3등급	업체수	42	13	1	25	1		4	–	20	1	1	1	1	9	4	14	4	141
		객실수	2,239	601	44	1,316	59		159	–	1,277	35	60	53	65	657	154	732	225	7,676
	등급 없음	업체수	83	26	9	18	3	8	3	–	44	11	4	5	13	42	11	26	66	372
		객실수	10,780	3,041	990	1,179	182	775	252	–	4,093	967	170	391	832	1,732	687	1,610	5,508	33,189
	소계	업체수	326	97	28	84	14	19	18	0	131	48	21	15	29	76	46	85	125	1,162
		객실수	54,673	12,398	2,618	9,208	1,176	2,052	2,597	0	13,114	5,904	1,726	1,414	2,189	4,342	4,202	5,802	16,059	139,474

자료 : 문화체육관광부, 2022년 12월 31일 기준

표 3-8 연도별 관광호텔업 증가추이

연도	호텔수		객실수	
	업체수(개)	증가율(%)	객실수(개)	증가율(%)
2011년	644	2.2%	70,763	3.2%
2012년	683	6.1%	74,737	5.6%
2013년	740	8.3%	79,441	6.3%
2014년	837	13.1%	92,150	16.0%
2015년	907	8.4%	101,726	10.4%
2016년	971	7.1%	109,880	8.0%
2017년	1,026	5.6%	120,556	9.7%
2018년	1,044	1.7%	126,422	4.9%
2019년	1,049	0.5%	131,341	3.9%
2020년	1,071	2.1%	133,066	1.3%
2021년	1,295	20.9%	137,432	3.3%

자료 : 문화체육관광부, 2021년 12월 31일 기준

표 3-9 관광호텔업 등급별 객실 운영현황

연도	성급(표본 수)	판매객실평균요금(원) (ADR)	객실 이용률(%) (OCC)	객실당 수입(원) (revPAR)
2021	5성급(53)	218,891	48.91	107,051
	4성급(89)	116,555	48.26	56,252
	3성급(147)	76,976	46.17	35,542
	2성급(154)	68,332	43.25	29,554
	1성급(57)	65,339	39.48	25,798
	미등급(125)	92,060	37.47	34,495
	평 균(625)	125,170	45.67	57,164

2020	5성급(45)	198,258	39.31	77,939
	4성급(72)	100,974	40.51	40,906
	3성급(137)	75,504	39.56	29,869
	2성급(121)	67,623	36.65	24,783
	1성급(59)	63,120	40.13	25,328
	미등급(54)	76,813	38.31	29,430
	평 균(488)	110,285	39.25	43,285

자료 : 한국호텔업협회(2022), 2021 호텔업운영현황

(2) 수상관광호텔

수상관광호텔업은 2000년 7월 20일 최초로 부산 해운대구에 객실 수 53실의 수상관광호텔이 등록되었으나, 태풍으로 인해 멸실되어 현재는 존재하지 않고 있다.

(3) 한국전통호텔업

한국전통호텔업은 1991년 7월 26일 최초로 제주도 중문관광단지 내에 객실수 26실의 한국전통호텔업이 등록되었으며 2022년 12월 31일 기준으로 전국 7개소 173실이 운영 중에 있다.

표 3-10 시 · 도별 한국전통호텔업 등록 현황

(단위 : 개소, 실)

구분	서울	부산	대구	인천	광주	대전	울산	세종	경기	강원	충북	충남	전북	전남	경북	경남	제주	계
업체수	-	-	-	2	-	-	-	-		1	-	-	1	1	1	-	1	7
객실수	-	-	-	74	-	-	-	-		16	-	-	20	21	16	-	26	173

자료 : 문화체육관광부, 2022년 12월 31일 기준

(4) 가족호텔업

경제성장으로 인한 국민소득 수준의 향상은 다수 국민으로 하여금 여가활동을 향유케 하였으며 이는 가족단위 관광의 증가로 이어졌고, 가족단위 관광객의 증가는 가족호텔을 급격히 증가하게 하였다. 정부는 증가된 가족단위의 관광수요에 부응하여 국민복지 차원에서 건전한 가족관광을 영위할 수 있게 하기 위하여 가족호텔 내에 숙박에 적합한 시설 및 취사도구를 갖추어 관광객에게 이용하게 하거나 숙박에 딸린 음식 · 운동 · 휴양 또는 연수에 적합한 시설을 겸비토록 하고 있다. 2022년 12월 31일 기준 전국 169개소 14,363실이 운영 중에 있다.

표 3-11 시 · 도별 가족호텔업 등록 현황

(단위 : 개소, 실)

구분	서울	부산	대구	인천	광주	대전	울산	세종	경기	강원	충북	충남	전북	전남	경북	경남	제주	계
업체수	20	1	-	3		1	1	-	15	15	1	4	6	12	1	27	62	169
객실수	2,997	37	-	492		80	35	-	850	967	52	211	2,172	763	30	1,619	4,058	14,363

자료 : 문화체육관광부, 2022년 12월 31일 기준

(5) 호스텔업

호스텔업은 2009년 10월 7일 「관광진흥법 시행령」 개정을 통해 호텔업의 한 종류로 신설되었으며 2010년 12월 21일 최초로 제주도에 객실 수 36실의 호스텔이 등록되었다. 2022년 12월 31일 기준 전국 772개소 13,444실이 운영 중에 있다.

표 3-12 시 · 도별 호스텔업 등록 현황

(단위 : 개소, 실)

구분	서울	부산	대구	인천	광주	대전	울산	세종	경기	강원	충북	충남	전북	전남	경북	경남	제주	계
업체수	108	92	5		-	-	1	-	19	56	5	2	8	240	30	36	170	772
객실수	3,586	907	71		-	-	7	-	640	543	68	17	145	2,148	447	527	4,338	13,444

자료 : 문화체육관광부, 2022년 12월 31일 기준

(6) 소형호텔업

소형호텔업은 외국인관광객 1,200만명 시대를 맞이하여 관광숙박서비스의 다양성을 제고하고 부가가치가 높은 고품격의 융 · 복합형 관광산업을 집중적으로 육성하기 위하여 2013년 11월 29일 「관광진흥법시행령」 일부개정을 통해 부띠크 호텔 등 객실 규모는 크지 않으나 특색있는 숙박경험을 제공할 수 있는 호텔을 장려하기 위하여 호텔업의 한 종류로 신설되었다.

소형호텔업은 2022년 12월 31일 전국 기준 45개소 1,096실이 운영되고 있다.

표 3-13 시 · 도별 소형호텔업 등록 현황

(단위 : 개소, 실)

구분	서울	부산	대구	인천	광주	대전	울산	세종	경기	강원	충북	충남	전북	전남	경북	경남	제주	계
업체수	9	4	-	2	-	-	-	-	6	7	-	1	3	1	4	4	4	45
객실수	227	111	-	41	-	-	-	-	154	170	-	24	61	29	95	92	92	1,096

자료 : 문화체육관광부, 2022년 12월 31일 기준

(7) 의료관광호텔업

2013년 11월 29일「관광진흥법시행령」일부개정을 통해 의료관광 활성화를 위하여 의료관광호텔업이 신설되었으며, 2022년 12월 31일 기준 등록된 시설은 없다.

(8) 휴양콘도미니엄업

휴양콘도미니엄업은 1957년 스페인에서 기존호텔에 개인의 소유권 개념을 도입하여 개발한 것이 시초이며 관광객의 숙박과 취사에 적합한 시설을 갖추어 이를 당해시설의 회원 공유자 및 기타 관광객에게 이용하게 하는 관광숙박시설을 말한다. 우리나라는 1981년 4월 (주)한국콘도에서 경주보문단지 내에 있는 25평형 103실을 분양한 것이 콘도미니엄의 시초인데, 1982년 12월 31일자로 휴양콘도미니엄업을「관광진흥법」상의 관광숙박업종으로 신설하였으며, 2022년 12월 31일 기준 전국 239개소, 49,424객실이 운영 중에 있다.

휴양콘도미니엄은 가족단위의 취사에 적합한 시설을 갖춘다는 것이 특징으로 우리나라 국민의 생활수준 향상에 따라 이용계층이 확대되어 국민의 주요 관광숙박시설이 되었다. 향후 지속적으로 휴양콘도미니엄을 건전한 관광숙박시설로 유도하고 이용의 편의를 도모하여 건전한 가족단위 관광숙박시설로 육성해 나갈 방침이다.

표 3-14 시 · 도별 휴양콘도미니엄업 등록 현황

(단위 : 개소, 실)

구분	서울	부산	대구	인천	광주	대전	울산	세종	경기	강원	충북	충남	전북	전남	경북	경남	제주	계
업체수	1	6		2		-		-	19	79	8	15	6	12	14	17	60	239
객실수	334	1,678	-	334	-	-	-	-	3,418	21,255	2,096	2,860	714	1,651	3,106	2,889	9,089	49,424

자료 : 문화체육관광부, 2022년 12월 31일 기준

관광진흥법시행령 제5조(등록기준) 법 제4조제3항에 따른 관광사업의 등록기준은 별표 1과 같다.

[별표 1] 관광진흥법시행령 〈개정 2023. 3. 28.〉

관광사업의 등록기준(제5조 관련)

2. 호텔업

가. 관광호텔업

(1) 욕실이나 샤워시설을 갖춘 객실을 30실 이상 갖추고 있을 것

(2) 외국인에게 서비스를 제공할 수 있는 체제를 갖추고 있을 것

(3) 대지 및 건물의 소유권 또는 사용권을 확보하고 있을 것. 다만, 회원을 모집하는 경우에는 소유권을 확보하여야 한다.

나. 수상관광호텔업

(1) 수상관광호텔이 위치하는 수면은 「공유수면 관리 및 매립에 관한 법률」 또는 「하천법」에 따라 관리청으로부터 점용허가를 받을 것

(2) 욕실이나 샤워시설을 갖춘 객실이 30실 이상일 것

(3) 외국인에게 서비스를 제공할 수 있는 체제를 갖추고 있을 것

(4) 수상오염을 방지하기 위한 오수 저장·처리시설과 폐기물처리시설을 갖추고 있을 것

(5) 구조물 및 선박의 소유권 또는 사용권을 확보하고 있을 것. 다만, 회원을 모집하는 경우에는 소유권을 확보하여야 한다.

다. 한국전통호텔업

(1) 건축물의 외관은 전통가옥의 형태를 갖추고 있을 것

(2) 이용자의 불편이 없도록 욕실이나 샤워시설을 갖추고 있을 것

(3) 외국인에게 서비스를 제공할 수 있는 체제를 갖추고 있을 것

(4) 대지 및 건물의 소유권 또는 사용권을 확보하고 있을 것. 다만, 회원을 모집하는 경우에는 소유권을 확보하여야 한다.

라. 가족호텔업

(1) 가족단위 관광객이 이용할 수 있는 취사시설이 객실별로 설치되어 있거나 층별로 공동취사장이 설치되어 있을 것

(2) 욕실이나 샤워시설을 갖춘 객실이 30실 이상일 것

(3) 객실별 면적이 19제곱미터 이상일 것

(4) 외국인에게 서비스를 제공할 수 있는 체제를 갖추고 있을 것

(5) 대지 및 건물의 소유권 또는 사용권을 확보하고 있을 것. 다만, 회원을 모집하는 경우에는 소유권을 확보하여야 한다.

마. 호스텔업

1) 배낭여행객 등 개별 관광객의 숙박에 적합한 객실을 갖추고 있을 것

2) 이용자의 불편이 없도록 화장실, 샤워장, 취사장 등의 편의시설을 갖추고 있을 것. 다만, 이러한 편의시설은 공동으로 이용하게 할 수 있다.

3) 외국인 및 내국인 관광객에게 서비스를 제공할 수 있는 문화·정보 교류시설을 갖추고 있을 것

4) 대지 및 건물의 소유권 또는 사용권을 확보하고 있을 것

바. 소형호텔업

(1) 욕실이나 샤워시설을 갖춘 객실을 20실 이상 30실 미만으로 갖추고 있을 것

(2) 부대시설의 면적 합계가 건축 연면적의 50퍼센트 이하일 것

(3) 두 종류 이상의 부대시설을 갖출 것. 다만, 「식품위생법 시행령」 제21조제8호다목에 따른 단란주점영업, 같은 호 라목에 따른 유흥주점영업 및 「사행행위 등 규제 및 처벌 특례법」 제2조제1호에 따른 사행행위를 위한 시설은 둘 수 없다.

(4) 조식 제공, 외국어 구사인력 고용 등 외국인에게 서비스를 제공할 수 있는 체제를 갖추고 있을 것

(5) 대지 및 건물의 소유권 또는 사용권을 확보하고 있을 것. 다만, 회원을 모집하는 경우에는 소유권을 확보하여야 한다.

사. 의료관광호텔업

(1) 의료관광객이 이용할 수 있는 취사시설이 객실별로 설치되어 있거나 층별로 공동취사장이 설치되어 있을 것

(2) 욕실이나 샤워시설을 갖춘 객실이 20실 이상일 것

(3) 객실별 면적이 19제곱미터 이상일 것

(4) 「교육환경 보호에 관한 법률」 제9조제13호·제22호·제23호 및 제26호에 따른 영업이 이루어지는 시설을 부대시설로 두지 않을 것

(5) 의료관광객의 출입이 편리한 체계를 갖추고 있을 것

(6) 외국어 구사인력 고용 등 외국인에게 서비스를 제공할 수 있는 체제를 갖추고 있을 것

(7) 의료관광호텔 시설(의료관광호텔의 부대시설로 「의료법」 제3조제1항에 따른 의료기관을 설치할 경우에는 그 의료기관을 제외한 시설을 말한다)은 의료기관 시설과 분리될 것. 이 경우 분리에 관하여 필요한 사항은 문화체육관광부장관이 정하여 고시한다.

(8) 대지 및 건물의 소유권 또는 사용권을 확보하고 있을 것

(9) 의료관광호텔업을 등록하려는 자가 다음의 구분에 따른 요건을 충족하는 외국인환자 유치 의료기관의 개설자 또는 유치업자일 것

(가) 외국인환자 유치 의료기관의 개설자

1) 「의료 해외진출 및 외국인환자 유치 지원에 관한 법률」 제11조에 따라 보건복지부장관에게 보고한 사업실적에 근거하여 산정할 경우 전년도(등록신청일이 속한 연도의 전년도를 말한다. 이하 같다)의 연환자수(외국인환자 유치 의료기관이 2개 이상인 경우에는 각 외국인환자 유치 의료기관의 연환자수를 합산한 결과를 말한다. 이하 같다) 또는 등록신청일 기준으로 직전 1년간의 연환자수가 500명을 초과할 것. 다만 외국인환자 유치 의료기관 중 1개 이상이 서울특별시에 있는 경우에는 연환자수가 3,000명을 초과하여야 한다.

2) 「의료법」 제33조제2항제3호에 따른 의료법인인 경우에는 1)의 요건을 충족하면서 다른 외국인환자 유치 의료기관의 개설자 또는 유치업자와 공동으로 등록하지 아니할 것

3) 외국인환자 유치 의료기관의 개설자가 설립을 위한 출연재산의 100분의 30 이상을 출연한 경우로서 최다출연자가 되는 비영리법인(외국인환자 유치 의료기관의 개설자인 경우로 한정한다)이 1)의 기준을 충족하지 아니하는 경우에는 그 최다출연자인 외국인환자 유치 의료기관의 개설자가 1)의 기준을 충족할 것

(나) 유치업자

1) 「의료 해외진출 및 외국인환자 유치 지원에 관한 법률」 제11조에 따라 보건복지부장관에게 보고한 사업실적에 근거하여 산정할 경우 전년도의 실환자수(둘 이상의 유치업자가 공동으로 등록하는 경우에는 실환자수를 합산한 결과를 말한다. 이하 같다) 또는 등록신청일 기준으로 직전 1년간의 실환자수가 200명을 초과할 것

2) 외국인환자 유치 의료기관의 개설자가 100분의 30 이상의 지분 또는 주식을 보유하면서 최대출자자가 되는 법인(유치업자인 경우로 한정한다)이 1)의 기준을 충족하지 아니하는 경우에는 그 최대출자자인 외국인환자 유치 의료기관의 개설자가 (가)1)의 기준을 충족할 것

3. 휴양콘도미니엄업

가. 객실

(1) 같은 단지 안에 객실이 30실 이상일 것. 다만, 2016년 7월 1일부터 2018년 6월 30일까지 제3조제1항에 따라 등록 신청하는 경우에는 20실 이상으로 한다.

(2) 관광객의 취사·체류 및 숙박에 필요한 설비를 갖추고 있을 것. 다만, 객실 밖에 관광객이 이용할 수 있는 공동취사장 등 취사시설을 갖춘 경우에는 총 객실의 30퍼센트(「국토의 계획 및 이용에 관한 법률」 제6조제1호에 따른 도시지역의 경우에는 총 객실의 30퍼센트 이하의 범위에서 조례로 정하는 비율이 있으면 그 비율을 말한다) 이하의 범위에서 객실에 취사시설을 갖추지 아니할 수 있다.

나. 매점 등

매점이나 간이매장이 있을 것. 다만, 여러 개의 동으로 단지를 구성할 경우에는 공동으로 설치할 수 있다.

다. 문화체육공간

공연장·전시관·미술관·박물관·수영장·테니스장·축구장·농구장, 그 밖에 관광객이 이용하기 적합한 문화체육공간을 1개소 이상 갖출 것. 다만, 수개의 동으로 단지를 구성할 경우에는 공동으로 설치할 수 있으며, 관광지·관광단지 또는 종합휴양업의 시설 안에 있는 휴양콘도미니엄의 경우에는 이를 설치하지 아니할 수 있다.

라. 대지 및 건물의 소유권 또는 사용권을 확보하고 있을 것. 다만, 분양 또는 회원을 모집하는 경우에는 소유권을 확보하여야 한다.

3) 관광객 이용시설업

관광진흥법 제3조(관광사업의 종류) 제1항제3호 3. 관광객 이용시설업 : 다음 각 목에서 규정하는 업

가. 관광객을 위하여 음식 · 운동 · 오락 · 휴양 · 문화 · 예술 또는 레저 등에 적합한 시설을 갖추어 이를 관광객에게 이용하게 하는 업

나. 대통령령으로 정하는 2종 이상의 시설과 관광숙박업의 시설(이하 "관광숙박시설"이라 한다) 등을 함께 갖추어 이를 회원이나 그 밖의 관광객에게 이용하게 하는 업

다. 야영장업 : 야영에 적합한 시설 및 설비 등을 갖추고 야영편의를 제공하는 시설(「청소년활동 진흥법」 제10조제1호마목에 따른 청소년야영장은 제외한다)을 관광객에게 이용하게 하는 업

관광진흥법시행령 제2조(관광사업의 종류) 제3호 3. 관광객 이용시설업의 종류

가. 전문휴양업 : 관광객의 휴양이나 여가 선용을 위하여 숙박업 시설(「공중위생관리법 시행령」 제2조제1항제1호 및 제2호의 시설을 포함하며, 이하 "숙박시설"이라 한다)이나 「식품위생법 시행령」 제21조제8호가목 · 나목 또는 바목에 따른 휴게음식점영업, 일반음식점영업 또는 제과점영업의 신고에 필요한 시설(이하 "음식점시설"이라 한다)을 갖추고 별표 1 제4호가목(2)(가)부터 (거)까지의 규정에 따른 시설(이하 "전문휴양시설"이라 한다) 중 한 종류의 시설을 갖추어 관광객에게 이용하게 하는 업

나. 종합휴양업

(1) 제1종 종합휴양업 : 관광객의 휴양이나 여가 선용을 위하여 숙박시설 또는 음식점시설을 갖추고 전문휴양시설 중 두 종류 이상의 시설을 갖추어 관광객에게 이용하게 하는 업이나, 숙박시설 또는 음식점시설을 갖추고 전문휴양시설 중 한 종류 이상의 시설과 종합유원시설업의 시설을 갖추어 관광객에게 이용하게 하는 업

(2) 제2종 종합휴양업 : 관광객의 휴양이나 여가 선용을 위하여 관광숙박업의 등록에 필요한 시설과 제1종 종합휴양업의 등록에 필요한 전문휴양시설 중 두 종류 이상의 시설 또는 전문휴양시설 중 한 종류 이상의 시설 및 종합유원시설업의 시설을 함께 갖추어 관광객에게 이용하게 하는 업

다. 야영장업

1) 일반야영장업 : 야영장비 등을 설치할 수 있는 공간을 갖추고 야영에 적합한 시설을 함께 갖추어 관광객에게 이용하게 하는 업

2) 자동차야영장업 : 자동차를 주차하고 그 옆에 야영장비 등을 설치할 수 있는 공간을 갖추고 취사 등에 적합한 시설을 함께 갖추어 자동차를 이용하는 관광객에게 이용하게 하는 업

라. 관광유람선업

1) 일반관광유람선업 : 「해운법」에 따른 해상여객운송사업의 면허를 받은 자나 「유선 및 도선사업법」에 따른 유선사업의 면허를 받거나 신고한 자가 선박을 이용하여 관광객에게 관광을 할 수 있도록 하는 업

2) 크루즈업 : 「해운법」에 따른 순항(順航) 여객운송사업이나 복합 해상여객운송사업의 면허를 받은 자가 해당 선박 안에 숙박시설, 위락시설 등 편의시설을 갖춘 선박을 이용하여 관광객에게 관광을 할 수 있도록 하는 업

마. 관광공연장업 : 관광객을 위하여 적합한 공연시설을 갖추고 공연물을 공연하면서 관광객에게 식사와 주류를 판매하는 업

바. 외국인관광 도시민박업 : 「국토의 계획 및 이용에 관한 법률」 제6조제1호에 따른 도시지역(「농어촌정비법」에 따른 농어촌지역 및 준농어촌지역은 제외한다. 이하 이 조에서 같다)의 주민이 자신이 거주하고 있는 다음의 어느 하나에 해당하는 주택을 이용하여 외국인 관광객에게 한국의 가정문화를 체험할 수 있도록 적합한 시설을 갖추고 숙식 등을 제공(도시지역에서 「도시재생 활성화 및 지원에 관한 특별법」 제2조제6호에 따른 도시재생활성화계획에 따라 같은 조 제9호에 따른 마을기업이 외국인 관광객에게 우선하여 숙식 등을 제공하면서, 외국인 관광객의 이용에 지장을 주지 아니하는 범위에서 해당 지역을 방문하는 내국인 관광객에게 그 지역의 특성화된 문화를 체험할 수 있도록 숙식 등을 제공하는 것을 포함한다)하는 업

1) 「건축법 시행령」 별표 1 제1호가목 또는 다목에 따른 단독주택 또는 다가구주택

2) 「건축법 시행령」 별표 1 제2호가목, 나목 또는 다목에 따른 아파트, 연립주택 또는 다세대주택

사. 한옥체험업: 한옥(「한옥 등 건축자산의 진흥에 관한 법률」 제2조제2호에 따른 한옥을 말한다)에 관광객의 숙박 체험에 적합한 시설을 갖추고 관광객에게 이용하게 하거나, 전통 놀이 및 공예 등 전통문화 체험에 적합한 시설을 갖추어 관광객에게 이용하게 하는 업

관광진흥법시행규칙 제5조의2(야영장 시설의 종류) 영 제5조 및 별표 1 제4호다목(1)(사)에 따른 야영장 시설의 종류는 별표 1과 같다. [본조신설 2016.3.28.]

관광객 이용시설업은 관광객에게 관광에 관련된 제반 '시설에 관한 편의'를 제공하는 영업을 하는 것을 지칭하고 있다. 이러한 관광객 이용시설업은 관광 편의시설업과는 구분된다는 점에 유의해야 할 것이다. 「관광진흥법」 시행령 제2조에 따라 전문휴양업, 종합휴양업, 야영장업, 관광유람선업, 관광공연장업, 외국인관광 도시민박업 등으로 구분되어 있다. 2005년 「관광진흥법」 개정(2005.4.17.)을 통하여 관광객이용시설업에 대한 문화체육관광부장관 또는 시 · 도지사의 등록 권한을 각각 시 · 도지사 또는 시장 · 군수 · 구청장에게 이양하였으며, 2014년 「관광진흥법」 시행령 개정(2014.7.16.) 및 「관광진흥법」 시행규칙 개정(2014.12.31.)을 통하여 외국인전용관광기념품판매업이 관광객 이용시설업에서 제외되었다. 또한 「관광진흥법」 시행령 개정(2020.4.28.)을 통해 한옥체험업을 관광편의시설업에서 관광객이용시설업으로 변경하였다.

2021년 12월 말 기준 관광객이용시설업의 등록 현황을 보면 전문휴양업 103개, 종합휴양업 28개, 야영장업 2,863개, 관광유람선업 47개, 관광공연장업 10개, 외국인관광도시민박업 1,874개, 한옥체험업 1,508개 등 총 6,433개 업체이다.

시 · 도별 관광객 이용시설업의 등록현황은 다음과 같다.

표 3-15 시 · 도별 관광객이용시설업 등록 현황

구분	전문 휴양업	종합 휴양업	야영장업	관광 유람선업	관광 공연장업	외국인관광도시 민박업	한옥 체험업
서울	–	1	12	2	4	1,134	184
부산	1	1	12	7	–	136	4
대구	–	1	17	–	–	30	24
인천	1	–	90	3	–	74	12
광주	–	–	5	–	–	24	9
대전	1	1	10	–	–	5	–
울산	–	–	24	–	–	4	3
세종	–	–	7	–	–	2	5
경기	13	5	689	–	–	58	55
강원	9	8	579	3	2	80	40
충북	5	1	205	–	1	5	31
충남	8	2	246	2	–	8	54
전북	4	1	133	5	2	155	278
전남	3	1	157	5	–	36	300
경북	12	1	343	–	–	64	442
경남	4	2	293	10	1	58	66
제주	42	3	41	10	–	–	1
계	103	28	2,863	47	10	1,874	1,508

자료 : 문화체육관광부, 2021년 12월 31일 기준

주) 한옥체험업은 2020.4.28.부터 관광객이용시설업으로 변경됨

관광진흥법시행령 제5조(등록기준) 법 제4조제3항에 따른 관광사업의 등록기준은 별표 1과 같다.

[별표 1] 관광진흥법시행령 〈개정 2023. 3. 28.〉

관광사업의 등록기준(제5조 관련)

4. 관광객이용시설업
가. 전문휴양업
(1) 공통기준
(가) 숙박시설이나 음식점시설이 있을 것
(나) 주차시설 · 급수시설 · 공중화장실 등의 편의시설과 휴게시설이 있을 것
(2) 개별기준
(가) 민속촌
한국고유의 건축물(초가집 및 기와집)이 20동 이상으로서 각 건물에는 전래되어 온 생활도구가 갖추어져 있거나 한국 또는 외국의 고유문화를 소개할 수 있는 축소된 건축물 모형 50점 이상이 적정한 장소에 배치되어 있을 것
(나) 해수욕장
1) 수영을 하기에 적합한 조건을 갖춘 해변이 있을 것
2) 수용인원에 적합한 간이목욕시설 · 탈의장이 있을 것
3) 인명구조용 구명보트 · 감시탑 및 응급처리시 설비 등의 시설이 있을 것
4) 담수욕장을 갖추고 있을 것
5) 인명구조원을 배치하고 있을 것
(다) 수렵장
「야생생물 보호 및 관리에 관한 법률」에 따른 시설을 갖추고 있을 것
(라) 동물원
1) 「박물관 및 미술관 진흥법 시행령」 별표 2에 따른 시설을 갖추고 있을 것
2) 삭제 <2019. 4. 9.>
(마) 식물원
「박물관 및 미술관 진흥법 시행령」 별표 2에 따른 시설을 갖추고 있을 것
(바) 수족관
「박물관 및 미술관 진흥법 시행령」 별표 2에 따른 시설을 갖추고 있을 것
(사) 온천장
온천수를 이용한 대중목욕시설이 있을 것
(아) 동굴자원
관광객이 관람할 수 있는 천연동굴이 있고 편리하게 관람할 수 있는 시설이 있을 것
(자) 수영장
「체육시설의 설치 · 이용에 관한 법률」에 따른 신고 체육시설업 중 수영장시설을 갖추고 있을 것
(차) 농어촌휴양시설
「농어촌정비법」에 따른 농어촌 관광휴양단지 또는 관광농원의 시설을 갖추고 있을 것
(카) 활공장
1) 활공을 할 수 있는 장소(이륙장 및 착륙장)가 있을 것
2) 인명구조원을 배치하고 응급처리를 할 수 있는 설비를 갖추고 있을 것
3) 행글라이더 · 패러글라이더 · 열기구 또는 초경량 비행기 등 두 종류 이상의 관광비행사업용 활공장비를 갖추고 있을 것
(타) 등록 및 신고 체육시설업 시설
「체육시설의 설치 · 이용에 관한 법률」에 따른 스키장 · 요트장 · 골프장 · 조정장 · 카누장 · 빙상장 · 자동차경주장 · 승마장 또는 종합체육시설 등 9종의 등록 및 신고 체육시설업에 해당되는 체육시설을 갖추고 있을 것
(파) 산림휴양시설
「산림문화 · 휴양에 관한 법률」에 따른 자연휴양림, 치유의 숲 또는 「수목원 · 정원의 조성 및 진흥에 관한 법률」에 따른 수목원의 시설을 갖추고 있을 것
(하) 박물관
「박물관 및 미술관 진흥법 시행령」 별표 2 제2호가목에 따른 종합박물관 또는 전문박물관의 시설을 갖추고 있을 것
(거) 미술관
「박물관 및 미술관 진흥법 시행령」 별표 2 제2호가목에 따른 미술관의 시설을 갖추고 있을 것
나. 종합휴양업의 등록기준
(1) 제1종 종합휴양업
숙박시설 또는 음식점시설을 갖추고 전문휴양시설 중 2종류 이상의 시설을 갖추고 있거나, 숙박시설 또는 음식점시설을 갖추고 전문휴양시설 중 한 종류 이상의 시설과 종합유원시설업의 시설을 갖추고 있을 것
(2) 제2종 종합휴양업
(가) 면적
단일부지로서 50만 제곱미터 이상일 것
(나) 시설
관광숙박업 등록에 필요한 시설과 제1종 종합휴양업 등록에 필요한 전문휴양시설 중 2종류 이상의 시설 또는 전문휴양시설 중 1종류 이상의 시설과 종합유원시설업의 시설을 함께 갖추고 있을 것

다. 야영장업
(1) 공통기준
(가) 침수, 유실, 고립, 산사태, 낙석의 우려가 없는 안전한 곳에 위치할 것
(나) 시설 배치도, 이용방법, 비상 시 행동 요령 등을 이용객이 잘 볼 수 있는 곳에 게시할 것
(다) 비상 시 긴급상황을 이용객에게 알릴 수 있는 시설 또는 장비를 갖출 것
(라) 야영장 규모를 고려하여 소화기를 적정하게 확보하고 눈에 띄기 쉬운 곳에 배치할 것
(마) 긴급 상황에 대비하여 야영장 내부 또는 외부에 대피소와 대피로를 확보할 것
(바) 비상 시의 대응요령을 숙지하고 야영장이 개장되어 있는 시간에 상주하는 관리요원을 확보할 것
(사) 야영장 시설은 자연생태계 등의 원형이 최대한 보존될 수 있도록 토지의 형질변경을 최소화하여 설치할 것. 이 경우 야영장에 설치할 수 있는 야영장 시설의 종류에 관하여는 문화체육관광부령으로 정한다.
(아) 야영장에 설치되는 건축물(「건축법」 제2조제1항제2호에 따른 건축물을 말한다. 이하 이 목에서 같다)의 바닥면적 합계가 야영장 전체면적의 100분의 10 미만일 것. 다만, 「초 · 중등교육법」 제2조에 따른 학교로서 학생 수의 감소, 학교의 통폐합 등의 사유로 폐지된 학교의 교육활동에 사용되던 시설과 그 밖의 재산(이하 "폐교재산"이라 한다)을 활용하여 야영장업을 하려는 경우(기존 폐교재산의 부지면적 증가가 없는 경우만 해당한다)는 그렇지 않다.
(자) (아)에도 불구하고 「국토의 계획 및 이용에 관한 법률」 제36조제1항제2호가목에 따른 보전관리지역 또는 같은 법 시행령 제30조제4호가목에 따른 보전녹지지역에 야영장을 설치하는 경우에는 다음의 요건을 모두 갖출 것. 다만, 폐교재산을 활용하여 야영장업을 하려는 경우(기존 폐교재산의 부지면적 증가가 없는 경우만 해당한다)로서 건축물의 신축 또는 증축을 하지 않고 야영장 입구까지 진입하는 도로의 신설 또는 확장이 없는 때에는 1) 및 2)의 기준을 적용하지 않는다.
1) 야영장 전체면적이 1만제곱미터 미만일 것
2) 야영장에 설치되는 건축물의 바닥면적 합계가 300제곱미터 미만이고, 야영장 전체면적의 100분의 10 미만일 것
3) 「하수도법」 제15조제1항에 따른 배수구역 안에 위치한 야영장은 같은 법 제27조에 따라 공공하수도의 사용이 개시된 때에는 그 배수구역의 하수를 공공하수도에 유입시킬 것. 다만, 「하수도법」 제28조에 해당하는 경우에는 그렇지 않다.
4) 야영장 경계에 조경녹지를 조성하는 등의 방법으로 자연환경 및 경관에 대한 영향을 최소화할 것
5) 야영장으로 인한 비탈면 붕괴, 토사 유출 등의 피해가 발생하지 않도록 할 것
(2) 개별기준
(가) 일반야영장업
1) 야영용 천막을 칠 수 있는 공간은 천막 1개당 15제곱미터 이상을 확보할 것
2) 야영에 불편이 없도록 하수도 시설 및 화장실을 갖출 것
3) 긴급상황 발생 시 이용객을 이송할 수 있는 차로를 확보할 것
(나) 자동차야영장업
1) 차량 1대당 50제곱미터 이상의 야영공간(차량을 주차하고 그 옆에 야영장비 등을 설치할 수 있는 공간을 말한다)을 확보할 것
2) 야영에 불편이 없도록 수용인원에 적합한 상 · 하수도 시설, 전기시설, 화장실 및 취사시설을 갖출 것
3) 야영장 입구까지 1차선 이상의 차로를 확보하고, 1차선 차로를 확보한 경우에는 적정한 곳에 차량의 교행(交行)이 가능한 공간을 확보할 것
(3) (1) 및 (2)의 기준에 관한 특례
(가) (1) 및 (2)에도 불구하고 다음 1) 및 2)의 요건을 모두 충족하는 야영장업을 하려는 경우에는 (나) 및 (다)의 기준을 적용한다.
1) 「해수욕장의 이용 및 관리에 관한 법률」 제2조제1호에 따른 해수욕장이나 「국토의 계획 및 이용에 관한 법률 시행령」 제2조제1항제2호에 따른 유원지에서 연간 4개월 이내의 기간 동안만 야영장업을 하려는 경우
2) 야영장업의 등록을 위하여 토지의 형질을 변경하지 아니하는 경우
(나) 공통기준
1) 침수, 유실, 고립, 산사태, 낙석의 우려가 없는 안전한 곳에 위치할 것
2) 시설 배치도, 이용방법, 비상 시 행동 요령 등을 이용객이 잘 볼 수 있는 곳에 게시할 것
3) 비상 시 긴급상황을 이용객에게 알릴 수 있는 시설 또는 장비를 갖출 것
4) 야영장 규모를 고려하여 소화기를 적정하게 확보하고 눈에 띄기 쉬운 곳에 배치할 것
5) 긴급 상황에 대피할 수 있도록 대피로를 확보할 것

6) 비상 시 대응요령을 숙지하고 야영장이 개장되어 있는 시간에 상주하는 관리요원을 확보할 것

(다) 개별기준

1) 일반야영장업

가) 야영용 천막을 칠 수 있는 공간은 천막 1개당 15제곱미터 이상을 확보할 것

나) 야영에 불편이 없도록 하수도 시설 및 화장실의 이용이 가능할 것

다) 긴급상황 발생 시 이용객을 이송할 수 있는 차로를 확보할 것

2) 자동차야영장업

가) 차량 1대당 50제곱미터 이상의 야영공간(차량을 주차하고 그 옆에 야영장비 등을 설치할 수 있는 공간을 말한다)을 확보할 것

나) 야영에 불편이 없도록 상·하수도 시설, 전기시설, 화장실 및 취사시설의 이용이 가능할 것

다) 야영장 입구까지 1차선 이상의 차로를 확보하고, 1차선 차로를 확보한 경우에는 적정한 곳에 차량의 교행이 가능한 공간을 확보할 것

라. 관광유람선업

(1) 일반관광유람선업

(가) 구조

「선박안전법」에 따른 구조 및 설비를 갖춘 선박일 것

(나) 선상시설

이용객의 숙박 또는 휴식에 적합한 시설을 갖추고 있을 것

(다) 위생시설

수세식화장실과 냉·난방 설비를 갖추고 있을 것

(라) 편의시설

식당·매점·휴게실을 갖추고 있을 것

(마) 수질오염방지시설

수질오염을 방지하기 위한 오수 저장·처리시설과 폐기물처리시설을 갖추고 있을 것

(2) 크루즈업

(가) 일반관광유람선업에서 규정하고 있는 관광사업의 등록기준을 충족할 것

(나) 욕실이나 샤워시설을 갖춘 객실을 20실 이상 갖추고 있을 것

(다) 체육시설, 미용시설, 오락시설, 쇼핑시설 중 두 종류 이상의 시설을 갖추고 있을 것

마. 관광공연장업

(1) 설치장소

관광지·관광단지, 관광특구 또는 「지역문화진흥법」 제18조제1항에 따라 지정된 문화지구(같은 법 제18조제3항제3호에 따라 해당 영업 또는 시설의 설치를 금지하거나 제한하는 경우는 제외한다) 안에 있거나 이 법에 따른 관광사업 시설 안에 있을 것 다만, 실외관광공연장의 경우 법에 따른 관광숙박업, 관광객이용시설업 중 전문휴양업과 종합휴양업, 국제회의업, 유원시설업에 한한다.

(2) 시설기준

(가) 실내관광공연장

1) 70제곱미터 이상의 무대를 갖추고 있을 것

2) 출연자가 연습하거나 대기 또는 분장할 수 있는 공간을 갖추고 있을 것

3) 출입구는 「다중이용업소의 안전관리에 관한 특별법」에 따른 다중이용업소의 영업장에 설치하는 안전시설등의 설치기준에 적합할 것

4) 삭제 <2011.3.30>

5) 공연으로 인한 소음이 밖으로 전달되지 아니하도록 방음시설을 갖추고 있을 것

(나) 실외관광공연장

1) 70제곱미터 이상의 무대를 갖추고 있을 것

2) 남녀용으로 구분된 수세식 화장실을 갖추고 있을 것

(3) 일반음식점 영업허가

「식품위생법 시행령」 제21조에 따른 식품접객업 중 일반음식점 영업허가를 받을 것

바. 외국인관광 도시민박업

(1) 주택의 연면적이 230제곱미터 미만일 것

(2) 외국어 안내 서비스가 가능한 체제를 갖출 것

(3) 소화기를 1개 이상 구비하고, 객실마다 단독경보형 감지기 및 일산화탄소 경보기(난방설비를 개별난방 방식으로 설치한 경우만 해당한다)를 설치할 것

사. 한옥체험업

(1) 「한옥 등 건축자산의 진흥에 관한 법률」 제27조에 따라 국토교통부장관이 정하여 고시한 기준에 적합한 한옥일 것. 다만, 「문화재보호법」에 따라 문화재로 지정·등록된 한옥 및 「한옥 등 건축자산의 진흥에 관한 법률」 제10조에 따라 우수건축자산으로 등록된 한옥의 경우에는 그렇지 않다.

(2) 객실 및 편의시설 등 숙박 체험에 이용되는 공간의 연면적이 230제곱미터 미만일 것. 다만, 다음의 어느 하나에 해당하는 한옥의 경우에는 그렇지 않다.

(가) 「문화재보호법」에 따라 문화재로 지정·등록된 한옥

(나) 「한옥 등 건축자산의 진흥에 관한 법률」 제10조에 따라 우수건축자산으로 등록된 한옥

(다) 한옥마을의 한옥, 고택 등 특별자치시·특별자치도·시·군·구의 조례로 정하는 한옥

(3) 숙박 체험을 제공하는 경우에는 이용객의 불편이 없도록 욕실이나 샤워시설 등 편의시설을 갖출 것

(4) 객실 내부 또는 주변에 소화기를 1개 이상 비치하고, 숙박 체험을 제공하는 경우에는 객실마다 단독경보형 감지기 및 일산화탄소 경보기(난방설비를 개별난방 방식으로 설치한 경우만 해당한다)를 설치할 것

(5) 취사시설을 설치하는 경우에는 「도시가스사업법」, 「액화석유가스의 안전관리 및 사업법」, 「화재의 예방 및 안전관리에 관한 법률」, 「소방시설 설치 및 관리에 관한 법률」 및 그 밖의 관계 법령에서 정하는 기준에 적합하게 설치·관리할 것

(6) 수돗물(「수도법」 제3조제5호에 따른 수도 및 같은 조 제14호에 따른 소규모급수시설에서 공급되는 물을 말한다) 또는 「먹는물관리법」 제5조제3항에 따른 먹는물의 수질 기준에 적합한 먹는물 등을 공급할 수 있는 시설을 갖출 것

(7) 월 1회 이상 객실·접수대·로비시설·복도·계단·욕실·샤워시설·세면시설 및 화장실 등을 소독할 수 있는 체제를 갖출 것

(8) 객실 및 욕실 등을 수시로 청소하고, 침구류를 정기적으로 세탁할 수 있는 여건을 갖출 것

(9) 환기를 위한 시설을 갖출 것. 다만, 창문이 있어 자연적으로 환기가 가능한 경우에는 그렇지 않다.

(10) 욕실의 원수(原水)는 「공중위생관리법」 제4조제2항에 따른 목욕물의 수질기준에 적합할 것

(11) 한옥을 관리할 수 있는 관리자를 영업시간 동안 배치할 것

(12) 숙박 체험을 제공하는 경우에는 접수대 또는 홈페이지 등에 요금표를 게시하고, 게시된 요금을 준수할 것

기준에 적합하게 설치·관리할 것

(6) 수돗물(「수도법」 제3조제5호에 따른 수도 및 같은 조 제14호에 따른 소규모급수시설에서 공급되는 물을 말한다) 또는 「먹는물관리법」 제5조제3항에 따른 먹는물의 수질 기준에 적합한 먹는물 등을 공급할 수 있는 시설을 갖출 것

(7) 월 1회 이상 객실·접수대·로비시설·복도·계단·욕실·샤워시설·세면시설 및 화장실 등을 소독할 수 있는 체제를 갖출 것

(8) 객실 및 욕실 등을 수시로 청소하고, 침구류를 정기적으로 세탁할 수 있는 여건을 갖출 것

(9) 환기를 위한 시설을 갖출 것. 다만, 창문이 있어 자연적으로 환기가 가능한 경우에는 그렇지 않다.

(10) 욕실의 원수(原水)는 「공중위생관리법」 제4조제2항에 따른 목욕물의 수질기준에 적합할 것

(11) 한옥을 관리할 수 있는 관리자를 영업시간 동안 배치할 것

(12) 숙박 체험을 제공하는 경우에는 접수대 또는 홈페이지 등에 요금표를 게시하고, 게시된 요금을 준수할 것

4) 국제회의업

관광진흥법 제3조(관광사업의 종류) 제1항제4호 4. 국제회의업 : 대규모 관광 수요를 유발하는 국제회의(세미나·토론회·전시회 등을 포함한다. 이하 같다)를 개최할 수 있는 시설을 설치·운영하거나 국제회의의 계획·준비·진행 등의 업무를 위탁받아 대행하는 업

관광진흥법시행령 제2조(관광사업의 종류) 제4호 4. 국제회의업의 종류
가. 국제회의시설업 : 대규모 관광 수요를 유발하는 국제회의를 개최할 수 있는 시설을 설치하여 운영하는 업
나. 국제회의기획업 : 대규모 관광 수요를 유발하는 국제회의의 계획 · 준비 · 진행 등의 업무를 위탁받아 대행하는 업

국제회의업은 '국제회의용역업'이라는 명칭으로 1986년에 「관광진흥법」상의 관광사업으로 신설되었는데, 이를 관광사업으로 포함시킨 배경은 첫째, 국제사회 발달에 따른 활발한 인적교류로 점차 국제회의의 규모가 확대되는 추세에 있어 국제회의를 관광과 연계하여 발전시키기 위함이며 둘째, 1986년 아시안게임, 1988년 서울올림픽을 계기로 준비된 관광수용시설을 최대한 활용하고 보다 많은 대규모 관광객을 유치하여 관광수입을 증대하고자 국제회의를 적극 유치하기 위해서였고, 셋째, 국제회의 업무를 효율적으로 수행하기 위해서는 회의의 계획 · 준비 · 진행 등 제반 관련 업무에 관한 전문적 지식을 가진 전문 용역업체의 육성이 절실하다는 점 등을 들 수 있다.

1996년에 「국제회의산업 육성에 관한 법률」이 제정되면서 우리나라의 국제회의산업이 비약적으로 발전하고 있는데 그에 따라 국제회의업의 역할도 크게 늘어날 것으로 예상된다. 1998년에 「관광진흥법」을 개정하여 종전의 '국제회의용역업'을 '국제회의기획업'으로 명칭을 변경하고 '국제회의시설업'을 추가하여 '국제회의업'으로 확대하였다. 2005년에는 「관광진흥법」 개정을 통하여 국제회의업에 대한 문화체육관광부 장관 또는 시 · 도지사의 등록 권한을 각각 시 · 도지사 또는 시장 · 군수 · 구청장에게 이양하였다.

문화체육관광부는 2006년 5월 '국제회의 산업 육성 기본계획'을 수립하여 국제회의산업의 육성을 위한 20대 과제를 도출하고, 2007년 본격적인 과제 시행을 추진하였다. 또한 '2010 2012 한국방문의 해' 마지막 연도인 2012년에는 관광과 MICE의 시너지 효과를 제고하고자 '2012 Korea Convention Year'를 선언하여 우리나라의 국제회의산업을 한 단계 발전시키고자 하였다. 한편 2022년 UIA를 통해 발표된 '2021국제회의 개최 통계'에서 한국은 세계 2위를 기록하였으며, ICCA 2021년 통계 보고서의 공식 순위 발표에 따르면 한국은 10위를 기록하였다.

표 3-16 시 · 도별 국제회의업 등록 현황

(단위 : 개소, 실)

구분	서울	부산	대구	인천	광주	대전	울산	세종	경기	강원	충북	충남	전북	전남	경북	경남	제주	계
업체수	754	73	88	44	18	29	43	11	4	22	11	4	15	7	20	21	43	1,206

자료 : 한국문화관광연구원(원자료: 한국관광협회중앙회 분기별 공표자료), 2021년 12월 31일 기준

관광진흥법시행령 제5조(등록기준) 법 제4조제3항에 따른 관광사업의 등록기준은 별표 1과 같다.

[별표 1] **관광진흥법시행령 〈개정 2023. 3. 28.〉**

관광사업의 등록기준(제5조 관련)

5. 국제회의업
   (가) 국제회의시설업
      (1) 「국제회의산업 육성에 관한 법률 시행령」 제3조에 따른 회의시설 및 전시시설의 요건을 갖추고 있을 것
      (2) 국제회의개최 및 전시의 편의를 위하여 부대시설로 주차시설과 쇼핑·휴식시설을 갖추고 있을 것
   (나) 국제회의기획업
      (1) 자본금 : 5천만원 이상일 것
      (2) 사무실 : 소유권이나 사용권이 있을 것

5) 카지노업

관광진흥법 제3조(관광사업의 종류) 제1항제5호

5. 카지노업 : 전문 영업장을 갖추고 주사위 · 트럼프 · 슬롯머신 등 특정한 기구 등을 이용하여 우연의 결과에 따라 특정인에게 재산상의 이익을 주고 다른 참가자에게 손실을 주는 행위 등을 하는 업

우리나라 카지노는 카지노업 허용을 통해 외국인 관광객을 유치하고 외화수입을 확대하는 등 관광산업 진작의 일환으로 도입되었다. 카지노의 설립 근거가 된 최초의 법은 1961년 11월에 제정된 「복표발행현상기타사행행위단속법」이며, 1962년 9월 동법의 개정사항에 외국인을 상대로 하는 오락시설로서 외화획득에 기여할 수 있다고 인정될 때 이를 허가할 수 있게 규정하였다. 당초 카지노사업은 사행사업이라 하여 경찰청에서 관리하였으나, 1994년 8월 3일 「관광진흥법」이 개정되면서 관광산업으로 전환되어 이때부터 문화체육관광부에서 허가권과 지도 · 감독권을 갖게 되었다. 단, 제주도는 「제주특별법」에 따라 2006년 7월부터 제주지역

카지노에 대하여는 제주특별자치도가 허가 및 지도 · 감독 기능을 갖고 있다. 「관광진흥법」에 따라 카지노업은 내국인 출입을 허용하지 않는 것을 기본으로 하고 있으며 예외적으로 「폐광지역개발지원에관한특별법」에 의거 폐광지역의 경제 활성화를 위해 강원랜드 카지노는 내국인출입이 가능한 카지노로 허가되어 2000년 10월 개장되었고 2045년까지 한시적으로 운영될 예정이다. 현재 카지노업을 규율하고 있는 규정은 관광진흥법령, 카지노업영업준칙(문화체육관광부 고시 제2020238, 2020.5.20.), 카지노전산시설기준(문화체육관광부 고시 제2018 28호, 2018.8.16.), 카지노기구기준(문화체육관광부 고시 제2019-34호, 2019.8.6.), 카지노기구검사업무규정(2021. 7.1., 문화체육관광부 승인), 카지노전산시설검사업무규정(2018.9.7., 문화체육관광부 승인) 등이 있다.

세계적인 카지노 추세는 복합리조트 형태의 카지노로 가고 있으나 우리나라는 호텔에 부속된 단순한 영업형태로 영세성을 벗어나지 못하고 있는 실정이었다. 이에 문화체육관광부는 세계적 추세에 맞춰 외국인 투자 유치를 촉진하고, 해당지역의 대규모 개발을 유도하기 위하여 복합리조트 조성을 추진하고 있으며, 그 결과 인천경제자유구역 내에 2개의 카지노 복합리조트가 조성 중에 있다. 외국인전용 카지노는 1967년 인천 올림포스 카지노 개설을 시작으로 2005년 신규 허가 3개소를 포함하여 2023년 4월 기준으로 전국에 12개 법인, 16개 영업장이 운영 중에 있으며, 지역별로는 서울 3개소, 부산 2개소, 인천 1개소, 강원 1개소, 대구 1개소, 제주 8개소이다. 내 · 외국인 출입 카지노는 강원랜드 카지노 1개소가 운영 중이다. 2023년 4월 기준 카지노업 종사원 수는 6,998명(외국인전용 카지노 5,026명, 강원랜드 카지노 1,972명)이다. 시 · 도별 카지노업체 운영 및 종사원 현황은 〈표 3-17〉과 같다. 2023년 4월 카지노업체 총 매출액은 1조 9,379억 원(외국인전용 카지노 7,144억 원, 강원랜드 카지노 1조 2,234억 원)이고 입장객은 318만 명(외국인전용 카지노 110만 명, 강원랜드 카지노 208만 명)이다.

표 3-17 국내 카지노업체 현황

시 · 도	업 체 명 (법 인 명)	운영형태 (등급)	종사원수 (명)
서울	파라다이스카지노 워커힐점 【(주)파라다이스】	임대(5성)	684
	세븐럭카지노 강남코엑스점 【그랜드코리아레저(주)】	임대(컨벤션)	904
	세븐럭카지노 서울드래곤시티점 【그랜드코리아레저(주)】	임대(5성)	533

부산	세븐럭카지노 부산롯데점 【그랜드코리아레저(주)】	임대(5성)	340
	파라다이스카지노 부산지점 【(주)파라다이스】	임대(5성)	287
인천	파라다이스카지노 【(주)파라다이스세가사미】	직영(5성)	721
강원	알펜시아카지노 【(주)지바스】	임대(5성)	16
대구	호텔인터불고대구카지노 【(주)골든크라운】	임대(5성)	163
제주	공즈카지노 【길상창휘(유)】	임대(5성)	18
	파라다이스카지노 제주지점 【(주)파라다이스】	임대(5성)	160
	아람만카지노 【(주)청해】	임대(5성)	97
	제주오리엔탈카지노 【(주)건하】	임대(5성)	57
	드림타워카지노 【(주)엘티엔터테인먼트】	임대(5성)	531
	제주썬카지노 【(주)지앤엘】	직영(5성)	70
	랜딩카지노 【람정엔터테인먼트코리아(주)】	임대(5성)	405
	메가럭카지노 【(주)메가럭】	임대(5성)	40
12개 법인, 16개 영업장(외국인 전용)		직영 : 2 임대 : 14	5,026
강원	강원랜드카지노 【(주)강원랜드】	직영(5성)	1,972
13개 법인, 17개 영업장(내 · 외국인)		직영 : 3 임대 : 14	6,998

자료 : 문화체육관광부, 2023년 4월 기준

※ 매출액 : 관광기금 부과 대상 매출액 기준

※ 종사원수(23.4월 기준) : 정규직 외 계약직 등 전체 인원 기준이며 종사원수는 수시 변동함

- 워커힐카지노에 본사 인원 포함 / 세븐럭카지노 강남코엑스점에 본사 및 마케팅 인원 포함
- 파라다이스시티, 드림타워카지노, 랜딩카지노는 복합리조트 중 카지노 부분 인원 기준
- 강원랜드카지노는 카지노 영업 · 영업기타 인원 기준이며, 리조트 전체는 3,636명임

표 3-18 카지노사업자 관광진흥개발기금 징수비율

매출액(전년도) 구분	카지노사업자 납부금 징수비율
총 매출액이 10억 원 이하 시	총 매출액(전년도)의 1/100
총 매출액이 10~100억 원	1천만 원 + 총 매출액 중 10억 원 초과금액의 5/100
총 매출액이 100억 원 초과 시	4억 6천만 원 + 총 매출액 중 100억 원 초과금액의 10/100

자료 : 문화체육관광부

「관광진흥법」은 카지노사업자를 「관광진흥법」상 결격사유(관광진흥법 제7조)에 대한 규정을 적용받게 함으로써 카지노사업자를 관광사업자로 간주하기에 이르렀다. 또한, 「관광진흥법」

第30조에서 카지노사업자는 총매출액의 100분의 10의 범위에서 일정 비율에 해당하는 금액을「관광진흥개발기금법」에 따른 관광진흥개발기금에 납부하게 하는 것은 바로 이러한 취지에서 도입된 것이다. 특히, 카지노사업자의 결격사유를 다른 관광사업자의 결격사유보다 더 엄격하게 적용하고 있는 조치는 카지노업의 성격상 폭력집단 등 범죄집단 등과의 연계를 차단하고, 결격사유의 범위를 확대함으로써 카지노사업을 건전하게 육성하기 위한 정부의 강력한 의지의 표현이라 판단된다.

이외에도 정부는 카지노 사업을 허용하는 대신 많은 세금을 부과하는 경향이다. 대표적으로 개별소비세와 관광진흥기금이 있다. 이는 내국인 출입 가능 카지노와 외국인 전용 카지노 모두 부담하고 있다. 그런데 내국인 출입 카지노인 강원랜드는 이외에도 폐광지역개발기금을 추가로 납부하고 있다.

표 3-19 연도별 카지노사업자 관광진흥개발기금 납부 현황

(단위 : 백만 원)

구분	2013년	2014년	2015년	2016년	2017년	2018년	2019년	2020년	2021년	2022년
외국인전용 카지노(16)	128,639	129,674	116,504	120,071	112,519	154,755	137,238	53,868	35,427	66,339
네국인출입 카지노(1)	127,363	141,660	155,575	162,221	151,770	139,468	147,615	43,815	76,960	121.806
계	256,002	271,334	272,079	282,292	264,289	294,223	284,853	97,683	112,387	188,145

※ 위 관광기금은 당해 연도 기금부과 대상 매출액 대비 산출액이며 납부는 다음해에 함.

자료 : 문화체육관광부, 2023년 4월 기준

표 3-20 우리나라 카지노산업 발전과정

시기	주요 내용
1961년 11월	카지노 설립의 근거가 된 최초 법률 제정(복표발행현상기타사행위단속법
1962년 9월	동법 개정을 통해 외국인을 상대로 하는 오락시설을 외화획득에 기여할 수 있음이 인정될 때 이를 허가할 수 있게 함으로써 설립 근거 마련
1967년	최초로 인천 올림포스호텔 카지노 개설. 그 다음해에 주한 외국인 및 외국인 관광객 전용인 워커힐호텔 카지노 개장
1970년대	주요 관광지에 확산. 속리산 관광호텔 카지노(1971년), 제주칼호텔 카지노(1975년), 파라다이스비치호텔 카지노(1978년), 코오롱 관광호텔 카지노(1979년)
1980년대	설악파크호텔 카지노(1980년)가 강원도에 최초 개설, 제주하얏트호텔 카지노(1985년), 1990~1991년에 제주그랜드호텔 카지노, 제주남서울호텔 카지노, 제주서귀포칼호텔 카지노, 제주오리엔탈호텔 카지노, 제주 신라호텔 카지노 순으로 개장

1991년 3월	'복표발행현상기타사행행위단속법'이 '사행행위등 규제법'으로 개정
1994년 8월	'관광진흥법' 개정(카지노산업을 관광산업으로 규정함으로써 위상 변화)
1994년 말	행정개편으로 관광의 주무부서가 교통부(현 건설교통부)에서 문화체육부로 이관되었으며 카지노업은 문화체육부 관광국에서 허가 및 운영, 감독을 맡게 됨
1995년 12월	'폐광지역개발지원에관한특별법' 제정을 통해 폐광진흥지구 지정 및 종합개발계획 수립, 개발에 따른 각종 규제사항의 완화, 내국인 출입이 가능한 카지노 설치 허용
1997년 12월	'관광진흥법시행규칙' 개정령 공포를 통해 카지노 영업종류에 슬롯머신, 비디오게임, 빙고게임이 신설되어 1998년 1월부터 시행
1998년 6월	폐광카지노 법인인 (주)강원랜드 출범
1999년 6월	관광사업(카지노업 포함) 외국인 및 외국인 사업자에 개방
2000년 10월	최초의 내국인 출입허용 카지노인 강원랜드의 스몰카지노 개장
2003년 3월	강원랜드의 스몰카지노 폐장 및 강원랜드 메인 카지노 개장
2004년 1월	제주국제자유도시특별법(2004.1.28) 제55조의 2 신설 - 제주 지역 관광사업에 5억 달러 이상 투자하는 경우 외국인카지노 허가 특례
2005년 1월	그랜드코리아레저(주)에 3개 카지노 신규 허가(서울 2, 부산 1)
2005년 5월	기업도시개발특별법(법률 제7310호, 2005년 5월 1일 시행) 제30조 개정 - 관광레저형 기업도시의 실시계획에 반영되어 있고 관광사업에 5,000억 원 이상을 투자하는 사업 시행자에게 외국인전용 카지노업 허가특례
2006년 7월	제주지역 카지노 인허가권 제주특별자치도에 이양
2007년 9월	카지노 등 사행산업을 통한 관리감독하는 사행산업통합 감독위원회 출범
2013년 9월	새만금사업 추진 및 지원에 관한 특별법(법률 제11542호, 2013년 9월 12일 시행) 제63조 - 새만금사업지역에서의 관광사업에 투자하려는 외국인투자 금액이 미합중국화폐 5억 달러 이상인 경우에 외국인전용 카지노업 허가
2014년 3월	LOCZ 코리아, 인천 경제자유구역 내 카지노업 사전심사 적합 통보
2015년 8월	크루즈산업의 육성 및 지원에 관한 법률(법률 제13192호, 2015년 8월 4일 시행) 제11조 신설 - 국제순항 국적 크루즈선으로서 국제총톤수가 2만톤 이상인 경우에 외국인전용 카지노업 허가 특례
2016년 3월	Inspire-IR, 인천 경제자유구역 내 카지노업 사전심사 적합 통보

자료 : 문화체육관광부

6) 유원시설업

관광진흥법 제3조(관광사업의 종류) 제1항제6호 6. 유원시설업(遊園施設業) : 유기시설(遊技施設)이나 유기기구(遊技機具)를 갖추어 이를 관광객에게 이용하게 하는 업(다른 영업을 경영하면서 관광객의 유치 또는 광고 등을 목적으로 유기시설이나 유기기구를 설치하여 이를 이용하게 하는 경우를 포함한다)

관광진흥법시행령 제2조(관광사업의 종류) 제5호 5. 유원시설업(遊園施設業)의 종류
가. 종합유원시설업 : 유기시설이나 유기기구를 갖추어 관광객에게 이용하게 하는 업으로서 대규모의 대지 또는 실내에서 법 제33조에 따른 안전성검사 대상 유기시설 또는 유기기구 여섯 종류 이상을 설치하여 운영하는 업
나. 일반유원시설업 : 유기시설이나 유기기구를 갖추어 관광객에게 이용하게 하는 업으로서 법 제33조에 따른 안전성검사 대상 유기시설 또는 유기기구 한 종류 이상을 설치하여 운영하는 업
다. 기타유원시설업 : 유기시설이나 유기기구를 갖추어 관광객에게 이용하게 하는 업으로서 법 제33조에 따른 안전성검사 대상이 아닌 유기시설 또는 유기기구를 설치하여 운영하는 업

유원시설업은「관광진흥법」제3조에 의거, 종전의 공중위생법에 위하여 보건복지부에서 관장하던 유기장업중 종합유원시설업과 기타 유기장업이 1999년 1월 21일 관광진흥법을 개정하면서 유원시설업으로 명칭을 변경하여 문화관광부에서 관장하는 관광사업으로 전환되었다.

유원시설업 관련 주체는 유원시설업의 운영자인 유원시설업체, 유원시설업의 허가 · 신고 및 안전상태를 지도 · 점검하는 지자체, 유원시설업 관련 법 등을 총괄하는 문화체육관광부가 있다. 안전 관리 체계 강화를 위해 2020년 안전정보망을 구축하여 운영하고 있으며, 안전 관리 역량 제고를 위해 중소영세업체에 대해서는 안전점검 기술을 지원하고, 지속적인 안전점검과 안전교육을 실시하는 등 유원시설의 안전관리 체계 확립 및 안전사고 예방을 위한 노력을 지속적으로 기울이고 있다. 2021년 기준 유원시설업체 현황은 종합 유원시설업 48개, 일반 유원시설업 353개, 기타 유원시설업 2,144개 등 총 2,545개의 업체가 지정되어 있다.

시 · 도별 유원시설업 현황은 다음과 같다.

표 3-21 시 · 도별 유원시설업체 현황

(단위 : 개소)

구분	계	종합유원시설업	일반유원시설업	기타유원시설업
서울	212	3	9	200
부산	76	–	12	64
대구	97	2	15	80
인천	171	–	19	152
광주	59	1	5	53
대전	59	1	3	55
울산	73	–	8	65
세종	24	–	–	24
경기	641	10	56	575
강원	143	10	41	92
충북	120	–	17	103
충남	183	4	29	150
전북	100	–	24	76
전남	116	5	30	81
경북	181	3	32	146
경남	209	5	31	173
제주	81	4	22	55
계	2,545	48	353	2,144

자료 : 문화체육관광부, 2021년 12월 31일 기준

주) 휴업 업체 포함

7) 관광 편의시설업

관광진흥법 제3조(관광사업의 종류) 제1항제7호

7. 관광 편의시설업 : 제1호부터 제6호까지의 규정에 따른 관광사업 외에 관광 진흥에 이바지할 수 있다고 인정되는 사업이나 시설 등을 운영하는 업

관광진흥법시행령 제2조(관광사업의 종류) 제6호 6. 관광 편의시설업의 종류

가. 관광유흥음식점업: 식품위생 법령에 따른 유흥주점 영업의 허가를 받은 자가 관광객이 이용하기 적합한 한국 전통 분위기의 시설을 갖추어 그 시설을 이용하는 자에게 음식을 제공하고 노래와 춤을 감상하게 하거나 춤을 추게 하는 업

나. 관광극장유흥업 : 식품위생 법령에 따른 유흥주점 영업의 허가를 받은 자가 관광객이 이용하기 적합한 무도(舞蹈)시설을 갖추어 그 시설을 이용하는 자에게 음식을 제공하고 노래와 춤을 감상하게 하거나 춤을 추게 하는 업

다. 외국인전용 유흥음식점업 : 식품위생 법령에 따른 유흥주점영업의 허가를 받은 자가 외국인이 이용하기 적합한 시설을 갖추어 외국인만을 대상으로 주류나 그 밖의 음식을 제공하고 노래와 춤을 감상하게 하거나 춤을 추게 하는 업

라. 관광식당업 : 식품위생 법령에 따른 일반음식점영업의 허가를 받은 자가 관광객이 이용하기 적합한 음식 제공시설을 갖추고 관광객에게 특정 국가의 음식을 전문적으로 제공하는 업

마. 관광순환버스업 : 「여객자동차 운수사업법」에 따른 여객자동차운송사업의 면허를 받거나 등록을 한 자가 버스를 이용하여 관광객에게 시내와 그 주변 관광지를 정기적으로 순회하면서 관광할 수 있도록 하는 업

바. 관광사진업 : 외국인 관광객과 동행하며 기념사진을 촬영하여 판매하는 업

사. 여객자동차터미널시설업 : 「여객자동차 운수사업법」에 따른 여객자동차터미널사업의 면허를 받은 자가 관광객이 이용하기 적합한 여객자동차터미널시설을 갖추고 이들에게 휴게시설 · 안내시설 등 편익시설을 제공하는 업

아. 관광펜션업 : 숙박시설을 운영하고 있는 자가 자연 · 문화 체험관광에 적합한 시설을 갖추어 관광객에게 이용하게 하는 업

자. 관광궤도업: 「궤도운송법」에 따른 궤도사업의 허가를 받은 자가 주변 관람과 운송에 적합한 시설을 갖추어 관광객에게 이용하게 하는 업

차. 삭제 〈2020. 4. 28.〉

카. 관광면세업: 다음의 어느 하나에 해당하는 자가 판매시설을 갖추고 관광객에게 면세물품을 판매하는 업

1) 「관세법」 제196조에 따른 보세판매장의 특허를 받은 자

2) 「외국인관광객 등에 대한 부가가치세 및 개별소비세 특례규정」 제5조에 따라 면세판매장의 지정을 받은 자

타. 관광지원서비스업: 주로 관광객 또는 관광사업자 등을 위하여 사업이나 시설 등을 운영하는 업으로서 문화체육관광부장관이 「통계법」 제22조제2항 단서에 따라 관광 관련 산업으로 분류한 쇼핑업, 운수업, 숙박업, 음식점업, 문화 · 오락 · 레저스포츠업, 건설업, 자동차임대업 및 교육서비스업 등. 다만, 법에 따라 등록 · 허가 또는 지정(이 영 제2조제6호가목부터 카목까지의 규정에 따른 업으로 한정한다)을 받거나 신고를 해야 하는 관광사업은 제외한다.

2019년부터 관광연관 업종을 포괄할 수 있는 관광지원서비스업이 신설되고, 2020년부터 한옥체험업은 관광편의시설업에서 관광객이용시설업으로 변경되어 현재 「관광진흥법」으로 지정된 관광편의시설업(2021년 12월 말 기준)은 관광유흥음식점업, 관광극장유흥업, 외국인

전용유흥음식점업, 관광식당업, 관광순환버스업, 관광사진업, 여객자동차터미널시설업, 관광펜션업, 관광궤도업, 관광면세업, 관광지원서비스업, 기타관광편의시설업(제주) 총 12가지가 있으며, 2021년 12월 말 기준으로 관광편의시설업으로 지정된 업체는 총 3,462개소이다.

표 3-22 시 · 도별 관광편의시설업 지정 현황

(단위 : 개소)

구분	서울	부산	대구	인천	광주	대전	울산	세종	경기	강원	충북	충남	전북	전남	경북	경남	제주	계
관광유흥 음식점업	–	2	1	–	–	–	1	–	1	1	1	1	1	–	–	–	1	10
관광극장 유흥업	17	3	2	12	2	8	2	–	25	4	5	5	3	1	6	13	3	111
외국인전용 유흥음식점업	3	15	15	2	1	–	25	–	179	4	1	4	19	1	24	42	4	339
관광식당업	453	156	96	89	43	52	46	6	422	28	12	21	139	15	14	64	160	1,816
관광순환버스업	3	1	3	3	–	–	1	–	6	12	–	2	8	3	4	10	2	58
관광사진업	8	2	1	–	–	–	–	–	2	–	–	–	2	–	–	–	3	18
여객자동차 터미널시설업	–	–	–	–	–	–	–	–	–	–	1	–	–	–	1	–	–	2
관광펜션업	–	4	–	25	–	–	5	–	77	91	6	99	43	74	70	98	109	701
관광궤도업	–	2	2	1	–	–	–	–	3	3	2	–	1	3	1	1	–	19
관광면세업	18	11	2	9	–	–	1	–	2	22	1	1	1	2	–	1	7	78
관광지원 서비스업	100	21	3	4	1	2	–	1	26	24	5	4	3	9	18	39	33	293
기타관광 편의시설업(제주)	–	–	–	–	–	–	–	–	–	–	–	–	–	–	–	–	17	17
계	602	217	125	145	47	62	81	7	743	189	34	137	220	108	138	268	339	3,462

자료 : 문화체육관광부; 한국관광협회중앙회, 2021년 12월 31일 기준

주1) 관광지원서비스업은 2019.7.10.부터 신설됨

주2) 한옥체험업은 2020.4.28.부터 관광객이용시설업으로 이동함

관광 편의시설업은 관광사업 중 여행업, 관광숙박업, 관광객이용시설업, 국제회의용역업을 제외한 사업이나 시설 가운데 관광진흥에 도움이 된다고 인정되는 것으로 「관광진흥법」이 정하는 바에 따라 시 · 도지사, 시장 · 군수 · 구청장(자치구의 구청장을 말함) 또는 지역별 관광협회에서 지정하도록 되어 있다.

지정제도는 관련법령에 의하여 허가 · 인가 · 신고를 당해 행정기관의 장으로부터 받아 영업을 하고 있는 것 중에서 시 · 도지사 또는 관광협회가 지정하여 관광사업으로서 포괄적 적

용을 하는데, 이와 같이 해서 지정을 받은 관광 편의시설업은 「관광진흥법시행규칙」의 별지 제22호 서식의 '관광 편의시설업 지정증'을 받아 영업소 내 잘 보이는 장소에 게시하도록 하고 있다.

[별지 제22호서식] 관광진흥법시행규칙 〈개정 2019. 4. 25.〉

제 호	No.
관광 편의시설업 지정증	TOURISM SERVICE FACILITIES BUSINESS CERTIFICATE OF REGISTRATION
상호(명칭)	COMPANY:
성명(법인인 경우에는 그 대표자 성명)	REPRESENTATIVE:
주 소	ADDRESS:
업 종	TYPE OF BUSINESS:
「관광진흥법」 제6조에 따라 위와 같이 지정합니다.	This is to certify that the above company is registered as a tourist service facility in accordance with Article 6 of the Tourism Promotion Law.
년 월 일	Date
	Signature
특별자치시장 ㉿ 특별자치도지사 ㉿ 시장 · 군수 · 구청장 ㉿ 지역별 관광협회장 ㉿	Governor of (province name) Mayor of (city · county · district name) President of Tourism Association

210mm×297mm[보존용지(1종) 120g/㎡]

[별표 2] 관광진흥법시행규칙 〈개정 2022. 10. 17.〉

관광 편의시설업의 지정기준(제15조 관련)

업 종	지 정 기 준
1. 관광유흥음식점업	가. 건물은 연면적이 특별시의 경우에는 330제곱미터 이상, 그 밖의 지역은 200제곱미터 이상으로 한국적 분위기를 풍기는 아담하고 우아한 건물일 것 나. 관광객의 수용에 적합한 다양한 규모의 방을 두고 실내는 고유의 한국적 분위기를 풍길 수 있도록 서화·문갑·병풍 및 나전칠기 등으로 장식할 것 다. 영업장 내부의 노랫소리 등이 외부에 들리지 아니하도록 할 것
2. 관광극장유흥업	가. 건물 연면적은 1,000제곱미터 이상으로 하고, 홀면적(무대면적을 포함한다)은 500제곱미터 이상으로 할 것 나. 관광객에게 민속과 가무를 감상하게 할 수 있도록 특수조명장치 및 배경을 설치한 50제곱미터 이상의 무대가 있을 것 다. 영업장 내부의 노랫소리 등이 외부에 들리지 아니하도록 할 것
3. 외국인전용 유흥음식점업	가. 홀면적(무대면적을 포함한다)은 100제곱미터 이상으로 할 것 나. 홀에는 노래와 춤 공연을 할 수 있도록 20제곱미터 이상의 무대를 설치하고, 특수조명 시설을 갖출 것 다. 영업장 내부의 노랫소리 등이 외부에 들리지 아니하도록 할 것 라. 외국인을 대상으로 영업할 것
4. 관광식당업	가. 인적요건 1) 한국 전통음식을 제공하는 경우에는 「국가기술자격법」에 따른 해당 조리사 자격증 소지자를 둘 것 2) 특정 외국의 전문음식을 제공하는 경우에는 다음의 요건 중 1개 이상의 요건을 갖춘 자를 둘 것 가) 해당 외국에서 전문조리사 자격을 취득한 자 나) 「국가기술자격법」에 따른 해당 조리사 자격증 소지자로서 해당 분야에서의 조리경력이 2년 이상인 자 다) 해당 외국에서 6개월 이상의 조리교육을 이수한 자 나. 삭제 <2014.9.16.> 다. 최소 한 개 이상의 외국어로 음식의 이름과 관련 정보가 병기된 메뉴판을 갖추고 있을 것 라. 출입구가 각각 구분된 남·녀 화장실을 갖출 것
6. 관광사진업	○ 사진촬영기술이 풍부한 자 및 외국어 안내서비스가 가능한 체제를 갖출 것
7. 여객자동차터미널업	○ 인근 관광지역 등의 안내서 등을 비치하고, 인근 관광자원 및 명소 등을 소개하는 관광안내판을 설치할 것
8. 관광펜션업	가. 자연 및 주변환경과 조화를 이루는 4층 이하의 건축물일 것 나. 객실이 30실 이하일 것 다. 취사 및 숙박에 필요한 설비를 갖출 것 라. 바비큐장, 캠프파이어장 등 주인의 환대가 가능한 1 종류 이상의 이용시설을 갖추고 있을 것(다만, 관광펜션이 수개의 건물 동으로 이루어진 경우에는 그 시설을 공동으로 설치할 수 있다) 마. 숙박시설 및 이용시설에 대하여 외국어 안내 표기를 할 것
9. 관광궤도업	가. 자연 또는 주변 경관을 관람할 수 있도록 개방되어 있거나 밖이 보이는 창을 가진 구조일 것 나. 안내방송 등 외국어 안내서비스가 가능한 체제를 갖출 것
10. 삭제 <2020. 4. 28.>	
11. 관광면세업	가. 외국어 안내 서비스가 가능한 체제를 갖출 것 나. 한 개 이상의 외국어로 상품명 및 가격 등 관련 정보가 명시된 전체 또는 개별 안내판을 갖출 것 다. 주변 교통의 원활한 소통에 지장을 초래하지 않을 것
12. 관광지원서비스업	가. 다음의 어느 하나에 해당 할 것 1) 해당 사업의 평균매출액 중 관광객 또는 관광사업자와의 거래로 인한 매출액의 비율이 100분의 50 이상일 것 2) 법 제52조에 따라 관광지 또는 관광단지로 지정된 지역에서 사업장을 운영할 것 3) 법 제48조의10제1항에 따라 한국관광 품질인증을 받았을 것 4) 중앙행정기관의 장 또는 지방자치단체의 장이 공모 등의 방법을 통해 우수 관광사업으로 선정한 사업일 것 나. 시설 등을 이용하는 관광객의 안전을 확보할 것

2. 관광사업 등록·허가·신고·지정

관광사업을 경영하고자 하는 자는 행정관청에 등록(여행업·관광숙박업·관광객 이용시설업·국제회의업) 또는 신고(기타유원시설업)를 하거나 행정관청으로부터 허가(카지노업·종합유원시설업·일반유원시설업)나 지정(관광 편의시설업)을 받아야 한다.(관광진흥법 제4조, 제5조, 제6조)

표 3-23 관광사업별 등록 · 허가 · 신고 · 지정의 행정처분관청

구분	특별자치시장 · 특별자치도지사 · 시장 · 군수 · 구청장	문화체육관광부장관	시 · 도지사[2] 시장 · 군수 · 구청장
등록대상사업	여행업 관광숙박업 관광객 이용시설업 국제회의업		
허가대상사업	종합유원시설업 일반유원시설업	카지노업	
신고대상사업	기타유원시설업		
지정대상사업			관광 편의시설업

1) 관광사업의 등록

등록이란 행정관청이 어떤 법률사실이나 법률관계의 존재를 공적으로 공시 또는 증명하는 공증행위의 성질을 가지는 것이다. 따라서 등록관청인 행정관청이 등록을 수리할 것인가 또는 거부할 것인가에 대하여 재량의 여지가 없는 것이 원칙이다.

관광진흥법 제4조(등록) ① 제3조제1항제1호부터 제4호까지의 규정에 따른 여행업, 관광숙박업, 관광객 이용시설업 및 국제회의업을 경영하려는 자는 특별자치도지사 · 시장 · 군수 · 구청장(자치구의 구청장을 말한다. 이하 같다)에게 등록하여야 한다. 〈개정 2009. 3. 25., 2018. 6. 12.〉

② 삭제 〈2009.3.25.〉

③ 제1항에 따른 등록을 하려는 자는 대통령령으로 정하는 자본금 · 시설 및 설비 등을 갖추어야 한다. 〈신설 2007.7.19., 2009.3.25.〉

④ 제1항에 따라 등록한 사항 중 대통령령으로 정하는 중요 사항을 변경하려면 변경등록을 하여야 한다. 〈개정 2007.7.19., 2009.3.25.〉

⑤ 제1항 및 제4항에 따른 등록 또는 변경등록의 절차 등에 필요한 사항은 문화체육관광부령으로 정한다. 〈개정 2007.7.19., 2008.2.29., 2009.3.25.〉

2) 시 · 도지사는 특별시장 · 광역시장 · 특별자치시장 · 도지사 · 특별자치도지사를 말한다.

(1) 관광사업의 등록기준

관광진흥법시행령 제5조(등록기준) 법 제4조제3항에 따른 관광사업의 등록기준은 별표 1과 같다. 다만, 휴양 콘도미니엄업과 전문휴양업 중 온천장 및 농어촌휴양시설을 2012년 11월 1일부터 2014년 10월 31일까지 제3조제1항에 따라 등록 신청하면 다음 각 호의 기준에 따른다. 〈개정 2012.10.29., 2013.10.31.〉

1. 휴양 콘도미니엄업의 경우 별표 1 제3호가목(1)에도 불구하고 같은 단지 안에 20실 이상 객실을 갖추어야 한다.
2. 전문휴양업 중 온천장의 경우 별표 1 제4호가목(2)(사)에도 불구하고 다음 각 목의 요건을 갖추어야 한다.
   가. 온천수를 이용한 대중목욕시설이 있을 것
   나. 정구장 · 탁구장 · 볼링장 · 활터 · 미니골프장 · 배드민턴장 · 롤러스케이트장 · 보트장 등의 레크리에이션 시설 중 두 종류 이상의 시설을 갖추거나 제2조제5호에 따른 유원시설업 시설이 있을 것
3. 전문휴양업 중 농어촌휴양시설의 경우 별표 1 제4호가목(2)(차)에도 불구하고 다음 각 목의 요건을 갖추어야 한다.
   가. 「농어촌정비법」에 따른 농어촌 관광휴양단지 또는 관광농원의 시설을 갖추고 있을 것
   나. 관광객의 관람이나 휴식에 이용될 수 있는 특용작물 · 나무 등을 재배하거나 어류 · 희귀동물 등을 기르고 있을 것

관광사업의 사업종류별 등록기준은 [제1절 1. 관광사업의 종류]에서 구체적으로 살펴보았다.

(2) 관광사업의 등록절차

「관광진흥법 시행령」 제3조제1항에 따라 관광사업의 등록을 하려는 자는 별지 제1호서식의 관광사업 등록신청서에 해당되는 각 호의 서류를 첨부하여 특별자치시장 · 특별자치도지사 · 시장 · 군수 · 구청장(자치구의 구청장을 말한다. 이하 같다)에게 제출해야 한다. 〈개정 2009. 3. 31., 2009. 10. 22., 2015. 4. 22., 2019. 4. 25., 2021. 4. 19.〉

[별지 제1호서식] 관광진흥법시행규칙 〈개정 2021.4.19.〉

관광사업 등록신청서

※ 뒤쪽의 제출서류를 참고하시기 바라며, 색상이 어두운 란은 신청인이 적지 않습니다.

(앞쪽)

접수번호	접수일	발급일	처리기간	ㅇ 여행업, 관광숙박업 및 야영장업: 7일 ㅇ 종합휴양업: 12일 ㅇ 외국인관광 도시민박업 및 한옥체험업: 14일 ㅇ 그 밖의 관광사업: 5일

신청인	성 명(대표자)	주민등록번호 (외국인등록번호)
	주 소	전화번호

상호(명칭)	업종
주사업장 소재지	전화번호
자본금	
영업개시 연월일	

「관광진흥법」 제4조제1항 및 같은 법 시행규칙 제2조에 따라 위와 같이 관광사업의 등록을 신청합니다.

년 월 일

신청인 성명 (서명 또는 인)

특별자치시장 ·
특별자치도지사 · 귀하
시장 · 군수 · 구청장

제출서류	뒤쪽 참조	수수료 ㅇ 외국인관광 도시민박업 및 한옥체험업의 경우: 20,000원 ㅇ 그 밖의 관광사업의 경우: 30,000원(숙박시설이 있는 경우 매 실당 700원을 가산한 금액으로 합니다)

행정정보 공동이용 동의서
(호텔업, 국제회의시설업 및 야영장업 신청인만 해당합니다)

본인은 이 건 업무처리와 관련하여 담당 공무원이 「전자정부법」 제36조제1항에 따른 행정정보의 공동이용을 통하여 뒤쪽의 담당 공무원 확인사항 중 제3호 및 제4호를 확인하는 것에 동의합니다. * 동의하지 않는 경우에는 신청인이 직접 관련 서류를 제출해야 합니다.

신청인 (서명 또는 인)

처리절차

신청서 작성	→	접 수	→	심 의	→	등 록	→	등록증 발급
신청인		처리기관 (특별자치시 · 특별자치도 · 시 · 군 · 구)		처리기관 (특별자치시 · 특별자치도 · 시 · 군 · 구)		처리기관 (특별자치시 · 특별자치도 · 시 · 군 · 구)		

210mm×297mm[백상지 80g/㎡]

(뒤쪽)

신청인(대표자) 제출서류	여행업 및 국제회의 기획업의 경우	1. 사업계획서 1부 2. 신청인(법인의 경우에는 대표자 및 임원)이 내국인인 경우에는 성명 및 주민등록번호를 기재한 서류 1부 3. 신청인(법인의 경우에는 대표자 및 임원)이 외국인인 경우에는 「관광진흥법」 제7조제1항 각 호(여행업의 경우에는 「관광진흥법」 제11조의2제1항을 포함한다)의 결격사유에 해당하지 않음을 증명하는 다음 각 목의 어느 하나에 해당하는 서류. 다만, 「관광진흥법」 또는 다른 법령에 따라 인·허가 등을 받아 사업자등록을 하고 해당 영업 또는 사업을 영위하고 있는 자(법인의 경우에는 최근 1년 이내에 법인세를 납부한 시점부터 등록 신청 시점까지의 기간 동안 대표자 및 임원의 변경이 없는 경우로 한정합니다)는 해당 영업 또는 사업의 인·허가증 등 인·허가 등을 받았음을 증명하는 서류와 최근 1년 이내에 소득세(법인의 경우에는 법인세를 말합니다)를 납부한 사실을 증명하는 서류를 제출하는 경우에는 그 영위하고 있는 영업 또는 사업의 결격사유 규정과 중복되는 「관광진흥법」 제7조제1항 각 호(여행업의 경우에는 「관광진흥법」 제11조의2제1항을 포함한다)의 결격사유에 한하여 다음 각 목의 서류를 제출하지 않을 수 있습니다. 가. 해당 국가의 정부나 그 밖의 권한 있는 기관이 발행한 서류 또는 공증인이 공증한 신청인의 진술서로서 「재외공관 공증법」에 따라 해당 국가에 주재하는 대한민국공관의 영사관이 확인한 서류 1부 나. 「외국공문서에 대한 인증의 요구를 폐지하는 협약」을 체결한 국가의 경우에는 해당 국가의 정부나 그 밖의 권한 있는 기관이 발행한 서류 또는 공증인이 공증한 신청인의 진술서로서 해당 국가의 아포스티유(Apostille) 확인서 발급 권한이 있는 기관이 그 확인서를 발급한 서류 1부 4. 부동산의 소유권 또는 사용권을 증명하는 서류(담당 공무원이 부동산의 등기사항증명서를 통하여 부동산의 소유권 또는 사용권을 확인할 수 없는 경우에만 해당합니다) 5. 「외국인투자 촉진법」에 따른 외국인투자를 증명하는 서류(외국인투자기업의 경우에만 해당합니다) 1부 6. 공인회계사 또는 세무사가 확인한 등록신청 당시의 대차대조표(개인의 경우에는 영업용 자산명세서 및 그 증명서류) 1부
	관광숙박업 · 관광객 이용시설업 및 국제회의 시설업의 경우	1. 사업계획서 1부 2. 신청인(법인의 경우에는 대표자 및 임원)이 내국인인 경우에는 성명 및 주민등록번호를 기재한 서류 1부 3. 신청인(법인의 경우에는 대표자 및 임원)이 외국인인 경우에는 「관광진흥법」 제7조제1항 각 호에 해당하지 않음을 증명하는 다음 각 목의 어느 하나에 해당하는 서류. 다만, 「관광진흥법」 또는 다른 법령에 따라 인·허가 등을 받아 사업자등록을 하고 해당 영업 또는 사업을 영위하고 있는 자(법인의 경우에는 최근 1년 이내에 법인세를 납부한 시점부터 등록 신청 시점까지의 기간 동안 대표자 및 임원의 변경이 없는 경우로 한정합니다)는 해당 영업 또는 사업의 인·허가증 등 인·허가 등을 받았음을 증명하는 서류와 최근 1년 이내에 소득세(법인의 경우에는 법인세를 말합니다)를 납부한 사실을 증명하는 서류를 제출하는 경우에는 그 영위하고 있는 영업 또는 사업의 결격사유 규정과 중복되는 법 제7조제1항의 결격사유에 한하여 다음 각 목의 서류를 제출하지 않을 수 있습니다. 가. 해당 국가의 정부나 그 밖의 권한 있는 기관이 발행한 서류 또는 공증인이 공증한 신청인의 진술서로서 「재외공관 공증법」에 따라 해당 국가에 주재하는 대한민국공관의 영사관이 확인한 서류 1부 나. 「외국공문서에 대한 인증의 요구를 폐지하는 협약」을 체결한 국가의 경우에는 해당 국가의 정부나 그 밖의 권한 있는 기관이 발행한 서류 또는 공증인이 공증한 신청인의 진술서로서 해당 국가의 아포스티유(Apostille) 확인서 발급 권한이 있는 기관이 그 확인서를 발급한 서류 1부 4. 부동산의 소유권 또는 사용권을 증명하는 서류(담당 공무원이 부동산의 등기사항증명서를 통하여 부동산의 소유권 또는 사용권을 확인할 수 없는 경우에만 해당합니다) 5. 회원을 모집할 계획인 호텔업·휴양콘도미니엄업의 경우로서 각 부동산에 저당권이 설정되어 있는 경우에는 「관광진흥법 시행령」 제24조제1항제2호 단서에 따른 보증보험가입 증명서류 6. 「외국인투자 촉진법」에 따른 외국인투자를 증명하는 서류(외국인투자기업의 경우에만 해당합니다) 1부 7. 「관광진흥법」 제15조에 따라 승인을 받은 사업계획에 포함된 부대영업을 하기 위하여 다른 법령에 따라 소관관청에 신고를 하였거나 인·허가 등을 받은 경우에는 각각 이를 증명하는 서류(제8호 또는 제9호의 서류에 따라 증명되는 경우에는 제외합니다) 1부 8. 「관광진흥법」 제18조제1항에 따라 신고를 하였거나 인·허가 등을 받은 것으로 의제되는 경우에는 각각 그 신고서 또는 신청서와 그 첨부서류 1부 9. 「관광진흥법」 제18조제1항 각 호에서 규정된 신고를 하였거나 인·허가 등을 받은 경우에는 각각 이를 증명하는 서류 10. 야영장업을 경영하기 위하여 다른 법령에 따른 인·허가 등을 받은 경우 이를 증명하는 서류 각 1부(야영장업 등록의 경우에만 해당합니다) 11. 「전기사업법 시행규칙」 제38조제3항에 따른 사용전점검확인증(야영장업 등록의 경우에만 해당합니다) 1부 12. 「먹는물관리법」에 따른 먹는물 수질검사기관이 「먹는물 수질기준 및 검사 등에 관한 규칙」 제3조제2항에 따라 발행한 수질검사성적서(야영장에서 수돗물이 아닌 지하수 등을 먹는 물로 사용하는 경우에만 해당합니다) 1부 13. 시설의 평면도 및 배치도 각 1부 14. 시설별 일람표 각 1부 가. 관광숙박업: 「관광진흥법 시행규칙」 별지 제2호서식의 시설별 일람표 나. 전문휴양업 및 종합휴양업: 「관광진흥법 시행규칙」 별지 제3호서식의 시설별 일람표 다. 야영장업: 「관광진흥법 시행규칙」 별지 제3호의2서식의 시설별 일람표 라. 한옥체험업: 「관광진흥법 시행규칙」 별지 제3호의3서식의 시설별 일람표 마. 국제회의시설업: 「관광진흥법 시행규칙」 별지 제4호서식의 시설별 일람표
담당 공무원 확인사항	여행업 및 국제회의 기획업의 경우	1. 법인 등기사항증명서(법인인 경우에만 해당합니다) 2. 부동산의 등기사항증명서
	관광숙박업 · 관광객 이용시설업 및 국제회의 시설업의 경우	1. 법인 등기사항증명서(법인인 경우에만 해당합니다) 2. 부동산의 등기사항증명서 3. 전기안전점검확인서(호텔업 또는 국제회의시설업 등록의 경우에만 해당합니다) 4. 액화석유가스 사용시설완성검사증명서(야영장업 등록의 경우에만 해당합니다)

[별지 제5호서식] 관광진흥법시행규칙 〈개정 2019. 4. 25.〉

제 호	No.
관광사업 등록증	TOURISM BUSINESS CERTIFICATE OF REGISTRATION
상호(명칭)	COMPANY:
성명(법인인 경우에는 그 대표자 성명)	REPRESENTATIVE:
주소	ADDRESS:
업종	TYPE OF BUSINESS:
위의 업체는 「관광진흥법」 제4조제1항에 따라 위와 같이 등록하였음을 증명합니다.	This is to certify that the above company is registered as a tourism business in accordance with Paragraph 1, Article 4 of the Tourism Promotion Law.
년 월 일	Date
	Signature
특별자치시장 특별자치도지사 [인] 시장 · 군수 · 구청장	Governor of (province name) Mayor of (city · county · district name)

210mm×297mm[보존용지(1종) 120g/㎡]

(3) 관광사업의 변경등록

관광진흥법시행령 제6조(변경등록) ① 법 제4조제4항에 따른 변경등록사항은 다음 각 호와 같다. 〈개정 2015. 3. 17., 2020. 4. 28.〉

1. 사업계획의 변경승인을 받은 사항(사업계획의 승인을 받은 관광사업만 해당한다)
2. 상호 또는 대표자의 변경
3. 객실 수 및 형태의 변경(휴양 콘도미니엄업을 제외한 관광숙박업만 해당한다)
4. 부대시설의 위치 · 면적 및 종류의 변경(관광숙박업만 해당한다)
5. 여행업의 경우에는 사무실 소재지의 변경 및 영업소의 신설, 국제회의기획업의 경우에는 사무실 소재지의 변경
6. 부지 면적의 변경, 시설의 설치 또는 폐지(야영장업만 해당한다)
7. 객실 수 및 면적의 변경, 편의시설 면적의 변경, 체험시설 종류의 변경(한옥체험업만 해당한다)

② 제1항에 따른 변경등록을 하려는 자는 그 변경사유가 발생한 날부터 30일 이내에 문화체육관광부령으로 정하는 바에 따라 변경등록신청서를 특별자치시장 · 특별자치도지사 · 시장 · 군수 · 구청장에게 제출하여야 한다. 다만, 제1항제5호의 변경등록사항 중 사무실 소재지를 변경한 경우에는 변경등록신청서를 새로운 소재지의 관할 특별자치시장 · 특별자치도지사 · 시장 · 군수 · 구청장에게 제출할 수 있다. 〈개정 2008. 2. 29., 2009. 10. 7., 2019. 4. 9.〉

관광진흥법시행규칙 제3조(관광사업의 변경등록) ① 제2조에 따라 관광사업을 등록한 자가 법 제4조제4항에 따라 등록사항을 변경하려는 경우에는 그 변경사유가 발생한 날부터 30일 이내에 별지 제6호서식의 관광사업 변경등록신청서에 변경사실을 증명하는 서류를 첨부하여 특별자치시장 · 특별자치도지사 · 시장 · 군수 · 구청장에게 제출하여야 한다. 〈개정 2009.10.22.〉

② 제1항에 따라 변경등록신청서를 제출받은 특별자치시장 · 특별자치도지사 · 시장 · 군수 · 구청장은 「전자정부법」 제36조제1항에 따른 행정정보의 공동이용을 통하여 전기안전점검확인서(영업소의 소재지 또는 면적의 변경 등으로 「전기사업법」 제66조의2제1항에 따른 전기안전점검을 받아야 하는 경우로서 호텔업 또는 국제회의시설업 변경등록을 신청한 경우만 해당한다)를 확인하여야 한다. 다만, 신청인이 전기안전점검확인서의 확인에 동의하지 아니하는 경우에는 그 서류를 첨부하도록 하여야 한다. 〈신설 2012.4.5.〉

③ 특별자치시장 · 특별자치도지사 · 시장 · 군수 · 구청장은 제2항에 따른 확인 결과 「전기사업법」 제66조의2제1항에 따른 전기안전점검을 받지 아니한 경우에는 관계기관 및 신청인에게 그 내용을 통지하여야 한다. 〈신설 2012.4.5.〉

④ 제1항에 따른 변경등록증 발급에 관하여는 제2조제7항을 준용한다. 〈개정 2012.4.5.〉

[별지 제6호서식] 관광진흥법시행규칙 〈개정 2019. 4. 25.〉

관광사업 변경등록신청서

※ 색상이 어두운 란은 신청인이 적지 않습니다.

접수번호	접수일자	처리기간 : 4일

신청인	성 명(대표자)	주민등록번호 (외국인등록번호)
	주 소	전화번호
상호(명칭)		
주사업장 소재지		전화번호
등록번호		등록연월일
업 종		
변경등록 내용		

「관광진흥법」 제4조제4항 및 같은 법 시행규칙 제3조제1항에 따라 위와 같이 관광사업의 변경등록을 신청합니다.

년 월 일

신청인 (서명 또는 인)

특별자치시장
특별자치도지사 귀하
시장 · 군수 · 구청장

신청인 제출서류	변경사실을 증명하는 서류 각 1부	수수료
담당 공무원 확인사항	1. 전기안전점검확인서(영업소의 소재지 또는 면적의 변경 등으로 「전기사업법」 제66조의2제1항에 따른 전기안전점검을 받아야 하는 경우로서 호텔업 또는 국제회의시설업 변경등록을 신청한 경우만 해당합니다) 2. 액화석유가스 사용시설완성검사증명서(야영장 시설의 설치 또는 폐지 등으로 「액화석유가스의 안전관리 및 사업법」 제36조에 따른 액화석유가스 사용시설완성검사를 받아야 하는 경우로서 야영장업 변경등록을 신청한 경우만 해당합니다)	○ 외국인관광 도시민박업의 경우: 15,000원 ○ 그 밖의 관광사업의 경우: 15,000원(숙박시설 중 객실 변경등록을 하는 경우에 실당 600원을 가산한 금액으로 합니다.)

행정정보 공동이용 동의서

본인은 이 건 업무처리와 관련하여 담당 공무원이 「전자정부법」 제36조제1항에 따른 행정정보의 공동이용을 통하여 위의 담당 공무원 확인사항을 확인하는 것에 동의합니다. *동의하지 아니하는 경우에는 신청인이 직접 관련 서류를 제출하여야 합니다.

신청인 (서명 또는 인)

처리절차

신청서 작성	→	접 수	→	검 토	→	결 정	→	등록증 발급
신청인		처리기관 (특별자치시 · 특별자치도 · 시 · 군 · 구)		처리기관 (특별자치시 · 특별자치도 · 시 · 군 · 구)		처리기관 (특별자치시 · 특별자치도 · 시 · 군 · 구)		처리기관 (특별자치시 · 특별자치도 · 시 · 군 · 구)

210mm×297mm[백상지 80g/㎡]

[별지 제7호서식] 관광진흥법시행규칙 〈개정 2019. 4. 25.〉

[별지 제7호서식] 〈개정 2019. 4. 25.〉

등록증등 재발급신청서

				처리기간 3일
신청인	① 성 명		② 생년월일	
	③ 주 소	(전화:)		
④ 상 호 (명 칭)				
⑤ 업 종				
⑥ 영 업 소 소 재 지	(전화:)			
⑦ 등 록 (허 가) 번 호				
⑧ 등록(허가) 연 월 일	. . .			
⑨ 재 발 급 사 유				

「관광진흥법 시행규칙」 제5조에 따라
☐ 관 광 사 업 등 록 증
☐ 카 지 노 업 허 가 증
☐ 관광편의시설업 지정증
☐ 유원시설업 허가 · 신고증
의 재발급을 신청합니다.

년 월 일

신청인 (서명 또는 인)

문화체육관광부장관
특별자치시장
특별자치도지사 귀하
시장 · 군수 · 구청장
지역별 관광협회장

※ 구비서류	수 수 료
등록증 · 허가증 · 신고증 또는 지정증(등록증 등이 헐어 못 쓰게 된 경우만 해당합니다)	3,000원

210mm×297mm[일반용지 60g/㎡(재활용품)]

(4) 관광사업의 등록증 발급과 재발급

관광진흥법시행령 제4조(등록증의 발급) ① 제3조에 따라 등록신청을 받은 특별자치시장 · 특별자치도지사 · 시장 · 군수 · 구청장은 신청한 사항이 제5조에 따른 등록기준에 맞으면 문화체육관광부령으로 정하는 등록증을 신청인에게 발급하여야 한다. 〈개정 2008. 2. 29., 2009. 10. 7., 2019. 4. 9.〉

② 특별자치시장 · 특별자치도지사 · 시장 · 군수 · 구청장은 제1항에 따른 등록증을 발급하려면 법 제18조제1항에 따라 의제되는 인 · 허가증을 한꺼번에 발급할 수 있도록 해당 인 · 허가기관의 장에게 인 · 허가증의 송부를 요청할 수 있다. 〈개정 2009. 10. 7., 2019. 4. 9.〉

④ 특별자치시장 · 특별자치도지사 · 시장 · 군수 · 구청장은 등록한 관광사업자가 제1항에 따라 발급받은 등록증을 잃어버리거나 그 등록증이 헐어 못쓰게 되어버린 경우에는 문화체육관광부령으로 정하는 바에 따라 다시 발급하여야 한다. 〈개정 2008. 2. 29., 2009. 10. 7., 2019. 4. 9.〉

관광진흥법시행규칙 제5조(등록증의 재발급) 영 제4조제4항에 따라 등록증의 재발급을 받으려는 자는 별지 제7호서식의 등록증등 재발급신청서(등록증이 헐어 못 쓰게 된 경우에는 등록증을 첨부하여야 한다)를 특별자치시장 · 특별자치도지사 · 시장 · 군수 · 구청장에게 제출하여야 한다. 〈개정 2009. 10. 22., 2019. 4. 25.〉

(5) 관광사업자의 등록대장

관광진흥법시행령 제4조(등록증의 발급) ③ 특별자치도지사 · 시장 · 군수 · 구청장은 제1항 및 제2항에 따라 등록증을 발급하면 문화체육관광부령으로 정하는 바에 따라 관광사업자 등록대장을 작성하고 관리 · 보존하여야 한다. 〈개정 2008.2.29., 2009.10.7.〉

관광진흥법시행규칙 제4조(관광사업자 등록대장) 영 제4조제3항에 따라 비치하여 관리하는 관광사업자 등록대장에는 관광사업자의 상호 또는 명칭, 대표자의 성명 · 주소 및 사업장의 소재지와 사업별로 다음 각 호의 사항이 기재되어야 한다. 〈개정 2015. 3. 6., 2016. 3. 28., 2019. 8. 1., 2020. 4. 28.〉

1. 여행업 및 국제회의기획업: 자본금
2. 관광숙박업
   가. 객실 수
   나. 대지면적 및 건축연면적(폐선박을 이용하는 수상관광호텔업의 경우에는 폐선박의 총톤수 · 전체 길이 및 전체 너비)
   다. 법 제18조제1항에 따라 신고를 하였거나 인 · 허가 등을 받은 것으로 의제되는 사항
   라. 사업계획에 포함된 부대영업을 하기 위하여 다른 법령에 따라 인 · 허가 등을 받았거나 신고 등을 한 사항
   마. 등급(호텔업만 해당한다)
   바. 운영의 형태(분양 또는 회원모집을 하는 휴양콘도미니엄업 및 호텔업만 해당한다)
3. 전문휴양업 및 종합휴양업
   가. 부지면적 및 건축연면적
   나. 시설의 종류
   다. 제2호다목 및 라목의 사항
   라. 운영의 형태(제2종종합휴양업만 해당한다)
4. 야영장업
   가. 부지면적 및 건축연면적
   나. 시설의 종류
   다. 1일 최대 수용인원
5. 관광유람선업
   가. 선박의 척수
   나. 선박의 제원

6. 관광공연장업
가. 관광공연장업이 설치된 관광사업시설의 종류
나. 무대면적 및 좌석 수
다. 공연장의 총면적
라. 일반음식점 영업허가번호, 허가연월일, 허가기관
7. 삭제 〈2014. 12. 31.〉
8. 외국인관광 도시민박업
가. 객실 수
나. 주택의 연면적
9. 한옥체험업
가. 객실 수
나. 한옥의 연면적, 객실 및 편의시설의 연면적
다. 체험시설의 종류
라. 「문화재보호법」에 따라 문화재로 지정 · 등록된 한옥 또는 「한옥 등 건축자산의 진흥에 관한 법률」 제10조에 따라 우수건축자산으로 등록된 한옥인지 여부
10. 국제회의시설업
가. 대지면적 및 건축연면적
나. 회의실별 동시수용인원
다. 제2호다목 및 라목의 사항

(6) 관광사업자의 등록취소

등록관청은 관광사업의 등록증을 받거나 신고를 한 자 또는 사업계획의 승인을 받은 자가 등록증 또는 사업계획의 승인을 취소하거나 6개월 이내의 기간을 정하여 그 사업의 전부 또는 일부의 정지를 명하거나 시설 · 운영의 개선을 명할 수 있다.(관광진흥법 제35조 제1항)

관광사업자의 등록취소는 제6절에서 상세히 다루기로 한다.

2) 관광사업의 허가

허가란 법령에 의하여 일반적으로 금지되어 있는 행위를 특정의 경우에 특정인에 대하여 그 금지를 해제하는(영업행위를 할 수 있게 하는) 행정처분이다. 허가는 일반적인 경우의 등록과는 달리 허가관청의 판단에 따라 얼마든지 거부할 수 있다.

(1) 카지노업의 허가

관광진흥법 제5조(허가와 신고) ① 제3조제1항제5호에 따른 카지노업을 경영하려는 자는 전용영업장 등 문화체육관광부령으로 정하는 시설과 기구를 갖추어 문화체육관광부장관의 허가를 받아야 한다. 〈개정 2008.2.29〉

관광진흥법시행규칙 제6조(카지노업의 허가 등) ① 법 제5조제1항에 따라 카지노업의 허가를 받으려는 자는 별지 제8호서식의 카지노업 허가신청서에 다음 각 호의 서류를 첨부하여 문화체육관광부장관에게 제출하여야 한다. 〈개정 2008.3.6., 2015.4.22.〉

1. 신청인(법인의 경우에는 대표자 및 임원)이 내국인인 경우에는 성명 및 주민등록번호를 기재한 서류

1의2. 신청인(법인의 경우에는 대표자 및 임원)이 외국인인 경우에는 법 제7조제1항 각 호 및 법 제22조제1항 각 호에 해당하지 아니함을 증명하는 다음 각 목의 어느 하나에 해당하는 서류. 다만, 법 또는 다른 법령에 따라 인·허가 등을 받아 사업자등록을 하고 해당 영업 또는 사업을 영위하고 있는 자(법인의 경우에는 최근 1년 이내에 법인세를 납부한 시점부터 허가 신청 시점까지의 기간 동안 대표자 및 임원의 변경이 없는 경우로 한정한다)는 해당 영업 또는 사업의 인·허가증 등 인·허가 등을 받았음을 증명하는 서류와 최근 1년 이내에 소득세(법인의 경우에는 법인세를 말한다)를 납부한 사실을 증명하는 서류를 제출하는 경우에는 그 영위하고 있는 영업 또는 사업의 결격사유 규정과 중복되는 법 제7조제1항 및 제22조제1항의 결격사유에 한하여 다음 각 목의 서류를 제출하지 아니할 수 있다.

가. 해당 국가의 정부나 그 밖의 권한 있는 기관이 발행한 서류 또는 공증인이 공증한 신청인의 진술서로서 「재외공관 공증법」에 따라 해당 국가에 주재하는 대한민국공관의 영사관이 확인한 서류

나. 「외국공문서에 대한 인증의 요구를 폐지하는 협약」을 체결한 국가의 경우에는 해당 국가의 정부나 그 밖의 권한 있는 기관이 발행한 서류 또는 공증인이 공증한 신청인의 진술서로서 해당 국가의 아포스티유(Apostille) 확인서 발급 권한이 있는 기관이 그 확인서를 발급한 서류

2. 정관(법인만 해당한다)
3. 사업계획서
4. 타인 소유의 부동산을 사용하는 경우에는 그 사용권을 증명하는 서류
5. 법 제21조제1항 및 영 제27조제2항에 따른 허가요건에 적합함을 증명하는 서류

② 제1항에 따른 신청서를 제출받은 문화체육관광부장관은 「전자정부법」 제36조제1항에 따른 행정정보의 공동이용을 통하여 다음 각 호의 서류를 확인하여야 한다. 다만, 제3호의 경우 신청인이 확인에 동의하지 아니하는 경우에는 그 서류를 첨부하도록 하여야 한다. 〈개정 2009.3.31., 2011.3.30., 2012.4.5.〉

1. 법인 등기사항증명서(법인만 해당한다)
2. 건축물대장
3. 전기안전점검확인서

③ 제1항제3호에 따른 사업계획서에는 다음 각 호의 사항이 포함되어야 한다.

1. 카지노영업소 이용객 유치계획
2. 장기수지 전망
3. 인력수급 및 관리계획
4. 영업시설의 개요(제29조에 따른 시설 및 영업종류별 카지노기구에 관한 사항이 포함되어야 한다)

④ 문화체육관광부장관은 제2항에 따른 확인 결과 「전기사업법」 제66조의2제1항에 따른 전기안전점검을 받지 아니한 경우에는 관계기관 및 신청인에게 그 내용을 통지하여야 한다. 〈신설 2012.4.5.〉

⑤ 문화체육관광부장관은 카지노업의 허가(제8조제1항에 따른 변경허가를 포함한다)를 하는 경우에는 별지 제9호서식의 카지노업 허가증을 발급하고 별지 제10호서식의 카지노업 허가대장을 작성하여 관리하여야 한다. 〈개정 2008.3.6., 2012.4.5.〉

⑥ 카지노업 허가증의 재발급에 관하여는 제5조를 준용한다. 〈개정 2012.4.5.〉

[별지 제8호서식] 관광진흥법시행규칙 〈개정 2015.4.22.〉

카지노업 허가신청서

※ 뒤쪽의 신청 안내를 참고하시기 바라며, 색상이 어두운 란은 신청인이 적지 않습니다. (앞쪽)

접수번호	접수일자	처리기간 60일

신청인	성 명(대표자)	주민등록번호(외국인등록번호)
	주 소	전화번호
상호(명칭)		면적
소재지		전화번호
시설 및 기구규모	시 설 명	
	영업종류	
	카지노 기구 명	
	시설 및 기구설치 완료(예정)일	

「관광진흥법」 제5조제1항 및 같은 법 시행규칙 제6조에 따라 카지노업의 허가를 신청합니다.

년 월 일

신청인 성명 (서명 또는 인)

문화체육관광부장관 귀하

제출서류	뒤쪽 참조	수수료 100,000원 (온라인으로 신청하는 경우 90,000원)

처리절차

신청서 작성 (신청인) → 접 수 (처리기관(문화체육관광부)) → 검 토 (처리기관(문화체육관광부)) → 결 정 (처리기관(문화체육관광부)) → 허가증 발급

210㎜×297㎜[백상지 80g/㎡]

(뒤쪽)

신청인(대표자) 제출서류	1. 신청인(법인의 경우에는 대표자 및 임원)이 내국인인 경우에는 성명 및 주민등록번호를 기재한 서류 1부 2. 신청인(법인의 경우에는 대표자 및 임원)이 외국인인 경우에는 「관광진흥법」 제7조제1항 각 호 및 같은 법 제22조제1항 각 호에 해당하지 아니함을 증명하는 다음 각 목의 어느 하나에 해당하는 서류. 다만, 「관광진흥법」 또는 다른 법령에 따라 인·허가 등을 받아 사업자등록을 하고 해당 영업 또는 사업을 영위하고 있는 자(법인의 경우에는 최근 1년 이내에 법인세를 납부한 시점부터 허가 신청 시점까지의 기간 동안 대표자 및 임원의 변경이 없는 경우로 한정합니다)는 해당 영업 또는 사업의 인·허가증 등 인·허가 등을 받았음을 증명하는 서류와 최근 1년 이내에 소득세(법인의 경우에는 법인세를 말합니다)를 납부한 사실을 증명하는 서류를 제출하는 경우에는 그 영위하고 있는 영업 또는 사업의 결격사유 규정과 중복되는 「관광진흥법」 제7조제1항 및 같은 법 제22조제1항의 결격사유에 한하여 다음 각 목의 서류를 제출하지 아니할 수 있습니다. 가. 해당 국가의 정부나 그 밖의 권한 있는 기관이 발행한 서류 또는 공증인이 공증한 신청인의 진술서로서 「재외공관 공증법」에 따라 해당 국가에 주재하는 대한민국공관의 영사관이 확인한 서류 1부 나. 「외국공문서에 대한 인증의 요구를 폐지하는 협약」을 체결한 국가의 경우에는 해당 국가의 정부나 그 밖의 권한 있는 기관이 발행한 서류 또는 공증인이 공증한 신청인의 진술서로서 해당 국가의 아포스티유(Apostille) 확인서 발급 권한이 있는 기관이 그 확인서를 발급한 서류 1부 3. 정관(법인만 해당합니다) 1부 4. 사업계획서 1부 5. 타인 소유의 부동산을 사용하는 경우에는 그 사용권을 증명하는 서류 1부 6. 「관광진흥법」 제21조제1항 및 「관광진흥법 시행령」 제27조제2항에 따른 허가요건에 적합함을 증명하는 서류 1부
담당 공무원 확인사항	1. 법인 등기사항증명서(법인인 경우만 해당합니다) 2. 건축물대장 3. 전기안전점검확인서

행정정보 공동이용 동의서

본인은 이 건 업무처리와 관련하여 담당 공무원이 「전자정부법」 제36조제1항에 따른 행정정보의 공동이용을 통하여 위의 담당 공무원 확인사항 중 제3호를 확인하는 것에 동의합니다. * 동의하지 아니하는 경우에는 신청인이 직접 관련 서류를 제출하여야 합니다.

신청인 (서명 또는 인)

[별지 제9호서식] 관광진흥법시행규칙 〈개정 2009.12.31.〉

제 호

카지노업 허가증

1. 대 표 자: (생년월일:)

2. 주 소:

3. 상 호(명칭):

4. 영업소 소재지:

5. 영 업 의 종 류:

6. 시 설 명(개수):

7. 기 구 명(대수):

8. 허 가 의 조 건:

「관광진흥법」 제5조제1항 및 같은 법 제24조에 따라 우와 같이 카지노업을 허가합니다.

년 월 일

문화체육관광부장관 직인

210mm×297mm [보존용지(1종) 120g/㎡]

(2) 유원시설업의 허가

허가대상 유원시설업은 종합유원시설업과 일반유원시설업이다.(관광진흥법시행령 제7조)

관광진흥법 제5조(허가와 신고) ② 제3조제1항제6호에 따른 유원시설업 중 대통령령으로 정하는 유원시설업을 경영하려는 자는 문화체육관광부령으로 정하는 시설과 설비를 갖추어 특별자치시장 · 특별자치시장 · 특별자치도지사 · 시장 · 군수 · 구청장의 허가를 받아야 한다. 〈개정 2008.2.29., 2008.6.5., 2018.6.12.〉

관광진흥법시행령 제7조(허가대상 유원시설업) 법 제5조제2항에서 "대통령령으로 정하는 유원시설업"이란 종합유원시설업 및 일반유원시설업을 말한다.

관광진흥법시행규칙 제7조(유원시설업의 시설 및 설비기준과 허가신청 절차 등) ① 법 제5조제2항에 따라 유원시설업을 경영하려는 자가 갖추어야 하는 시설 및 설비의 기준은 별표 1의2와 같다. 〈개정 2016.3.28.〉

② 법 제5조제2항에 따른 유원시설업의 허가를 받으려는 자는 별지 제11호서식의 유원시설업허가신청서에 다음 각 호의 서류를 첨부하여 특별자치시장 · 특별자치도지사 · 시장 · 군수 · 구청장(자치구의 구청장을 말한다. 이하 같다)에게 제출하여야 한다. 이 경우 6개월 미만의 단기로 유원시설업의 허가를 받으려는 자는 허가신청서에 해당 기간을 표시하여 제출하여야 한다. 〈개정 2009.3.31., 2015.3.6., 2015.4.22., 2016.12.30.〉

1. 영업시설 및 설비개요서
2. 신청인(법인의 경우에는 대표자 및 임원)이 내국인인 경우에는 성명 및 주민등록번호를 기재한 서류

2의2. 신청인(법인의 경우에는 대표자 및 임원)이 외국인인 경우에는 법 제7조제1항 각 호에 해당하지 아니함을 증명하는 다음 각 목의 어느 하나에 해당하는 서류. 다만, 법 또는 다른 법령에 따라 인 · 허가 등을 받아 사업자등록을 하고 해당 영업 또는 사업을 영위하고 있는 자(법인의 경우에는 최근 1년 이내에 법인세를 납부한 시점부터 허가 신청 시점까지의 기간 동안 대표자 및 임원의 변경이 없는 경우로 한정한다)는 해당 영업 또는 사업의 인 · 허가증 등 인 · 허가 등을 받았음을 증명하는 서류와 최근 1년 이내에 소득세(법인의 경우에는 법인세를 말한다)를 납부한 사실을 증명하는 서류를 제출하는 경우에는 그 영위하고 있는 영업 또는 사업의 결격사유 규정과 중복되는 법 제7조제1항의 결격사유에 한하여 다음 각 목의 서류를 제출하지 아니할 수 있다.

가. 해당 국가의 정부나 그 밖의 권한 있는 기관이 발행한 서류 또는 공증인이 공증한 신청인의 진술서로서 「재외공관 공증법」에 따라 해당 국가에 주재하는 대한민국공관의 영사관이 확인한 서류

나. 「외국공문서에 대한 인증의 요구를 폐지하는 협약」을 체결한 국가의 경우에는 해당 국가의 정부나 그 밖의 권한 있는 기관이 발행한 서류 또는 공증인이 공증한 신청인의 진술서로서 해당 국가의 아포스티유(Apostille) 확인서 발급 권한이 있는 기관이 그 확인서를 발급한 서류

3. 정관(법인만 해당한다)
4. 유기시설 또는 유기기구의 영업허가 전 검사를 받은 사실을 증명하는 서류(안전성검사의 대상이 아닌 경우에는 이를 증명하는 서류)
5. 법 제9조에 따른 보험가입 등을 증명하는 서류
6. 법 제33조제2항에 따른 안전관리자(이하 "안전관리자"라 한다)에 관한 별지 제12호서식에 따른 인적사항
7. 임대차계약서 사본(대지 또는 건물을 임차한 경우만 해당한다)
8. 다음 각 목의 사항이 포함된 안전관리계획서

가. 안전점검 계획

나. 비상연락체계

다. 비상 시 조치계획

라. 안전요원 배치계획(물놀이형 유기시설 또는 유기기구를 설치하는 경우만 해당한다)

③ 제2항에 따른 신청서를 제출받은 특별자치시장 · 특별자치도지사 · 시장 · 군수 · 구청장은 「전자정부법」 제36조제1항에 따른 행정정보의 공동이용을 통하여 법인 등기사항증명서(법인만 해당한다)를 확인하여야 한다. 〈개정 2009.3.31., 2011.3.30.〉

④ 특별자치시장 · 특별자치도지사 · 시장 · 군수 · 구청장은 유원시설업을 허가하는 경우에는 별지 제13호 서식의 유원시설업 허가증을 발급하고 별지 제14호서식의 유원시설업 허가 · 신고관리대장을 작성하여 관리하여야 한다. 〈개정 2009.3.31.〉

⑤ 유원시설업 허가증의 재발급에 관하여는 제5조를 준용한다.

[별표 1의2] 관광진흥법시행규칙 〈개정 2016.12.30.〉

유원시설업의 시설 및 설비기준(제7조제1항 관련)

1. 공통기준

구 분	시설 및 설비기준
가. 실내에 설치한 유원시설업	(1) 독립된 건축물이거나 다른 용도의 시설(「게임산업진흥에 관한 법률」 제2조제6호의2가목 또는 제7호에 따른 청소년게임제공업 또는 인터넷컴퓨터게임시설제공업의 시설은 제외한다)과 분리, 구획 또는 구분되어야 한다. (2) 유원시설업 내에 「게임산업진흥에 관한 법률」 제2조제6호의2가목 또는 제7호에 따른 청소년게임제공업 또는 인터넷컴퓨터게임시설제공업을 하려는 경우 청소년게임제공업 또는 인터넷컴퓨터게임시설제공업의 면적비율은 유원시설업 허가 또는 신고 면적의 50퍼센트 미만이어야 한다.
나. 종합유원시설업 및 일반유원시설업	(1) 방송시설 및 휴식시설(의자 또는 차양시설 등을 갖춘 것을 말한다)을 설치하여야 한다. (2) 화장실(유원시설업의 허가구역으로부터 100미터 이내에 공동화장실을 갖춘 경우는 제외한다)을 갖추어야 한다. (3) 이용객을 지면으로 안전하게 이동시키는 비상조치가 필요한 유기시설 또는 유기기구에 대하여는 비상시에 이용객을 안전하게 대피시킬 수 있는 시설[축전지 또는 발전기 등의 예비전원설비, 사다리, 계단시설, 윈치(중량물을 끌어올리거나 당기는 기계설비), 로프 등 해당 시설에 적합한 시설]을 갖추어야 한다. (4) 물놀이형 유기시설 또는 유기기구를 설치한 경우 다음 각 호의 시설을 갖추어야 한다. ① 수소이온화농도, 유리잔류염소농도를 측정할 수 있는 수질검사장비를 비치하여야 한다. ② 익수사고를 대비한 수상인명구조장비(구명구, 구명조끼, 구명로프 등)를 갖추어야 한다. ③ 물놀이 후 씻을 수 있는 시설(유원시설업의 허가구역으로부터 100미터 이내에 공동으로 씻을 수 있는 시설을 갖춘 경우는 제외한다)을 갖추어야 한다.

2. 개별기준

구 분	시설 및 설비기준
가. 종합유원시설업	(1) 대지 면적(실내에 설치한 유원시설업의 경우에는 건축물 연면적)은 1만제곱미터 이상이어야 한다. (2) 법 제33조제1항에 따른 안전성검사 대상 유기시설 또는 유기기구 6종 이상을 설치하여야 한다. (3) 정전 등 비상시 유기시설 또는 유기기구 이외 사업장 전체의 안전에 필요한 설비를 작동하기 위한 예비전원시설과 의무 시설(구급약품, 침상 등이 비치된 별도의 공간) 및 안내소를 설치하여야 한다. (4) 음식점 시설 또는 매점을 설치하여야 한다.
나. 일반유원시설업	(1) 법 제33조제1항에 따른 안전성검사 대상 유기시설 또는 유기기구 1종 이상을 설치하여야 한다. (2) 안내소를 설치하고, 구급약품을 비치하여야 한다.
다. 기타유원시설업	(1) 대지 면적(실내에 설치한 유원시설업의 경우에는 건축물 연면적)은 40제곱미터 이상이어야 한다.(시행규칙 제40조제1항 관련 별표 11 제2호나목2)에 해당되는 유기시설 또는 유기기구를 설치하는 경우는 제외한다) (2) 법 제33조제1항에 따른 안전성검사 대상이 아닌 유기시설 또는 유기기구 1종 이상을 설치하여야 한다. (3) 구급약품을 비치하여야 한다.

3. 제1호 및 제2호의 기준에 관한 특례

(1) 제1호 및 제2호에도 불구하고 제7조에 따라 6개월 미만의 단기로 일반유원시설업의 허가를 받으려 하거나 제11조에 따라 6개월 미만의 단기로 기타유원시설업의 신고를 하려는 경우에는 (2) 및 (3)의 기준을 적용한다.

(2) 공통기준

(가) 실내에 설치하는 경우에는 독립된 건축물이거나 다른 용도의 시설(「게임산업진흥에 관한 법률」 제2조제6호의2가목 또는 제7호에 따른 청소년게임제공업 또는 인터넷컴퓨터게임시설제공업의 시설은 제외한다)과 분리, 구획 또는 구분되어야 한다.

(나) 실내에 설치한 유원시설업 내에 「게임산업진흥에 관한 법률」 제2조제6호의2가목 또는 제7호에 따른 청소년게임제공업 또는 인터넷컴퓨터게임시설제공업을 하려는 경우 청소년게임제공업 또는 인터넷컴퓨터게임시설제공업의 면적비율은 유원시설업 허가 또는 신고 면적의 50퍼센트 미만이어야 한다.

(다) 구급약품을 비치하여야 한다.

(3) 개별기준

(가) 일반유원시설업

1) 법 제33조제1항에 따른 안전성검사 대상 유기시설 또는 유기기구 1종 이상을 설치하여야 한다.

2) 휴식시설 및 화장실을 갖추어야 하나, 불가피한 경우에는 허가구역으로부터 100미터 이내에 그 이용이 가능한 휴식시설 및 화장실을 갖추어야 한다.

3) 비상시 유기시설 또는 유기기구로부터 이용객을 안전하게 대피시킬 수 있는 시설(사다리, 로프 등)을 갖추어야 한다.

4) 물놀이형 유기시설 또는 유기기구를 설치한 경우 수질검사장비와 수상인명구조장비를 비치하여야 한다.

(나) 기타유원시설업

1) 대지 면적(실내에 설치한 유원시설업의 경우에는 건축물 연면적)은 40제곱미터 이상이어야 한다.(제40조제1항 관련 별표 11 제2호나목2)에 해당되는 유기시설 또는 유기기구를 설치하는 경우는 제외한다)

2) 법 제33조제1항에 따른 안전성검사 대상이 아닌 유기시설 또는 유기기구 1종 이상을 설치하여야 한다.

[별지 제11호서식] 관광진흥법시행규칙 〈개정 2019. 10. 16.〉

유원시설업 [ ] 허가신청서 / [ ] 조건부 영업허가 신청서

※[ ]에는 √ 표시를 하며, 색상이 어두운 란은 신청인이 적지 않습니다. (앞쪽)

접수번호	접수일	발급일	처리기간 3일

신청인	성 명(대표자)	생년월일(외국인등록번호)
	주 소	전화번호
영업소	대표자	생년월일(외국인등록번호)
	소재지	전화번호
	명칭(상호)	영업의 종류
유기시설 또는 유기기구 종수	안전검사 대상 유기시설 또는 유기기구	종
	안전검사 대상이 아닌 유기시설 또는 유기기구	종
	시설 및 설비 설치 완료(예정)일	년 월 일
	영업기간(6개월 미만의 경우에만 표시)	

「관광진흥법」 제5조제2항·제31조 및 같은 법 시행규칙 제7조·제37조에 따라 위와 같이 신청합니다.

년 월 일

신청인 (서명 또는 인)

특별자치시장·특별자치도지사·시장·군수·구청장 귀하

대장 및 공부확인	일 자	결 과	서 명
건축물대장등본/토지이용계획확인원			

첨부서류	뒤쪽 참조	수수료 지방자치단체 조례

유의사항

1. 건축물의 용도 등 관계 법령에 적합하지 아니하거나 시설 및 설비기준에 적합하지 아니한 경우에는 영업허가가 제한됩니다.
2. 허가를 받지 아니하고 영업을 하는 경우에는 다음과 같은 불이익처분을 받습니다.
  가. 「관광진흥법」 제36조에 따른 폐쇄조치
  나. 「관광진흥법」 제82조에 따른 3년 이하의 징역 또는 3천만원 이하의 벌금

처리절차

신청서 작성	→	접 수	→	검 토	→	결 재	→	허가증 발급
신청인		처리기관 (특별자치시장·특별자치도지사·시장·군수·구청장)		처리기관 (특별자치시장·특별자치도지사·시장·군수·구청장)		처리기관 (특별자치시장·특별자치도지사·시장·군수·구청장)		

210mm×297mm[백상지(80g/㎡) 또는 중질지(80g/㎡)]

(뒤쪽)

구분	신청인(대표자) 제출서류	담당공무원 확인사항
유원시설업 허가의 경우	1. 영업시설 및 설비개요서(「관광진흥법 시행규칙」 별표 1의2에 따른 시설 및 설비기준에 적합하여야 합니다) 1부 2. 신청인(법인의 경우에는 대표자 및 임원)이 내국인인 경우에는 성명 및 주민등록번호를 기재한 서류 1부 3. 신청인(법인의 경우에는 대표자 및 임원)이 외국인인 경우에는 「관광진흥법」 제7조제1항 각 호에 해당하지 아니함을 증명하는 다음 각 목의 어느 하나에 해당하는 서류. 다만, 「관광진흥법」 또는 다른 법령에 따라 인·허가 등을 받아 사업자등록을 하고 해당 영업 또는 사업을 영위하고 있는 자(법인의 경우에는 최근 1년 이내에 법인세를 납부한 시점부터 허가 신청 시점까지의 기간 동안 대표자 및 임원의 변경이 없는 경우로 한정합니다)는 해당 영업 또는 사업의 인·허가증 등 인·허가 등을 받았음을 증명하는 서류와 최근 1년 이내에 소득세(법인의 경우에는 법인세를 말합니다)를 납부한 사실을 증명하는 서류를 제출하는 경우에는 그 영위하고 있는 영업 또는 사업의 결격사유 규정과 중복되는 「관광진흥법」 제7조제1항의 결격사유에 한하여 다음 각 목의 서류를 제출하지 아니할 수 있습니다. 가. 해당 국가의 정부나 그 밖의 권한 있는 기관이 발행한 서류 또는 공증인이 공증한 신청인의 진술서로서 「재외공관 공증법」에 따라 해당 국가에 주재하는 대한민국공관의 영사관이 확인한 서류 1부 나. 「외국공문서에 대한 인증의 요구를 폐지하는 협약」을 체결한 국가의 경우에는 해당 국가의 정부나 그 밖의 권한 있는 기관이 발행한 서류 또는 공증인이 공증한 신청인의 진술서로서 해당 국가의 아포스티유(Apostille) 확인서 발급 권한이 있는 기관이 그 확인서를 발급한 서류 1부 4. 정관(법인만 해당합니다) 1부 5. 유기시설 또는 유기기구의 허가 전 안전성검사를 받은 사실을 증명하는 서류(안전성검사의 대상이 아닌 경우에는 이를 증명하는 서류) 1부 6. 「관광진흥법」 제9조에 따른 보험가입 등을 증명하는 서류 1부 7. 「관광진흥법」 제33조제2항에 따른 안전관리자에 관한 별지 제12호서식에 따른 인적사항 1부 8. 임대차계약서 사본(대지 또는 건물을 임차한 경우만 해당합니다) 1부 9. 다음 각 목의 사항이 포함된 안전관리계획서 1부 가. 안전점검 계획 나. 비상연락체계 다. 비상 시 조치계획 라. 안전요원 배치계획(물놀이형 유기시설 또는 유기기구를 설치하는 경우만 해당합니다) 마. 유기시설 또는 유기기구 주요 부품의 주기적 교체 계획	법인 등기사항증명서(법인만 해당합니다)
유원시설업 조건부영업허가의 경우	1. 유원시설업 허가의 경우의 제2호부터 제4호까지의 서류 2. 사업계획서	법인 등기사항증명서(법인만 해당합니다)

[별지 제13호서식] 관광진흥법시행규칙 〈개정 2019. 4. 25.〉

(앞쪽)

제 호

유원시설업 [ ]허가증 / [ ]조건부 영업허가증

※ [ ]에는 √ 표시를 합니다.

1. 영업소 명칭	
2. 소 재 지	
3. 영업의 종류	
4. 대표자 성명	
5. 대표자의 생년월일	
6. 안전성검사 대상 유기시설 또는 유기기구 수(종 수)	
7. 안전성검사 대상이 아닌 유기시설 또는 유기기구 수(종 수)	
8. 허가조건	
9. 영업기간 (6개월 미만의 경우에만 해당합니다)	

「관광진흥법」 제5조제2항·제31조 및 같은 법 시행규칙 제7조·제37조에 따라 위와 같이 허가합니다.

년 월 일

특별자치시장·
특별자치도지사·
시장·군수·구청장 [직인]

210mm×297mm[백상지 150g/㎡]

(뒤쪽)

허가번호 :

변경 및 처분사항		
연월일	내용	확인[인]

(3) 카지노업과 유원시설업의 허가요건 및 허가절차

카지노업 및 종합유원시설업과 일반유원시설업의 허가요건 또는 기준 및 허가절차 등에 관해서는 카지노업(제4절)과 유원시설업(제5절)에서 상세히 다루기로 한다.

3) 관광사업의 신고

관광사업의 신고대상 기타유원시설업이다.(관광진흥법 제5조 제4항)

관광진흥법 제5조(허가와 신고) ④ 제2항에 따라 대통령령으로 정하는 유원시설업 외의 유원시설업을 경영하려는 자는 문화체육관광부령으로 정하는 시설과 설비를 갖추어 특별자치시장 · 특별자치시장 · 특별자치도지사 · 시장 · 군수 · 구청장에게 신고하여야 한다. 신고한 사항 중 문화체육관광부령으로 정하는 중요 사항을 변경하려는 경우에도 또한 같다. 〈개정 2008.2.29., 2008.6.5., 2018.6.12.〉

⑤ 문화체육관광부장관 또는 특별자치시장 · 특별자치시장 · 특별자치도지사 · 시장 · 군수 · 구청장은 제3항 단서에 따른 변경신고나 제4항에 따른 신고 또는 변경신고를 받은 경우 그 내용을 검토하여 이 법에 적합하면 신고를 수리하여야 한다. 〈신설 2018.6.12.〉

관광진흥법시행규칙 제11조(유원시설업의 신고 등) ① 법 제5조제4항에 따른 유원시설업의 신고를 하려는 자가 갖추어야 하는 시설 및 설비기준은 별표 1의2와 같다. 〈개정 2016.3.28.〉

② 법 제5조제4항에 따른 유원시설업의 신고를 하려는 자는 별지 제17호서식의 기타유원시설업 신고서에 다음 각 호의 서류를 첨부하여 특별자치시장 · 특별자치도지사 · 시장 · 군수 · 구청장에게 제출하여야 한다. 이 경우 6개월 미만의 단기로 기타유원시설업의 신고를 하려는 자는 신고서에 해당 기간을 표시하여 제출하여야 한다. 〈개정 2009. 3. 31., 2015. 3. 6., 2016. 12. 30., 2019. 4. 25., 2019. 10. 16.〉

1. 영업시설 및 설비개요서
2. 유기시설 또는 유기기구가 안전성검사 대상이 아님을 증명하는 서류
3. 법 제9조에 따른 보험가입 등을 증명하는 서류
4. 임대차계약서 사본(대지 또는 건물을 임차한 경우만 해당한다)
5. 다음 각 목의 사항이 포함된 안전관리계획서
   가. 안전점검 계획
   나. 비상연락체계
   다. 비상 시 조치계획
   라. 안전요원 배치계획(물놀이형 유기시설 또는 유기기구를 설치하는 경우만 해당한다)
   마. 유기시설 또는 유기기구 주요 부품의 주기적 교체 계획

③ 제2항에 따른 신고서를 제출받은 특별자치시장 · 특별자치도지사 · 시장 · 군수 · 구청장은 「전자정부법」 제36조제1항에 따른 행정정보의 공동이용을 통하여 법인 등기사항증명서(법인만 해당한다)를 확인하여야 한다. 〈개정 2009. 3. 31., 2011. 3. 30., 2019. 4. 25.〉

④ 특별자치시장 · 특별자치도지사 · 시장 · 군수 · 구청장은 제2항에 따른 신고를 받은 경우에는 별지 제18호서식의 유원시설업 신고증을 발급하고, 별지 제14호서식에 따른 유원시설업 허가 · 신고 관리대장을 작성하여 관리하여야 한다. 〈개정 2009. 3. 31., 2019. 4. 25.〉

⑤ 유원시설업 신고증의 재발급에 관하여는 제5조를 준용한다.

[별지 제18호서식] 관광진흥법시행규칙 〈개정 2019. 4. 25.〉

(앞쪽)

제 호

유원시설업 신고증

1. 영업소 명칭	
2. 소재지	
3. 영업의 종류	
4. 대표자	
5. 대표자의 생년월일	
6. 안전성검사 대상이 아닌 유기시설 또는 유기기구수 (종 수)	
7. 영업기간 (6개월 미만의 경우에만 해당합니다)	

「관광진흥법」 제5조제4항 및 같은 법 시행규칙 제11조에 따라 위와 같이 신고하였음을 증명합니다.

년 월 일

특별자치시장 · 특별자치도지사 · 시장 · 군수 · 구청장 직인

210㎜×297㎜[백상지(150g/㎡)]

(뒤쪽)

신고번호 :

변경 및 처분사항		
연월일	내용	확인[인]

중요사항의 변경신고와 신고사항의 변경시고는 다음의 절차를 따른다.

관광진흥법시행규칙 제12조(중요사항의 변경신고) 법 제5조제4항 후단에서 "문화체육관광부령으로 정하는 중요사항"이란 다음 각 호의 사항을 말한다. 〈개정 2008.3.6., 2016.12.30.〉

1. 영업소의 소재지 변경(유기시설 또는 유기기구의 이전을 수반하는 영업소의 소재지 변경은 제외한다)
2. 안전성검사 대상이 아닌 유기시설 또는 유기기구의 신설 · 폐기 또는 영업장 면적의 변경
3. 대표자 또는 상호의 변경
4. 안전성검사 대상이 아닌 유기시설 또는 유기기구로서 제40조제4항 단서에 따라 정기확인검사가 필요한 유기시설 또는 유기기구의 3개월 이상의 운행 정지 또는 그 운행의 재개

관광진흥법시행규칙 제13조(신고사항 변경신고) 법 제5조제4항 후단에 따라 신고사항의 변경신고를 하려는 자는 그 변경사유가 발생한 날부터 30일 이내에 별지 제19호서식의 기타유원시설업 신고사항 변경신고서에 다음 각 호의 서류를 첨부하여 특별자치시장 · 특별자치도지사 · 시장 · 군수 · 구청장에게 제출해야 한다. 〈개정 2009. 3. 31., 2011. 10. 6., 2016. 12. 30., 2019. 4. 25., 2022. 10. 17.〉

1. 신고증
2. 영업소의 소재지 또는 영업장의 면적을 변경하는 경우에는 그 변경내용을 증명하는 서류
3. 안전성검사 대상이 아닌 유기시설 또는 유기기구를 신설하는 경우에는 제11조제2항제5호에 따른 안전관리계획서 및 제40조제5항에 따른 검사결과서
4. 안전성검사 대상이 아닌 유기시설 또는 유기기구를 폐기하는 경우에는 그 폐기내용을 증명하는 서류
5. 대표자 또는 상호를 변경하는 경우에는 그 변경내용을 증명하는 서류
6. 제12조제4호에 해당하는 경우에는 그 내용을 증명하는 서류

[별지 제19호서식] 관광진흥법시행규칙 〈개정 2022. 10. 17.〉

기타유원시설업 신고사항 변경신고서

※ 색상이 어두운 란은 신청인이 적지 않습니다.

접수번호	접수일	발급일	처리기간 3일

신고인	성명	생년월일(외국인등록번호)
	주소	전화번호
영업소	대표자	생년월일(외국인등록번호)
	소재지	전화번호
	명칭(상호) / 영업의 종류	신고번호
변경내용	변경전	
	변경후	
	변경일자	

신고증 분실사유:

「관광진흥법」 제5조제4항 및 같은 법 시행규칙 제13조에 따라 위와 같이 신고합니다.

년 월 일

신고인 (서명 또는 인)

특별자치시장 · 특별자치도지사 · 시장 · 군수 · 구청장 귀하

대장 및 공부확인	일자	결과	서명
건축물대장등본/토지이용계획확인원			

신고인 제출서류	수수료
1. 신고증 1부 2. 영업소의 소재지 또는 영업장의 면적을 변경하는 경우에는 그 변경내용을 증명하는 서류 1부 3. 안전성검사 대상이 아닌 유기시설 또는 유기기구를 신설하는 경우에는 「관광진흥법 시행규칙」 제11조제2항제5호에 따른 안전관리계획서 및 제40조제5항에 따른 검사결과서 각 1부 4. 안전성검사 대상이 아닌 유기시설 또는 유기기구를 폐기하는 경우에는 그 폐기내용을 증명하는 서류 1부 5. 대표자 또는 상호를 변경하는 경우에는 그 변경내용을 증명하는 서류 1부 6. 「관광진흥법 시행규칙」 제12조제4호에 해당하는 경우에는 그 내용을 증명하는 서류 1부	지방자치단체의 조례

유의사항

1. 변경신고 대상은 다음과 같습니다.
   가. 영업소의 소재지 변경
   나. 안전성검사 대상이 아닌 유기시설 또는 유기기구의 신설·폐기 또는 영업장 면적의 변경
   다. 상호 또는 대표자의 변경
   라. 안전성 검사 대상은 아니나 정기 확인 검사가 필요한 유기시설 또는 유기기구의 3개월 이상의 운행정지 또는 그 운행의 재개
2. 변경신고를 하지 아니하는 경우에는 다음과 같은 행정처분을 받습니다.
   ○ 「관광진흥법 시행령」 제33조에 따른 행정처분(영업정지·영업장폐쇄명령 등)
3. 신고증을 잃어버린 경우에는 분실 사유를 적고 신고증을 첨부하지 않습니다.

처리절차

신고서 작성 → 접수 → 검토 → 결정 → 신고증 발급

신고인	처리기관 (특별자치시장·특별자치도지사·시장·군수·구청장)	처리기관 (특별자치시장·특별자치도지사·시장·군수·구청장)	처리기관 (특별자치시장·특별자치도지사·시장·군수·구청장)	

210mm×297mm[백상지(80g/㎡) 또는 중질지(80g/㎡)]

4) 카지노업과 유원시설업의 변경허가 및 변경신고

관광진흥법 제5조(허가와 신고) ③ 제1항과 제2항에 따라 허가받은 사항 중 문화체육관광부령으로 정하는 중요 사항을 변경하려면 변경허가를 받아야 한다. 다만, 경미한 사항을 변경하려면 변경신고를 하여야 한다. 〈개정 2008.2.29.〉

⑤ 문화체육관광부장관 또는 특별자치시장·특별자치시장·특별자치도지사·시장·군수·구청장은 제3항 단서에 따른 변경신고나 제4항에 따른 신고 또는 변경신고를 받은 경우 그 내용을 검토하여 이 법에 적합하면 신고를 수리하여야 한다. 〈신설 2018.6.12.〉

관광진흥법시행규칙 제8조(변경허가 및 변경신고 사항 등) ① 카지노업 또는 유원시설업의 허가를 받은 자가 법 제5조제3항 본문에 따라 다음 각 호의 어느 하나에 해당하는 사항을 변경하려는 경우에는 변경허가를 받아야 한다. 〈개정 2016.12.30., 2018.1.25.〉

1. 카지노업의 경우
   가. 대표자의 변경
   나. 영업소 소재지의 변경
   다. 동일구내(같은 건물 안 또는 같은 울 안의 건물을 말한다)로의 영업장소 위치 변경 또는 영업장소의 면적 변경
   라. 별표 1의3 제1호에서 정한 경우에 해당하는 게임기구의 변경 또는 교체

마. 법 제23조제1항 및 이 규칙 제29조제1항제4호에 따른 카지노 전산시설 중 주전산기의 변경 또는 교체

바. 법 제26조에 따른 영업종류의 변경

2. 유원시설업의 경우

가. 영업소의 소재지 변경(유기시설 또는 유기기구의 이전을 수반하는 영업소의 소재지 변경은 제외한다)

나. 안전성검사 대상 유기시설 또는 유기기구의 영업장 내에서의 신설 · 이전 · 폐기

다. 영업장 면적의 변경

② 카지노업 또는 유원시설업의 허가를 받은 자가 법 제5조제3항 단서에 따라 다음 각 호의 어느 하나에 해당하는 사항을 변경하려는 경우에는 변경신고를 하여야 한다. 〈개정 2016.12.30., 2018.1.25.〉

1. 대표자 또는 상호의 변경(유원시설업만 해당한다)
2. 별표 1의3 제2호에서 정한 경우에 해당하는 게임기구의 변경 또는 교체(카지노업만 해당한다)

2의2. 법 제23조제1항 및 이 규칙 제29조제1항제4호에 따른 카지노 전산시설 중 주전산기를 제외한 시설의 변경 또는 교체(카지노업만 해당한다)

3. 안전성검사 대상이 아닌 유기시설 또는 유기기구의 신설 · 폐기(유원시설업만 해당한다)
4. 안전관리자의 변경(유원시설업만 해당한다)
5. 상호 또는 영업소의 명칭 변경(카지노업만 해당한다)
6. 안전성검사 대상 유기시설 또는 유기기구의 3개월 이상의 운행 정지 또는 그 운행의 재개(유원시설업만 해당한다)
7. 안전성검사 대상이 아닌 유기시설 또는 유기기구로서 제40조제4항 단서에 따라 정기 확인검사가 필요한 유기시설 또는 유기기구의 3개월 이상의 운행 정지 또는 그 운행의 재개(유원시설업만 해당한다)

관광진흥법시행규칙 제9조(카지노업의 변경허가 및 변경신고) ① 법 제5조제3항에 따라 카지노업의 변경허가를 받거나 변경신고를 하려는 자는 별지 제15호서식의 카지노업 변경허가신청서 또는 변경신고서에 변경계획서를 첨부하여 문화체육관광부장관에게 제출하여야 한다. 다만, 변경허가를 받거나 변경신고를 한 후 문화체육관광부장관이 요구하는 경우에는 변경내역을 증명할 수 있는 서류를 추가로 제출하여야 한다. 〈개정 2008.3.6., 2008.8.26., 2009.12.31., 2012.4.5.〉

② 제1항에 따른 변경허가신청서 또는 변경신고서를 제출받은 문화체육관광부장관은 「전자정부법」 제36조제1항에 따른 행정정보의 공동이용을 통하여 전기안전점검확인서(영업소의 소재지 또는 면적의 변경 등으로 「전기사업법」 제66조의2제1항에 따른 전기안전점검을 받아야 하는 경우로서 카지노업 변경허가 또는 변경신고를 신청한 경우만 해당한다)를 확인하여야 한다. 다만, 신청인이 전기안전점검확인서의 확인에 동의하지 아니하는 경우에는 그 서류를 첨부하도록 하여야 한다. 〈신설 2012.4.5.〉

③ 문화체육관광부장관은 제2항에 따른 확인 결과 「전기사업법」 제66조의2제1항에 따른 전기안전점검을 받지 아니한 경우에는 관계기관 및 신청인에게 그 내용을 통지하여야 한다. 〈신설 2012.4.5.〉

[별지 제15호서식] **관광진흥법시행규칙 〈개정 2018. 1. 25.〉**

[ ] 카지노업 변경허가신청서
[ ] 카지노업 변경신고서

※ 색상이 어두운 란은 신청인(신고인)이 적지 않습니다.

접수번호	접수일자	처리기간 10일
신청인(신고인)	성 명(대표자)	주민등록번호 (외국인등록번호)
	주 소	전화번호
상호(명칭)		
소재지		전화번호
허가번호		허가연월일
변경내용		

「관광진흥법」 제5조제3항 및 같은 법 시행규칙 제9조에 따라 위와 같이 신청(신고)합니다.

년 월 일

신청(신고)인 (서명 또는 인)

문화체육관광부장관 귀하

신청(신고)인 제출서류	1. 변경계획서 2. 변경내역을 증명할 수 있는 서류(변경허가를 받거나 변경신고를 한 후 문화체육관광부장관이 요구하는 경우에만 제출합니다) 1부	수수료 (변경허가의 경우만 수수료 있고, 변경신고의 경우 수수료 없음)
담당 공무원 확인사항	전기안전점검확인서(영업소의 소재지 또는 면적의 변경 등으로 「전기사업법」 제66조의2제1항에 따른 전기안전점검을 받아야 하는 경우로서 카지노업 변경허가를 신청한 경우만 해당합니다)	50,000원 (온라인으로 신청하는 경우 45,000원)

행정정보 공동이용 동의서

본인은 이 건 업무처리와 관련하여 담당 공무원이 「전자정부법」 제36조제1항에 따른 행정정보의 공동이용을 통하여 위의 담당 공무원 확인사항을 확인하는 것에 동의합니다. *동의하지 아니하는 경우에는 신청인이 직접 관련 서류를 제출하여야 합니다.

신청인 (서명 또는 인)

처리절차

신청(신고)서 작성	→	접 수	→	검 토	→	결 정	→	허가(신고)증 발급
신청(신고)인		처 리 기 관 (문화체육관광부)		처 리 기 관 (문화체육관광부)		처 리 기 관 (문화체육관광부)		처 리 기 관 (문화체육관광부)

210mm×297mm[백상지 80g/㎡]

관광진흥법시행규칙 제10조(유원시설업의 변경허가 및 변경신고) ① 법 제5조제3항 본문에 따라 유원시설업의 변경허가를 받으려는 자는 그 사유가 발생한 날부터 30일 이내에 별지 제16호서식의 유원시설업 허가사항 변경허가신청서에 다음 각 호의 서류를 첨부하여 특별자치시장 · 특별자치도지사 · 시장 · 군수 · 구청장에게 제출해야 한다. 〈개정 2009. 3. 31., 2009. 12. 31., 2015. 3. 6., 2016. 12. 30., 2019. 4. 25., 2022. 10. 17.〉

1. 허가증
2. 영업소의 소재지 또는 영업장의 면적을 변경하는 경우에는 그 변경내용을 증명하는 서류
3. 안전성검사 대상 유기시설 또는 유기기구를 신설·이전하는 경우에는 제7조제2항제8호에 따른 안전관리계획서 및 제40조제5항에 따른 검사결과서
4. 안전성검사 대상 유기시설 또는 유기기구를 폐기하는 경우에는 폐기내용을 증명하는 서류

② 법 제5조제3항 단서에 따라 유원시설업의 변경신고를 하려는 자는 그 변경사유가 발생한 날부터 30일 이내에 별지 제16호서식의 유원시설업 허가사항 변경신고서에 다음 각 호의 서류를 첨부하여 특별자치시장·특별자치도지사·시장·군수·구청장에게 제출해야 한다. 〈개정 2009. 3. 31., 2011. 10. 6., 2016. 12. 30., 2019. 4. 25., 2022. 10. 17.〉
1. 대표자 또는 상호를 변경하는 경우에는 그 변경내용을 증명하는 서류(대표자가 변경된 경우에는 그 대표자의 성명·주민등록번호를 기재한 서류를 포함한다)
2. 안전성검사 대상이 아닌 유기시설 또는 유기기구를 신설하는 경우에는 제7조제2항제8호에 따른 안전관리계획서 및 제40조제5항에 따른 검사결과서

2의2. 안전성검사 대상이 아닌 유기시설 또는 유기기구를 폐기하는 경우에는 그 폐기내용을 증명하는 서류

3. 안전관리자를 변경하는 경우 그 안전관리자에 관한 별지 제12호서식에 따른 인적사항
4. 제8조제2항제6호 또는 제7호에 해당하는 경우에는 그 내용을 증명하는 서류

③ 제2항에 따른 신고서를 제출받은 특별자치시장·특별자치도지사·시장·군수·구청장은 「전자정부법」 제36조제1항에 따른 행정정보의 공동이용을 통하여 법인 등기사항증명서(법인의 상호가 변경된 경우만 해당한다)를 확인하여야 한다. 〈개정 2009. 3. 31., 2011. 3. 30., 2019. 4. 25.〉

[별지 제16호서식] 관광진흥법시행규칙 〈개정 2022. 10. 17.〉

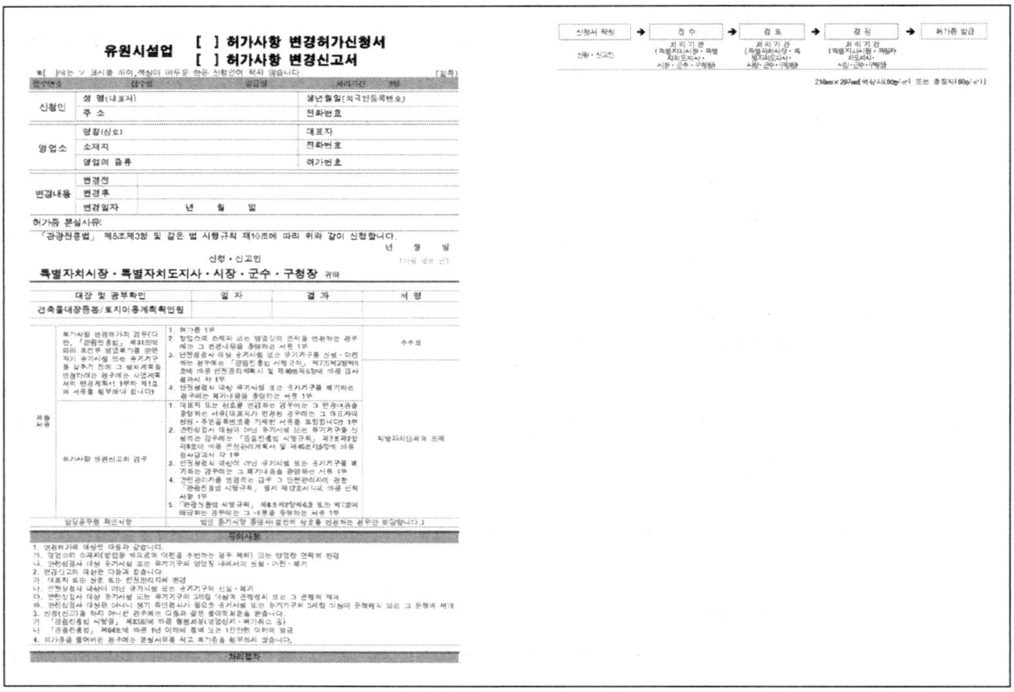

유원시설업 [ ] 허가사항 변경허가신청서 / [ ] 허가사항 변경신고서

신청인	성 명(대표자)	생년월일(외국인등록번호)
	주 소	전화번호
영업소	명칭(상호)	대표자
	소재지	전화번호
	영업의 종류	허가번호
변경내용	변경전	
	변경후	
	변경일자	년 월 일

허가증 분실사유:

「관광진흥법」 제5조제3항 및 같은 법 시행규칙 제10조에 따라 위와 같이 신청합니다.

년 월 일

신청·신고인

특별자치시장·특별자치도지사·시장·군수·구청장 귀하

대장 및 공부확인	일 자	결 과	서 명
건축물대장등본/토지이용계획확인원			

5) 관광사업의 지정

관광진흥법 제6조(지정) ① 제3조제1항제7호에 따른 관광 편의시설업을 경영하려는 자는 문화체육관광부령으로 정하는 바에 따라 특별시장·광역시장·특별자치시장·도지사·특별자치도지사(이하 "시·도지사"라 한다) 또는 시장·군수·구청장의 지정을 받아야 한다. 〈개정 2007. 7. 19., 2008. 2. 29., 2009. 3. 25., 2017. 11. 28., 2018. 6. 12.〉

② 제1항에 따른 관광 편의시설업으로 지정을 받으려는 자는 관광객이 이용하기 적합한 시설이나 외국어 안내서비스 등 문화체육관광부령으로 정하는 기준을 갖추어야 한다. 〈신설 2017. 11. 28.〉

관광진흥법시행규칙 제15조(관광 편의시설업의 지정신청) ① 법 제6조제1항 및 영 제65조제1항제1호에 따라 관광 편의시설업의 지정을 받으려는 자는 다음 각 호의 구분에 따라 신청을 하여야 한다. 〈개정 2009. 10. 22., 2009. 12. 31., 2011. 12. 30., 2016. 3. 28., 2018. 11. 29., 2019. 4. 25., 2019. 7. 10., 2020. 4. 28.〉

1. 관광유흥음식점업, 관광극장유흥업, 외국인전용 유흥음식점업, 관광순환버스업, 관광펜션업, 관광궤도업, 관광면세업 및 관광지원서비스업: 특별자치시장·특별자치도지사·시장·군수·구청장
2. 관광식당업, 관광사진업 및 여객자동차터미널시설업: 지역별 관광협회

② 법 제6조제1항에 따라 관광 편의시설업의 지정을 받으려는 자는 별지 제21호서식의 관광 편의시설업 지정신청서에 다음 각 호의 서류를 첨부하여 제1항에 따라 특별자치시장 · 특별자치도지사 · 시장 · 군수 · 구청장 또는 지역별 관광협회에 제출해야 한다. 다만, 제4호의 서류는 관광지원서비스업으로 지정을 받으려는 자만 제출한다. 〈개정 2009. 10. 22., 2011. 12. 30., 2015. 4. 22., 2016. 3. 28., 2018. 11. 29., 2019. 4. 25., 2019. 7. 10., 2021. 6. 23.〉

1. 신청인(법인의 경우에는 대표자 및 임원)이 내국인인 경우에는 성명 및 주민등록번호를 기재한 서류

1의2. 신청인(법인의 경우에는 대표자 및 임원)이 외국인인 경우에는 법 제7조제1항 각 호에 해당하지 아니함을 증명하는 다음 각 목의 어느 하나에 해당하는 서류. 다만, 법 또는 다른 법령에 따라 인 · 허가 등을 받아 사업자등록을 하고 해당 영업 또는 사업을 영위하고 있는 자(법인의 경우에는 최근 1년 이내에 법인세를 납부한 시점부터 지정 신청 시점까지의 기간 동안 대표자 및 임원의 변경이 없는 경우로 한정한다)는 해당 영업 또는 사업의 인 · 허가증 등 인 · 허가 등을 받았음을 증명하는 서류와 최근 1년 이내에 소득세(법인의 경우에는 법인세를 말한다)를 납부한 사실을 증명하는 서류를 제출하는 경우에는 그 영위하고 있는 영업 또는 사업의 결격사유 규정과 중복되는 법 제7조제1항의 결격사유에 한하여 다음 각 목의 서류를 제출하지 아니할 수 있다.

가. 해당 국가의 정부나 그 밖의 권한 있는 기관이 발행한 서류 또는 공증인이 공증한 신청인의 진술서로서 「재외공관 공증법」 에 따라 해당 국가에 주재하는 대한민국공관의 영사관이 확인한 서류

나. 「외국공문서에 대한 인증의 요구를 폐지하는 협약」을 체결한 국가의 경우에는 해당 국가의 정부나 그 밖의 권한 있는 기관이 발행한 서류 또는 공증인이 공증한 신청인의 진술서로서 해당 국가의 아포스티유(Apostille) 확인서 발급 권한이 있는 기관이 그 확인서를 발급한 서류

2. 업종별 면허증 · 허가증 · 특허장 · 지정증 · 인가증 · 등록증 · 신고증명서 사본(다른 법령에 따라 면허 · 허가 · 특허 · 지정 · 인가를 받거나 등록 · 신고를 하야 하는 사업만 해당한다)

3. 시설의 배치도 또는 사진 및 평면도

4. 다음 각 목의 어느 하나에 해당하는 서류

가. 평균매출액(「중소기업기본법 시행령」 제7조에 따른 방법으로 산출한 것을 말한다. 이하 같다) 검토의견서(공인회계사, 세무사 또는 「경영지도사 및 기술지도사에 관한 법률」에 따른 경영지도사가 작성한 것으로 한정한다)

나. 사업장이 법 제52조에 따라 관광지 또는 관광단지로 지정된 지역에 소재하고 있음을 증명하는 서류

다. 법 제48조의10제1항에 따라 한국관광 품질인증을 받았음을 증명하는 서류

라. 중앙행정기관의 장 또는 지방자치단체의 장이 공모 등의 방법을 통해 우수 관광사업으로 선정한 사업임을 증명하는 서류

③ 제2항에 따른 신청서를 받은 특별자치시장 · 특별자치도지사 · 시장 · 군수 · 구청장은 「전자정부법」 제36조제1항에 따른 행정정보의 공동이용을 통하여 다음 각 호의 서류를 확인하여야 한다. 다만, 신청인이 확인에 동의하지 아니하는 경우(제2호만 해당한다)와 영 제65조에 따라 관광협회에 위탁된 업종의 경우에는 신청인으로 하여금 해당 서류를 첨부하도록 하여야 한다. 〈개정 2009. 3. 31., 2009. 10. 22., 2011. 3. 30., 2019. 4. 25., 2019. 7. 10.〉

1. 법인 등기사항증명서(법인만 해당한다)
2. 사업자등록증 사본

④ 특별자치시장 · 특별자치도지사 · 시장 · 군수 · 구청장 또는 지역별 관광협회는 제2항에 따른 신청을 받은 경우 그 신청내용이 별표 2의 지정기준에 적합하다고 인정되는 경우에는 별지 제22호서식의 관광 편의시설업 지정증을 신청인에게 발급하고, 관광 편의시설업자 지정대장에 다음 각 호의 사항을 기재하여야 한다. 〈개정 2009. 10. 22., 2019. 4. 25.〉

1. 상호 또는 명칭
2. 대표자 및 임원의 성명 · 주소
3. 사업장의 소재지

⑤ 관광 편의시설업 지정사항의 변경 및 관광 편의시설업 지정증의 재발급에 관하여는 제3조와 제5조를 각각 준용한다.

관광진흥법시행규칙 제15조(관광 편의시설업의 지정기준) 법 제6조에 따른 관광 편의시설업의 지정기준은 별표 2와 같다. [본조신설 2018. 11. 29.]

관광 편의시설업은 관광진흥에 이바지할 수 있다고 인정되는 사업이며, 시설(관광진흥법 제3조 제7항)을 지정제도로 하여 간접관광사업으로 육성하고 있는데 관광 편의시설업제도 설정의 의의가 있다고 할 수 있다.

지정제도는 관련법령에 의하여 허가, 인가, 신고를 당해 행정기관의 장으로부터 받아 영업을 하고 있는 것 중에서 시 · 도지사, 시장 · 군수 · 구청장 또는 관광협회가 지정하여 관광사업으로서 포괄적 적용을 하는데, 이와 같이 해서 지정을 받은 관광 편의시설업은 별지 제22호서식의 '관광 편의시설업 지정증'을 받아 영업소 내 잘 보이는 장소에 게시하도록 하고 있다.

[별지 제21호서식] 관광진흥법시행규칙 〈개정 2021. 6. 23.〉

관광 편의시설업 [ ] 지정 신청서 / [ ] 지정사항 변경 신청서

※[ ]에는 V 표시를 하며, 색상이 어두운 란은 신청인이 적지 않습니다. (앞쪽)

접수번호	접수일	발급일	처리기간 14일

신청인	성 명(대표자)	생년월일(외국인등록번호)
	주 소	전화번호

상호(명칭)	
업종	
영업소 소재지	
자본금	
영업개시 예정 연월일	
사업자등록번호	

변경사항	변 경 전	변 경 후

「관광진흥법」 제6조 및 같은 법 시행규칙 제14조에 따라 관광 편의시설업의 [ ]지정, [ ]지정사항 변경을 신청합니다.

년 월 일

신청인 성명 (서명 또는 인)

특별자치시장
특별자치도지사
시장 · 군수 · 구청장
지역별 관광협회장 귀하

제출서류	뒤쪽 참조	수수료 20,000원

처 리 절 차

신청서 작성 → 접 수 → 심 의 → 지 정 (지정변경) → 지정증 발급

신청인	처리기관 (특별자치시 · 특별자치도 · 시 · 군 · 구 또는 시 · 도별 관광협회)	처리기관 (특별자치시 · 특별자치도 · 시 · 군 · 구 또는 시 · 도별 관광협회)	처리기관 (특별자치시 · 특별자치도 · 시 · 군 · 구 또는 시 · 도별 관광협회)	

210mm×297mm[백상지 80g/㎡(재활용품)]

(뒤쪽)

신청인 (대표자) 제출서류	1. 신청인(법인의 경우에는 대표자 및 임원)이 내국인인 경우에는 성명 및 주민등록번호를 기재한 서류 1부 2. 신청인(법인의 경우에는 대표자 및 임원)이 외국인인 경우에는 「관광진흥법」 제7조제1항 각 호에 해당하지 아니함을 증명하는 다음 각 목의 어느 하나에 해당하는 서류. 다만, 「관광진흥법」 또는 다른 법령에 따라 인·허가 등을 받아 사업자등록을 하고 해당 영업 또는 사업을 영위하고 있는 자(법인의 경우에는 최근 1년 이내에 법인세를 납부한 시점부터 지정 신청 시점까지의 기간 동안 대표자 및 임원의 변경이 없는 경우로 한정합니다)는 해당 영업 또는 사업의 인·허가증 등 인·허가 등을 받았음을 증명하는 서류와 최근 1년 이내에 소득세(법인의 경우에는 법인세를 말합니다)를 납부한 사실을 증명하는 서류를 제출하는 경우에는 그 영위하고 있는 영업 또는 사업의 결격사유 규정과 중복되는 「관광진흥법」 제7조제1항의 결격사유에 한하여 다음 각 목의 서류를 제출하지 아니할 수 있습니다. 가. 해당 국가의 정부나 그 밖의 권한 있는 기관이 발행한 서류 또는 공증인이 공증한 신청인의 진술서로서 「재외공관 공증법」에 따라 해당 국가에 주재하는 대한민국공관의 영사관이 확인한 서류 1부 나. 「외국공문서에 대한 인증의 요구를 폐지하는 협약」을 체결한 국가의 경우에는 해당 국가의 정부나 그 밖의 권한 있는 기관이 발행한 서류 또는 공증인이 공증한 신청인의 진술서로서 해당 국가의 아포스티유(Apostille) 확인서 발급 권한이 있는 기관이 그 확인서를 발급한 서류 1부 3. 업종별 면허증·허가증·특허장·지정증·인가증·등록증·신고증명서 사본 1부(다른 법령에 따라 면허·허가·특허·지정·인가를 받거나 등록·신고를 해야 하는 사업만 해당합니다) 4. 시설의 배치도 또는 사진 및 평면도 1부 5. 다음 각 목의 어느 하나에 해당하는 서류(관광지원서비스업만 해당합니다) 가. 평균매출액 검토의견서(공인회계사, 세무사 또는 「경영지도사 및 기술지도사에 관한 법률」에 따른 경영지도사가 작성한 것으로 한정합니다) 1부 나. 사업장이 「관광진흥법」 제52조에 따라 관광지 또는 관광단지로 지정받은 지역에 소재하고 있음을 증명하는 서류 1부 다. 「관광진흥법」 제48조의10제1항에 따라 한국관광 품질인증을 받았음을 증명하는 서류 1부 라. 중앙행정기관의 장 또는 지방자치단체의 장이 공모 등의 방법을 통해 우수 관광사업으로 선정한 사업임을 증명하는 서류 1부 6. 지정변경의 경우에는 변경사항을 증명하는 서류 1부
담당 공무원 확인사항 (「관광진흥법 시행령」 제65조에 따라 관광협회에 위탁된 업종의 경우에는 해당 서류를 제출합니다)	1. 법인 등기사항증명서(법인만 해당합니다) 2. 사업자등록증

행정정보 공동이용 동의서

본인은 이 건 업무처리와 관련하여 담당 공무원이 「전자정부법」 제36조제1항에 따른 행정정보의 공동이용을 통하여 위의 담당 공무원 확인사항을 확인하는 것에 동의합니다.

* 동의하지 아니하는 경우에는 신청인이 직접 관련 서류를 제출하여야 합니다.

신청인(대표자) (서명 또는 인)

[별지 제22호서식] 관광진흥법시행규칙 〈개정 2009. 10. 22.〉

제 호	No.
관광 편의시설업 지정증	TOURISM SERVICE FACILITIES BUSINESS CERTIFICATE OF REGISTRATION
상호(명칭)	COMPANY:
성명(법인인 경우에는 그 대표자 성명)	REPRESENTATIVE:
주 소	ADDRESS:
업 종	TYPE OF BUSINESS:
「관광진흥법」 제6조에 따라 위와 같이 지정합니다.	This is to certify that the above company is registered as a tourist service facility in accordance with Article 6 of the Tourism Promotion Law.
년 월 일	Date
	Signature
특별자치시장 인 특별자치도지사 인 시장 · 군수 · 구청장 인 지역별 관광협회장 인	Governor of (province name) Mayor of (city · county · district name) President of Tourism Association

210mm×297mm[보존용지(1종) 120g/㎡]

관광진흥법 위반 사례 2

관광진흥법위반 [대법원 2002. 3. 15., 선고, 2001도6730, 판결]

【판시사항】

[1] 외국인이 자국 내에서 자국인들을 대상으로 한국여행상품을 판매한 다음 이들을 인솔하여 국내에 들어와 여행의 편의를 제공한 경우, 관광진흥법의 적용을 받는지 여부(소극)

[2] 법률의 해석 · 적용을 그르친 나머지 피고인을 유죄로 잘못 인정한 원심판결에 대하여 검사만이 상고한 경우, 상고법원이 직권으로 심판하여 무죄의 취지로 원심판결을 파기할 수 있는지 여부(적극)

【판결요지】

[1] 관광진흥법의 관계 규정을 살펴볼 때, 외국인이나 외국법인이 국내에 사무소나 영업소를 두지 않고, 국내에서 여행객을 모집하지도 않으면서 다만, 자국 내에서 자국인들을 대상으로 한국여행상품을 판매하고, 그 여행객들을 인솔하여 국내에 들어와 여행과 관련한 용역과 편의를 제공하였을 뿐이라면, 이러한 경우에는 우리 나라의 관광진흥법이 적용될 여지는 없고, 따라서 이 법에 의한 등록 등의 절차를 거칠 필요가 없다.

[2] 상고법원은 판결에 영향을 미친 법률의 위반이 있는 경우에는 상고이유서에 포함되지 아니한 때에도 직권으로 심판할 수 있는바, 이는 법률의 해석 · 적용을 그르친 나머지 피고인을 유죄로 잘못 인정한 원심판결에 대하여 피고인은 상고를 제기하지 아니하고 검사만이 다른 사유를 들어 상고를 제기하였고, 검사의 상고가 피고인의 이익을 위하여 제기된 것이 아님이 명백한 경우라 하더라도 마찬가지이다.

【참조조문】

[1] 관광진흥법 제3조 제1항 제1호, 제4조 제1항, 제77조 제1호

[2] 형사소송법 제383조 제1호, 제384조

【원심판결】

서울지법 200 1. 11. 30. 선고 2001노9165 판결

【주문】

원심판결을 파기하고, 사건을 서울지방법원 본원 합의부에 환송한다.

【이유】

상고이유에 대하여 판단하기에 앞서 직권으로 본다.

이 사건 공소사실의 요지는, 피고인은 이란국인으로서 문화관광부장관에게 등록하지 아니하고, 국내에 불법취업할 의사를 가진 이란국인 13인을 모집하여 왕복항공권을 일괄 구입한 다음 이들을 인솔하여 2001. 7. 16. 항공편으로 국내로 입국하면서 이들에게 피고인 소유의 미화를 1인당 1만 내지 2만 $씩 나누어 주어 보따리상으로 위장하는 방법으로 입국심사를 쉽게 통과하도록 하고, 이에 대한 대가로 1인당 200$씩 받은 것을 비롯하여 1999년경부터 같은 방법으로 이란국인 70여명에게 불법입국을 알선하는 등 여행의 편의를 제공하여 일반여행업을 영위하였다는 것이다.

그러나 관광진흥법의 관계 규정을 살펴볼 때, 외국인이나 외국법인이 국내에 사무소나 영업소를 두지 않고, 국내에서 여행객을 모집하지도 않으면서 다만 자국 내에서 자국인들을 대상으로 한국여행상품을 판매하고, 그 여행객들을 인솔하여 국내에 들어와 여행과 관련한 용역과 편의를 제공하였을 뿐이라면, 이러한 경우에는 우리 나라의 관광진흥법이 적용될 여지는 없고, 따라서 이 법에 의한 등록 등의 절차를 거칠 필요가 없다고 보아야 할 것이다.

이와는 달리 피고인에게 관광진흥법에 의하여 문화관광부장관에게 일반여행업 등록을 할 의무가 있음을 전제로 하여 이 사건 공소사실을 유죄로 인정하고, 이를 관광진흥법 위반죄로 다스린 원심판결에는 관광진흥법의 해석·적용을 그르치거나, 외국인의 국외범에 관한 법리를 오해한 위법이 있고, 이는 판결 결과에 영향을 미쳤음이 분명하다.

상고법원은 판결에 영향을 미친 법률의 위반이 있는 경우에는 상고이유서에 포함되지 아니한 때에도 직권으로 심판할 수 있는바(형사소송법 제384조, 제383조 제1호), 이는 법률의 해석·적용을 그르친 나머지 피고인을 유죄로 잘못 인정한 원심판결에 대하여 피고인은 상고를 제기하지 아니하고 검사만이 다른 사유를 들어 상고를 제기하였고, 검사의 상고가 피고인의 이익을 위하여 제기된 것이 아님이 명백한 경우라 하더라도 마찬가지이다.

그러므로 검사의 상고이유에 대하여는 더 나아가 판단하지 아니한 채 원심판결을 파기하고, 사건을 다시 심리·판단하게 하기 위하여 원심법원에 환송하기로 하여 관여 법관의 일치된 의견으로 주문과 같이 판결한다.

issue

위 판례의 관광진흥법 위반 조문 항목을 찾아보고 토론하시오.

3. 관광사업자의 결격사유

관광진흥법 제7조(결격사유) ① 다음 각 호의 어느 하나에 해당하는 자는 관광사업의 등록등을 받거나 신고를 할 수 없고, 제15조제1항 및 제2항에 따른 사업계획의 승인을 받을 수 없다. 법인의 경우 그 임원 중에 다음 각 호의 어느 하나에 해당하는 자가 있는 경우에도 또한 같다. 〈개정 2017.3.21.〉

관광사업의 등록등을 주관하는 행정관청은 관광사업을 경영하려고 하는 자의 자격이 합당하지 않는 경우, 즉 자격을 갖추지 않은 결격사유자가 신청하는 관광사업의 등록 · 허가 · 지정 · 신고 등을 허용하지 않으며, 이미 영업중인 경우에는 그 등록등을 취소한다. 동시에 사업계획의 승인도 불가하다. 또한, 이에 대한 적용은 개인만이 아니라 기업의 경우도 그 임원 중에 해당자가 있으면 동일하게 적용된다. 이는 관광사업이 일반영리사업과는 다른 특수성과 공공성이 있기 때문이라 판단된다.

관광사업은 그 주된 고객으로 내국인보다는 외국인을 겨냥하게 되는 경우가 많다. 외국인과의 빈번한 접촉을 통하여 국제친선이나 더 나아가 세계평화분위기 정착에 기여할 수 있게 된다. 또한, 외국인관광객 유치를 위한 해외선전활동은 그 것이 바로 민간외교활동이기도 하다. 따라서 관광사업 경영자에게는 일반자영업자와는 다른 엄격한 자격요건을 법규로 규정하고 있는 것이다.

1) 관광사업자의 결격사유해당자

(1) 피성년후견인 · 피한정후견인

가) 피성년후견인(被成年後見人)

가정법원으로부터 성년후견개시의 심판을 받은 사람으로서 종전의 금치산자(禁治産者)에 해당한다. 가정법원은 질병, 장애, 노령, 그 밖의 사유로 인한 정신적 제약으로 사무를 처리할 능력이 지속적으로 결여된 사람에 대하여 본인, 배우자, 4촌 이내의 친족, 미성년후견인, 미성년후견감독인, 한정후견인, 한정후견감독인, 특정후견인, 특정후견감독인, 검사 또는 지방자치단체의 장의 청구에 의하여 성년후견개시의 심판을 한다. 가정법원은 성년후견개시의 심판을 할 때 본인의 의사를 고려하여야 한다.(민법 제9조)

청구권자는 본인, 배우자, 4촌 이내의 친족, 미성년후견인, 미성년후견감독인, 한정후견인, 한정후견감독인, 특정후견인, 특정후견감독인, 검사 또는 지방자치단체의 장이다. 피성년후견인에게는 성년후견인이 있게 되며, 성년후견인은 피성년후견인의 재산관리와 신상보호를 할 때 여러 사정을 고려하여 그의 복리에 부합하는 방법으로 사무를 처리하여야 한다. 이 경우 성년후견인은 피성년후견인의 복리에 반하지 않는 한도에서 피성년후견인의 의사를 존중하여야 한다.

피성년후견인의 행위능력의 제한은 무능력자 중에서도 가장 강하다. 피성년후견인의 법률행위는 취소할 수 있지만, 가정법원에서 취소할 수 없는 법률형위의 범위를 정할 수 있다. 또한 가정법원은 본인, 배우자, 4촌 이내의 친족, 성년후견인, 성년후견감독인, 검사 또는 지방자치단체의 장의 청구에 의하여 그 범위를 변경할 수도 있다. 그러나 일용품 구입 등의 일상생활에 필요하고 대가가 과도하지 않은 법률 행위는 취소할 수 없다. (민법 제10조) 피성년후견인에게는 선거권이 없는 등, 민법 이외의 법률에 의한 제한도 있다. 피성년후견인이 능력을 회복하게 되면 본인, 배우자, 4촌 이내의 친족, 한정후견인, 한정후견감독인, 검사 또는 지방자치단체의 장의 청구에 의하여 법원은 성년후견종료의 심판을 한다.(민법 제11조)

나) 피한정후견인(被限定後見人)

가정법원으로부터 한정후견개시의 심판을 받은 사람으로서 종전의 한정치산자(限定治産者)에 해당한다. 2013년 7월부터 시행된 개정 민법에서 도입한 성년후견제도의 한 가지이다. 피한정후견인은 가정법원으로부터 한정후견개시의 심판을 받은 사람으로서 종전 민법의 한정치산자에 해당한다. 하지만 종전의 한정치산자가 무능력자로 규정되었던 데 비하여 개정 민법에서는 피한정후견인과 미성년자 · 피성년후견인(종전의 금치산자) · 피특정후견인을 제한능력자로 규정하여 당사자의 잔존능력을 최대한 존중하고, 경제적 영역뿐 아니라 의료행위나 거주지 결정 등 비경제적 영역의 지원도 가능하며, 후견인에 대한 실질적 감독이 이루어질 수 있도록 하였다.

민법에서는 질병, 장애, 노령, 그 밖의 사유로 인한 정신적 제약으로 사무를 처리할 능력이 부족한 사람에 대하여 본인, 배우자, 4촌 이내의 친족, 미성년후견인, 미성년후견감독인, 성년후견인, 성년후견감독인, 특정후견인, 특정후견감독인, 검사 또는 지방자치단체장의 청구에 의하여 가정법원이 한정후견개시의 심판을 하도록 규정하고 있다.(민법 제12조 제1항) 한정후견개시의 심판은 피한정후견인이 될 사람의 주소지 가정법원 및 가정법원 지원에서 관할한다.(가사소송법 제44조 제1호의 2)

가정법원은 한정후견개시의 심판을 할 때 본인의 의사를 고려하여야 하고(민법 제9조 제2항, 제12조 제2항), 피한정후견인이 될 사람의 진술을 들어야 하며(가사소송법 제45조의 3 제1항 제1호), 피한정후견인이 될 사람의 정신상태를 판단할 만한 다른 충분한 자료가 있는 경우를 제외하고는 해당인의 정신상태에 관해 의사에게 감정을 시켜야 한다. (가사소송법 제45조의 2 제1항) 한정후견개시의 심판이 있는 경우에는 그 심판을 받은 사람의 한정후견인을 두어야 하며, 한정후견인은 가정법원이 직권으로 선임한다.(민법 제959조의 2, 제959조의 3 제1항) 피한정후견인의 재산을 관리하고 그 재산에 관한 법률행위를 대리하는 등의 사무를 수행하는 한정후견인은 여러 명을 둘 수 있되, 회생절차개시결정 또는 파산선고를 받은 자 등 민법제937조에서 규정한 결격사유에 해당하는 자는 될 수 없다. 가정법원은 한정후견인의 권한 남용을 방지하기 위하여 필요한 경우에 후견 사무를 감독하는 한정후견감독인을 선임할 수 있다.(민법 제959조의 5 제1항)

민법제13조에서는 피한정후견인의 행위와 동의에 대하여 규정하고 있는데, 이에 따라 가정법원은 피한정후견인이 한정후견인의 동의를 받아야 하는 행위의 범위를 정할 수 있으며, 본인이나 배우자, 4촌 이내의 친족, 한정후견인, 한정후견감독인, 검사 또는 지방자치단체장의 청구에 의하여 한정후견인의 동의를 받아야만 할 수 있는 행위의 범위를 변경할 수 있다. 또 한정후견인의 동의를 필요로 하는 행위에 대하여 한정후견인이 피한정후견인의 이익이 침해될 염려가 있음에도 동의하지 않은 경우에는 가정법원이 피한정후견인의 청구에 의하여 한정후견인의 동의를 갈음하는 허가를 할 수 있으며, 한정후견인의 동의가 필요한 법률행위를 피한정후견인이 동의 없이 하였을 때에는 그 법률행위를 취소할 수 있되 일용품의 구입 등 일상생활에 필요하고 그 대가가 과도하지 않은 법률행위는 예외로 한다.

피한정후견인이 사망하거나 한정후견개시의 원인이 소멸된 경우에는 가정법원은 본인, 배우자, 4촌 이내의 친족, 한정후견인, 한정후견감독인, 검사 또는 지방자치단체의 장의 청구에 의하여 한정후견종료의 심판을 한다. 또 피성년후견인 또는 피특정후견인의 후견 형태를 한정후견으로 바꿀 필요가 있어 가정법원이 이들에 대해 한정후견개시의 심판을 할 경우에는 종전의 성년후견 또는 특정후견의 종료 심판을 한다.(민법 제14조의 3)

한편, 개정 민법이 시행되기 전에 이미 금치산 또는 한정치산의 선고를 받은 사람에 대하여는 종전의 규정을 적용하되, 개정 민법에 따라 성년후견 · 한정후견 · 특정후견이 개시되거나 임의후견감독인이 선임된 경우 또는 개정 민법 시행일인 2013년 7월 1일로부터 5년이 경과한 때에는 금치산 또는 한정치산의 선고 효력이 상실된다. 또한 다른 법령에서 금치산 또는 한정치산을 인용한 경우에는 5년의 기간에 한정하여 성년후견 또는 한정후견을 인용한 것으로 간주한다.

(2) 파산선고를 받고 복권되지 아니한 자

파산이란 채무자가 그 채무를 완전히 갚을 수 없는 상태에 빠졌을 경우에, 그 채무자의 총재산을 나누어 모든 채권자에게 공평히 갚도록 하는 것을 목적으로 하는 재판의 절차로서, 채권자의 신청에 의하여 법원이 선고하면 선고된 후는 파산법에 규정된 절차에 의하여 집행되며, 파산선고란 채권자나 채무자의 신청에 의하여, 또는 파산 법원의 직권으로 파산의 개시를 명하는 결정을 말한다. 여기에서 파산자란 법원으로부터 파산선고를 받고 재산에 대하여 파산 절차가 진행되고 있는 사람으로서 재산의 관리 · 처분에 대한 권한과 능력을 상실한다. 따라서 파산자로서 파산선고를 받고 아직 복권되지 아니한 자란 파산선고를 받은 후 그 권리가 회복되지 아니한 자를 말한다.

(3) 「관광진흥법」에 따라 등록등(등록 · 허가 · 지정 · 신고) 또는 사업계획의 승인이 취소되거나 제36조제1항에 따라 영업소가 폐쇄된 후 2년이 지나지 아니한 자

(4) 「관광진흥법」을 위반하여 징역 이상의 실형을 선고받고 그 집행이 끝나거나 집행을 받지 아니하기로 확정된 후 2년이 지나지 아니한 자 또는 형의 집행유예 기간 중에 있는 자

2) 결격사유 해당관광사업자에 대한 행정조치

관광사업을 경영하기 위하여 관광사업의 등록등을 받거나 신고를 한 자 또는 사업계획의 승인을 받은 자가 결격사유에 해당하게 된 때에는 문화체육관광부장관, 시 · 도지사 또는 시장 · 군수 · 구청장(이하 "등록기관등의 장"이라 한다)은 3개월 이내에 그 등록등 또는 사업계획의 승인을 취소하거나 영업소를 폐쇄하여야 한다. 다만, 법인의 임원 중 그 사유에 해당

하는 자가 있는 경우 3개월 이내에 그 임원을 바꾸어 임명한 때에는 그러하지 아니하다.(관광진흥법 제7조 제2항)

4. 관광사업의 경영

1) 관광사업의 양수 및 지위승계

관광사업을 양수(讓受)한 자 또는 관광사업을 경영하는 법인이 합병한 때에는 합병 후 존속하거나 설립되는 법인은 그 관광사업의 등록등 또는 신고에 따른 관광사업자의 권리 · 의무(제20조제1항에 따라 분양이나 회원 모집을 한 경우에는 그 관광사업자와 공유자 또는 회원 간에 약정한 사항을 포함한다)를 승계하는데, 다음 각 호의 어느 하나에 해당하는 절차에 따라 문화체육관광부령으로 정하는 주요한 관광사업 시설의 전부를 인수한 자는 그 관광사업자의 지위(제20조제1항에 따라 분양이나 회원 모집을 한 경우에는 그 관광사업자와 공유자 또는 회원 간에 약정한 권리 및 의무 사항을 포함한다)를 승계한다.(관광진흥법 제8조(관광사업의 양수 등) 제1항, 제2항)

① 「민사집행법」에 따른 경매
② 「채무자 회생 및 파산에 관한 법률」에 따른 환가(換價)
③ 「국세징수법」, 「관세법」 또는 「지방세기본법」에 따른 압류 재산의 매각
④ 그 밖에 제1호부터 제3호까지의 규정에 준하는 절차

여기에서 문화체육관광부령으로 정하는 주요한 관광사업시설이란 다음과 같다.(관광진흥법 시행규칙 제16조(관광사업의 지위승계) 제1항)

① 관광사업에 사용되는 토지와 건물
② 영 제5조에 따른 관광사업의 등록기준에서 정한 시설(등록대상 관광사업만 해당한다)
③ 제14조에 따른 관광 편의시설업의 지정기준에서 정한 시설(지정대상 관광사업만 해당한다)
④ 제29조제1항제1호의 카지노업 전용 영업장(카지노업만 해당한다)
⑤ 제7조제1항에 따른 유원시설업의 시설 및 설비기준에서 정한 시설(유원시설업만 해당한다)

또한 관광사업자가 취소 · 정지처분 또는 개선명령을 받은 경우 그 처분 또는 명령의 효과는 제1항에 따라 관광사업자의 지위를 승계한 자에게 승계되며, 그 절차가 진행 중인 때에는

새로운 관광사업자에게 그 절차를 계속 진행할 수 있다. 다만, 그 승계한 관광사업자가 양수나 합병 당시 그 처분 · 명령이나 위반 사실을 알지 못하였음을 증명하면 그러하지 아니하다.

2) 관광사업의 승계신고 및 휴 · 폐업 통보

(1) 양수(지위승계) 신고

가) 신고자(관광진흥법 제8조 제4항) **: 관광사업자의 지위를 승계한 자**

나) 신고관청(관광진흥법시행규칙 제16조 제2항) : 문화체육관광부장관, 특별자치시장 · 특별자치도지사 · 시장 · 군수 · 구청장 또는 지역별 관광협회장(이하 "등록기관등의 장"이라 한다)에게 제출 〈개정 2009. 10. 22., 2011. 3. 30., 2015. 4. 22., 2019. 4. 25., 2021. 4. 19.〉

다) 신고시한 (관광진흥법 제8조 제4항, 관광진흥법시행규칙 제16조 제2항) : 지위를 승계한 자는 그 사유가 발생한 날부터 1개월 이내(별지 제23호 서식)

라) 신고수리(관광진흥법 제8조 제5항) : 관할 등록기관등의 장은 제4항에 따른 신고를 받은 경우 그 내용을 검토하여 이 법에 적합하면 신고를 수리

마) 제출서류(관광진흥법시행규칙 제16조 제2항)

① 지위를 승계한 자(법인의 경우에는 대표자)가 내국인인 경우에는 성명 및 주민등록번호를 기재한 서류

①의2. 지위를 승계한 자(법인의 경우에는 대표자 및 임원)가 외국인인 경우에는 법 제7조제1항 각 호(여행업의 경우에는 법 제11조의2제1항을 포함하고, 카지노업의 경우에는 법 제22조제1항 각 호를 포함한다)의 결격사유에 해당하지 않음을 증명하는 다음 각 목의 어느 하나에 해당하는 서류. 다만, 법 또는 다른 법령에 따라 인 · 허가 등을 받아 사업자등록을 하고 해당 영업 또는 사업을 영위하고 있는 자(법인의 경우에는 최근 1년 이내에 법인세를 납부한 시점부터 신고 시점까지의 기간 동안 대표자 및 임원의 변경이 없는 경우로 한정한다)는 해당 영업 또는 사업의 인 · 허가증 등 인 · 허가 등을 받았음을 증명하는 서류와 최근 1년 이내에 소득세(법인의 경우에는 법인세를 말한다)를 납부한 사실을 증명하는 서류를 제출하는 경우에는 그 영위하고 있는 영업 또는 사업의 결격사유 규정과 중복되는 법 제7조제1항 각 호(여행업의 경우에는 법 제11조의2제1항을 포함하고, 카지노업의 경우에는 법 제22조제1항 각 호를 포함한다)의 결격사유에 한하여 다음 각 목의 서류를 제출하지 아니할 수 있음

가. 해당 국가의 정부나 그 밖의 권한 있는 기관이 발행한 서류 또는 공증인이 공증한 신청인의 진술서로서 「재외공관 공증법」에 따라 해당 국가에 주재하는 대한민국공관의 영사관이 확인한 서류

나. 「외국공문서에 대한 인증의 요구를 폐지하는 협약」을 체결한 국가의 경우에는 해당 국가의 정부나 그 밖의 권한 있는 기관이 발행한 서류 또는 공증인이 공증한 신청인의 진술서로서 해당 국가의 아포스티유(Apostille) 확인서 발급 권한이 있는 기관이 그 확인서를 발급한 서류

② 양도 · 양수 등 지위승계를 증명하는 서류(시설인수 명세를 포함)

신고서를 제출받은 담당공무원은 「전자정부법」 제36조제1항에 따른 행정정보의 공동이용을 통하여 지위를 승계한 자의 법인 등기사항증명서(법인만 해당한다)를 확인하여야 한다. 다만, 영 제65조에 따라 관광협회에 위탁된 업종의 경우에는 신고인으로 하여금 해당 서류를 첨부하도록 하여야 한다.

[별지 제23호서식] 관광진흥법시행규칙 〈개정 2023. 2. 2.〉

관광사업 양수(지위승계) 신고서

※ 색상이 어두운 란은 신고인이 적지 않습니다. (앞쪽)

접수번호	접수일	발급일	처리기간	ㅇ 여행업 · 관광숙박업 · 관광객이용시설업 · 국제회의업 · 유원시설업 · 관광편의 시설업: 5일 ㅇ 카지노업: 7일

양도인(피합병인)	성 명(대표자)	생년월일(외국인등록번호)
	주 소	전화번호
양수인(합병인)	성 명(대표자)	생년월일(외국인등록번호)
	주 소	전화번호

양도인(피합병인)의 상호 · 등록번호		
업종		
주영업장의 소재지		전화번호
양수인(합병인)이 사용할 상호(명칭)		
사업양도(지위승계)의 사유 및 대상		
사업양도(지위승계) 연월일	년 월 일	

「관광진흥법」 제8조제4항 및 같은 법 시행규칙 제16조제2항에 따라 관광사업 양수(지위승계)를 신고합니다.

년 월 일

신고인 양도인(피합병인) (서명 또는 인)

양수인(합병인) (서명 또는 인)

문화체육관광부장관
특별자치시장 · 특별자치도지사 귀하
시장 · 군수 · 구청장, 지역별 관광협회장

제출서류	뒤쪽 참조	수수료 20,000원

작성방법

「관광진흥법」 제8조제2항에 따라 지위를 승계한 경우에는 양도인의 서명 또는 인을 생략할 수 있습니다.

처리절차

신고서 작성	→	접 수	→	검 토	→	수 리	→	등록 · 허가 · 신고증 발급
신고인		처리기관 (문화체육관광부, 특별자치시 · 특별자치도 · 시 · 도, 시 · 군 · 구 또는 지역별 관광협회)		처리기관 (문화체육관광부, 특별자치시 · 특별자치도 · 시 · 도, 시 · 군 · 구 또는 지역별 관광협회)		처리기관 (문화체육관광부, 특별자치시 · 특별자치도 · 시 · 도, 시 · 군 · 구 또는 지역별 관광협회)		

210mm×297mm[백상지(80g/㎡)]

(뒤쪽)

행정처분 등의 내용 고지 및 가중처분 대상업소 확인서

1. 행정처분 내용 및 절차 진행상황

가. 최근 1년(카지노업의 경우에는 3년) 이내에 양도인이 받은 행정처분

행정처분을 받은 날	행정처분의 내용	행정처분의 사유

나. 행정처분 절차 진행사항

적발일	관광진흥법령 위반내용	진행 중인 내용

※ 유의사항: 최근 1년(카지노업의 경우에는 3년) 이내에 행정처분을 받은 사실 또는 현재 진행 중인 행정처분 절차가 없는 경우에는 가목 표의 "행정처분을 받은 날"란 또는 나목 표의 "적발일"란에 "없음"이라고 적습니다.
담당 공무원은 위 표의 내용을 행정처분대장과 대조하여 일치하는지 여부를 확인해야 하며, 일치하지 않는 경우에는 양도인 및 양수인에게 그 사실을 알리고 위 표를 보완하도록 해야 합니다.

2. (양도인의 서명 또는 인이 있는 경우) 양도인은 최근 1년(카지노업의 경우에는 3년) 이내에 제1호와 같이 「관광진흥법」 제35조, 같은 법 시행령 제33조 및 별표 2에 따라 행정처분을 받았다는 사실(행정처분을 받은 사실이 없는 경우에는 없다는 사실) 및 행정처분의 절차가 진행 중인 사실(현재 진행 중인 행정처분 절차가 없는 경우에는 없다는 사실)을 양수인에게 알려주었습니다.

3. (양도인의 서명 또는 인을 생략한 경우) 양수인은 최근 1년(카지노업의 경우에는 3년) 이내에 제1호와 같이 「관광진흥법」 제35조, 같은 법 시행령 제33조 및 별표 2에 따라 행정처분을 받았다는 사실(행정처분을 받은 사실이 없는 경우에는 없다는 사실) 및 행정처분의 절차가 진행 중인 사실(현재 진행 중인 행정처분 절차가 없는 경우에는 없다는 사실)을 처분관서를 통해 확인했습니다.

4. 양수인은 「관광진흥법」 제8조제3항에 따라 위 행정처분의 효과가 승계될 수 있다는 사실과 위 행정처분에서 지정된 기간 내에 처분 내용대로 이행하지 않거나 행정처분을 받은 위반사항이 다시 적발된 때에는 같은 법 시행령 제33조제1항 및 별표 2에 따라 양도인이 받은 행정처분의 효과가 양수인에게 승계되어 가중처분된다는 사실을 알고 있음을 확인했습니다.

신고인(대표자) 제출서류	1. 지위를 승계한 자(법인의 경우에는 대표자)가 내국인인 경우에는 성명 및 주민등록번호를 기재한 서류 1부 2. 지위를 승계한 자(법인의 경우에는 대표자 및 임원)가 외국인인 경우에는 「관광진흥법」 제7조제1항 각 호(여행업의 경우에는 「관광진흥법」 제11조의2제1항을 포함하고, 카지노업의 경우에는 「관광진흥법」 제22조제1항 각 호를 포함합니다)의 결격사유에 해당하지 않음을 증명하는 다음 각 목의 어느 하나에 해당하는 서류. 다만, 「관광진흥법」 또는 다른 법령에 따라 인·허가 등을 받아 사업자등록을 하고 해당 영업 또는 사업을 영위하고 있는 자(법인의 경우에는 최근 1년 이내에 법인세를 납부한 시점부터 신고 시점까지의 기간 동안 대표자 및 임원의 변경이 없는 경우로 한정합니다)는 해당 영업 또는 사업의 인·허가증 등 인·허가 등을 받았음을 증명하는 서류와 최근 1년 이내에 소득세(법인의 경우에는 법인세를 말합니다)를 납부한 사실을 증명하는 서류를 제출하는 경우에는 그 영위하고 있는 영업 또는 사업의 결격사유 규정과 중복되는 「관광진흥법」 제7조제1항 각 호(여행업의 경우에는 「관광진흥법」 제11조의2제1항을 포함하고, 카지노업의 경우에는 「관광진흥법」 제22조제1항 각 호를 포함합니다)의 결격사유에 한하여 다음 각 목의 서류를 제출하지 않을 수 있습니다. 가. 해당 국가의 정부나 그 밖의 권한 있는 기관이 발행한 서류 또는 공증인이 공증한 신청인의 진술서로서 「재외공관 공증법」에 따라 해당 국가에 주재하는 대한민국공관의 영사관이 확인한 서류 1부 나. 「외국공문서에 대한 인증의 요구를 폐지하는 협약」을 체결한 국가의 경우에는 해당 국가의 정부나 그 밖의 권한 있는 기관이 발행한 서류 또는 공증인이 공증한 신청인의 진술서로서 해당 국가의 아포스티유(Apostille) 확인서 발급 권한이 있는 기관이 그 확인서를 발급한 서류 1부 3. 양도 · 양수 등 지위승계를 증명하는 서류(시설인수 명세를 포함합니다) 1부
담당공무원 확인사항	지위를 승계한 자의 법인 등기사항증명서(법인만 해당하며, 「관광진흥법 시행령」 제65조에 따라 관광협회에 위탁된 업종의 경우에는 해당 서류를 제출해야 합니다)

210mm×297mm[백상지(80g/㎡)]

(2) 관광사업의 휴 · 폐업 통보

가) 통보의무자 (관광진흥법 제8조 제8항, 관광진흥법시행규칙 제17조) : 관광사업의 전부 또는 일부를 휴업하거나 폐업하는 관광사업자, 다만, 카지노사업자가 카지노업을 휴업 또는 폐업하고자 하는 때에는 문화체육관광부령으로 정하는 바에 따라 미리 신고

나) 통보관청 (관광진흥법 제8조 제8항, 관광진흥법시행규칙 제17조) **: 관할 등록기관등의 장에게 제출**

관할 등록기관등의 장은 관광사업자가 「부가가치세법」 제8조에 따라 관할 세무서장에게 폐업신고를 하거나 관할 세무서장이 사업자등록을 말소한 경우에는 등록등 또는 신고 사항을 직권으로 말소하거나 취소할 수 있다. 다만, 카지노업에 대하서는 그러하지 아니하다. 〈신설 2020. 12. 22.〉 (관광진흥법 제8조 제9항)

관할 등록기관등의 장은 제9항에 따른 직권말소 또는 직권취소를 의하여 필요한 경우 관할 세무서장에게 관광사업자의 폐업 여부에 대한 정보를 제공하도록 요청할 수 있다. 이 경우 요청을 받은 관할 세무서장은 「전자정부법」 제36조제1항에 따라 관광사업자의 폐업 여부에 대한 정보를 제공하여야 한다. 〈신설 2020. 12. 22.〉 (관광진흥법 제8조 제10항)

다) 통보시한(관광진흥법시행규칙 제17조) **: 휴업 또는 폐업을 한 날부터 30일 이내**

라) 제출서류(관광진흥법시행규칙 제17조)

① 관광사업 휴업 또는 폐업통보서(별지 제24호서식). 단, 6개월 미만의 유원시설업 허가 또는 신고일 경우에는 폐업통보서를 제출하지 아니하여도 해당 기간이 끝나는 때에 폐업한 것으로 봄.

② 카지노업을 휴업 또는 폐업하려는 자는 휴업 또는 폐업 예정일 10일 전까지 별지 제24호서식의 관광사업 휴업 또는 폐업 통보(신고)서에 카지노기구의 관리계획에 관한 서류를 첨부하여 문화체육관광부장관에게 제출해야 한다. 다만, 천재지변이나 그 밖의 부득이한 사유가 있는 경우에는 휴업 또는 폐업 예정일까지 제출할 수 있음. 〈신설 2019. 6. 12.〉

③ 폐업신고(카지노업의 폐업신고는 제외한다. 이하 이 조에서 같다)를 하려는 자가 「부가가치세법」 제8조제7항에 따른 폐업신고를 같이 하려는 때에는 제1항에 따른 폐업신고서와 「부가가치세법 시행규칙」 별지 제9호서식의 폐업신고서를 함께 등록기관

등의 장에게 제출하거나, 「민원 처리에 관한 법률 시행령」 제12조제10항에 따른 통합 폐업신고서(이하 "통합 폐업신고서"라 한다)를 등록기관등의 장에게 제출해야 한함. 이 경우 등록기관등의 장은 함께 제출받은 「부가가치세법 시행규칙」 에 따른 폐업 신고서 또는 통합 폐업신고서를 지체 없이 세무서장에게 송부(정보통신망을 이용한 송부를 포함한다)해야 함. 〈신설 2020. 12. 10.〉

④ 관할 세무서장이 「부가가치세법 시행령」 제13조제5항에 따라 제1항에 따른 폐업신고를 받아 이를 해당 등록기관등의 장에게 송부한 경우에는 제1항에 따른 폐업신고서가 제출된 것으로 봄. 〈신설 2020. 12. 10.〉

[별지 제24호서식] 관광진흥법시행규칙 〈개정 2020. 12. 10.〉

관광사업 휴업 또는 폐업 [ ] 통보서 [ ] 신고서

※ 색상이 어두운 난은 신고인이 적지 않습니다.

접수번호	접수일	처리기간 1일
신고인	성 명(대표자)	생년월일 (외국인등록번호)
	주 소	전화번호

영업소와 소재지(명칭)		
상 호		전화번호
영업의 종류		등록(허가)번호
휴업 또는 폐업 사유		
휴업 또는 폐업 연월일		
휴업 또는 폐업 범위		
휴업기간		

「관광진흥법」 제8조제8항 및 같은 법 시행규칙 제17조에 따라 관광사업의 휴업 또는 폐업을 통보(신고)합니다.

년 월 일

통보(신고)인 (서명 또는 인)

문화체육관광부장관 · 특별자치시장 · 특별자치도지사 · 시장 · 군수 · 구청장 · 지역별 관광협회장 귀하

참고사항
관광사업(카지노업 제외)의 폐업신고 시 「부가가치세법」 제8조제7항에 따른 폐업신고를 같이 하려는 때에는 「부가가치세법 시행규칙」 별지 제9호서식의 폐업신고서를 함께 제출해야 합니다. 이 경우 제출된 「부가가치세법 시행규칙」 별지 제9호서식의 폐업신고서는 관할 세무서장에게 송부됩니다.

첨부서류	휴업기간 또는 폐업 시 카지노기구의 관리계획에 관한 서류(카지노업의 경우만 해당합니다) 1부	수수료 없음

처리절차

신고서 작성 → 접 수 → 검 토 → 수 리

신고인 / 처 리 기 관 (문화체육관광부 · 특별자치시 · 특별자치도 · 시 · 군 · 구 · 지역별 관광협회)

210mm×297mm[백상지 80g/㎡]

3) 보험가입 등

관광진흥법 제9조(보험 가입 등) 관광사업자는 해당 사업과 관련하여 사고가 발생하거나 관광객에게 손해가 발생하면 문화체육관광부령으로 정하는 바에 따라 피해자에게 보험금을 지급할 것을 내용으로 하는 보험 또는 공제에 가입하거나 영업보증금을 예치(이하 "보험 가입 등"이라 한다)하여야 한다. 〈개정 2008.2.29., 2015.5.18.〉

관광진흥법시행규칙 제18조(보험의 가입 등) ① 여행업의 등록을 한 자(이하 "여행업자"라 한다)는 법 제9조에 따라 그 사업을 시작하기 전에 여행계약의 이행과 관련한 사고로 인하여 관광객에게 피해를 준 경우 그 손해를 배상할 것을 내용으로 하는 보증보험 또는 영 제39조에 따른 공제(이하 "보증보험등"이라 한다)에 가입하거나 법 제45조에 따른 업종별 관광협회(업종별 관광협회가 구성되지 않은 경우에는 법 제45조에 따른 지역별 관광협회, 지역별 관광협회가 구성되지 않은 경우에는 법 제48조의9에 따른 광역 단위의 지역관광협의회)에 영업보증금을 예치하고 그 사업을 하는 동안(휴업기간을 포함한다) 계속하여 이를 유지해야 한다. 〈개정 2008. 8. 26., 2017. 2. 28., 2021. 4. 19.〉

② 여행업자 중에서 법 제12조에 따라 기획여행을 실시하려는 자는 그 기획여행 사업을 시작하기 전에 제1항에 따라 보증보험등에 가입하거나 영업보증금을 예치하고 유지하는 것 외에 추가로 기획여행과 관련한 사고로 인하여 관광객에게 피해를 준 경우 그 손해를 배상할 것을 내용으로 하는 보증보험등에 가입하거나 법 제45조에 따른 업종별 관광협회(업종별 관광협회가 구성되지 아니한 경우에는 법 제45조에 따른 지역별 관광협회, 지역별 관광협회가 구성되지 아니한 경우에는 법 제48조의9에 따른 광역 단위의 지역관광협의회)에 영업보증금을 예치하고 그 기획여행 사업을 하는 동안(기획여행 휴업기간을 포함한다) 계속하여 이를 유지하여야 한다. 〈개정 2010. 8. 17., 2017. 2. 28.〉

③ 제1항 및 제2항에 따라 여행업자가 가입하거나 예치하고 유지하여야 할 보증보험등의 가입금액 또는 영업보증금의 예치금액은 직전 사업연도의 매출액(손익계산서에 표시된 매출액을 말한다) 규모에 따라 별표 3과 같이 한다. 〈개정 2010. 8. 17.〉

④ 제1항부터 제3항까지의 규정에 따라 보증보험등에 가입하거나 영업보증금을 예치한 자는 그 사실을 증명하는 서류를 지체 없이 특별자치시장 · 특별자치도지사 · 시장 · 군수 · 구청장에게 제출하여야 한다. 〈개정 2009. 10. 22., 2019. 4. 25.〉

⑤ 제1항부터 제3항까지의 규정에 따른 보증보험등의 가입, 영업보증금의 예치 및 그 배상금의 지급에 관한 절차 등은 문화체육관광부장관이 정하여 고시한다. 〈개정 2008. 3. 6.〉

⑥ 야영장업의 등록을 한 자는 법 제9조에 따라 그 사업을 시작하기 전에 야영장 시설에서 발생하는 재난 또는 안전사고로 인하여 야영장 이용자에게 피해를 준 경우 그 손해를 배상할 것을 내용으로 하는 책임보험 또는 영 제39조에 따른 공제에 가입해야 한다. 〈신설 2019. 3. 4.〉

⑦ 야영장업의 등록을 한 자가 제6항에 따라 가입해야 하는 책임보험 또는 공제는 다음 각 호의 기준을 충족하는 것이어야 한다. 〈신설 2019. 3. 4.〉

1. 사망의 경우 : 피해자 1명당 1억원의 범위에서 피해자에게 발생한 손해액을 지급할 것. 다만, 그 손해액이 2천만원 미만인 경우에는 2천만원으로 한다.

2. 부상의 경우 : 피해자 1명당 별표 3의2에서 정하는 금액의 범위에서 피해자에게 발생한 손해액을 지급할 것
3. 부상에 대한 치료를 마친 후 더 이상의 치료효과를 기대할 수 없고 그 증상이 고정된 상태에서 그 부상이 원인이 되어 신체에 장애(이하 "후유장애"라 한다)가 생긴 경우: 피해자 1명당 별표 3의3에서 정하는 금액의 범위에서 피해자에게 발생한 손해액을 지급할 것
4. 재산상 손해의 경우 : 사고 1건당 1억원의 범위에서 피해자에게 발생한 손해액을 지급할 것

⑧ 제7항에 따른 책임보험 또는 공제는 하나의 사고로 제7항제1호부터 제3호까지 중 둘 이상에 해당하게 된 경우 다음 각 호의 기준을 충족하는 것이어야 한다. 〈신설 2019. 3. 4.〉

1. 부상당한 사람이 치료 중 그 부상이 원인이 되어 사망한 경우 : 피해자 1명당 제7항제1호에 따른 금액과 제7항제2호에 따른 금액을 더한 금액을 지급할 것
2. 부상당한 사람에게 후유장애가 생긴 경우 : 피해자 1명당 제7항제2호에 따른 금액과 제7항제3호에 따른 금액을 더한 금액을 지급할 것
3. 제7항제3호에 따른 금액을 지급한 후 그 부상이 원인이 되어 사망한 경우 : 피해자 1명당 제7항제1호에 따른 금액에서 제7항제3호에 따른 금액 중 사망한 날 이후에 해당하는 손해액을 뺀 금액을 지급할 것

⑨ 특별자치시장 · 특별자치도지사 · 시장 · 군수 · 구청장은 여행업자가 가입한 보증보험 등의 기간 만료 전에 여행업자에게 별지 제47호서식의 여행업 보증보험 · 공제 갱신 안내서를 발송할 수 있다. 〈신설 2021. 4. 19.〉

「관광진흥법」에서는 관광사업 중 여행업만 보증보험이나 영업보증금을 예치할 것을 요구하고 있는데, 그 이유는 사고가 발생하거나 관광객에게 손해가 발생하면 보상능력이 없기 때문으로 구체적으로는 첫째, 사고가 발생할 개연성이 높으며 국제성을 띄고 있다는 점과, 둘째, 다른 관광사업에 비하여 영세하다는 점이라고 할 수 있다.

4) 관광표지의 부착

(1) 관광사업장의 표지

관광진흥법 제10조(관광표지의 부착 등) ① 관광사업자는 사업장에 문화체육관광부령으로 정하는 관광표지를 붙일 수 있다. 〈개정 2008.2.29.〉

관광진흥법시행규칙 제19조(관광사업장의 표지) 법 제10조제1항에서 "문화체육관광부령으로 정하는 관광표지"란 다음 각 호의 표지를 말한다. 〈개정 2008.3.6., 2014.12.31.〉

1. 별표 4의 관광사업장 표지
2. 별지 제5호서식의 관광사업 등록증 또는 별지 제22호서식의 관광 편의시설업 지정증
3. 등급에 따라 별 모양의 개수를 달리하는 방식으로 문화체육관광부장관이 정하여 고시하는 호텔 등급 표지(호텔업의 경우에만 해당한다)
4. 별표 6의 관광식당 표지(관광식당업만 해당한다)

관광사업자는 다음과 같은 표지를 붙일 수 있다.(관광진흥법 제10조 제1항, 관광진흥법시행규칙 제19조)

① 관광사업장표지(관광진흥법시행규칙 제19조 제1호 관련 별표 4) : 소재는 놋쇠, 그림을 제외한 바탕색은 녹색으로 하고, 표지의 두께는 5mm로 하며, 업종명은 한글과 영문으로 표시한다.

[별표 4] 관광진흥법시행규칙 〈개정 2008.3.6.〉

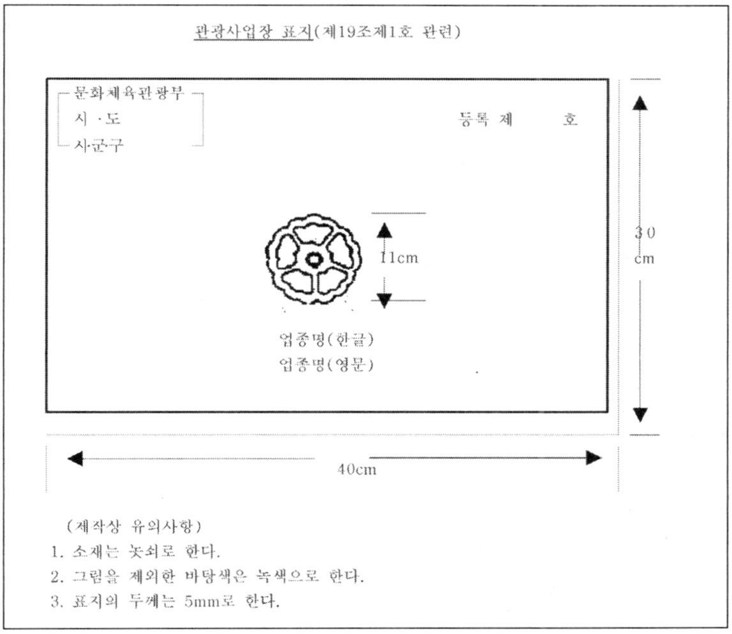

② 관광사업등록증(관광진흥법시행규칙 제19조 제2호 관련 별지 제5호 서식) : 한글과 영문으로 표시

③ 관광 편의시설업지정증(관광진흥법시행규칙 제19조 제2호 관련 별지 제22호 서식) : 한글과 영문으로 표시

④ 호텔등급표지(관광진흥법시행규칙 제19조 제3호) : 등급에 따라 별 모양의 개수를 달리하는 방식으로 문화체육관광부장관이 정하여 고시하는 호텔 등급 표지(호텔업의 경우에만 해당)

⑤ 관광식당표지(관광진흥법시행규칙 제19조 제4호 관련 별표 6) : 관광식당업에 한하여 붙일 수 있다.

[별표 6] 관광진흥법시행규칙 〈개정 2008.3.6.〉

관광식당 표지(제19조제4호 관련)

TOURIST
RESTAURANT
觀光食堂

REGISTERED TO
TOURIST ASSOCIATION

○○觀光協會指定 第 　號

(제작상 유의사항)

1. 기본모형은 위와 같이 하고 흰색 바탕에 원은 오렌지색, 글씨는 검은색으로 한다.
2. 크기와 제작방법은 문화체육관광부장관이 별도로 정한다.
3. 지정권자의 표기는 한글·영문 또는 한문 중 하나를 선택하여 사용한다.

(2) 관광사업자가 아닌 자에 대한 금지사항

관광사업자는 사실과 다르게 관광표지를 붙이거나 관광표지에 기재되는 내용을 사실과 다르게 표시 또는 광고하는 행위를 하여서는 아니 된다.(관광진흥법 제10조 제2항) 관광사업자가 아닌 자는 사업장에 문화체육관광부령으로 정하는 관광표지를 붙일 수 없으며, 또한 관광사업자로 잘못 알아볼 우려가 있는 경우에는 관광사업의 명칭 중 전부 또는 일부가 포함되는 상호를 사용할 수 없다.(관광진흥법 제10조 제3항) 이 경우, 관광사업자가 아닌 자가 사용할 수 없는 상호에 포함되는 관광사업의 명칭 중 전부 또는 일부의 구체적인 범위는 다음의 업종 구분에 따른 명칭을 포함하는 상호를 일컫는다.(관광진흥법 제10조 제4항, 관광진흥법시행령 제8조)

① 관광숙박업과 유사한 영업의 경우 관광호텔과 휴양 콘도미니엄

② 관광유람선업과 유사한 영업의 경우 관광유람

③ 관광공연장업과 유사한 영업의 경우 관광공연

④ 관광유흥음식점업, 외국인전용 유흥음식점업 또는 관광식당업과 유사한 영업의 경우 관광식당

⑤ 관광극장유흥업과 유사한 영업의 경우 관광극장

⑥ 관광펜션업과 유사한 영업의 경우 관광펜션

⑦ 관광면세업과 유사한 영업의 경우 관광면세

5) 관광시설의 타인경영 및 처분과 위탁경영, 타인경영 금지 관광시설

관광시설의 타인경영 및 처분과 위탁, 그리고 타인경영금지 관광시설에 대하여 살펴보면 다음과 같다.(관광진흥법 제11조 제4항, 관광진흥법시행규칙 제20조)

표 3-24 관광시설의 타인경영 및 처분과 위탁, 타인경영금지 관광시설

구 분	관광시설
타인경영 및 처분 관광시설	• 관광숙박업의 등록에 필요한 객실 • 관광객 이용시설업의 등록에 필요한 시설 • 카지노업의 허가에 필요한 시설과 기구 • 유원시설업의 안전성검사 대상 유기시설 및 유기기구
타인 위탁 경영 관광시설	• 관광숙박업의 객실 * 해당 시설의 경영은 관광사업자의 명의로 하여야 하고, 이용자 또는 제3자와의 거래행위에 따른 대외적 책임은 관광사업자가 부담하여야 함.
타인경영금지 관광시설	• 등록기준으로 정한 시설 중 전문휴양업의 개별기준에 포함된 시설(수영장 및 등록체육시설업의 경우에는 「체육시설의 설치 · 이용에 관한 법률 시행규칙」 제8조 및 같은 법 시행규칙 별표 4의 체육시설업 시설기준 중 필수시설만 해당)

제2절 여행업

관광사업의 영위와 관련하여 금고 이상의 실형을 선고받고 그 집행이 끝나거나 집행을 받지 아니하기로 확정된 후 2년이 지나지 아니한 자 또는 형의 집행유예 기간 중에 있는 자는 여행업의 등록을 할 수 없다. 특별자치시장 · 특별자치도지사 · 시장 · 군수 · 구청장은 여행업자가 제1항에 해당하면 3개월 이내에 그 등록을 취소하여야 한다. 다만, 법인의 임원 중 그 사유에 해당하는 자가 있는 경우 3개월 이내에 그 임원을 바꾸어 임명한 때에는 그러하지 아니하다. [본조신설 2020. 12. 22.](관광진흥법 제11조의 2(결격사유))

1. 기획여행의 실시

1) 기획여행의 실시요건

> **관광진흥법 제12조(기획여행의 실시)** 제4조제1항에 따라 여행업의 등록을 한 자(이하 "여행업자"라 한다)는 문화체육관광부령으로 정하는 요건을 갖추어 문화체육관광부령으로 정하는 바에 따라 기획여행을 실시할 수 있다. 〈개정 2008.2.29〉

여행업의 등록을 한 자는 다음과 같이 기획여행을 실시할 수 있다.

2) 기획여행의 광고

기획여행을 실시하는 자가 광고를 하려는 경우에는 다음의 사항을 표시하여야 한다. 다만, 2 이상의 기획여행을 동시에 광고하는 경우에는 다음 각 호의 사항 중 내용이 동일한 것은 공통으로 표시할 수 있다.(관광진흥법시행규칙 제21조(기획여행의 광고))

① 여행업의 등록번호, 상호, 소재지 및 등록관청

② 기획여행명 · 여행일정 및 주요 여행지

③ 여행경비

④ 교통 · 숙박 및 식사 등 여행자가 제공받을 서비스의 내용

⑤ 최저 여행인원

⑥ 보증보험등의 가입 또는 영업보증금의 예치 내용

⑦ 여행일정 변경 시 여행자의 사전 동의 규정

⑧ 여행목적지(국가 및 지역)의 여행경보단계

2. 외국인 의료관광의 활성화

1) 외국인 의료관광 활성화 및 의료관광 유치 · 지원 관련 기관

> **관광진흥법 제12조의2(의료관광 활성화)** ① 문화체육관광부장관은 외국인 의료관광(의료관광이란 국내 의료기관의 진료, 치료, 수술 등 의료서비스를 받는 환자와 그 동반자가 의료서비스와 병행하여 관광하는 것을 말한다. 이하 같다)의 활성화를 위하여 대통령령으로 정하는 기준을 충족하는 외국인 의료관광 유치 · 지원 관련 기관에 「관광진흥개발기금법」에 따른 관광진흥개발기금을 대여하거나 보조할 수 있다.

② 제1항에 규정된 사항 외에 외국인 의료관광 지원에 필요한 사항에 대하여 대통령령으로 정할 수 있다. [본조신설 2009.3.25]

'대통령령으로 정하는 기준을 충족하는 외국인 의료관광 유치 · 지원 관련 기관'이란 다음의 어느 하나에 해당하는 것을 말한다.(관광진흥법시행령 제8조의 2(외국인 의료관광 유치 · 지원 관련 기관))

① 「의료 해외진출 및 외국인환자 유치 지원에 관한 법률」 제6조제1항에 따라 등록한 외국인환자 유치 의료기관 또는 같은 외국인환자 유치업자

② 「한국관광공사법」에 따른 한국관광공사

③ 의료관광의 활성화를 위한 사업의 추진실적이 있는 보건 · 의료 · 관광 관련 기관 중 문화체육관광부장관이 고시하는 기관

2) 외국인 의료관광 지원

문화체육관광부장관은 외국인 의료관광을 지원하기 위하여 외국인 의료관광 전문인력을 양성하는 전문교육기관 중에서 우수 전문교육기관이나 우수 교육과정을 선정하여 지원할 수 있다고, 외국인 의료관광 안내에 대한 편의를 제공하기 위하여 국내외에 외국인 의료관광 유치 안내센터를 설치 · 운영할 수 있으며, 의료관광의 활성화를 위하여 지방자치단체의 장이나 의료기관 또는 유치업자와 공동으로 해외마케팅사업을 추진할 수 있다.(관광진흥법시행령 제8조의 3(외국인 의료관광 지원))

3. 국외여행인솔자의 자격요건

관광진흥법 제13조(국외여행 인솔자) ① 여행업자가 내국인의 국외여행을 실시할 경우 여행자의 안전 및 편의 제공을 위하여 그 여행을 인솔하는 자를 둘 때에는 문화체육관광부령으로 정하는 자격요건에 맞는 자를 두어야 한다. 〈개정 2008.2.29., 2011.4.5.〉

② 제1항에 따른 국외여행 인솔자의 자격요건을 갖춘 자가 내국인의 국외여행을 인솔하려면 문화체육관광부장관에게 등록하여야 한다. 〈신설 2011.4.5.〉

③ 문화체육관광부장관은 제2항에 따라 등록한 자에게 국외여행 인솔자 자격증을 발급하여야 한다. 〈신설 2011.4.5.〉

④ 제3항에 따라 발급받은 자격증은 다른 사람에게 빌려주거나 빌려서는 아니 되며, 이를 알선해서도 아니 된다. 〈신설 2019. 12. 3.〉

⑤ 제2항 및 제3항에 따른 등록의 절차 및 방법, 자격증의 발급 등에 필요한 사항은 문화체육관광부령으로 정한다. 〈신설 2011. 4. 5., 2019. 12. 3.〉

제13조의2(자격취소) 문화체육관광부장관은 제13조제4항을 위반하여 다른 사람에게 국외여행 인솔자 자격증을 빌려준 사람에 대하여 그 자격을 취소하여야 한다. [본조신설 2019. 12. 3.]

1) 국외여행 인솔자의 자격요건

여행업을 경영하는 자는 내국인의 국외여행을 실시할 경우 여행자의 안전 및 편의제공을 위하여 그 여행을 인솔하는 자를 둘 수 있다. 다만, 국외여행 인솔자를 둘 때에는 문화체육관광부령으로 정하는 자격요건에 맞는 자를 두어야 하는데, 국외여행을 인솔하는 자는 다음의 어느 하나에 해당하는 자격요건을 갖추어야 하며, 문화체육관광부장관은 교육내용 · 교육기관의 지정기준 및 절차, 그 밖에 지정에 필요한 사항을 정하여 고시하여야 한다.[3] 〈개정 2008.3.6.〉(관광진흥법시행규칙 제22조(국내여행 인솔자 자격요건))

① 관광통역안내사 자격을 취득할 것

② 여행업체에서 6개월 이상 근무하고 국외여행 경험이 있는 자로서 문화체육관광부장관이 정하는 소양교육을 이수할 것(교육내용 · 교육기관의 지정기준 및 절차, 그 밖에 지정에 필요한 사항을 정하여 고시하여야 한다)

③ 문화체육관광부장관이 지정하는 교육기관에서 국외여행 인솔에 필요한 양성교육을 이수할 것(교육내용 · 교육기관의 지정기준 및 절차, 그 밖에 지정에 필요한 사항을 정하여 고시하여야 한다)

2) 국외여행 인솔자의 등록 및 자격증 발급

또한, 국외여행 인솔자의 자격요건을 갖춘 자가 내국인의 국외여행을 인솔하려면 문화체육관광부장관에게 등록하여야 하고, 문화체육관광부장관은 등록한 자에게 국외여행 인솔자 자격증을 발급하여야 한다. 등록의 절차 및 방법, 자격증의 발급 등에 필요한 사항은 문화체육관광부령으로 정한다.

3) 「국외여행 인솔자 교육기관지정 및 교육과정 운영에 관한 요령(문화체육관광부고시 제2011-37호, 2011.10.18., 일부개정)」

국외여행 인솔자로 등록하려는 사람은 국외여행 인솔자 등록 신청서에 다음 각 호의 어느 하나에 해당하는 서류 및 사진(최근 6개월 이내에 모자를 쓰지 않고 촬영한 상반신 반명함판) 2매를 첨부하여 관련 업종별 관광협회에 제출하여야 한다. 〈개정 2019. 10. 7.〉 (관광진흥법시행규칙 제22조의 2(국외여행 인솔자의 등록 및 자격증 발급))

① 관광통역안내사 자격증

② 국외여행 인솔자의 자격요건을 갖추었음을 증명하는 서류

관련 업종별 관광협회는 등록 신청을 받으면 자격요건에 적합하다고 인정되는 경우에는 국외여행 인솔자 자격증을 발급하여야 한다.

3) 국외여행 인솔자 자격증의 재발급

한편, 발급받은 국외여행 인솔자 자격증을 잃어버리거나 헐어 못 쓰게 되어 자격증을 재발급받으려는 사람은 국외여행 인솔자 자격증 재발급 신청서에 자격증(자격증이 헐어 못 쓰게 된 경우만 해당) 및 사진(최근 6개월 이내에 모자를 쓰지 않고 촬영한 상반신 반명함판) 2매를 첨부하여 관련 업종별 관광협회에 제출하여야 한다.〈개정 2019. 10. 7.〉 (관광진흥법시행규칙 제22조의 3(국외여행 인솔자 자격증의 재발급))

[별지 제24호의3서식] 관광진흥법시행규칙 〈신설 2019.10.7.〉

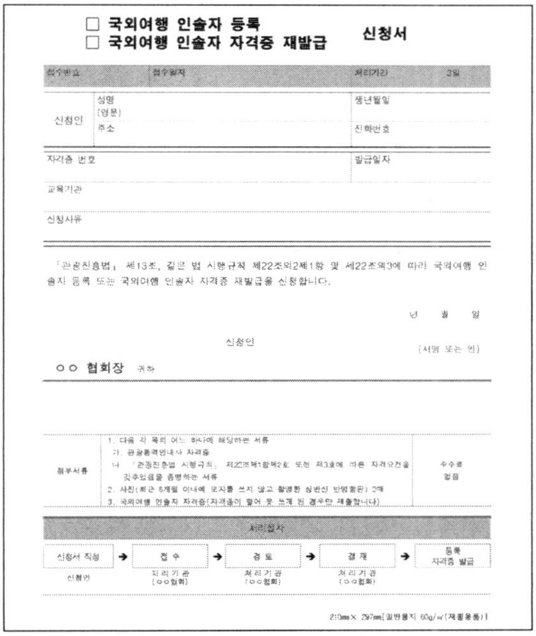

□ 국외여행 인솔자 등록
□ 국외여행 인솔자 자격증 재발급 신청서

접수번호	접수일자	처리기간	3일
신청인	성명 (영문)	생년월일	
	주소	전화번호	
자격증 번호		발급일자	
교육기관			
신청사유			

「관광진흥법」 제13조, 같은 법 시행규칙 제22조의2제1항 및 제22조의3에 따라 국외여행 인솔자 등록 또는 국외여행 인솔자 자격증 재발급을 신청합니다.

년 월 일

신청인 (서명 또는 인)

○○ 협회장 귀하

첨부서류	1. 다음 각 목의 어느 하나에 해당하는 서류 가. 관광통역안내사 자격증 나. 「관광진흥법 시행규칙」 제22조제1항제2호 또는 제3호에 따른 자격요건을 갖추었음을 증명하는 서류 2. 사진(최근 6개월 이내에 모자를 쓰지 않고 촬영한 상반신 반명함판) 2매 3. 국외여행 인솔자 자격증(자격증이 헐어 못 쓰게 된 경우만 제출합니다)	수수료 없음

처리절차

신청서 작성 (신청인) → 접수 (처리기관(○○협회)) → 검토 (처리기관(○○협회)) → 결재 (처리기관(○○협회)) → 등록 자격증 발급

210mm× 297mm[일반용지 60g/㎡(재활용품)]

[별지 제24호의3서식] 관광진흥법시행규칙 〈신설 2011.10.6.〉

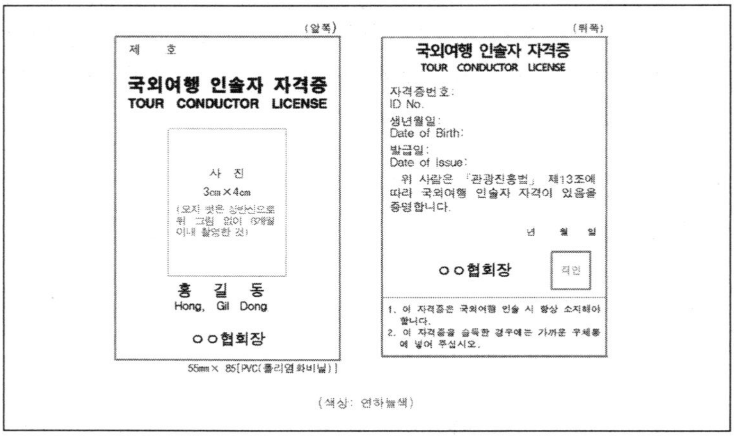
(앞쪽)

제 호

국외여행 인솔자 자격증
TOUR CONDUCTOR LICENSE

사 진
3㎝×4㎝
(모자 벗은 상반신으로 뒤 그림 없이 6개월 이내 촬영한 것)

홍 길 동
Hong, Gil Dong

○○협회장

55㎜× 85[PVC(폴리염화비닐)]

(뒤쪽)

국외여행 인솔자 자격증
TOUR CONDUCTOR LICENSE

자격증번호:
ID No.
생년월일:
Date of Birth:
발급일:
Date of Issue:

위 사람은 「관광진흥법」 제13조에 따라 국외여행 인솔자 자격이 있음을 증명합니다.

년 월 일

○○협회장 직인

1. 이 자격증은 국외여행 인솔 시 항상 소지해야 합니다.
2. 이 자격증을 습득한 경우에는 가까운 우체통에 넣어 주십시오.

(색상: 연하늘색)

4. 여행자에 대한 여행계약

1) 여행지 안전정보제공

관광진흥법 제14조(여행계약 등) ① 여행업자는 여행자와 계약을 체결할 때에는 여행자를 보호하기 위하여 문화체육관광부령으로 정하는 바에 따라 해당 여행지에 대한 안전정보를 서면으로 제공하여야 한다. 해당 여행지에 대한 안전정보가 변경된 경우에도 또한 같다. 〈개정 2011.4.5., 2015.2.3.〉

안전정보는 다음과 같다.(관광진흥법시행규칙 제22조의 4(여행지 안전정보 등))

① 「여권법」 제17조에 따라 여권의 사용을 제한하거나 방문 · 체류를 금지하는 국가 목록 및 같은 법 제26조제3호에 따른 벌칙

② 외교통상부 해외안전여행 인터넷홈페이지에 게재된 여행목적지(국가 및 지역)의 여행경보단계 및 국가별 안전정보(긴급연락처를 포함)

③ 해외여행자 인터넷 등록 제도에 관한 안내

2) 여행자에 대한 여행계약

관광진흥법 제14조(여행계약 등) ② 여행업자는 여행자와 여행계약을 체결하였을 때에는 그 서비스에 관한 내용을 적은 여행계약서(여행일정표 및 약관을 포함한다. 이하 같다) 및 보험 가입 등을 증명할 수 있는 서류를 여행자에게 내주어야 한다. 〈개정 2015.5.18.〉

관광진흥법시행규칙 제22조의4(여행지 안전정보 등) ② 법 제14조제3항에 따라 여행업자는 여행계약서(여행일정표 및 약관을 포함한다)에 명시된 숙식, 항공 등 여행일정(선택관광 일정을 포함한다)을 변경하는 경우 해당 날짜의 일정을 시작하기 전에 여행자로부터 서면으로 동의를 받아야 한다.

3) 여행일정 변경 시 여행자의 동의

관광진흥법 제14조(여행계약 등) ③ 여행업자는 여행일정(선택관광 일정을 포함한다)을 변경하려면 문화체육관광부령으로 정하는 바에 따라 여행자의 사전 동의를 받아야 한다.[전문개정 2009.3.25]

관광진흥법시행규칙 제22조의4(여행지 안전정보 등) ③ 제2항에 따른 서면동의서에는 변경일시, 변경내용, 변경으로 발생하는 비용 및 여행자 또는 단체의 대표자가 일정변경에 동의한다는 의사를 표시하는 자필서명이 포함되어야 한다.

④ 여행업자는 천재지변, 사고, 납치 등 긴급한 사유가 발생하여 여행자로부터 사전에 일정변경 동의를 받기 어렵다고 인정되는 경우에는 사전에 일정변경 동의서를 받지 아니할 수 있다. 다만, 여행업자는 사후에 서면으로 그 변경내용 등을 설명하여야 한다.[본조신설 2009.10.22.] [제21조의2에서 이동 〈2011.10.6.〉]

제3절 관광숙박업, 관광객 이용시설업 등

1. 관광사업계획의 승인

1) 사업계획의 승인관청 및 승인대상업종

(1) 사업계획의 승인관청

사업계획의 승인관청은 특별자치시장 · 특별자치도지사 · 시장 · 군수 · 구청장이다.(관광진흥법 제15조 제1, 2항)

(2) 사업계획승인과 변경승인의 대상업종

가) 사업계획승인의 강제규정 : 대상업종은 관광숙박업이다.

관광진흥법 제15조(사업계획의 승인) ①관광숙박업을 경영하려는 자는 제4조 제1항에 따른 등록을 하기 전에 그 사업에 대한 사업계획을 작성하여 특별자치시장 · 특별자치시장 · 특별자치도지사 · 시장 · 군수 · 구청장의 승인을 받아야 한다. 승인을 받은 사업계획 중 부지, 대지 면적, 건축 연면적의 일정 규모 이상의 변경 등 대통령령으로 정하는 사항을 변경하려는 경우에도 또한 같다. 〈개정 2008.6.5., 2009.3.25., 2018.6.12.〉

또한 관광숙박업의 사업계획 변경에 관한 승인을 받아야 하는 경우는 다음과 같다.(관광진흥법시행령 제9조 제1항(사업계획 변경승인))

① 부지 및 대지 면적을 변경할 때에 그 변경하려는 연면적이 당초 승인받은 계획면적의 100분의 10 이상이 되는 경우

② 건축 연면적을 변경할 때에 그 변경하려는 연면적이 당초 승인받은 계획면적의 100분의 10 이상이 되는 경우

③ 객실 수 또는 객실면적을 변경하려는 경우(휴양 콘도미니엄업만 해당)

④ 변경하려는 업종의 등록기준에 맞는 경우로서, 호텔업과 휴양 콘도미니엄업 간의 업종 변경 또는 호텔업 종류 간의 업종변경

나) 사업계획승인의 임의규정 : 대상업종은 관광객 이용시설업 중 전문휴양업 · 종합휴양업 · 관광유람선업이며, 국제회의업 중 국제회의시설업이다.

관광진흥법 제15조(사업계획의 승인) ② 대통령령으로 정하는 관광객 이용시설업이나 국제회의업을 경영하려는 자는 제4조제1항에 따른 등록을 하기 전에 그 사업에 대한 사업계획을 작성하여 특별자치시장 · 특별자치시장 · 특별자치도지사 · 시장 · 군수 · 구청장의 승인을 받을 수 있다. 승인을 받은 사업계획 중 부지, 대지 면적, 건축 연면적의 일정 규모 이상의 변경 등 대통령령으로 정하는 사항을 변경하려는 경우에도 또한 같다. 〈개정 2008.6.5., 2009.3.25., 2018.6.12.〉

관광진흥법시행령 제12조(사업계획승인 대상 관광객 이용시설업, 국제회의업) 법 제15조제2항 전단에서 "대통령령으로 정하는 관광객 이용시설업이나 국제회의업"이란 다음 각 호의 관광사업을 말한다.

1. 전문휴양업
2. 종합휴양업
3. 관광유람선업
4. 국제회의시설업

또한 관광객 이용시설업(전문휴양업 · 종합휴양업 · 관광유람선업)과 국제회의시설업의 사업계획 변경에 관한 승인을 받아야 하는 경우는 다음과 같다.(관광진흥법시행령 제9조 제2항(사업계획 변경승인))

① 전문휴양업이나 종합휴양업의 경우 부지, 대지 면적 또는 건축 연면적을 변경할 때에 그 변경하려는 면적이 당초 승인받은 계획면적의 100분의 10 이상이 되는 경우

② 국제회의업의 경우 국제회의시설 중 다음 각 목의 어느 하나에 해당하는 변경을 하려는 경우

ⓐ「국제회의산업 육성에 관한 법률 시행령」 제3조제2항에 따른 전문회의시설의 회의실 수 또는 옥내전시면적을 변경할 때에 그 변경하려는 회의실 수 또는 옥내전시면적이 당초 승인받은 계획의 100분의 10 이상이 되는 경우

ⓑ「국제회의산업 육성에 관한 법률 시행령」 제3조제4항에 따른 전시시설의 회의실 수 또는 옥내전시면적을 변경할 때에 그 변경하려는 회의실 수 또는 옥내전시면적이 당초 승인받은 계획의 100분의 10 이상이 되는 경우

관광진흥법시행령 제66조의3(규제의 재검토) 문화체육관광부장관은 다음 각 호의 사항에 대하여 다음 각 호의 기준일을 기준으로 3년마다(매 3년이 되는 해의 1월 1일 전까지를 말한다) 그 타당성을 검토하여 개선 등의 조치를 해야 한다.

1. 제5조 및 별표 1에 따른 관광사업의 등록기준(같은 표 제2호사목에 따른 의료관광호텔업의 등록기준은 제외한다): 2020년 1월 1일
2. 제22조에 따른 호텔업 등급결정 대상 중 가족호텔업의 포함 여부: 2022년 1월 1일[전문개정 2022. 3. 8.]

2) 사업계획의 승인기준 및 절차

(1) 사업계획 승인(변경승인 포함)기준

관광진흥법 제15조(사업계획의 승인) ③ 제1항과 제2항에 따른 사업계획의 승인 또는 변경승인의 기준·절차 등에 필요한 사항은 대통령령으로 정한다.

사업계획의 승인 및 변경승인의 기준은 다음과 같다.(관광진흥법시행령 제3조 제1항(사업계획 승인기준))

① 사업계획의 내용이 관계 법령의 규정에 적합할 것

② 사업계획의 시행에 필요한 자금을 조달할 능력 및 방안이 있을 것

③ 일반 주거지역의 관광숙박시설 및 그 시설 안의 위락시설은 주거환경을 보호하기 위하여 다음 각 목의 기준에 맞아야 하고, 준주거지역의 경우에는 다목의 기준에 맞을 것. 다만, 일반 주거지역에서의 사업계획의 변경승인(신축 또는 기존 건축물 전부를 철거

하고 다시 축조하는 개축을 하는 경우는 포함하지 아니함)의 경우에는 가목의 기준을 적용하지 아니하고, 일반 주거지역의 호스텔업의 시설의 경우에는 ⓓ의 기준을 적용하지 아니한다.

ⓐ 다음의 구분에 따라 대지가 도로에 연접할 것. 다만, 특별자치도 · 시 · 군 · 구(자치구)는 주거환경을 보호하기 위하여 필요하면 지역 특성을 고려하여 조례로 이 기준을 강화할 수 있다.

- 관광호텔업, 수상관광호텔업, 한국전통호텔업, 가족호텔업, 의료관광호텔업 및 휴양 콘도미니엄업 : 대지가 폭 12미터 이상의 도로에 4미터 이상 연접할 것
- 호스텔업 및 소형호텔업 : 대지가 폭 8미터(관광객의 수, 관광특구와의 거리 등을 고려하여 특별자치시장 · 특별자치도지사 · 시장 · 군수 · 구청장이 지정하여 고시하는 지역에서 20실 이하의 객실을 갖추어 경영하는 호스텔업의 경우에는 4미터) 이상의 도로에 4미터 이상 연접할 것

ⓑ 건축물(관광숙박시설이 설치되는 건축물 전부를 말한다) 각 부분의 높이는 그 부분으로부터 인접대지를 조망할 수 있는 창이나 문 등의 개구부가 있는 벽면에서 직각방향으로 인접된 대지의 경계선[대지와 대지 사이가 공원 · 광장 · 도로 · 하천이나 그 밖의 건축이 허용되지 아니하는 공지(空地)인 경우에는 그 인접된 대지의 반대편 경계선을 말한다]까지의 수평거리의 두 배를 초과하지 아니할 것

ⓒ 소음 공해를 유발하는 시설은 지하층에 설치하거나 그 밖의 방법으로 주변의 주거환경을 해치지 아니하도록 할 것

ⓓ 대지 안의 조경은 대지면적의 15퍼센트 이상으로 하되, 대지 경계선 주위에는 다 자란 나무를 심어 인접 대지와 차단하는 수림대(樹林帶)를 조성할 것

④ 연간 내국인 투숙객 수가 객실의 연간 수용가능 총인원의 40퍼센트를 초과하지 아니할 것(의료관광호텔업만 해당)

(2) 휴양콘도미니엄업의 사업계획 변경승인 기준

관광진흥법시행령 제13조(사업계획 승인기준) ② 특별자치시장 · 특별자치도지사 · 시장 · 군수 · 구청장은 휴양 콘도미니엄업의 규모를 축소하는 사업계획에 대한 변경승인신청을 받은 경우에는 다음 각 호의 어느 하나의 감소 비율이 당초 승인한 분양 및 회원 모집 계획상의 피분양자 및 회원(이하 이 항에서 "회원등"이라 한다) 총 수에 대한 사업계획 변경승인 예정일 현재 실제로 미분양 및 모집 미달이 되고 있는 잔여 회원등 총 수의 비율(이하 이 항에서 "미분양률"이라 한다)을 초과하지 아니하는 한도에서 그 변경승인을 하여야 한다. 다만, 사업자가 이미 분양받거나 회원권을 취득한 회원등에 대하여 그 대지면적 및 객실면적(전용 및 공유면적을 말하며, 이하 이 항에서 같다)의 감소분에 비례하여 분양가격 또는 회원 모집가격을 인하하여 해당 회원등에게 통보한 경우에는 미분양률을 초과하여 변경승인을 할 수 있다. 〈개정 2009. 1. 20., 2019. 4. 9.〉

1. 당초계획(승인한 사업계획을 말한다. 이하 이 항에서 같다)상의 대지면적에 대한 변경계획상의 대지면적 감소비율
2. 당초계획상의 객실 수에 대한 변경계획상의 객실 수 감소비율
3. 당초계획상의 전체 객실면적에 대한 변경계획상의 전체 객실면적 감소비율

(3) 사업계획승인절차

가) 사업계획승인신청

관광진흥법시행령 제10조(사업계획의 승인신청 등) ① 법 제15조제1항 및 제2항에 따라 관광호텔업 · 수상관광호텔업 · 한국전통호텔업 · 가족호텔업 · 호스텔업 · 소형호텔업 · 의료관광호텔업과 휴양 콘도미니엄업 및 제12조 각 호의 어느 하나에 해당하는 관광사업의 사업계획(이하 "사업계획"이라 한다) 승인을 받으려는 자는 문화체육관광부령으로 정하는 바에 따라 사업계획 승인신청서를 특별자치시장 · 특별자치도지사 · 시장 · 군수 · 구청장에게 제출하여야 한다. 〈개정 2008. 2. 29., 2009. 1. 20., 2010. 6. 15., 2013. 11. 29., 2019. 4. 9.〉

관광진흥법시행규칙 제23조(사업계획의 승인신청) ① 영 제10조제1항에 따라 사업계획승인을 받으려는 자는 별지 제25호서식의 사업계획 승인신청서에 다음 각 호의 서류를 첨부하여 특별자치시장 · 특별자치도지사 · 시장 · 군수 · 구청장에게 제출하여야 한다. 다만, 등록체육시설의 경우에는 「체육시설의 설치 · 이용에 관한 법률 시행령」 제10조에 따른 사업계획승인서 사본으로 각 호의 서류를 갈음한다. 〈개정 2009. 3. 31., 2009. 12. 31., 2015. 4. 22., 2019. 4. 25.〉

1. 다음 각 목의 사항이 포함된 건설계획서
   가. 건설장소, 총부지면적 및 토지이용계획
   나. 공사계획

다. 공사자금 및 그 조달방법
라. 시설별 · 층별 면적 및 시설내용
마. 조감도
바. 전문휴양업 및 종합휴양업의 경우에는 사업예정지역의 위치도(축척 2만 5천분의 1 이상이어야 한다), 사업예정지역의 현황도(축척 3천분의 1 이상으로서 등고선이 표시되어야 한다), 시설배치계획도(지적도면상에 표시하여야 한다), 토지명세서, 하수처리계획서, 녹지 및 환경조성계획서(「환경영향평가법」에 따른 환경영향평가를 받은 경우 하수처리계획서, 녹지 및 환경조성계획서를 생략한다)

2. 신청인(법인의 경우에는 대표자 및 임원)이 내국인인 경우에는 성명 및 주민등록번호를 기재한 서류

2의2. 신청인(법인의 경우에는 대표자 및 임원)이 외국인인 경우에는 법 제7조제1항 각 호에 해당하지 아니함을 증명하는 다음 각 목의 어느 하나에 해당하는 서류. 다만, 법 또는 다른 법령에 따라 인 · 허가 등을 받아 사업자등록을 하고 해당 영업 또는 사업을 영위하고 있는 자(법인의 경우에는 최근 1년 이내에 법인세를 납부한 시점부터 승인 신청 시점까지의 기간 동안 대표자 및 임원의 변경이 없는 경우로 한정한다)는 해당 영업 또는 사업의 인 · 허가증 등 인 · 허가 등을 받았음을 증명하는 서류와 최근 1년 이내에 소득세(법인의 경우에는 법인세를 말한다)를 납부한 사실을 증명하는 서류를 제출하는 경우에는 그 영위하고 있는 영업 또는 사업의 결격사유 규정과 중복되는 법 제7조제1항의 결격사유에 한하여 다음 각 목의 서류를 제출하지 아니할 수 있다.

가. 해당 국가의 정부나 그 밖의 권한 있는 기관이 발행한 서류 또는 공증인이 공증한 신청인의 진술서로서 「재외공관 공증법」에 따라 해당 국가에 주재하는 대한민국공관의 영사관이 확인한 서류
나. 「외국공문서에 대한 인증의 요구를 폐지하는 협약」을 체결한 국가의 경우에는 해당 국가의 정부나 그 밖의 권한 있는 기관이 발행한 서류 또는 공증인이 공증한 신청인의 진술서로서 해당 국가의 아포스티유(Apostille) 확인서 발급 권한이 있는 기관이 그 확인서를 발급한 서류

3. 부동산의 소유권 또는 사용권을 증명하는 서류
4. 분양 및 회원모집계획 개요서(분양 및 회원을 모집하는 경우만 해당한다)
5. 법 제16조제1항 각 호에 따른 인 · 허가 등의 의제를 받거나 신고를 하려는 경우에는 해당 법령에서 제출하도록 한 서류
6. 법 제16조제1항 각 호에서 규정한 신고를 이미 하였거나 인 · 허가 등을 받은 경우에는 이를 증명하는 서류

② 제1항에 따른 신청서를 받은 특별자치시장 · 특별자치도지사 · 시장 · 군수 · 구청장은 「전자정부법」 제36조제1항에 따른 행정정보의 공동이용을 통하여 법인 등기사항증명서(법인만 해당한다)를 확인하여야 한다. 〈개정 2009. 3. 31., 2011. 3. 30., 2019. 4. 25.〉

[별지 제25호서식] 관광진흥법시행규칙 〈개정 2019. 4. 25.〉

사업계획 승인신청서

※ 색상이 어두운 란은 신청인이 적지 않습니다 (앞쪽)

접수번호	접수일	승인일	처리기간	○ 관광숙박업: 12일 ○ 관광객 이용시설업: 15일 ○ 국제회의시설업: 15일

신청인	성 명(대표자)	생년월일(외국인등록번호)
	주 소	전화번호

업종	
건설장소	
시설규모	
소요자금	
준공예정연월일	년 월 일

「관광진흥법」 제15조 및 같은 법 시행규칙 제23조에 따라 관광사업에 대한 사업계획 승인을 받고자 신청합니다.

년 월 일

신청인 성명 (서명 또는 인)

특별자치시장 · 특별자치도지사
시장 · 군수 · 구청장 귀하

제출서류	뒤쪽 참조	수수료 50,000원(숙박시설이 있는 경우 매 실당 500원을 가산한 금액)

처 리 절 차

신청서 작성	→	접 수	→	검 토	→	수 리 (지정변경)	→	승인통보
신청인		처리기관 (특별자치시 · 특별자치도, 시 · 군 · 구)		처리기관 (특별자치시 · 특별자치도, 시 · 군 · 구)		처리기관 (특별자치시 · 특별자치도, 시 · 군 · 구)		

210㎜×297㎜[백상지 80g/㎡(재활용품)]

(뒤쪽)

신청인(대표자) 제출서류	1. 다음의 사항이 포함된 건설계획서 2부 가. 건설장소, 총부지면적 및 토지이용계획 나. 공사계획 다. 공사자금 및 그 조달방법 라. 시설별·층별 면적 및 시설내용 마. 조감도 바. 전문휴양업 및 종합휴양업의 경우 사업예정지역의 위치도(축척 2만 5천분의 1 이상이어야 합니다), 사업예정지역의 현황도(축척 3천분의 1 이상으로서 등고선이 표시되어야 합니다), 시설배치계획도(지적도면상에 표시되어야 합니다), 토지명세서와 하수처리계획서, 녹지 및 환경조성계획서(「환경영향평가법」에 따른 환경영향평가를 받은 경우 하수처리계획서, 녹지 및 환경조성계획서를 생략합니다) 각 1부 2. 신청인(법인의 경우에는 대표자 및 임원)이 내국인인 경우에는 성명·주민등록번호를 기재한 서류 3. 신청인(법인의 경우에는 대표자 및 임원)이 외국인인 경우에는 「관광진흥법」 제7조제1항 각 호에 해당하지 아니함을 증명하는 다음 각 목의 어느 하나에 해당하는 서류. 다만, 「관광진흥법」 또는 다른 법령에 따라 인·허가 등을 받아 사업자등록을 하고 해당 영업 또는 사업을 영위하고 있는 자(법인의 경우에는 최근 1년 이내에 법인세를 납부한 시점부터 승인 신청 시점까지의 기간 동안 대표자 및 임원의 변경이 없는 경우로 한정합니다)는 해당 영업 또는 사업의 인·허가증 등 인·허가 등을 받았음을 증명하는 서류와 최근 1년 이내에 소득세(법인의 경우에는 법인세를 말합니다)를 납부한 사실을 증명하는 서류를 제출하는 경우에는 그 영위하고 있는 영업 또는 사업의 결격사유 규정과 중복되는 「관광진흥법」 제7조제1항의 결격사유에 한하여 다음 각 목의 서류를 제출하지 아니할 수 있다. 가. 해당 국가의 정부나 그 밖의 권한 있는 기관이 발행한 서류 또는 공증인이 공증한 신청인의 진술서로서 「재외공관 공증법」에 따라 해당 국가에 주재하는 대한민국공관의 영사관이 확인한 서류 1부 나. 「외국공문서에 대한 인증의 요구를 폐지하는 협약」을 체결한 국가의 경우에는 해당 국가의 정부나 그 밖의 권한 있는 기관이 발행한 서류 또는 공증인이 공증한 신청인의 진술서로서 해당 국가의 아포스티유(Apostille) 확인서 발급 권한이 있는 기관이 그 확인서를 발급한 서류 1부 4. 부동산의 소유권 또는 사용권을 증명하는 서류 1부 5. 분양 또는 회원모집계획 개요서(분양 및 회원을 모집하는 경우만 해당합니다) 2부 6. 「관광진흥법」 제16조제1항 각 호에 따른 인·허가 또는 해제를 받거나 신고를 하려는 경우에는 해당 법령에서 제출하도록 한 서류 1부 7. 「관광진흥법」 제16조제1항 각 호에 따른 신고를 이미 하였거나 인·허가 또는 해제를 받은 경우에는 이를 증명하는 서류 1부
담당공무원 확인사항	법인 등기사항증명서(법인만 해당 합니다)

나) 사업계획 변경승인신청

관광진흥법시행령 제10조(사업계획의 승인신청 등) ② 제9조에 다라 사업계획의 변경승인을 받으려는 자는 문화체육관광부령으로 정하는 바에 따라 사업계획 변경승인신청서를 특별자치시장 · 특별자치도지사 · 시장 · 군수 · 구청장에게 제출하여야 한다. 〈개정 2008. 2. 29., 2009. 1. 20., 2019. 4. 9.〉

사업계획의 변경승인을 받으려는 자는 문화체육관광부령으로 정하는 바에 따라 사업계획 변경승인신청서에 다음의 서류를 첨부하여 특별자치시장 · 특별자치도지사 · 시장 · 군수 · 구청장에게 제출하여야 한다.〈개정 2009. 3. 31., 2019. 4. 25.〉(관광진흥법시행규칙 제24조(사업계획 변경승인신청))

① 변경사유서

② 변경하고자 하는 층의 변경 전후의 평면도(건축물의 용도변경이 필요한 경우만 해당한다)

③ 용도변경에 따라 변경되는 사항 중 내화 · 내장 · 방화 · 피난건축설비에 관한 사항을 표시한 도서(건축물의 용도변경이 필요한 경우만 해당한다)

④ 전문휴양업 및 종합휴양업의 경우 승인신청 사항이 변경되는 경우에는 각각 그 변경에 관계되는 서류

[별지 제26호서식] 관광진흥법시행규칙 〈개정 2019.4.25.〉

(앞 쪽)

사업계획 변경승인 신청서						처리기간 ○관광숙박업: 12일 ○관광객이용시설업: 15일 ○국제회의시설업: 14일
신 청 인	①성 명			② 생년월일		
	③주 소	(전화 :)				
④상 호(명 칭)						
⑤업 종						
⑥승 인 연 월 일	. . .					
⑦건 설 장 소						
⑧용 도 변 경 내 용	층 별	변 경 전		변 경 후		
		용 도	면적(㎡)	용 도	면적(㎡)	

「관광진흥법」 제15조 및 같은 법 시행규칙 제24조에 따라 관광사업에 대한 사업계획변경의 승인을 받고자 신청합니다.

년 월 일

신청인 (서명 또는 인)

특별자치시장 · 특별자치도지사 · 시장 · 군수 · 구청장 귀하

※ 구비서류	수수료
1. 변경사유서 2부 2. 변경하려는 층의 변경 전후의 평면도(건축물의 용도변경이 필요한 경우만 해당합니다) 각 2부	50.000원(숙박시설 중 객실 변경이 있는 경우에는 매 실당 500원을 가산한 금액)

3. 용도변경에 따라 변경되는 사항 중 내화 · 내장 · 방화 · 피난건축설비에 관한 사항을 표시한 도서(건축물의 용도변경이 필요한 경우만 해당합니다) 2부

4. 전문휴양업 및 종합휴양업이 「관광진흥법 시행규칙」 제23조제1항제1호바목에서 정한 사항이 변경되는 경우에는 각각 그 변경에 관계되는 서류

210mm×297mm[일반용지 60g/㎡(재활용품)]

이 신청서는 아래와 같이 처리됩니다. (뒤 쪽)

신 청 인	처 리 기 관 특별자치시 · 특별자치도 · 시 · 군 · 구(관광담당부서)

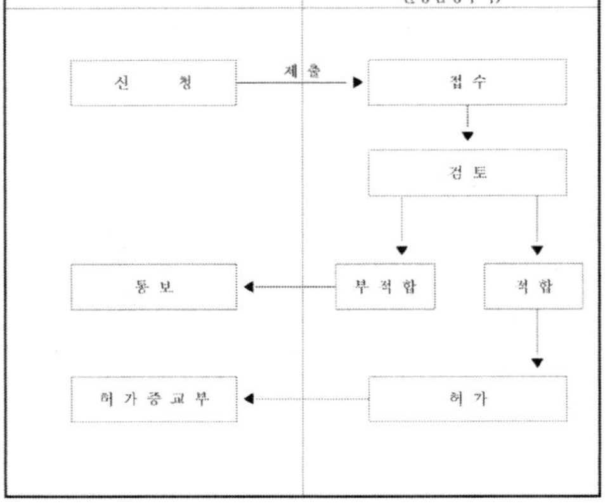

다) 관계행정기관의 장과의 협의

관광진흥법시행령 제10조(사업계획의 승인신청 등) ③ 제1항과 제2항에 따라 사업계획의 승인 또는 변경승인신청서를 접수한 특별자치시장 · 특별자치도지사 · 시장 · 군수 · 구청장은 해당 관광사업이 법 제16조제1항에 따라 인 · 허가 등이 의제되는 사업인 경우에는 같은 조 제2항에 따라 소관 행정기관의 장과 협의하여야 한다. 〈개정 2009.1.20.〉

④ 제3항에 따라 협의 요청을 받은 소관 행정기관의 장은 협의 요청을 받은 날부터 30일 이내에 그 의견을 제출하여야 한다. 이 경우 그 기간 이내에 의견 제출이 없는 때에는 협의가 이루어진 것으로 본다. 〈개정 2014.11.28.〉

라) 사업계획승인의 통보

관광진흥법시행령 제11조(사업계획승인의 통보) 특별자치시장 · 특별자치도지사 · 시장 · 군수 · 구청장은 제10조에 따라 신청한 사업계획 또는 사업계획의 변경을 승인하는 경우에는 사업계획승인 또는 변경승인을 신청한 자에게 지체 없이 통보하여야 한다. 〈개정 2009. 1. 20., 2019. 4. 9.〉

3) 사업계획승인시의 인 · 허가 의제 등

관광사업에 대한 사업계획의 승인을 받을 때에는 다음과 같이 관계법률에 의한 인 · 허가 등의 의제나 기타 특전을 받을 수 있다. 단, 의제받게 되는 인 · 허가에 관련되는 서류는 미리 제출하여야 한다.

(1) 의제받게 되는 사항

관광진흥법 제16조(사업계획 승인 시의 인 · 허가 의제 등) ① 제15조제1항 및 제2항에 따라 사업계획의 승인을 받은 때에는 다음 각 호의 허가, 해제 또는 신고에 관하여 특별자치시장 · 특별자치도지사 · 시장 · 군수 · 구청장이 소관 행정기관의 장과 미리 협의한 사항에 대해서는 해당 허가 또는 해제를 받거나 신고를 한 것으로 본다. 〈개정 2007. 12. 27., 2009. 3. 25., 2010. 4. 15., 2010. 5. 31., 2022. 12. 27., 2023. 5. 16.〉

1. 「농지법」 제34조제1항에 따른 농지전용의 허가
2. 「산지관리법」 제14조 · 제15조에 따른 산지전용허가 및 산지전용신고, 같은 법 제15조의2에 따른 산지일시사용허가 · 신고, 「산림자원의 조성 및 관리에 관한 법률」 제36조제1항 · 제5항 및 제45조제1항 · 제2항에 따른 입목벌채 등의 허가 · 신고
3. 「사방사업법」 제20조에 따른 사방지(砂防地) 지정의 해제
4. 「초지법」 제23조에 따른 초지전용(草地轉用)의 허가
5. 「하천법」 제30조에 따른 하천공사 등의 허가 및 실시계획의 인가, 같은 법 제33조에 따른 점용허가(占用許可) 및 실시계획의 인가
6. 「공유수면 관리 및 매립에 관한 법률」 제8조에 따른 공유수면의 점용 · 사용허가 및 같은 법 제17조에 따른 점용 · 사용 실시계획의 승인 또는 신고
7. 「사도법」 제4조에 따른 사도개설(私道開設)의 허가
8. 「국토의 계획 및 이용에 관한 법률」 제56조에 따른 개발행위의 허가
9. 「장사 등에 관한 법률」 제8조제3항에 따른 분묘의 개장신고(改葬申告) 및 같은 법 제27조에 따른 분묘의 개장허가(改葬許可)

② 특별자치시장 · 특별자치도지사 · 시장 · 군수 · 구청장은 제1항 각 호의 어느 하나에 해당하는 사항이 포함되어 있는 사업계획을 승인하려면 미리 소관 행정기관의 장과 협의하여야 한다. 〈개정 2008. 6. 5., 2018. 6. 12., 2023. 5. 16.〉

③ 특별자치시장 · 특별자치도지사 · 시장 · 군수 · 구청장은 제15조제1항 및 제2항에 따른 사업계획의 변경승인을 하려는 경우 건축물의 용도변경이 포함되어 있으면 미리 소관 행정기관의 장과 협의하여야 한다. 〈개정 2008. 6. 5., 2018. 6. 12.〉

④ 관광사업자(관광숙박업만 해당한다)가 제15조제1항 후단에 따라 사업계획의 변경승인을 받은 경우에는 「건축법」에 따른 용도변경의 허가를 받거나 신고를 한 것으로 본다.

(2) 「국토의 계획 및 이용에 관한 법률」 관련 사항

관광진흥법 제16조(사업계획 승인 시의 인 · 허가 의제 등) ⑤ 제15조제1항에 따른 사업계획의 승인 또는 변경승인을 받은 경우 그 사업계획에 따른 관광숙박시설 및 그 시설 안의 위락시설로서 「국토의 계획 및 이용에 관한 법률」에 따라 지정된 다음 각 호의 용도지역의 시설에 대하여는 같은 법 제76조제1항을 적용하지 아니한다. 다만, 주거지역에서는 주거환경의 보호를 위하여 대통령령으로 정하는 사업계획승인기준에 맞는 경우에 한한다.

1. 상업지역
2. 주거지역 · 공업지역 및 녹지지역 중 대통령령으로 정하는 지역

관광진흥법시행령 제14조(관광숙박시설 건축지역) 법 제16조제5항제2호에서 "대통령령으로 정하는 지역"이란 다음 각 호의 지역을 말한다.

1. 일반주거지역
2. 준주거지역
3. 준공업지역
4. 자연녹지지역

(3) 「학교보건법」 관련 사항

관광진흥법 제16조(사업계획 승인 시의 인 · 허가 의제 등) ⑥ 제15조제1항에 따른 사업계획의 승인을 받은 경우 그 사업계획에 따른 관광숙박시설로서 대통령령으로 정하는 지역 내 위치하면서 「학교보건법」 제2조에 따른 학교 출입문 또는 학교설립예정지 출입문으로부터 직선거리로 75미터 이내에 위치한 관광숙박시설의 설치와 관련하여서는 「학교보건법」 제6조제1항 각 호 외의 부분 단서를 적용하지 아니한다. 〈신설 2015.12.22.〉

⑦ 제15조제1항에 따른 사업계획의 승인 또는 변경승인을 받은 경우 그 사업계획에 따른 관광숙박시설로서 다음 각 호에 적합한 시설에 대해서는 「학교보건법」 제6조제1항제13호를 적용하지 아니한다. 〈신설 2015.12.22.〉

1. 관광숙박시설에서 「학교보건법」 제6조제1항제12호, 제14호부터 제16호까지 또는 제18호부터 제20호까지의 규정에 따른 행위 및 시설 중 어느 하나에 해당하는 행위 및 시설이 없을 것

2. 관광숙박시설의 객실이 100실 이상일 것
3. 대통령령으로 정하는 지역 내 위치할 것
4. 대통령령으로 정하는 바에 따라 관광숙박시설 내 공용공간을 개방형 구조로 할 것
5. 「학교보건법」 제2조에 따른 학교 출입문 또는 학교설립예정지 출입문으로부터 직선 거리로 75미터 이상에 위치할 것

⑧ 제7항 각 호의 요건을 충족하여 「학교보건법」 제6조제1항제13호를 적용받지 아니하고 관광숙박시설을 설치하려는 자는 「건축법」 제4조에 따른 건축위원회의 교육환경 저해 여부에 관한 심의를 받아야 한다. 〈신설 2015.12.22.〉

⑨ 특별자치시장 · 특별자치시장 · 특별자치도지사 · 시장 · 군수 · 구청장은 제15조제1항에 따른 사업계획(제7항 각 호의 요건을 충족하여 「학교보건법」 제6조제1항제13호를 적용받지 아니하고 관광숙박시설을 설치하려는 자의 사업계획에 한정한다)의 승인 또는 변경승인을 하려는 경우에는 교육환경 보호 및 교통안전 보호조치를 취하도록 하는 조건을 붙일 수 있다. 〈신설 2015.12.22., 2018.6.12.〉

관광진흥법시행령 제14조의2(학교환경위생 정화구역 내 관광숙박시설의 설치) ① 법 제16조제6항 및 같은 조 제7항제3호에서 "대통령령으로 정하는 지역"이란 각각 다음 각 호의 지역을 말한다.

1. 서울특별시
2. 경기도

② 법 제16조제7항에 따라 「학교보건법」 제6조제1항제13호를 적용하지 아니하는 관광숙박시설은 법 제16조제7항제4호에 따라 그 투숙객이 차량 또는 도보 등을 통하여 해당 관광숙박시설에 드나들 수 있는 출입구, 주차장, 로비 등의 공용공간을 외부에서 조망할 수 있는 개방적인 구조로 하여야 한다. [본조신설 2016.3.22.]

4) 사업계획승인시설의 착공 및 준공기간

관광진흥법시행령 제32조(사업계획승인시설의 착공 및 준공기간) 법 제35조제1항제8호에서 "대통령령으로 정하는 기간"이란 다음 각 호의 기간을 말한다. 〈개정 2009.6.30.〉

1. 2011년 6월 30일 이전에 법 제15조에 따른 사업계획의 승인을 받은 경우
   가. 착공기간 : 사업계획의 승인을 받은 날부터 4년
   나. 준공기간 : 착공한 날부터 7년
2. 2011년 7월 1일 이후에 법 제15조에 따른 사업계획의 승인을 받은 경우
   가. 착공기간 : 사업계획의 승인을 받은 날부터 2년
   나. 준공기간 : 착공한 날부터 5년

5) 사업계획의 승인취소

관광사업계획은 ① 관광사업자의 결격사유에 해당하는 때(관광진흥법 제7조), ② 관광사업의 등록취소 및 사업계획승인 · 취소사유에 해당하는 때(관광진흥법 제35조)에 관할 특별자치시장 · 특별자치도지사 · 시장 · 군수 · 구청장이 그 승인을 취소한다.

6) 사업계획승인의 양도

사업계획승인을 얻은 자가 자금곤란 등의 사유로 사업을 추진할 수 없을 때에는 사업계획승인 자체를 다른 사람에게 양도할 수 있다.(관광진흥법 제8조)

위의 규정한 사항 외에 이 조에 따른 의제의 기준 및 효과 등에 관하여는 「행정기본법」 제24조부터 제26조까지를 준용한다. 〈신설 2023. 5. 16.〉

[법률 제13594호(2015. 12. 22.) 부칙 제2조의 규정에 의하여 이 조제6항부터 제9항까지는 2021년 3월 22일까지 유효함]

2. 관광숙박업 등의 등록심의위원회

1) 등록심의위원회의 필요성

관광진흥법 제17조(관광숙박업 등의 등록심의위원회) ① 제4조제1항에 따른 관광숙박업 및 대통령령으로 정하는 관광객 이용시설업이나 국제회의업의 등록(등록 사항의 변경을 포함한다. 이하 이 조에서 같다)에 관한 사항을 심의하기 위하여 특별자치시장 · 특별자치시장 · 특별자치도지사 · 시장 · 군수 · 구청장(권한이 위임된 경우에는 그 위임을 받은 기관을 말한다. 이하 이 조 및 제18조에서 같다) 소속으로 관광숙박업 및 관광객 이용시설업 등록심의위원회(이하 "위원회"라 한다)를 둔다. 〈개정 2008.6.5., 2009.3.25., 2018.6.12.〉

④ 특별자치시장 · 특별자치시장 · 특별자치도지사 · 시장 · 군수 · 구청장은 제1항에 따른 관광숙박업, 관광객 이용시설업, 국제회의업의 등록을 하려면 미리 위원회의 심의를 거쳐야 한다. 다만, 대통령령으로 정하는 경미한 사항의 변경에 관하여는 위원회의 심의를 거치지 아니할 수 있다. 〈개정 2008.6.5., 2018.6.12.〉

관광진흥법시행령 제20조(등록심의대상 관광사업) ② 법 제17조제4항 단서에서 "대통령령으로 정하는 경미한 사항의 변경"이란 법 제17조제3항에 따른 심의사항의 변경 중 관계되는 기관이 둘 이하인 경우의 심의사항 변경을 말한다.

2) 등록심의위원회의 심의대상업종

등록심의위원회의의 심의대상업종은 대통령령으로 정하는 관광객 이용시설업(전문휴양업 · 종합휴양업 · 관광유람선업)이나 국제회의업(국제회의시설업)의 등록에 관한 업종이다. (관광진흥법시행령 제20조 제1항(등록심의대상 관광사업))

3) 등록심의위원회의 설치

등록심의위원회는 특별자치시장 · 특별자치도지사 · 시장 · 군수 · 구청장(권한이 위임된 경우에는 그 위임을 받은 기관) 소속하에 설치한다.(관광진흥법 제17조)

4) 등록심의위원회의 구성

관광진흥법 제17조(관광숙박업 등의 등록심의위원회) ② 위원회는 위원장과 부위원장 각 1명을 포함한 위원 10명 이내로 구성하되, 위원장은 특별자치시 · 특별자치도 · 시 · 군 · 구(자치구만 해당한다. 이하 같다)의 부지사 · 부시장 · 부군수 · 부구청장이 되고, 부위원장은 위원 중에서 위원장이 지정하는 자가 되며, 위원은 제18조제1항 각 호에 따른 신고 또는 인 · 허가 등의 소관 기관의 직원이 된다. 〈개정 2008.6.5., 2018.6.12.〉

⑤ 위원회의 회의는 재적위원 3분의 2 이상의 출석과 출석위원 3분의 2 이상의 찬성으로 의결한다. 〈신설 2018. 12. 11.〉

⑥ 위원회의 구성 · 운영이나 그 밖에 위원회에 필요한 사항은 대통령령으로 정한다.

5) 등록심의위원회의 심의

등록심의위원회는 다음의 사항을 심의한다.(관광진흥법 제17조 제3항(관광숙박업 등의 등록심의위원회))

① 관광숙박업 및 대통령령으로 정하는 관광객 이용시설업이나 국제회의업의 등록기준 등에 관한 사항

② 제18조제1항 각 호에서 정한 사업이 관계 법령상 신고 또는 인 · 허가 등의 요건에 해당하는지에 관한 사항

③ 제15조제1항에 따라 사업계획 승인 또는 변경승인을 받고 관광사업 등록(제16조제7항에 따라 「학교보건법」 제6조제1항제13호를 적용받지 아니하고 관광숙박시설을 설치하려는 경우에 한정한다)을 신청한 경우 제16조제7항 각 호의 요건을 충족하는지에 관한 사항

6) 등록심의위원회의 운영

관광진흥법시행령 제15조(위원장의 직무 등) ① 법 제17조제1항에 따른 관광숙박업 및 관광객 이용시설업 등록심의위원회(이하 "위원회"라 한다) 위원장은 위원회를 대표하고, 위원회의 직무를 총괄한다.

② 부위원장은 위원장을 보좌하고, 위원장이 부득이한 사유로 직무를 수행할 수 없을 때에는 그 직무를 대행한다.

관광진흥법시행령 제16조(회의) ① 위원장은 위원회의 회의를 소집하고 그 의장이 된다.

② 삭제 〈2019. 4. 9.〉

관광진흥법시행령 제17조(의견 청취) 위원장은 위원회의 심의사항과 관련하여 필요하다고 인정하면 관계인 또는 안전·소방 등에 대한 전문가를 출석시켜 그 의견을 들을 수 있다.

관광진흥법시행령 제18조(간사) 위원회의 서무를 처리하기 위하여 위원회에 간사 1명을 둔다.

관광진흥법시행령 제19조(운영세칙) 이 영에 규정된 사항 외에 위원회의 운영에 필요한 사항은 위원회의 의결을 거쳐 위원장이 정한다.

7) 관광사업등록시의 신고·허가 의제

관광진흥법 제18조(등록 시의 신고·허가 의제 등) ① 특별자치시장·특별자치도지사·시장·군수·구청장이 위원회의 심의를 거쳐 등록을 하면 그 관광사업자는 위원회의 심의를 거친 사항에 대해서는 다음 각 호의 신고를 하였거나 인·허가 등을 받은 것으로 본다. 〈개정 2008. 6. 5., 2009. 2. 6., 2011. 6. 15., 2017. 1. 17., 2018. 6. 12., 2020. 12. 29., 2023. 5. 16.〉

1. 「공중위생관리법」 제3조에 따른 숙박업·목욕장업·이용업·미용업 또는 세탁업의 신고
2. 「식품위생법」 제36조에 따른 식품접객업으로서 대통령령으로 정하는 영업의 허가 또는 신고
3. 「주류 면허 등에 관한 법률」 제5조에 따른 주류판매업의 면허 또는 신고
4. 「외국환거래법」 제8조제3항제1호에 따른 외국환업무의 등록
5. 「담배사업법」 제16조에 따른 담배소매인의 지정
6. 삭제 〈2015. 12. 22.〉
7. 「체육시설의 설치·이용에 관한 법률」 제10조에 따른 신고 체육시설업으로서 같은 법 제20조에 따른 체육시설업의 신고
8. 「해사안전법」 제34조제3항에 따른 해상 레저 활동의 허가
9. 「의료법」 제35조에 따른 부속의료기관의 개설신고 또는 개설허가

② 제1항에 따른 의제의 기준 및 효과 등에 관하여는 「행정기본법」 제24조부터 제26조까지(제24조제4항은 제외한다)를 준용한다. 〈개정 2023. 5. 16.〉

관광진흥법시행령 제21조(인 · 허가 등을 받은 것으로 보는 영업) 법 제18조제1항제2호에서 "대통령령으로 정하는 영업"이란 「식품위생법 시행령」 제21조제8호가목부터 라목까지 및 바목에 따른 휴게음식점영업 · 일반음식점영업 · 단란주점영업 · 유흥주점영업 및 제과점영업을 말한다. 〈개정 2009.8.6.〉

3. 관광숙박업자 및 야영장업자의 준수사항

1) 관광숙박업자의 준수사항

관광진흥법 제18조의2(관광숙박업자의 준수사항) 제4조제1항에 따라 등록한 관광숙박업자 중 제16조제7항에 따라 「학교보건법」 제6조제1항제13호를 적용받지 아니하고 관광숙박시설을 설치한 자는 다음 각 호의 사항을 준수하여야 한다.

1. 관광숙박시설에서 「학교보건법」 제6조제1항제12호, 제14호부터 제16호까지 또는 제18호부터 제20호까지의 규정에 따른 행위 및 시설 중 어느 하나에 해당하는 행위 및 시설이 없을 것
2. 관광숙박시설의 객실이 100실 이상일 것
3. 대통령령으로 정하는 지역 내 위치할 것
4. 대통령령으로 정하는 바에 따라 관광숙박시설 내 공용공간을 개방형 구조로 할 것
5. 「학교보건법」 제2조에 따른 학교 출입문 또는 학교설립예정지 출입문으로부터 직선거리로 75미터 이상에 위치할 것 [본조신설 2015.12.22.]

관광진흥법시행령 제21조의2(관광숙박업자의 준수사항) ① 법 제18조의2제3호에서 "대통령령으로 정하는 지역"이란 다음 각 호의 지역을 말한다.

1. 서울특별시
2. 경기도

② 법 제16조제7항에 따라 「학교보건법」 제6조제1항제13호를 적용받지 아니하고 관광숙박시설을 설치한 자는 법 제18조의2제4호에 따라 그 투숙객이 차량 또는 도보 등을 통하여 해당 관광숙박시설에 드나들 수 있는 출입구, 주차장, 로비 등의 공용공간을 외부에서 조망할 수 있는 개방적인 구조로 하여야 한다. [본조신설 2016.3.22.]

2) 야영장업자의 준수사항

관광진흥법 제20조의2(야영장업자의 준수사항) 제4조제1항에 따라 야영장업의 등록을 한 자는 문화체육관광부령으로 정하는 안전 · 위생기준을 지켜야 한다. [본조신설 2015.2.3.]

야영장업의 등록을 한 자는 문화체육관광부령으로 정하는 안전 · 위생기준을 지켜야 하는데, 그 기준은 다음의 별표 7과 같다.(관광진흥법시행규칙 제28조의 2(야영장의 안전 · 위생기준))

[별표 7] 관광진흥법시행규칙] 〈개정 2022. 10. 17.〉

야영장의 안전 · 위생기준(제28조의2관련)

1. 화재 예방기준

가. 소방시설은 소방 관계 법령과 「화재예방, 소방시설 설치 · 유지 및 안전관리에 관한 법률」 제9조제1항에 따른 화재안전기준에 적합하게 설치하여야 하고, 같은 법 제36조제3항 또는 제39조제2항에 따른 제품검사를 받은 소방용품을 사용하여야 한다.

나. 사방이 밀폐된 이동식 야영용 천막 안에서 전기용품[야영장 내에 누전차단기가 설치된 경우로서 전기용품(「전기용품 및 생활용품 안전관리법」 제2조제5호 또는 제6호에 따른 안전인증 또는 안전확인을 받은 용품으로 한정한다)의 총 사용량이 600와트 이하인 경우는 제외한다] 및 화기(火氣)용품 사용을 하지 않도록 안내하여야 한다.

다. 야영용 천막 2개소 또는 100제곱미터마다 1개 이상의 소화기를 내부가 잘 보이는 보관함에 넣어 눈에 띄기 쉬운 곳에 비치하여야 한다.

라. 사업자가 설치하여 이용객에게 제공하는 다음의 야영용 시설에는 각 시설별로 소화기와 단독경보형 연기감지기, 일산화탄소 경보기, 전용 누전차단기를 설치하고, 내부에 비상 손전등을 비치하여야 한다.

1) 야영시설(주재료를 천막으로 하여 바닥의 기초와 기둥을 갖추고 지면에 설치되어야 한다)

2) 야영용 트레일러(동력이 있는 자동차에 견인되어 육상을 이동할 수 있는 형태를 갖추어야 한다)

3) 삭제 <2019. 3. 4.>

마. 사업자가 설치하여 이용객에게 제공하는 야영용 시설(제1호라목1)의 시설을 말한다)의 천막 등은 「화재예방, 소방시설 설치 · 유지 및 안전관리에 관한 법률」 제12조제1항에 따른 방염성능기준에 적합한 제품을 사용해야 하고, 천막의 출입구는 비상시 외부탈출이 용이한 구조를 갖추어야 한다.

바. 사업자가 설치하여 이용객에게 제공하는 야영용 시설(제1호라목1) 및 2)의 시설을 말한다. 이하 사목에서 같다)과 야영용 시설 사이에는 3미터 이상의 거리를 두어야 한다.

사. 사업자가 설치하여 이용객에게 제공하는 야영용 시설 안에서는 화목 난로와 펠릿 난로를 설치하여 사용할 수 없다.

아. 야영장 내 숯 및 잔불 처리 시설을 별도의 공간에 마련하고, 1개 이상의 소화기와 방화사 또는 방화수를 비치하여야 한다.

자. 야영장 내에서 폭죽, 풍등(風燈)의 사용과 판매를 금지하고, 흡연구역을 설치하여야 한다. 다만, 야영장 설치지역이 다른 법령에 따라 금연구역으로 지정된 경우에는 흡연구역을 설치하지 아니한다.

2. 전기 사용 기준

가. 전기설비는 전기 관련 법령에 적합하게 설치하고, 전기용품은 「전기용품 및 생활용품 안전관리법」 제2조제5호 또는 제6호에 따른 안전인증 또는 안전확인을 받은 용품을 사용해야 한다.

나. 야외에 설치되는 누전차단기는 침수 위험이 없도록 적정 높이에 위치한 방수형 단자함에 설치하여야 한다.

다. 옥외용 전선은 야영장비에 손상되지 않도록 굽힐 수 있는 전선관[가요(可撓)전선관]을 이용하여 적정 깊이에 매설하거나, 적정 높이에 설치하여야 하며, 전선관 또는 전선의 피복이 손상되지 않도록 하여야 한다.

3. 가스 사용 기준

가. 가스시설 및 가스용품은 가스 관련 법령에 적합하게 설치하고, 가스용품은 「액화석유가스의 안전관리 및 사업법」 제39조제1항에 따른 검사에 합격한 용품을, 가스용기는 「고압가스 안전관리법」 제17조에 따른 검사에 합격한 용기를 사용하여야 한다.

3. 가스 사용 기준

가. 가스시설 및 가스용품은 가스 관련 법령에 적합하게 설치하고, 가스용품은 「액화석유가스의 안전관리 및 사업법」 제39조제1항에 따른 검사에 합격한 용품을, 가스용기는 「고압가스 안전관리법」 제17조에 따른 검사에 합격한 용기를 사용하여야 한다.

나. 가스시설은 환기가 잘 되는 구조로 설치되어야 하고, 가스배관은 부식 방지 처리를 하며, 사용하지 않는 배관 말단은 막음 처리하여야 한다.

다. 액화석유가스 용기는 「액화석유가스의 안전관리 및 사업법 시행규칙」 별표 20 제1호가목2)다)의 기준에 따라 보관 등의 조치를 하여야 한다.

라. 이용객이 액화석유가스 용기를 야영장에 반입하는 것을 금지(야영용 자동차 또는 야영용 트레일러 안에 설치된 액화석유가스 사용시설이 관계 법령에 적합한 경우는 제외한다)하여야 한다. 다만, 액화석유가스 용기의 총 저장능력이 13킬로그램 이하인 경우로서 사업자가 안전 사용에 대한 안내를 한 경우에는 그러하지 아니하다.

4. 대피 관련 기준

가. 야영장 내에서 들을 수 있는 긴급방송시설을 갖추거나 앰프의 최대출력이 10와트 이상이면서 가청거리가 250미터 이상인 메가폰을 1대 이상 갖추어야 한다.

나. 야영장 진입로는 구급차, 소방차 등 긴급차량의 출입이 원활하도록 적치물이나 방해물이 없도록 하여야 한다.

다. 야영장 시설배치도, 대피소 · 대피로 및 소화기, 구급상자 위치도, 비상연락망, 야영장 이용방법, 이용객 안전수칙 등을 표기한 게시판을 이용객이 잘 볼 수 있는 곳에 설치하여야 하며, 게시판의 내용을 야간에도 확인할 수 있도록 조명시설을 갖추어야 한다.

라. 자연재난 등에 대비한 이용객 대피계획을 수립하고, 기상특보 상황 등으로 인해 이용객의 안전을 해칠 우려가 있다고 판단될 때에는 야영장의 이용을 제한하고, 대피계획에 따라 이용객을 안전한 지역으로 대피시켜야 하며, 대피 지시에 불응하는 경우 강제 퇴거 조치하여야 한다.

마. 안전사고 등에 대비한 구급약품, 구호설비를 갖추고, 환자 긴급 후송대책을 수립하여야 하며, 응급환자 발생 시 후송대책에 따라 신속히 조치하여야 한다.

바. 정전에 대비하여 비상용 발전기 또는 배터리를 비치하여야 하고, 긴급상황 시 이용객에게 제공할 수 있는 비상 손전등을 갖추어야 한다.

5. 질서 유지 및 안전사고 예방기준

가. 야영장 내에서 이용자가 이용질서를 유지하도록 노력하여야 한다.

나. 이용객의 야영활동에 제공되거나 이용객의 안전을 위한 각종 시설 · 장비 · 기구 등이 정상적으로 이용될 수 있도록 유지하여야 하며, 태풍, 홍수 등 자연재해나 화재, 폭발 등의 사고로 인한 피해가 발생하지 않도록 노력하여야 한다.

다. 야영장과 인접한 곳에 산사태, 홍수 등의 재해 위험이 있는 경우에는 위험구역 안내 표지를 설치하고, 해당 구역에 대한 접근 제한 및 안전 이격거리를 확보할 수 있도록 조치하여야 한다.

라. 야영장 지역에 낙석, 붕괴 등의 발생이 예상되는 경우 이를 방지할 시설을 설치하여야 한다.

마. 보행 중 야영용 천막 줄에 의한 안전사고 예방을 위하여 인접한 야영용 천막 간 보행에 불편이 없도록 이격거리를 확보하여야 한다.

바. 추락이나 낙상 우려가 있는 난간에는 추락 · 낙상 방지 시설과 위험 안내표지를 설치하고, 이용객이 안전거리를 확보하여 이용할 수 있도록 조치하여야 한다.

사. 집중호우 시에도 야영장이 침수되지 않도록 배수시설을 설치, 관리하고, 배수로 등에는 이용객이 빠지지 않도록 안전덮개를 설치하는 등 안전조

치를 하여야 한다.

아. 야영장이 「도로법」 제10조 각 호의 도로와 인접할 때에는 안전울타리 등을 설치하여 야영장과 도로를 격리시켜야 한다.

자. 야영장 입구를 포함한 야영장 내 주요 지점에 조명시설 및 폐쇄회로텔레비전(CCTV)을 설치하여야 하며, 폐쇄회로텔레비전을 설치한 사실을 이용객이 알 수 있도록 게시하여야 한다. 다만, 조명시설 및 폐쇄회로텔레비전 설치가 불가능한 경우에는 관리요원이 야간순찰을 실시하여야 한다.

차. 매월 1회 이상 야영장 내 시설물에 대한 안전점검을 실시하고, 점검 결과를 문화체육관광부장관이 정하는 점검표에 기록하여 반기별로 특별자치도지사·시장·군수·구청장에게 제출하여야 하며, 점검 결과를 2년 이상 보관하여야 한다.

카. 야영장 내 시설물 등에 위험요인이 발견될 때에는 즉시 그 시설물의 이용을 중단시키고 보수 등 안전조치를 취하여야 한다.

타. 사업자와 관리요원은 문화체육관광부장관이 정하는 안전교육(온라인교육을 포함한다)을 연 1회 이상 이수하여야 한다.

파. 야영장이 개장되어 있는 동안에는 각종 비상상황에 대비하여 비상시 행동요령, 비상연락망 등을 숙지하고 있는 관리요원이 상주하여야 한다. 관리요원은 고지된 각종 주의·금지행위를 행한 이용자에 대하여 야영장 이용을 제한할 수 있고, 야영장 내 안전사고 발생 시에 즉시 필요한 조치를 취한 후 사업자에게 보고하여야 한다.

하. 사업자는 중대사고(사망 또는 사고 발생일부터 7일 이내에 실시된 의사의 최초 진단결과 1주 이상의 입원치료 또는 3주 이상의 통원치료가 필요한 상해를 입은 경우를 말한다)가 발생한 경우에는 특별자치도지사·시장·군수·구청장에게 즉시 보고하여야 한다.

거. 야영장 내에서 차량이 시간당 20킬로미터 이하의 속도로 서행하도록 안내판을 설치하여야 한다.

너. 야영장 내에서 수영장 등 체육시설, 놀이터 등의 부대시설을 운영하는 경우 관계 법령에 따른 안전기준을 준수하여야 한다.

더. 인화성·폭발성·유독성 물질은 이용객의 접근이 어려운 장소에 보관하여야 하고, 위험물의 종류 및 위험경고 표지를 부착하여야 한다.

6. 위생 기준

가. 야영장에 바닥재를 설치하는 때에는 배수가 잘 되고, 인체에 유해하지 않은 재료를 사용하여야 한다.

나. 지하수 등 급수시설을 설치하여 먹는 물로 사용하는 경우에는 「먹는물 수질기준 및 검사 등에 관한 규칙」에 따라야 하고, 「먹는물관리법」 제43조제2항에 따른 먹는물 수질검사기관으로부터 연 1회 수질검사를 받아야 한다.

다. 취사장, 화장실 등 공동사용 시설은 정기적으로 청소·소독하여 청결한 위생 상태를 유지하고, 이용객에게 유해한 환경적 요인이 발생하지 않도록 관리하여야 한다.

라. 야영장에 공중화장실을 설치하는 경우에는 「공중화장실 등에 관한 법률」 제7조에 적합하도록 하여야 하고, 간이화장실을 설치하는 경우에는 「공중화장실 등에 관한 법률」 제10조의2에 적합하도록 하여야 한다.

마. 야영장 내에서 수영장 등 체육시설, 놀이터 등의 부대시설을 운영하는 경우 관계 법령에 따른 위생기준을 준수하여야 한다

바. 이용객에게 제공하는 침구(요·이불·베개 등을 말한다. 이하 이 호에서 같다)의 홑청과 수건을 햇볕에 말리거나 그 밖의 방법으로 수시로 건조해야 한다.

사. 야영장 이용객이 바뀔 때마다 해당 이용객이 사용한 침구의 홑청과 수건을 세탁해야 한다.

4. 관광숙박업의 등급결정

관광진흥법 제19조(관광숙박업의 등급) ① 문화체육관광부장관은 관광숙박시설 및 야영장 이용자의 편의를 돕고, 관광숙박시설·야영장 및 서비스의 수준을 효율적으로 유지·관리하기 위하여 관광숙박업자 및 야영장업자의 신청을 받아 관광숙박업 및 야영장업에 대한 등급을 정할 수 있다. 다만, 제4조제1항에 따라 호텔업 등록을 한 자 중 대통령령으로 정하는 자는 등급결정을 신청하여야 한다. 〈개정 2008.2.29., 2014.3.11., 2015.2.3.〉

② 문화체육관광부장관은 제1항에 따라 관광숙박업 및 야영장업에 대한 등급결정을 하는 경우 유효기간을 정하여 등급을 정할 수 있다. 〈개정 2014.3.11., 2015.2.3.〉

③ 문화체육관광부장관은 제1항에 따른 등급결정을 위하여 필요한 경우에는 관계 전문가에게 관광숙박업 및 야영장업의 시설 및 운영 실태에 관한 조사를 의뢰할 수 있다. 〈신설 2014.3.11., 2015.2.3.〉

④ 문화체육관광부장관은 제1항에 따른 등급결정 결과에 관한 사항을 공표할 수 있다. 〈신설 2014.3.11.〉

⑤ 관광숙박업 및 야영장업 등급의 구분에 관한 사항은 대통령령으로 정하고, 등급결정의 유효기간·신청 시기·절차, 등급결정 결과 공표, 등급결정의 연기 및 유효기간 연장 등에 관한 사항은 문화체육관광부령으로 정한다. 〈신설 2014. 3. 11., 2015. 2. 3., 2021. 4. 13.〉 [제목개정 2015.2.3.]

1) 등급결정대상 관광숙박업

등급을 정할 수 있는 관광숙박업은 호텔업으로, 관광호텔업, 수상관광호텔업, 한국전통호텔업, 소형호텔업 또는 의료관광호텔업의 등록을 한 자를 일컫는다.(관광진흥법시행령 제22조(호텔업의 등급결정))

관광숙박업 중 호텔업의 등급은 5성급 · 4성급 · 3성급 · 2성급 및 1성급으로 구분한다.

2) 호텔업의 등급결정 및 절차

(1) 등급결정

호텔업의 등급결정은 다음과 같다.(관광진흥법시행규칙 제25조 제1항(호텔업의 등급결정))

관광호텔업, 수상관광호텔업, 한국전통호텔업, 소형호텔업 또는 의료관광호텔업의 등록을 한 자는 다음의 구분에 따른 기간 이내에 문화체육관광부장관으로부터 등급결정권을 위탁받은 법인(이하 "등급결정 수탁기관"이라 한다)에 호텔업의 등급 중 희망하는 등급을 정하여 등급결정을 신청하여야 한다. 〈개정 2017. 6. 7., 2019. 11. 20., 2021. 12. 31.〉

① 호텔을 신규 등록한 경우 : 호텔업 등록을 한 날부터 60일
② 호텔업 등급결정의 유효기간이 만료되는 경우: 유효기간 만료 전 150일부터 90일까지
③ 시설의 증 · 개축 또는 서비스 및 운영실태 등의 변경에 따른 등급 조정사유가 발생한 경우 : 등급 조정사유가 발생한 날부터 60일
④ 호텔업 등급결정의 유효기간이 연장된 경우: 연장된 유효기간 만료일까지

(2) 등급결정 수탁기관(관광진흥법시행규칙 제25조 제2항(호텔업의 등급결정))

등급결정 수탁기관은 제1항에 따른 등급결정 신청을 받은 경우에는 문화체육관광부장관이 정하여 고시하는[4] 호텔업 등급결정의 기준에 따라 신청일부터 90일 이내에 해당 호텔의 등급을 결정하여 신청인에게 통지하여야 한다. 다만, 부득이한 사유가 있는 경우에는 60일의 범위에서 그 기간을 연장할 수 있다. 〈개정 2020. 4. 28., 2021. 12. 31.〉

---

4) 「호텔업 등급결정업무 위탁 및 등급결정에 관한 요령」

(3) 등급결정을 위한 평가요소

관광진흥법시행규칙 제25조(호텔업의 등급결정) ③ 제2항에 따라 등급결정을 하는 경우에는 다음 각 호의 요소를 평가하여야 하며, 그 세부적인 기준 및 절차는 문화체육관광부장관이 정하여 고시한다.[5)]

1. 서비스 상태
2. 객실 및 부대시설의 상태
3. 안전 관리 등에 관한 법령 준수 여부

④ 등급결정 수탁기관은 제3항에 따른 평가의 공정성을 위하여 필요하다고 인정하는 경우에는 평가를 마칠 때까지 평가의 일정 등을 신청인에게 알리지 아니할 수 있다.

⑤ 등급결정 수탁기관은 제3항에 따라 평가한 결과 등급결정 기준에 미달하는 경우에는 해당 호텔의 등급결정을 보류하여야 한다. 이 경우 그 보류 사실을 신청인에게 통지하여야 한다. [전문개정 2014.12.31.]

3) 호텔업의 등급결정권자

관광진흥법시행령 제66조(등급결정 권한의 위탁) ① 문화체육관광부장관은 법 제80조제3항제2호에 따라 법 제19조제1항에 따른 호텔업의 등급결정권을 다음 각 호의 요건을 모두 갖춘 법인으로서 문화체육관광부장관이 정하여 고시하는 법인에 위탁한다. 〈개정 2008.2.29., 2014.11.28.〉

1. 문화체육관광부장관의 허가를 받아 설립된 비영리법인이거나 「공공기관의 운영에 관한 법률」에 따른 공공기관일 것
2. 관광숙박업의 육성과 서비스 개선 등에 관한 연구 및 계몽활동 등을 하는 법인일 것
3. 문화체육관광부령으로 정하는 기준에 맞는 자격을 가진 평가요원을 50명 이상 확보하고 있을 것

② 문화체육관광부장관은 제1항에 따른 위탁 업무 수행에 필요한 경비의 전부 또는 일부를 호텔업 등급결정권을 위탁받은 법인에 지원할 수 있다. 〈개정 2014.11.28.〉

③ 제1항에 따른 호텔업 등급결정권 위탁 기준 등 호텔업 등급결정권의 위탁에 필요한 사항은 문화체육관광부장관이 정하여 고시한다.[6)] 〈신설 2014.11.28.〉

---

5) 「호텔업 등급결정업무 위탁 및 등급결정에 관한 요령」

6) 「호텔업 등급결정업무 위탁 및 등급결정에 관한 요령」

4) 등급결정의 재신청

관광진흥법시행규칙 제25조의2(등급결정의 재신청 등) ① 제25조제5항 후단에 따라 등급 결정 보류의 통지를 받은 신청인은 그 보류의 통지를 받은 날부터 60일 이내에 같은 조 제1항에 따라 신청한 등급과 동일한 등급 또는 낮은 등급으로 호텔업 등급결정의 재신청을 하여야 한다.

② 제1항에 따라 재신청을 받은 등급결정 수탁기관은 제25조제2항부터 제4항까지에 따라 해당 호텔의 등급을 결정하거나 해당 호텔의 등급결정을 보류한 후 그 사실을 신청인에게 통지하여야 한다.

③ 제1항에 따라 동일한 등급으로 호텔업 등급결정을 재신청하였으나 제2항에 따라 다시 등급결정이 보류된 경우에는 등급결정 보류의 통지를 받은 날부터 60일 이내에 신청한 등급보다 낮은 등급으로 등급결정을 신청하거나 등급결정 수탁기관에 등급결정의 보류에 대한 이의를 신청하여야 한다.

④ 제3항에 따라 이의 신청을 받은 등급결정 수탁기관은 문화체육관광부장관이 정하여 고시하는 절차에 따라 신청일부터 90일 이내에 이의 신청에 이유가 있는지 여부를 판단하여 처리하여야 한다. 다만, 부득이한 사유가 있는 경우에는 60일의 범위에서 그 기간을 연장할 수 있다.

⑤ 제4항에 따라 이의 신청을 거친 자가 다시 등급결정을 신청하는 경우에는 당초 신청한 등급보다 낮은 등급으로만 할 수 있다.

⑥ 등급결정 보류의 통지를 받은 신청인이 직전에 신청한 등급보다 낮은 등급으로 호텔업 등급결정을 재신청하였으나 다시 등급결정이 보류된 경우의 등급결정 신청 및 등급결정에 관하여는 제1항부터 제5항까지를 준용한다. [본조신설 2014.12.31.]

5) 등급결정의 유효기간

관광진흥법시행규칙 제25조의3(등급결정의 유효기간 등) ① 문화체육관광부장관은 법 제19조제1항에 따른 등급결정 결과를 분기별로 문화체육관광부의 인터넷 홈페이지에 공표하여야 하고, 필요한 경우에는 그 밖의 효과적인 방법으로 공표할 수 있다. 〈개정 2021. 12. 31.〉

② 법 제19조제2항에 따른 호텔업 등급결정의 유효기간은 등급결정을 받은 날부터 3년으로 한다. 다만, 제25조제2항에 따른 통지 전에 호텔업 등급결정의 유효기간이 만료된 경우에는 새로운 등급결정을 받기 전까지 종전의 등급결정이 유효한 것으로 본다. 〈개정 2020. 4. 28., 2021. 12. 31.〉

③ 문화체육관광부장관은 법 제19조제5항에 따라 기존의 등급결정의 유효기간을 「재난 및 안전관리 기본법」 제38조제2항에 따른 경계 이상의 위기경보가 발령된 날부터 2년의 범위에서 문화체육관광부장관이 정하여 고시하는 기한까지 연장할 수 있다. 〈신설 2021. 12. 31.〉

④ 이 규칙에서 규정한 사항 외에 호텔업의 등급결정에 필요한 사항은 문화체육관광부장관이 정하여 고시한다.78 〈개정 2021. 12. 31.〉 [본조신설 2014.12.31.]

5. 관광숙박업 등의 분양 및 회원모집

관광진흥법 제20조(분양 및 회원 모집) ① 관광숙박업이나 관광객 이용시설업으로서 대통령령으로 정하는 종류의 관광사업을 등록한 자 또는 그 사업계획의 승인을 받은 자가 아니면 그 관광사업의 시설에 대하여 분양(휴양 콘도미니엄만 해당한다. 이하 같다) 또는 회원 모집을 하여서는 아니 된다.

1) 분양 및 회원모집 대상업종

관광진흥법시행령 제23조(분양 및 회원모집 관광사업) ① 법 제20조제1항 및 제2항제1호에서 "대통령령으로 정하는 종류의 관광사업"이란 다음 각 호의 사업을 말한다.

1. 휴양 콘도미니엄업 및 호텔업
2. 관광객 이용시설업 중 제2종 종합휴양업

② 법 제20조제2항제2호 단서에서 "대통령령으로 정하는 종류의 관광숙박업"이란 다음 각 호의 숙박업을 말한다. 〈개정 2008.8.26〉

1. 휴양 콘도미니엄업
2. 호텔업
3. 삭제 〈2008.8.26〉

관광진흥법시행령 제66조의3(규제의 재검토) 문화체육관광부장관은 다음 각 호의 사항에 대하여 다음 각 호의 기준일을 기준으로 3년마다(매 3년이 되는 해의 1월 1일 전까지를 말한다) 그 타당성을 검토하여 개선 등의 조치를 해야 한다.

1. 제5조 및 별표 1에 따른 관광사업의 등록기준(같은 표 제2호사목에 따른 의료관광호텔업의 등록기준은 제외한다): 2020년 1월 1일
2. 제22조에 따른 호텔업 등급결정 대상 중 가족호텔업의 포함 여부: 2022년 1월 1일 [전문개정 2022. 3. 8.]

2) 분양 및 회원모집 기준

관광진흥법 제20조(분양 및 회원 모집) ④ 제1항에 따라 분양 또는 회원 모집을 하려는 자는 대통령령으로 정하는 분양 또는 회원 모집의 기준 및 절차에 따라 분양 또는 회원 모집을 하여야 한다.

관광진흥법시행령 제24조(분양 및 회원모집의 기준 및 시기) ① 법 제20조제4항에 따른 휴양 콘도미니엄업 시설의 분양 및 회원모집 기준과 호텔업 및 제2종 종합휴양업 시설의 회원모집 기준은 다음 각 호와 같다. 다만, 제2종 종합휴양업 시설 중 등록 체육시설업 시설에 대한 회원모집에 관하여는 「체육시설의 설치 · 이용에 관한 법률」에서 정하는 바에 따른다. 〈개정 2008. 11. 26., 2010. 6. 15., 2014. 9. 11., 2018. 9. 18.〉

1. 다음 각 목의 구분에 따른 소유권 등을 확보할 것. 이 경우 분양(휴양 콘도미니엄업만 해당한다. 이하 같다) 또는 회원모집 당시 해당 휴양 콘도미니엄업, 호텔업 및 제2종 종합휴양업의 건물이 사용승인된 경우에는 해당 건물의 소유권도 확보하여야 한다.
   가. 휴양 콘도미니엄업 및 호텔업(수상관광호텔은 제외한다)의 경우 : 해당 관광숙박시설이 건설되는 대지의 소유권
   나. 수상관광호텔의 경우 : 구조물 또는 선박의 소유권
   다. 제2종 종합휴양업의 경우 : 회원모집 대상인 해당 제2종 종합휴양업 시설이 건설되는 부지의 소유권 또는 사용권
2. 제1호에 따른 대지 · 부지 및 건물이 저당권의 목적물로 되어 있는 경우에는 그 저당권을 말소할 것. 다만, 공유제(共有制)일 경우에는 분양받은 자의 명의로 소유권 이전등기를 마칠 때까지, 회원제일 경우에는 저당권이 말소될 때까지 분양 또는 회원모집과 관련한 사고로 인하여 분양을 받은 자나 회원에게 피해를 주는 경우 그 손해를 배상할 것을 내용으로 저당권 설정금액에 해당하는 보증보험에 가입한 경우에는 그러하지 아니하다.
3. 분양을 하는 경우 한 개의 객실당 분양인원은 5명 이상으로 하되, 가족(부부 및 직계존비속을 말한다)만을 수분양자로 하지 아니할 것. 다만, 다음 각 목의 어느 하나에 해당하는 경우에는 그러하지 아니하다.
   가. 공유자가 법인인 경우
   나. 「출입국관리법 시행령」 별표 1의2 제24호차목에 따라 법무부장관이 정하여 고시한 투자지역에 건설되는 휴양 콘도미니엄으로서 공유자가 외국인인 경우
4. 삭제 〈2015. 11. 18.〉
5. 공유자 또는 회원의 연간 이용일수는 365일을 객실당 분양 또는 회원모집계획 인원수로 나눈 범위 이내일 것
6. 주거용으로 분양 또는 회원모집을 하지 아니할 것

3) 분양 및 회원모집 시기

관광진흥법시행령 제24조(분양 및 회원모집의 기준 및 시기) ② 제1항에 따라 휴양 콘도미니엄업, 호텔업 및 제2종 종합휴양업의 분양 또는 회원을 모집하는 경우 그 시기 등은 다음 각 호와 같다. 〈개정 2008.2.29.〉

1. 휴양 콘도미니엄업 및 제2종 종합휴양업의 경우

가. 해당 시설공사의 총 공사 공정이 문화체육관광부령으로 정하는 공정률 이상 진행된 때부터 분양 또는 회원모집을 하되, 분양 또는 회원을 모집하려는 총 객실 중 공정률에 해당하는 객실을 대상으로 분양 또는 회원을 모집할 것

나. 공정률에 해당하는 객실 수를 초과하여 분양 또는 회원을 모집하려는 경우에는 분양 또는 회원모집과 관련한 사고로 인하여 분양을 받은 자나 회원에게 피해를 주는 경우 그 손해를 배상할 것을 내용으로 공정률을 초과하여 분양 또는 회원을 모집하려는 금액에 해당하는 보증보험에 관광사업의 등록 시까지 가입할 것

2. 호텔업의 경우

관광사업의 등록 후부터 회원을 모집할 것. 다만, 제2종 종합휴양업에 포함된 호텔업의 경우에는 제1호가목 및 나목을 적용한다.

관광진흥법시행규칙 제26조(총공사 공정률) 영 제24조제2항제1호가목에서 "문화체육관광부령으로 정하는 공정률"이란 20퍼센트를 말한다. 〈개정 2008.3.6〉

4) 분양 및 회원모집 절차

(1) 분양 및 회원모집계획서(변경계획서 포함)의 제출

관광진흥법시행령 제25조(분양 또는 회원모집계획서의 제출) ① 제24조에 따라 분양 또는 회원을 모집하려는 자는 문화체육관광부령으로 정하는 바에 따라 분양 또는 회원모집계획서를 특별자치시장 · 특별자치도지사 · 시장 · 군수 · 구청장에게 제출하여야 한다. 〈개정 2008. 2. 29., 2009. 1. 20., 2019. 4. 9.〉

② 제1항에 따라 제출한 분양 또는 회원모집계획서의 내용이 사업계획승인 내용과 다른 경우에는 사업계획 변경승인신청서를 함께 제출하여야 한다.

③ 제1항과 제2항에 따라 분양 또는 회원모집계획서를 제출받은 특별자치시장 · 특별자치도지사 · 시장 · 군수 · 구청장은 이를 검토한 후 지체 없이 그 결과를 상대방에게 알려야 한다. 〈개정 2009. 1. 20., 2019. 4. 9.〉

④ 제1항부터 제3항까지의 규정은 분양 또는 회원모집계획을 변경하는 경우에 이를 준용한다.

분양 또는 회원모집계획서에 첨부할 서류는 다음과 같다.

관광진흥법시행규칙 제27조(분양 또는 회원모집계획서의 첨부서류) ① 영 제25조에 따른 분양 또는 회원모집계획서에 첨부할 서류는 다음 각 호와 같다.

1. 「건축법」에 따른 공사 감리자가 작성하는 건설공정에 대한 보고서 또는 확인서(공사 중인 시설의 경우만 해당한다)

2. 보증보험가입증서(필요한 경우만 해당한다)
3. 객실 종류별, 객실당 분양인원 및 분양가격(회원제의 경우에는 회원수 및 입회금)
4. 분양 또는 회원모집계약서와 이용약관
5. 분양 또는 회원모집 공고안
6. 관광사업자가 직접 운영하는 휴양콘도미니엄 또는 호텔의 현황 및 증빙서류(관광사업자가 직접 운영하지는 아니하나 계약에 따라 회원 등이 이용할 수 있는 시설이 있는 경우에는 그 현황 및 증빙서류를 포함한다)

② 제1항에 따른 분양 또는 회원모집계획서를 제출받은 특별자치시장 · 특별자치도지사 · 시장 · 군수 · 구청장은 「전자정부법」 제36조제1항에 따른 행정정보의 공동이용을 통하여 대지 · 건물의 등기사항증명서를 확인하여야 한다. 〈개정 2009. 3. 31., 2011. 3. 30., 2015. 4. 22., 2019. 4. 25.〉

분양 또는 회원모집 공고안에 포함되어야 할 사항은 다음과 같다.

관광진흥법시행규칙 제27조(분양 또는 회원모집계획서의 첨부서류) ③ 제1항제5호에 따른 분양 또는 회원모집 공고안에 포함되어야 할 사항은 다음 각 호와 같다.
1. 대지면적 및 객실당 전용면적 · 공유면적
2. 분양가격 또는 입회금 중 계약금 · 중도금 · 잔금 및 그 납부시기
3. 분양 또는 회원모집의 총 인원과 객실별 인원
4. 연간 이용일수 및 회원의 경우 입회기간
5. 사업계획승인과 건축허가의 번호 · 연월일 및 승인 · 허가기관
6. 착공일, 공사완료예정일 및 이용예정일
7. 제1항제6호 중 관광사업자가 직접 운영하는 휴양콘도미니엄 또는 호텔의 현황

(2) 분양 및 회원모집계획서 검토결과 통지

관광진흥법시행령 제25조(분양 또는 회원모집계획서의 제출) ③ 제1항과 제2항에 따라 분양 또는 회원모집계획서를 제출받은 특별자치시장 · 특별자치도지사 · 시장 · 군수 · 구청장은 이를 검토한 후 지체 없이 그 결과를 상대방에게 알려야 한다. 〈개정 2009. 1. 20., 2019. 4. 9.〉

5) 공유자 및 회원의 권익보호

관광진흥법 제20조(분양 및 회원 모집) ③ 제1항에 따라 분양 또는 회원모집을 하려는 자가 사용하는 약관에는 제5항 각 호의 사항이 포함되어야 한다.

⑤ 분양 또는 회원 모집을 한 자는 공유자 · 회원의 권익을 보호하기 위하여 다음 각 호의 사항에 관하여 대통령령으로 정하는 사항을 지켜야 한다.

1. 공유지분(共有持分) 또는 회원자격의 양도 · 양수
2. 시설의 이용
3. 시설의 유지 · 관리에 필요한 비용의 징수
4. 회원 입회금의 반환
5. 회원증의 발급과 확인
6. 공유자 · 회원의 대표기구 구성
7. 그 밖에 공유자 · 회원의 권익 보호를 위하여 대통령령으로 정하는 사항

관광진흥법시행령 제26조(공유자 또는 회원의 보호) 분양 또는 회원모집을 한 자는 법 제20조제5항에 따라 공유자 또는 회원의 권익 보호를 위하여 다음 각 호의 사항을 지켜야 한다. 〈개정 2008. 2. 29., 2014. 9. 11., 2015. 11. 18., 2018. 9. 18., 2021. 1. 5.〉

1. 공유지분 또는 회원자격의 양도 · 양수 : 공유지분 또는 회원자격의 양도 · 양수를 제한하지 아니할 것. 다만, 제24조제1항제3호에 따라 휴양 콘도미니엄의 객실을 분양받은 자가 해당 객실을 법인이 아닌 내국인(「출입국관리법 시행령」 별표 1의2 제24호차목에 따라 법무부장관이 정하여 고시한 투자지역에 위치하지 아니한 휴양 콘도미니엄의 경우 법인이 아닌 외국인을 포함한다)에게 양도하려는 경우에는 양수인이 같은 호 각 목 외의 부분 본문에 따른 분양기준에 적합하도록 하여야 한다.
2. 시설의 이용 : 공유자 또는 회원이 이용하지 아니하는 객실간을 공유자 또는 회원이 아닌 자에게 이용하게 할 것. 이 경우 객실이용계획을 수립하여 제6호에 따른 공유자 · 회원의 대표기구와 미리 협의하여야 하며, 객실이용명세서를 작성하여 공유자 · 회원의 대표기구에 알려야 한다.
3. 시설의 유지 · 관리에 필요한 비용의 징수
   가. 해당 시설을 선량한 관리자로서의 주의의무를 다하여 관리하되, 시설의 유지 · 관리에 드는 비용 외의 비용을 징수하지 아니할 것
   나. 시설의 유지 · 관리에 드는 비용의 징수에 관한 사항을 변경하려는 경우에는 공유자 · 회원의 대표기구와 협의하고, 그 협의 결과를 공유자 및 회원에게 공개할 것
   다. 시설의 유지 · 관리에 드는 비용 징수금의 사용명세를 매년 공유자 · 회원의 대표기구에 공개할 것
4. 회원의 입회금(회원자격을 부여받은 대가로 회원을 모집하는 자에게 지급하는 비용을 말한다)의 반환: 회원의 입회기간 및 입회금의 반환은 관광사업자 또는 사업계획승인을 받은 자와 회원 간에 체결한 계약에 따르되, 회원의 입회기간이 끝나 입회금을 반환해야 하는 경우에는 입회금 반환을 요구받은 날부터 10일 이내에 반환할 것
5. 회원증의 발급 및 확인 : 문화체육관광부령으로 정하는 바에 따라 공유자나 회원에게 해당 시설의 공유자나 회원임을 증명하는 회원증을 문화체육관광부령으로 정하는 기관으로부터 확인받아 발급할 것

6. 공유자 · 회원의 대표기구의 구성 및 운영

가. 20명 이상의 공유자 · 회원으로 대표기구를 구성할 것. 이 경우 그 분양 또는 회원모집을 한 자와 그 대표자 및 임직원은 대표기구에 참여할 수 없다.

나. 가목에 따라 대표기구를 구성하는 경우(결원을 충원하는 경우를 포함한다)에는 그 공유자 · 회원 모두를 대상으로 전자우편 또는 휴대전화 문자메세지로 통지하거나 해당 사업자의 인터넷 홈페이지에 게시하는 등의 방법으로 그 사실을 알리고 대표기구의 구성원을 추천받거나 신청받도록 할 것

다. 공유자 · 회원의 권익에 관한 사항(제3호나목에 관한 사항은 제외한다)은 대표기구와 협의할 것

라. 휴양 콘도미니엄업에 대한 특례

1) 가목에도 불구하고 한 개의 법인이 복수의 휴양 콘도미니엄업을 등록한 경우에는 그 법인이 등록한 휴양 콘도미니엄업의 전부 또는 일부를 대상으로 대표기구를 통합하여 구성할 수 있도록 하되, 통합하여 구성된 대표기구(이하 "통합 대표기구"라 한다)에는 각각의 등록된 휴양 콘도미니엄업 시설의 공유자 및 회원이 다음의 기준에 따라 포함되도록 할 것

가) 공유자와 회원이 모두 있는 등록된 휴양 콘도미니엄업의 경우: 공유자 및 회원 각각 1명 이상

나) 공유자 또는 회원만 있는 등록된 휴양 콘도미니엄업의 경우: 공유자 또는 회원 1명 이상

2) 1)에 따라 통합 대표기구를 구성한 경우에도 특정 휴양 콘도미니엄업 시설의 공유자 · 회원의 권익에 관한 사항으로서 통합 대표기구의 구성원 10명 이상 또는 해당 휴양 콘도미니엄업 시설의 공유자 · 회원 10명 이상이 요청하는 경우에는 해당 휴양 콘도미니엄업 시설의 공유자 · 회원 20명 이상으로 그 휴양 콘도미니엄업의 해당 안건만을 협의하기 위한 대표기구를 구성하여 해당 안건에 관하여 통합 대표기구를 대신하여 협의하도록 할 것

7. 그 밖의 공유자 · 회원의 권익 보호에 관한 사항 : 분양 또는 회원모집계약서에 사업계획의 승인번호 · 일자(관광사업으로 등록된 경우에는 등록번호 · 일자), 시설물의 현황 · 소재지, 연간 이용일수 및 회원의 입회기간을 명시할 것

※ **회원증에는 포함되어야 할 사항**(관광진흥법시행규칙 제28조 제1항)

- 공유자 또는 회원의 번호
- 유자 또는 회원의 성명과 주민등록번호
- 사업장의 상호 · 명칭 및 소재지
- 공유자와 회원의 구분
- 면적
- 분양일 또는 입회일
- 발행일자

※ **회원증 발급확인 및 통보**(관광진흥법시행규칙 제28조 제2항~제4항)

- 분양 또는 회원모집을 하는 관광사업자가 제1항에 따른 회원증을 발급하려는 경우에는 미리 분양 또는 회원모집 계약 후 30일 이내에 문화체육관광부장관이 지정하여 고시하는 자(이하 "회원증 확인자"라 한다)로부터 그 회원증과 영 제25조에 따른 분양 또는 회원모집계획서가 일치하는지를 확인받아야 함
- 회원증 확인자의 확인을 받아 회원증을 발급한 관광사업자는 공유자 및 회원 명부에 회원증 발급 사실을 기록 · 유지하여야 함
- 회원증 확인자는 6개월마다 특별자치도지사 · 시장 · 군수 · 구청장에게 회원증 발급에 관한 사항을 통보하여야 함

6) 분양 및 회원모집 관련 금지행위(관광진흥법 제20조 제2항(분양 및 회원모집))

분양 및 회원모집에 관련하여서는 누구든지 다음의 어느 하나에 해당하는 행위를 하여서는 아니 된다.

① 분양 또는 회원모집을 할 수 없는 자가 관광숙박업이나 관광객 이용시설업으로서 대통령령으로 정하는 종류의 관광사업 또는 이와 유사한 명칭을 사용하여 분양 또는 회원모집을 하는 행위

② 관광숙박시설과 관광숙박시설이 아닌 시설을 혼합 또는 연계하여 이를 분양하거나 회원을 모집하는 행위. 다만, 대통령령으로 정하는 종류의 관광숙박업의 등록을 받은 자 또는 그 사업계획의 승인을 얻은 자가 골프장의 사업계획을 승인받은 경우에는 관광숙박시설과 해당 골프장을 연계하여 분양하거나 회원을 모집할 수 있다.

③ 공유자 또는 회원으로부터 제1항에 따른 관광사업의 시설에 관한 이용권리를 양도받아 이를 이용할 수 있는 회원을 모집하는 행위

관광진흥법 위반 사례 3

관광진흥법위반 · 도박개장 [대법원 2009. 12. 10., 선고, 2009도11151, 판결]

【판시사항】

[1] 관광진흥법이 전용영업장 등 엄격한 시설과 기구를 갖춘 경우에만 카지노업을 허가하면서 무허가로 카지노업을 경영한 행위를 도박개장죄보다 중하게 처벌하도록 규정한 취지

[2] 무허가로 카지노영업을 한 사안에서, 기구 및 시설의 규모 등 제반 사정에 비추어 사실상 전용영업장(전문영업장)에 준하는 시설과 기준을 갖추고 카지노영업을 하였다고 보기는 어렵다고 한 사례

[3] 무허가 카지노영업으로 인한 '관광진흥법 위반죄'와 '도박개장죄'의 죄수 관계(=상상적 경합)

【판결요지】

[1] 관광진흥법이 전용영업장(전문영업장) 등 엄격한 시설과 기구를 갖춘 경우에만 카지노업을 허가할 수 있도록 하면서 무허가로 카지노업을 경영한 행위에 대하여 도박개장죄(형법 제247조)보다 중한 형에 처하도록 규정하고 있는 것은, 같은 법 및 그 시행규칙이 요구하는 제반 요건을 모두 갖춘 경우는 물론 이러한 요건을 모두 갖추지는 못하였다고 하더라도 사실상 전용영업장에 준하는 시설과 기구를 갖추고서 허가를 받지 아니한 채 카지노영업을 한 경우에는 관광진흥법위반죄로 엄하게 처벌하고, 이에 미치지 못 하는 경우 즉 전용영업장에 준하는 시설과 기준을 사실상 갖추지 아니한 채 도박을 하게 한 경우에는 도박개장죄로만 처벌하려는 취지인 것으로 해석함이 상당하다. 그리고 전용영업장에 준하는 시설과 기준을 사실상 갖추었는지 여부는 기구 및 시설의 규모, 영업장의 위치 및 면적, 영업을 한 기간의 장단, 종업원들의 역할 분담 여부 등을 종합적으로 고려하여 판단하여야 한다.

[2] 무허가로 카지노영업을 한 사안에서, 비록 환전 및 딜러를 담당하는 직원을 따로 두었다고는 하나, 피고인 등이 준비한 게임기구는 조립식 탁자 1개 및 그 위에 깔 바카라게임판 1개, 다수의 칩에 불과하였던 점 등 제반 사정에 비추어, 사실상 전용영업장(전문영업장)에 준하는 시설과 기준을 갖추고 카지노영업을 하였다고 보기는 어렵다고 한 사례.

[3] 무허가 카지노영업으로 인한 관광진흥법위반죄와 도박개장죄는 상상적 경합범 관계에 있다.

【참조조문】

[1] 형법 제247조, 관광진흥법 제81조 제1호

[2] 관광진흥법 제81조 제1호

[3] 형법 제40조, 형법 제247조, 관광진흥법 제81조 제1호

【참조판례】

[3] 대법원 2008. 6. 26. 선고 2008도3189 판결

【원심판결】

서울중앙지법 2009. 9. 30. 선고 2009노2480 판결

【주 문】

원심판결을 파기하고, 사건을 서울중앙지방법원 합의부에 환송한다.

【이 유】

상고이유를 살펴본다.

1. 공소사실의 요지

카지노업을 경영하고자 하는 자는 전용영업장 등 법령이 정하는 시설 및 기준을 갖추어 관할관청의 허가를 받아야 함에도 피고인은 이를 받지 아니하고 공소외 1, 공소외 2, 공소외 3, 공소외 4 등과 공모하여, 2009. 3. 25. 22:00경부터 같은 달 27. 02:30경까지 서울 강남구 (주소 생략)에 있는 ○○○호텔 310호, 311호, 312호에서, 바카라 카지노 테이블 1대, 카드 13묶음, 다수의 칩 등을 갖춘 뒤 그곳을 찾아온 공소외 5 등으로 하여금 속칭 '바카라' 라는 게임을 하도록 하면서 수수료를 취득하는 방법으로 1일 평균 200만 원의 수익을 올린 것을 비롯하여, 2009. 2. 말부터 위 일시경까지 6회에 걸쳐 합계 약 2,000만 원 상당의 수익을 올림으로써 카지노업을 경영함과 동시에 영리를 목적으로 도박을 개장하였다.

2. 원심의 판단

원심은 다음과 같은 이유로 위 공소사실 중 관광진흥법위반의 점에 관한 피고인의 법리오해 주장을 배척하였다.

카지노업을 경영하려는 자는 전용 영업장 등의 시설과 기구를 갖추어 문화체육관광부장관의 허가를 받아야 하고 허가 없이 카지노업을 경영할 경우 처벌하도록 하고 있는 관광진흥법의 취지는, 카지노업을 경영하고자 하는 자에게 일정한 시설 · 기구를 갖추도록 강제하는 데에만 있는 것이 아니라, 일정한 시설 · 기구를 갖추지 못하여 허가를 받을 수 없는 상태에서 카지노업을 경영한 자를 처벌하려는 데에도 있는 것이므로, 위 법 및 시행규칙 소정의 시설 · 기구를 갖추지 않고 카지노업을 경영한 경우에도 관광진흥법위반죄에 해당한다. 또한 허가를 받지 아니한 불법 카지노업의 경우 그 특성상 단속을 피하기 위해 단기간 영업 후 장소를 이동하는 경우가 많은데, 위 규정은 이러한 형태의 카지노업도 처벌하기 위한 취지라고 봄이 상당하다.

3. 대법원의 판단

가. 관광진흥법의 관련규정의 해석

관광진흥법은 '전문 영업장을 갖추고 주사위 · 트럼프 · 슬롯머신 등 특정한 기구 등을 이용하여 우연의 결과에 따라 특정인에게 재산상의 이익을 주고 다른 참가자에게 손실을 주는 행위 등을 하는 업'을 카지노업으로 정의하면서(제3조 제1항 제5호) 카지노업의 영업의 종류는 문화체육관광부령으로 정하도록 하고 있는데(제26조 제1항), 관광진흥법 시행규칙 제35조 제1항에 의하면 카지노업의 영업의 종류는 룰렛, 블랙잭, 포커, 바카라 등 20가지로 정해져 있다.

또한 관광진흥법에 의하면, 카지노업을 경영하려는 자는 전용영업장 등 문화체육관광부령으로 정하는 시설과 기구를 갖추어 문화체육관광부장관의 허가를 받아야 하는데(제5조 제1항, 제23조 제1항), 관광진흥법 시행규칙 제29조에 의하면 이러한 '시설과 기구'는 330㎡ 이상의 전용 영업장, 한 개 이상의 외국환 환전소, 카지노업의 영업종류 중 네 종류 이상의 영업을 할 수 있는 게임기구 및 시설, 문화체육관광부장관이 정하여 고시하는 기준에 적합한 카지노 전산시설 등을 말한다. 나아가 문화체육관광부장관은 최상 등급의 호텔 등 대통령령으로 정하는 요건에 맞는 시설에만 카지노업을 허가 할 수 있고, 공공의 안녕, 질서유지 또는 카지노업의 건전한 발전을 위하여 필요하다고 인정하면 대통령령으로 정하는 바에 따라 허가를 제한할 수도 있으며(법 제21조), 이러한 허가를 받지 아니하고 카지노업을 경영한 자는 5년 이하의 징역 또는 5천만 원 이하의 벌금에 처하도록 되어 있다(법 제81조 제1호).

이처럼 관광진흥법이 전용영업장(전문영업장) 등 엄격한 시설과 기구를 갖춘 경우에만 카지노업을 허가할 수 있도록 하면서 무허가로 카지노업을 경영한 행위에 대하여 도박개장죄(형법 제247조)보다 중한 형에 처하도록 규정하고 있는 것은, 같은 법 및 그 시행규칙이 요구하는 제반 요건을 모두 갖춘 경우는 물론 이러한 요건을 모두 갖추지는 못하였다고 하더라도 사실상 전용영업장(전문영업장)에 준하는 시설과 기구를 갖추고서 허가를 받지 아니한 채 카지노영업을 한 경우에는 관광진흥법위반죄로 엄하게 처벌하고, 이에 미치지 못 하는 경우 즉 전용영업장(전문영업장)에 준하는 시설과 기준을 사실상 갖추지 아니한 채 도박을 하게 한 경우에는 도박개장죄로만 처벌하려는 취지인 것으로 해석함이 상당하다. 그리고 전용영업장(전문영업장)에 준하는 시설과 기준을 사실상 갖추었는지 여부는 기구 및 시설의 규모, 영업장의 위치 및 면적, 영업을 한 기간의 장단, 종업원들의 역할 분담 여부 등을 종합적으로 고려하여 판단하여야 한다.

나. 이 사건의 경우

이 사건에 있어 제1심 및 원심이 적법하게 조사, 채택한 증거들에 의하여 인정되는 다음과 같은 사정들, 즉 ① 피고인 등이 준비한 게임기구는 조립식 탁자 1개 및 그 위에 깔 바카라게임판 1개, 다수의 칩에 불과하였던 점, ② 피고인은 다른 공범들과 함께 장소를 옮겨 다니며 총 6회에 걸쳐 카지노영업을 하였는데, 6곳 중 4곳이 호텔의 객실이고, 나머지 2곳은 빌라 또는 아파트로 보이는 점, ③ 전체 영업기간이 2009. 2. 말부터 같은 해 3. 27.까지 약 1달이고, 영업장소마다 짧게는 1일, 길게는 4일 정도씩 영업을 하였던 점 등에 비추어 보면, 비록 환전 및 딜러를 담당하는 직원을 따로 두었다고는 하나, 피고인이 다른 공범들과 함께 사실상 전용영업장(전문영업장)에 준하는 시설과 기준을 갖추고서 카지노영업을 하였다고는 보기 어렵다.

그럼에도 불구하고 원심이 이 부분 공소사실을 그대로 유죄로 인정한 것은 관광진흥법상 '카지노업의 허가를 받지 아니하고 카지노업을 경영한 자'라는 구성요건의 해석 및 적용을 그르친 것으로서 판결에 영향을 미친 잘못이 있다고 하지 않을 수 없다. 한편 무허가 카지노영업으로 인한 관광진흥법위반죄와 도박개장죄는 상상적경합범 관계에 있는바(대법원 2008. 6. 26. 선고 2008도3189 판결 참조), 관광진흥법위반의 점에 대한 부분을 위와 같은 이유로 파기하는 이상, 그와 상상적경합범 관계에 있는 도박개장의 점에 대한 유죄 부분 또한 파기를 면할 수 없다.

4. 결론

그러므로 원심판결을 파기하고, 사건을 다시 심리 · 판단하도록 하기 위하여 원심법원에 환송하기로 하여, 관여 대법관의 일치된 의견으로 주문과 같이 판결한다.

issue

위 판례의 관광진흥법 위반 조문 항목을 찾아보고 토론하시오.

제4절 카지노업

1. 카지노업의 허가요건 및 허가제한(관광진흥법 제21조, 관광진흥법시행령 제27조)

1) 카지노업의 허가관청

카지노업을 경영하고자 하는 자는 문화체육관광부장관의 허가를 받아야 한다.

2) 카지노업의 허가 요건 등

(1) 허가대상시설

관광진흥법 제21조(허가요건 등) ① 문화체육관광부장관은 제5조제1항에 따른 카지노업(이하 "카지노업"이라 한다)의 허가신청을 받으면 다음 각 호의 어느 하나에 해당하는 경우에만 허가할 수 있다. 〈개정 2008.2.29., 2008.6.5., 2018.6.12.〉

1. 국제공항이나 국제여객선터미널이 있는 특별시 · 광역시 · 특별자치시 · 도 · 특별자치도(이하 "시 · 도"라 한다)에 있거나 관광특구에 있는 관광숙박업 중 호텔업 시설(관광숙박업의 등급 중 최상 등급을 받은 시설만 해당하며, 시 · 도에 최상 등급의 시설이 없는 경우에는 그 다음 등급의 시설만 해당한다) 또는 대통령령으로 정하는 국제회의업 시설의 부대시설에서 카지노업을 하려는 경우로서 대통령령으로 정하는 요건에 맞는 경우
2. 우리나라와 외국을 왕래하는 여객선에서 카지노업을 하려는 경우로서 대통령령으로 정하는 요건에 맞는 경우

관광진흥법시행령 제27조(카지노업의 허가요건 등) ① 법 제21조제1항제1호에서 "대통령령으로 정하는 국제회의업 시설"이란 제2조제1항제4호가목의 국제회의시설업의 시설을 말한다.

(2) 허가요건

관광진흥법시행령 제27조(카지노업의 허가요건 등) ② 법 제21조제1항에 따른 카지노업의 허가요건은 다음 각 호와 같다. 〈개정 2008.2.29., 2012.11.20., 2015.8.4.〉

1. 관광호텔업이나 국제회의시설업의 부대시설에서 카지노업을 하려는 경우
   가. 삭제 〈2015.8.4.〉
   나. 외래관광객 유치계획 및 장기수지전망 등을 포함한 사업계획서가 적정할 것
   다. 나목에 규정된 사업계획의 수행에 필요한 재정능력이 있을 것
   라. 현금 및 칩의 관리 등 영업거래에 관한 내부통제방안이 수립되어 있을 것
   마. 그 밖에 카지노업의 건전한 운영과 관광산업의 진흥을 위하여 문화체육관광부장관이 공고하는 기준에 맞을 것
2. 우리나라와 외국 간을 왕래하는 여객선에서 카지노업을 하려는 경우
   가. 여객선이 2만톤급 이상으로 문화체육관광부장관이 공고하는 총톤수 이상일 것
   나. 삭제 〈2012.11.20.〉
   다. 제1호나목부터 마목까지의 규정에 적합할 것

(3) 허가제한

관광진흥법 제21조(허가요건 등) ② 문화체육관광부장관이 공공의 안녕, 질서유지 또는 카지노업의 건전한 발전을 위하여 필요하다고 인정하면 대통령령으로 정하는 바에 따라 제1항에 따른 허가를 제한할 수 있다. 〈개정 2008.2.29〉

카지노업의 허가관청인 문화체육관광부장관이 공공의 안녕, 질서유지 드는 카지노업의 건전한 발전을 위하여 필요하다고 인정하면 카지노업 허가를 제한할 수 있다. 즉, 카지노업에 대한 신규허가는 최근 신규허가를 한 날 이후에 전국 단위의 외래관광객이 60만 명 이상 증가한 경우에만 신규허가를 할 수 있되, 다음과 같은 사항을 고려하여 그 증가인원 60만 명당 2개 사업 이하의 범위에서 할 수 있다.(관광진흥법시행령 제27조 제3항(카지노업의 허가요건 등))

① 전국 단위의 외래관광객 증가 추세 및 지역의 외래관광객 증가 추세

② 카지노이용객의 증가 추세

③ 기존 카지노사업자의 총 수용능력

④ 기존 카지노사업자의 총 외화획득실적

⑤ 그 밖에 카지노업의 건전한 발전을 위하여 필요한 사항

3) 카지노업의 허가 공고 등

문화체육관광부장관은 카지노업의 신규허가를 하려면 미리 다음 각 호의 사항을 정하여 공고하여야 한다.(관광진흥법 제21조의 2 제1항, 제2항(허가의 공고 등))

① 허가 대상지역
② 허가 가능업체 수
③ 허가절차 및 허가방법
④ 세부 허가기준
⑤ 카지노업의 건전한 운영과 관광산업의 진흥을 위하여 문화체육관광부장관이 정하는 사항

또한, 공고를 실시한 결과 적합한 자가 없을 경우에는 카지노업의 신규허가를 하지 아니할 수 있다.

4) 카지노업의 조건부 영업허가

관광진흥법 제24조(조건부 영업허가) ① 문화체육관광부장관은 카지노업을 허가할 때 1년의 범위에서 대통령령으로 정하는 기간에 제23조제1항에 따른 시설 및 기구를 갖출 것을 조건으로 허가할 수 있다. 다만, 천재지변이나 그 밖의 부득이한 사유가 있다고 인정하는 경우에는 해당 사업자의 신청에 따라 한 차례에 한하여 6개월을 넘지 아니하는 범위에서 그 기간을 연장할 수 있다. 〈개정 2008.2.29., 2011.4.5.〉

③ 제1항에 따른 허가를 받은 자는 제1항에 따른 기간 내에 허가 조건에 해당하는 필요한 시설 및 기구를 갖춘 경우 그 내용을 문화체육관광부장관에게 신고하여야 한다. 〈신설 2011.4.5.〉

관광진흥법시행령 제28조(조건부 영업허가의 기간 등) 법 제24조제1항 본문에서 "대통령령으로 정하는 기간"이란 조건부 영업허가를 받은 날부터 1년 이내를 말한다. [전문개정 2011.10.6.]

(1) 조건부 영업허가조건의 이행신고

관광진흥법시행규칙 제32조(조건이행의 신고) 법 제24조제1항에 따라 카지노업의 조건부 영업허가를 받은 자는 영 제28조에 따른 기간 내에 그 조건을 이행한 경우에는 별지 제29호 서식의 조건이행내역 신고서에 다음 각 호의 서류를 첨부하여 문화체육관광부장관에게 제출하여야 한다. 〈개정 2008.3.6., 2011.10.6.〉

1. 설치한 시설에 관한 서류
2. 설치한 카지노기구에 관한 서류

(2) 조건부 영업허가조건의 취소

관광진흥법 제24조(조건부 영업허가) ② 문화체육관광부장관은 제1항에 따른 허가를 받은 자가 정당한 사유 없이 제1항에 따른 기간에 허가 조건을 이행하지 아니하면 그 허가를 즉시 취소하여야 한다. 〈개정 2008.2.29., 2011.4.5.〉

④ 문화체육관광부장관은 제3항에 따른 신고를 받은 경우 그 내용을 검토하여 이 법에 적합하면 신고를 수리하여야 한다. 〈신설 2018.6.12.〉

2. 카지노사업자의 결격사유

관광진흥법 제22조(결격사유) ① 다음 각 호의 어느 하나에 해당하는 자는 카지노업의 허가를 받을 수 없다.

1. 19세 미만인 자
2. 「폭력행위 등 처벌에 관한 법률」 제4조에 따른 단체 또는 집단을 구성하거나 그 단체 또는 집단에 자금을 제공하여 금고 이상의 형을 선고받고 형이 확정된 자
3. 조세를 포탈(逋脫)하거나 「외국환거래법」을 위반하여 금고 이상의 형을 선고받고 형이 확정된 자
4. 금고 이상의 실형을 선고받고 그 집행이 끝나거나 집행을 받지 아니하기로 확정된 후 2년이 지나지 아니한 자
5. 금고 이상의 형의 집행유예를 선고받고 그 유예기간 중에 있는 자
6. 금고 이상의 형의 선고유예를 받고 그 유예기간 중에 있는 자
7. 임원 중에 제1호부터 제6호까지의 규정 중 어느 하나에 해당하는 자가 있는 법인

② 문화체육관광부장관은 카지노업의 허가를 받은 자(이하 "카지노사업자"라 한다)가 제1항 각 호의 어느 하나에 해당하면 그 허가를 취소하여야 한다. 다만, 법인의 임원 중 그 사유에 해당하는 자가 있는 경우 3개월 이내에 그 임원을 바꾸어 임명한 때에는 그러하지 아니하다. 〈개정 2008.2.29〉

3. 카지노업의 시설기준 및 카지노 전산시설의 검사

1) 카지노업의 시설기준

관광진흥법 제23조(카지노업의 시설기준 등) ① 카지노업의 허가를 받으려는 자는 문화체육관광부령으로 정하는 시설 및 기구를 갖추어야 한다. 〈개정 2008.2.29〉
② 카지노사업자에 대하여는 문화체육관광부령으로 정하는 바에 따라 제1항에 따른 시설 중 일정 시설에 대하여 문화체육관광부장관이 지정 · 고시하는 검사기관의 검사를 받게 할 수 있다. 〈개정 2008.2.29〉
③ 카지노사업자는 제1항에 따른 시설 및 기구를 유지 · 관리하여야 한다.

카지노업의 허가를 받으려는 자는 문화체육관광부령으로 정하는 다음과 같은 시설 및 기구를 갖추어야 한다.(관광진흥법시행규칙 제29조(카지노업의 시설기준 등))

① 330제곱미터 이상의 전용 영업장
② 1개 이상의 외국환 환전소
③ 카지노업의 영업종류 중 네 종류 이상의 영업을 할 수 있는 게임기구 및 시설
④ 문화체육관광부장관이 정하여 고시하는 기준에 적합한 카지노 전산시설
ⓐ 하드웨어의 성능 및 설치방법에 관한 사항
ⓑ 네트워크의 구성에 관한 사항
ⓒ 시스템의 가동 및 장애방지에 관한 사항
ⓓ 시스템의 보안관리에 관한 사항
ⓔ 환전관리 및 현금과 칩의 수불관리를 위한 소프트웨어에 관한 사항

2) 카지노 전산시설의 검사

(1) 검사 세부사항(관광진흥법시행규칙 제30조 제1항(카지노 전산시설의 검사))

카지노업의 허가를 받은 자(이하 "카지노사업자"라 한다)는 카지노 전산시설(이하 "카지노전산시설"이라 한다)에 대하여 다음의 구분에 따라 각각 해당 기한 내에 문화체육관광부장관이 지정 · 고시하는 검사기관(이하 "카지노전산시설 검사기관"이라 한다)의 검사를 받아야 한다.

① 신규로 카지노업의 허가를 받은 경우: 허가를 받은 날(조건부 영업허가를 받은 경우에는 조건 이행의 신고를 한 날)부터 15일
② 검사유효기간이 만료된 경우: 유효기간 만료일부터 3개월

(2) 검사신청(관광진흥법시행규칙 제30조 제3항(카지노 전산시설의 검사))

카지노 전산시설의 검사를 받으려는 카지노사업자는 카지노전산시설 검사신청서에 규정된 사항에 대한 검사를 하기 위하여 필요한 자료를 첨부하여 카지노전산시설 검사기관에 제출하여야 한다.

[별지 제27호서식] 관광진흥법시행규칙 〈개정 2019. 10. 7.〉

(앞 쪽)

카지노전산시설 검사신청서				처리기간 15일
신청인	①성 명(대표자)		②생 년 월 일	
	③주 소		④전 화 번 호	
⑤검 사 대 상 시 설				
⑥검 사 대 상 시 설 의 소 재 지				
⑦검 사 완 료 희 망 일	. . .			
⑧검 사 신 청 사 유	□영업개시전검사 □검사유효기한도래 □수검명령이행			

「관광진흥법 시행규칙」 제30조제3항에 따라 카지노전산시설의 검사를 받고자 위와 같이 신청합니다.

년 월 일

신청인 (서명 또는 인)

카지노전산시설검사기관장 귀하

※ 구비서류	수수료
검사에 필요한 참고서류(다음 각 항목의 내용이 포함된 것이어야 합니다) 1부 1. 하드웨어의 성능 및 설치방법에 관한 사항 2. 네트워크의 구성에 관한 사항 3. 시스템의 가동 및 장애방지에 관한 사항 4. 시스템의 보안관리에 관한 사항 5. 환전관리 및 현금과 칩의 출납관리를 위한 소프트웨어에 관한 사항	뒤쪽 참조

210mm×297mm[일반용지 60g/㎡(재활용품)]

(뒤 쪽)

수 수 료

○수수료는 카지노전산시설 검사기관의 검사 공정별로 필요한 경비를 산출하여 이에 대한 직접인건비, 직접경비, 제경비 및 기술료를 합한 금액으로 합니다.

○이 경우 소요경비의 산출기준은 「소프트웨어산업 진흥법」 제22조 및 같은 법 시행령 제16조에 따른 소프트웨어사업의 대가기준에 따르며, 직접인건비·직접경비·제경비 및 기술료의 범위와 요율 및 기준금액은 「엔지니어링기술 진흥법」 제10조 및 같은 법 시행령 제14조에 따른 엔지니어링사업대가의 기준에 따릅니다.

이 신청서는 아래와 같이 처리됩니다.

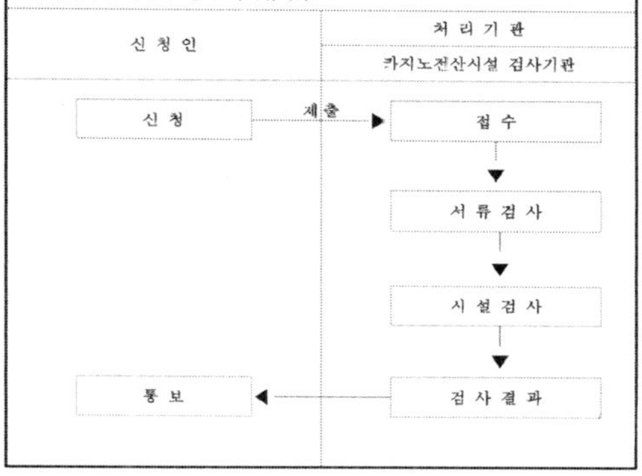

(3) 검사 유효기간

카지노 전산시설의 검사의 유효기간은 검사에 합격한 날부터 3년으로 한다. 다만, 검사 유효기간의 만료 전이라도 카지노전산시설을 교체한 경우에는 교체한 날부터 15일 이내에 검사를 받아야 하며, 이 경우 검사의 유효기간은 3년으로 한다.(관광진흥법시행규칙 제30조 제2항(카지노 전산시설의 검사))

카지노전산시설 검사기관은 카지노사업자에게 카지노전산시설 검사의 유효기간 만료일부터 3개월 이내에 검사를 받아야 한다는 사실과 검사 절차를 유효기간 만료일 1개월 전까지 알려야 하며, 그에 따른 통지는 휴대폰에 의한 문자전송, 전자메일, 팩스, 전화, 문서 등으로 할 수 있다.(관광진흥법시행규칙 제30조의 2(유효기간 연장에 관한 사전통지))

(4) 카지노전산시설 검사기관의 업무규정 및 검사기록부 보존

카지노전산시설 검사기관은 카지노전산시설 검사업무규정을 작성하여 문화체육관광부장관의 승인을 받아야 하는데, 카지노전산시설 검사업무규정에는 다음 사항이 포함되어야 한다.(관광진흥법시행규칙 제31조(카지노 전산시설 검사기관의 업무규정 등))

① 검사의 소요기간
② 검사의 절차와 방법에 관한 사항
③ 검사의 수수료에 관한 사항
④ 검사의 증명에 관한 사항
⑤ 검사원이 지켜야 할 사항
⑥ 그 밖의 검사업무에 필요한 사항

또한 카지노전산시설 검사기관은 카지노시설 · 기구 검사기록부를 작성 · 비치하고, 이를 5년간 보존하여야 한다.

4. 카지노업의 영업

1) 카지노업의 영업종류 및 영업방법 등

관광진흥법 제26조(카지노업의 영업 종류와 영업 방법 등) ① 카지노업의 영업 종류는 문화체육관광부령으로 정한다. 〈개정 2008.2.29〉
② 카지노사업자는 문화체육관광부령으로 정하는 바에 따라 제1항에 따른 카지노업의 영업 종류별 영업 방법 및 배당금 등에 관하여 문화체육관광부장관에게 미리 신고하여야 한다. 신고한 사항을 변경하려는 경우에도 또한 같다. 〈개정 2008.2.29.〉
③ 문화체육관광부장관은 제2항에 따른 신고 또는 변경신고를 받은 경우 그 내용을 검토하여 이 법에 적합하면 신고를 수리하여야 한다. 〈신설 2018.6.12.〉

관광진흥법시행규칙 제35조(카지노업의 영업 종류 등) ① 법 제26조제1항에 따른 카지노업의 영업 종류는 별표 8과 같다.

카지노업의 영업 종류는 별표 8과 같다.

[별표 8] 관광진흥법시행규칙 〈개정 2018.1.25.〉

카지노업의 영업 종류(제35조제1항 관련)

영업 구분	영업 종류
1. 테이블게임 (Table Game)	가. 룰렛(Roulette) 나. 블랙잭(Blackjack) 다. 다이스(Dice, Craps) 라. 포커(Poker) 마. 바카라(Baccarat) 바. 다이 사이(Tai Sai) 사. 키노(Keno) 아. 빅 휠(Big Wheel) 자. 빠이 까우(Pai Cow) 차. 판 탄(Fan Tan) 카. 조커 세븐(Joker Seven) 타. 라운드 크랩스(Round Craps) 파. 트란타 콰란타(Trent Et Quarante) 하. 프렌치 볼(French Boule) 거. 차카락(Chuck - A - Luck) 너. 빙고(Bingo) 더. 마작(Mahjong) 러. 카지노 워(Casino War)
2. 전자테이블게임 (Electronic Table Game)	가. 룰렛(Roulette) 나. 블랙잭(Blackjack) 다. 다이스(Dice, Craps) 라. 포커(Poker) 마. 바카라(Baccarat) 바. 다이 사이(Tai Sai) 사. 키노(Keno) 아. 빅 휠(Big Wheel) 자. 빠이 까우(Pai Cow) 차. 판 탄(Fan Tan) 카. 조커 세븐(Joker Seven) 타. 라운드 크랩스(Round Craps) 파. 트란타 콰란타(Trent Et Quarante) 하. 프렌치 볼(French Boule) 거. 차카락(Chuck - A - Luck) 너. 빙고(Bingo) 더. 마작(Mahjong) 러. 카지노 워(Casino War)
3. 머신게임 (Machine Game)	가. 슬롯머신(Slot Machine) 나. 비디오게임(Video Game)

2) 카지노업의 영업방법 및 배당금 관련

카지노업의 영업 종류별 영업 방법 및 배당금에 관하여 문화체육관광부장관에게 신고하거나 신고한 사항을 변경하려는 카지노사업자는 카지노 영업종류별 영업방법등 신고서 또는 변경신고서에 다음의 서류를 첨부하여 문화체육관광부장관에게 신고하여야 한다.(관광진흥법 시행규칙 제35조(카지노업의 영업종류 등))

① 영업종류별 영업방법 설명서

② 영업종류별 배당금에 관한 설명서

[별지 제32호서식] 관광진흥법시행규칙
〈개정 2018.1.25.〉

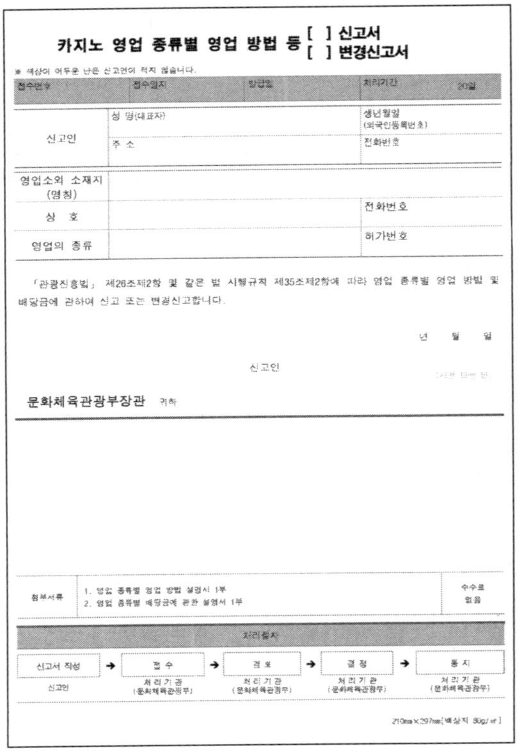

카지노 영업 종류별 영업 방법 등 [ ] 신고서 [ ] 변경신고서

※ 색상이 어두운 난은 신고인이 적지 않습니다.

접수번호	접수일자	발급일	처리기간 20일

신고인	성 명(대표자)	생년월일 (외국인등록번호)
	주 소	전화번호
영업소의 소재지 (명칭)		
상 호		전화번호
영업의 종류		허가번호

「관광진흥법」 제26조제2항 및 같은 법 시행규칙 제35조제2항에 따라 영업 종류별 영업 방법 및 배당금에 관하여 신고 또는 변경신고합니다.

년 월 일

신고인

문화체육관광부장관 귀하

첨부서류	1. 영업 종류별 영업 방법 설명서 1부 2. 영업 종류별 배당금에 관한 설명서 1부	수수료 없음

처리절차

신고서 작성 (신고인) → 접수 (처리기관 (문화체육관광부)) → 검토 (처리기관 (문화체육관광부)) → 결정 (처리기관 (문화체육관광부)) → 통지 (처리기관 (문화체육관광부))

210mm×297mm[백상지 80g/㎡]

[별지 제30호서식] 관광진흥법시행규칙
〈개정 2020.6.4.〉

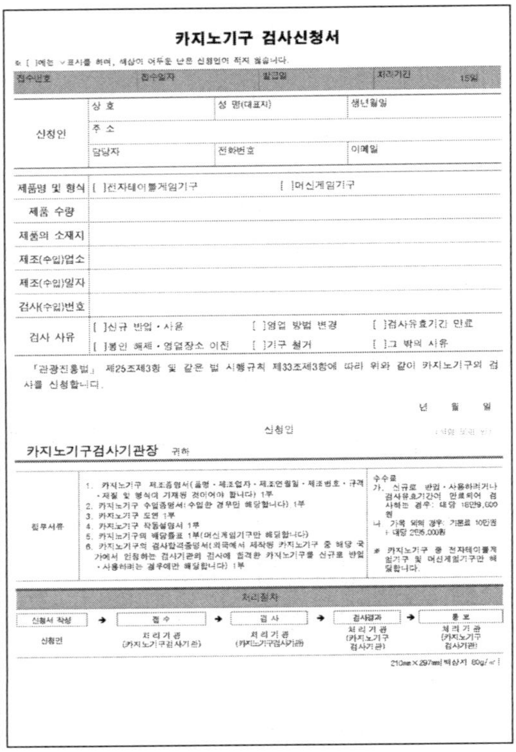

카지노기구 검사신청서

※ [ ]에는 √표시를 하며, 색상이 어두운 난은 신청인이 적지 않습니다.

접수번호	접수일자	발급일	처리기간 15일

신청인	상 호	성 명(대표자)	생년월일
	주 소		
	담당자	전화번호	이메일

제품명 및 형식	[ ]전자테이블게임기구	[ ]머신게임기구	
제품 수량			
제품의 소재지			
제조(수입)업소			
제조(수입)일자			
검사(수입)번호			
검사 사유	[ ]신규 반입·사용 [ ]봉인 해제·영업장소 이전	[ ]영업 방법 변경 [ ]기구 철거	[ ]검사유효기간 만료 [ ]그 밖의 사유

「관광진흥법」 제25조제3항 및 같은 법 시행규칙 제33조제3항에 따라 위와 같이 카지노기구의 검사를 신청합니다.

년 월 일

신청인

카지노기구검사기관장 귀하

첨부서류	1. 카지노기구 제조증명서(품명·제조업자·제조연월일·제조번호·규격·재질 및 형식이 기재된 것이어야 합니다) 1부 2. 카지노기구 수입증명서(수입한 경우만 해당합니다) 1부 3. 카지노기구 도면 1부 4. 카지노기구 작동설명서 1부 5. 카지노기구의 배당률표 1부(머신게임기구만 해당합니다) 6. 카지노기구의 검사합격증명서(외국에서 제작된 카지노기구 중 해당 국가에서 인정하는 검사기관의 검사에 합격한 카지노기구를 신규로 반입·사용하려는 경우에만 해당합니다) 1부	수수료 가. 신규로 반입·사용하려거나 검사유효기간이 만료되어 검사하는 경우: 대당 18만9,000원 나. 가목 외의 경우: 기본료 10만원 + 대당 2만5,000원 ※ 카지노기구 중 전자테이블게임기구 및 머신게임기구만 해당합니다.

처리절차

신청서 작성 (신청인) → 접수 (처리기관 (카지노기구검사기관)) → 검사 (처리기관 (카지노기구검사기관)) → 검사결과 (처리기관 (카지노기구 검사기관)) → 통보 (처리기관 (카지노기구 검사기관))

210mm×297mm[백상지 80g/㎡]

5. 카지노 기구의 규격 및 기준 검사

1) 카지노기구의 공인기준 및 고시

카지노기구의 공인기준 설정은 다음과 같다.

관광진흥법 제25조(카지노기구의 규격 및 기준 등) ① 문화체육관광부장관은 카지노업에 이용되는 기구(이하 "카지노기구"라 한다)의 형상·구조·재질 및 성능 등에 관한 규격 및 기준(이하 "공인기준등"이라 한다)을 정하여야 한다. 〈개정 2008.2.29〉

② 문화체육관광부장관은 문화체육관광부령으로 정하는 바에 따라 문화체육관광부장관이 지정하는 검사기관의 검정을 받은 카지노기구의 규격 및 기준을 공인기준등으로 인정할 수 있다. 〈개정 2008.2.29〉

카지노기구의 규격 및 기준을 정한 경우에는 이를 고시하여야 하는데, 이는 다음과 같다.

관광진흥법시행규칙 제33조(카지노기구의 규격 · 기준 및 검사) ① 문화체육관광부장관은 법 제25조제1항에 따라 카지노기구의 규격 및 기준을 정한 경우에는 이를 고시하여야 한다.[8] 이 경우 슬롯머신 및 비디오게임기구의 규격 · 기준에는 다음 각 호의 사항이 포함되어야 한다. 〈개정 2008.3.6〉

1. 최저배당률에 관한 사항
2. 최저배당률 이하로 변경하거나 제3항에 따른 카지노검사기관의 검사를 받지 아니한 이피롬(EPROM) 및 기타프로그램 저장장치를 사용하는 경우에는 카지노기구의 자동폐쇄에 관한 사항
3. 게임결과의 기록 및 그 보전에 관한 사항

2) 카지노기구의 검사

관광진흥법 제25조(카지노기구의 규격 및 기준 등) ③ 카지노사업자가 카지노기구를 영업장소(그 부대시설 등을 포함한다)에 반입 · 사용하는 경우에는 문화체육관광부령으로 정하는 바에 따라 그 카지노기구가 공인기준등에 맞는지에 관하여 문화체육관광부장관의 검사를 받아야 한다. 〈개정 2008.2.29〉

카지노사업자는 다음의 구분에 따라 각각 해당 기한 내에 카지노기구의 검사를 받아야 한다.(관광진흥법시행규칙 제33조 제2항(카지노기구의 규격 및 기준 등))

① 신규로 카지노업의 허가를 받거나 신규로 카지노기구를 반입 · 사용하려는 경우: 그 기구를 카지노 영업에 사용하는 날

② 검사유효기간이 만료된 경우: 검사 유효기간 만료일부터 15일

③ 봉인의 해제가 필요하거나 영업장소를 이전하는 경우: 봉인의 해제 또는 영업장소의 이전 후 그 기구를 카지노영업에 사용하는 날

④ 카지노기구를 영업장에서 철거하는 경우, 그 기구를 영업장에서 철거하는 날

⑤ 그 밖에 카지노기구의 개조 · 변조 확인 및 카지노 이용자에 대한 위해(危害) 방지 등을 위하여 문화체육관광부장관이 요청하는 경우: 검사 요청일부터 5일 이내

3) 카지노검사기관의 제출

카지노기구의 검사를 받으려는 카지노사업자는 카지노기구 검사신청서에 다음의 서류를

8) 「카지노기구 기준」

첨부하여 문화체육관광부장관이 지정하는 검사기관(이하 "카지노기구검사기관"이라 한다)에 제출하여야 한다. 〈개정 2008. 3. 6., 2008. 8. 26., 2020. 6. 4.〉(관광진흥법시행규칙 제33조 제3항(카지노기구의 규격 및 기준 등))

① 카지노기구 제조증명서(품명 · 제조업자 · 제조연월일 · 제조번호 · 규격 · 재질 및 형식이 기재된 것이어야 한다)

② 카지노기구 수입증명서(수입한 경우만 해당한다)

③ 카지노기구 도면

④ 카지노기구 작동설명서

⑤ 카지노기구의 배당률표

⑥ 카지노기구의 검사합격증명서(외국에서 제작된 카지노기구 중 해당 국가에서 인정하는 검사기관의 검사에 합격한 카지노기구를 신규로 반입 · 사용하려는 경우에만 해당한다)

4) 카지노기구의 검사합격 표시

관광진흥법 제25조(카지노기구의 규격 및 기준 등) ④ 제3항에 따른 검사에 합격된 카지노기구에는 문화체육관광부령으로 정하는 바에 따라 검사에 합격하였음을 증명하는 증명서(이하 "검사합격증명서"이라 한다)를 붙이거나 표시하여야 한다. 〈개정 2008.2.29〉

검사신청을 받은 카지노기구검사기관은 해당 카지노기구가 제1항에 따른 규격 및 기준에 적합한지의 여부를 검사하고, 검사에 합격한 경우에는 다음의 조치를 하여야 한다. 〈개정 2008. 3. 6., 2008. 8. 26., 2020. 6. 4.〉(관광진흥법시행규칙 제33조 제4항(카지노기구의 규격 및 기준 등))

① 카지노기구 제조 · 수입증명서에 검사합격사항의 확인 및 날인

② 카지노기구에 카지노기구검사합격필증의 부착 등 표시

③ 카지노기구의 개조 · 변조를 방지하기 위한 봉인(封印)

④ 카지노시설 · 기구 검사기록부를 작성한 후 그 사본을 문화체육관광부장관에게 제출

카지노기구검사기관은 제4항에 따른 검사를 할 때 카지노사업자가 외국에서 제작된 카지노기구 중 해당 국가에서 인정하는 검사기관의 검사에 합격한 카지노기구를 신규로 반입 · 사용하려는 경우에는 그 카지노기구의 검사합격증명서에 의하여 검사를 하여야 한다.

[별지 제31호서식] 관광진흥법시행규칙 〈개정 2019. 10. 7.〉

90mm

카지노기구 검사합격확인증	
제작등록번호	
합격유효기간	. . .부터 . . .까지
모 델 명	
규 격	
제 작 자	
연락처(A/S)	
검 사 일	. . .
검 사 기 관	㊞

60mm

※바탕에는 무궁화를 인쇄합니다.

90mm×60mm[보존용지(1종) 120g/㎡]

5) 카지노기구의 검사의 유효기간

관광진흥법시행규칙 제33조(카지노기구의 규격 · 기준 및 검사) ⑥ 제4항에 따른 검사의 유효기간은 검사에 합격한 날부터 3년으로 한다.

6) 카지노검사기관의 업무규정

관광진흥법시행규칙 제34조(카지노기구검사기관의 업무규정 등) 제31조는 카지노기구검사기관의 업무규정의 작성, 검사기록부의 작성 · 비치 · 보존에 관하여 준용한다. 〈개정 2020. 6. 4.〉 [제목개정 2020. 6. 4.]

6. 카지노업에 대한 지도 · 감독

1) 카지노사업자에 대한 지도와 명령

관광진흥법 제27조(지도와 명령) 문화체육관광부장관은 지나친 사행심 유발을 방지하는 등 그 밖에 공익을 위하여 필요하다고 인정하면 카지노사업자에게 필요한 지도와 명령을 할 수 있다. 〈개정 2008.2.29〉

2) 카지노사업자 및 종사원의 준수사항

관광진흥법 제28조(카지노사업자 등의 준수 사항) ① 카지노사업자(대통령령으로 정하는 종사원을 포함한다. 이하 이 조에서 같다)는 다음 각 호의 어느 하나에 해당하는 행위를 하여서는 아니 된다.

1. 법령에 위반되는 카지노기구를 설치하거나 사용하는 행위
2. 법령을 위반하여 카지노기구 또는 시설을 변조하거나 변조된 카지노기구 또는 시설을 사용하는 행위
3. 허가받은 전용영업장 외에서 영업을 하는 행위
4. 내국인(「해외이주법」 제2조에 따른 해외이주자는 제외한다)을 입장하게 하는 행위
5. 지나친 사행심을 유발하는 등 선량한 풍속을 해칠 우려가 있는 광고나 선전을 하는 행위
6. 제26조제1항에 따른 영업 종류에 해당하지 아니하는 영업을 하거나 영업 방법 및 배당금 등에 관한 신고를 하지 아니하고 영업하는 행위
7. 총매출액을 누락시켜 제30조제1항에 따른 관광진흥개발기금 납부금액을 감소시키는 행위
8. 19세 미만인 자를 입장시키는 행위
9. 정당한 사유 없이 그 연도 안에 60일 이상 휴업하는 행위

② 카지노사업자는 카지노업의 건전한 육성 · 발전을 위하여 필요하다고 인정하여 문화체육관광부령으로 정하는 영업준칙을 지켜야 한다. 이 경우 그 영업준칙에는 다음 각 호의 사항이 포함되어야 한다. 〈개정 2007.7.19, 2008.2.29〉

1. 1일 최소 영업시간
2. 게임 테이블의 집전함(集錢函) 부착 및 내기금액 한도액의 표시 의무
3. 슬롯머신 및 비디오게임의 최소배당률
4. 전산시설 · 환전소 · 계산실 · 폐쇄회로의 관리기록 및 회계와 관련된 기록의 유지 의무
5. 카지노 종사원의 게임참여 불가 등 행위금지사항

관광진흥법시행령 제29조(카지노업의 종사원의 범위) 법 제28조제1항 각 호 외의 부분에서 "대통령령으로 정하는 종사원"이란 그 직위와 명칭이 무엇이든 카지노사업자를 대리하거나 그 지시를 받아 상시 또는 일시적으로 카지노영업에 종사하는 자를 말한다.

3) 카지노사업자의 영업준칙(관광진흥법시행규칙 제36조 제4항(카지노업의 영업준칙))

카지노사업자가 지켜야 할 영업준칙은 다음의 별표 9와 같다.

[별표 9] **카지노업 영업준칙 〈개정 2019. 10. 7.〉**

카지노업 영업준칙(제36조 관련)

1. 카지노사업자는 카지노업의 건전한 발전과 원활한 영업활동, 효율적인 내부통제를 위하여 이사회·카지노총지배인·영업부서·안전관리부서·환전·전산전문요원 등 필요한 조직과 인력을 갖추어 1일 8시간 이상 영업하여야 한다.
2. 카지노사업자는 전산시설·출납창구·환전소·카운트룸[드롭박스(Drop box: 게임테이블에 부착된 현금함)의 내용물을 계산하는 계산실]·폐쇄회로·고객편의시설·통제구역 등 영업시설을 갖추어 영업을 하고, 관리기록을 유지하여야 한다.
3. 카지노영업장에는 게임기구와 칩스(Chips: 카지노에서 베팅에 사용되는 도구)·카드 등의 기구를 갖추어 게임 진행의 원활을 기하고, 게임테이블에는 드롭박스를 부착하여야 하며, 베팅금액 한도표를 설치하여야 한다.
4. 카지노사업자는 고객출입관리, 환전, 재환전, 드롭박스의 보관·관리와 계산요원의 복장 및 근무요령을 마련하여 영업의 투명성을 제고하여야 한다.
5. 머신게임을 운영하는 사업자는 투명성 및 내부통제를 위한 기구·시설·조직 및 인원을 갖추어 운영하여야 하며, 머신게임의 이론적 배당률을 75% 이상으로 하고 배당률과 실제 배당률이 5% 이상 차이가 있는 경우 카지노검사기관에 즉시 통보하여 카지노검사기관의 조치에 응하여야 한다.
6. 카지노사업자는 회계기록·콤프(카지노사업자가 고객 유치를 위해 고객에게 숙식 등을 무료로 제공하는 서비스) 비용·크레딧(카지노사업자가 고객에게 게임 참여를 조건으로 칩스를 신용대여하는 것) 제공·예치금 인출·알선수수료·계약게임 등의 기록을 유지하여야 한다.
7. 카지노사업자는 게임을 할 때 게임 종류별 일반규칙과 개별규칙에 따라 게임을 진행하여야 한다.
8. 카지노종사원은 게임에 참여할 수 없으며, 고객과 결탁한 부정행위 또는 국내외의 불법영업에 관여하거나 그 밖에 관광종사자로서의 품위에 어긋나는 행위를 하여서는 아니 된다.
9. **카지노사업자는 카지노 영업소 출입자의 신분을 확인하여야 하며, 다음 각 목에 해당하는 자는 출입을 제한하여야 한다.**
   가. 당사자의 배우자 또는 직계혈족이 문서로써 카지노사업자에게 도박 중독 등을 이유로 출입 금지를 요청한 경우의 그 당사자. 다만, 배우자·부모 또는 자녀 관계를 확인할 수 있는 증빙 서류를 첨부하여 요청한 경우만 해당한다.
   나. 그 밖에 카지노 영업소의 질서 유지 및 카지노 이용자의 안전을 위하여 카지노사업자가 정하는 출입금지 대상자

다만, 「폐광지역개발 지원에 관한 특별법」에 따라 폐광지역 카지노사업자가 지켜야 할 영업준칙은 별표 10과 같다.

[별표 10] 폐광지역 카지노사업자의 영업준칙 〈개정 2019. 6. 11.〉

폐광지역 카지노사업자의 영업준칙(제36조 단서 관련)

1. 별표 9의 영업준칙을 지켜야 한다.
2. 카지노 영업소는 회원용 영업장과 일반 영업장으로 구분하여 운영하여야 하며, 일반 영업장에서는 주류를 판매하거나 제공하여서는 아니 된다.
3. 매일 오전 6시부터 오전 10시까지는 영업을 하여서는 아니 된다.
4. 별표 8의 테이블게임에 거는 금액의 최고 한도액은 일반 영업장의 경우에는 테이블별로 정하되, 1인당 1회 10만원 이하로 하여야 한다. 다만, 일반 영업장 전체 테이블의 2분의 1의 범위에서는 1인당 1회 30만원 이하로 정할 수 있다.
5. 별표 8의 머신게임에 거는 금액의 최고 한도는 1회 2천원으로 한다. 다만, 비디오 포커게임기는 2천500원으로 한다.
6. 머신게임의 게임기 전체 수량 중 2분의 1 이상은 그 머신게임기에 거는 금액의 단위가 100원 이하인 기기를 설치하여 운영하여야 한다.
7. 카지노 이용자에게 자금을 대여하여서는 아니 된다.
8. 카지노가 있는 호텔이나 영업소의 내부 또는 출입구 등 주요 지점에 폐쇄회로 텔레비전을 설치하여 운영하여야 한다.
9. 카지노 이용자의 비밀을 보장하여야 하며, 카지노 이용자에 관한 자료를 공개하거나 누출하여서는 아니 된다. 다만, 배우자 또는 직계존비속이 요청하거나 공공기관에서 공익적 목적으로 요청한 경우에는 자료를 제공할 수 있다.
10. 사망·폭력행위 등 사고가 발생한 경우에는 즉시 문화체육관광부장관에게 보고하여야 한다.
11. 회원용 영업장에 대한 운영·영업방법 및 카지노 영업장 출입일수는 내규로 정하되, 미리 문화체육관광부장관의 승인을 받아야 한다.

4) 카지노영업소 이용자의 준수 사항

관광진흥법 제29조(카지노영업소 이용자의 준수 사항) 카지노영업소에 입장하는 자는 카지노사업자가 외국인(「해외이주법」 제2조에 따른 해외이주자를 포함한다)임을 확인하기 위하여 신분 확인에 필요한 사항을 묻는 때에는 이에 응하여야 한다.

7. 카지노사업자의 관광진흥개발기금 납부 의무

관광진흥법 제30조(기금 납부) ① 카지노사업자는 총매출액의 100분의 10의 범위에서 일정 비율에 해당하는 금액을 「관광진흥개발기금법」에 따른 관광진흥개발기금에 내야 한다.

관광진흥법시행령 제30조(관광진흥개발기금으로의 납부금 등) ① 법 제30조제1항에 따른 총매출액은 카지노영업과 관련하여 고객으로부터 받은 총금액에서 고객에게 지급한 총금액을 공제한 금액을 말한다. 〈개정 2021. 1. 5.〉

1) 납부금 징수비율(관광진흥법시행령 제30조 제2항(관광진흥개발기금으로의 납부금 등))

관광진흥개발기금 납부금(이하 "납부금"이라 한다)의 징수비율은 다음의 어느 하나와 같다.

① 연간 총매출액이 10억 원 이하인 경우 : 총매출액의 100분의 1

② 연간 총매출액이 10억 원 초과 100억 원 이하인 경우 : 1천만 원+총매출액 중 10억 원을 초과하는 금액의 100분의 5

③ 연간 총매출액이 100억 원을 초과하는 경우 : 4억 6천만 원+총매출액 중 100억 원을 초과하는 금액의 100분의 10

2) 재무제표의 제출(관광진흥법시행령 제30조 제3항(관광진흥개발기금으로의 납부금 등))

카지노사업자는 매년 3월 말까지 공인회계사의 감사보고서가 첨부된 전년도의 재무제표를 문화체육관광부장관에게 제출하여야 한다.

3) 납부금의 부과

관광진흥법시행령 제30조(관광진흥개발기금으로의 납부금 등) ④ 문화체육관광부장관은 매년 4월 30일까지 제2항에 따라 전년도의 총매출액에 대하여 산출한 납부금을 서면으로 명시하여 2개월 이내의 기한을 정하여 한국은행에 개설된 관광진흥개발기금의 출납관리를 위한 계정에 납부할 것을 알려야 한다. 이 경우 그 납부금을 2회 나누어 내게 할 수 있되, 납부기한은 다음 각 호와 같다. 〈개정 2008.2.29, 2010.2.24〉

1. 제1회: 해당 연도 6월 30일까지
2. 제2회: 해당 연도 9월 30일까지
3. 삭제 〈2010.2.24〉
4. 삭제 〈2010.2.24〉

⑤ 카지노사업자는 천재지변이나 그 밖에 이에 준하는 사유로 납부금을 그 기한까지 납부할 수 없는 경우에는 그 사유가 없어진 날부터 7일 이내에 내야 한다.

4) 납부금의 징수절차

관광진흥법 제30조(기금 납부) ② 카지노사업자가 제1항에 다른 납부금을 납부기한까지 내지 아니하면 문화체육관광부장관은 10일 이상의 기간을 정하여 이를 독촉하여야 한다. 이 경우 체납된 납부금에 대하여는 100분의 3에 해당하는 가산금을 부과하여야 한다. 〈개정 2008.2.29〉

③ 제2항에 따른 독촉을 받은 자가 그 기간에 납부금을 내지 아니하면 국세 체납처분의 예에 따라 징수한다.

④ 제1항에 따른 총매출액, 징수비율 및 부과 · 징수절차 등에 필요한 사항은 대통령령으로 정한다.

5) 납부금 부과 처분 등에 대한 이의신청 특례

관광진흥법 제30조의2(납부금 부과 처분 등에 대한 이의신청 특례) ① 문화체육관광부장관은 제30조제1항에 따른 납부금 또는 같은 조 제2항 후단에 따른 가산금 부과 처분에 대한 이의신청을 받으면 그 신청을 받은 날부터 15일 이내에 이를 심의하여 그 결과를 신청인에게 서면으로 알려야 한다.

② 제1항에서 규정한 사항 외에 이의신청에 관한 사항은 「행정기본법」 제36조(제2항 단서는 제외한다)에 따른다. [본조신설 2023. 5. 16.]

관광진흥법 위반 사례 4

유원시설업 허가처분등 취소 [대법원 2012. 12. 13., 선고, 2011두29144, 판결]

【판시사항】

[1] 구 관광진흥법 제8조 제4항에 의한 지위승계신고를 수리하는 허가관청의 행위 및 구 체육시설의 설치·이용에 관한 법률 제20조, 제27조에 의한 영업양수신고나 문화체육관광부령으로 정하는 체육시설업의 시설 기준에 따른 필수시설인수신고를 수리하는 관계 행정청의 행위가 항고소송의 대상인지 여부(적극)

[2] 행정청이 구 관광진흥법 또는 구 체육시설의 설치·이용에 관한 법률의 규정에 의하여 유원시설업자 또는 체육시설업자 지위승계신고를 수리하는 처분을 하는 경우, 종전 유원시설업자 또는 체육시설업자에 대하여 행정절차법 제21조 제1항 등에서 정한 처분의 사전통지 등 절차를 거쳐야 하는지 여부(적극)

【판결요지】

[1] 구 관광진흥법(2010. 3. 31. 법률 제10219호로 개정되기 전의 것) 제8조 제4항에 의한 지위승계신고를 수리하는 허가관청의 행위는 단순히 양도·양수인 사이에 이미 발생한 사법상 사업양도의 법률효과에 의하여 양수인이 그 영업을 승계하였다는 사실의 신고를 접수하는 행

위에 그치는 것이 아니라, 영업허가자의 변경이라는 법률효과를 발생시키는 행위이다. 그리고 구 체육시설의 설치 · 이용에 관한 법률(2010. 3. 31. 법률 제10219호로 개정되기 전의 것) 제20조, 제27조의 각 규정 등에 의하면 체육시설업자로부터 영업을 양수하거나 문화체육관광부령으로 정하는 체육시설업의 시설 기준에 따른 필수시설을 인수한 자가 관계 행정청에 이를 신고하여 행정청이 수리하는 경우에는 종전 체육시설업자는 적법한 신고를 마친 체육시설업자의 지위를 부인당할 불안정한 상태에 놓이게 되므로, 그로 하여금 이러한 수리행위의 적법성을 다투어 법적 불안을 해소할 수 있도록 하는 것이 법치행정의 원리에 맞는다.

[2] 행정절차법 제21조 제1항, 제22조 제3항 및 제2조 제4호의 각 규정에 의하면, 행정청이 당사자에게 의무를 과하거나 권익을 제한하는 처분을 할 때에는 당사자 등에게 처분의 사전 통지를 하고 의견제출의 기회를 주어야 하며, 여기서 당사자란 행정청의 처분에 대하여 직접 그 상대가 되는 자를 의미한다. 한편 구 관광진흥법(2010. 3. 31. 법률 제10219호로 개정되기 전의 것, 이하 같다) 제8조 제2항, 제4항, 구 체육시설의 설치 · 이용에 관한 법률(2010. 3. 31. 법률 제10219호로 개정되기 전의 것, 이하 '구 체육시설법'이라 한다) 제27조 제2항, 제20조의 각 규정에 의하면, 공매 등의 절차에 따라 문화체육관광부령으로 정하는 주요한 유원시설업 시설의 전부 또는 체육시설업의 시설 기준에 따른 필수시설을 인수함으로써 유원시설업자 또는 체육시설업자의 지위를 승계한 자가 관계 행정청에 이를 신고하여 행정청이 수리하는 경우에는 종전 유원시설업자에 대한 허가는 효력을 잃고, 종전 체육시설업자는 적법한 신고를 마친 체육시설업자의 지위를 부인당할 불안정한 상태에 놓이게 된다. 따라서 행정청이 구 관광진흥법 또는 구 체육시설법의 규정에 의하여 유원시설업자 또는 체육시설업자 지위승계신고를 수리하는 처분은 종전 유원시설업자 또는 체육시설업자의 권익을 제한하는 처분이고, 종전 유원시설업자 또는 체육시설업자는 그 처분에 대하여 직접 그 상대가 되는 자에 해당한다고 보는 것이 타당하므로, 행정청이 그 신고를 수리하는 처분을 할 때에는 행정절차법 규정에서 정한 당사자에 해당하는 종전 유원시설업자 또는 체육시설업자에 대하여 위 규정에서 정한 행정절차를 실시하고 처분을 하여야 한다.

【참조조문】

[1] 행정소송법 제2조 제1항 제1호, 구 관광진흥법(2010. 3. 31. 법률 제10219호로 개정되기 전의 것) 제8조 제4항, 구 체육시설의 설치 · 이용에 관한 법률(2010. 3. 31. 법률 제10219호로 개정되기 전의 것) 제20조, 제27조

[2] 행정절차법 제2조 제4호, 제21조 제1항, 제22조 제3항, 구 관광진흥법(2010. 3. 31. 법률

제10219호로 개정되기 전의 것) 제8조 제2항, 제4항, 구 체육시설의 설치 · 이용에 관한 법률(2010. 3. 31. 법률 제10219호로 개정되기 전의 것) 제20조, 제27조 제2항

【참조판례】

[1] 대법원 1995. 2. 24. 선고 94누9146 판결(공1995상, 1477)
[2] 대법원 2003. 2. 14. 선고 2001두7015 판결(공2003상, 816)

【원심판결】

서울고법 2011. 11. 2. 선고 2011누4222 판결

【주 문】

상고를 모두 기각한다. 상고비용 중 보조참가로 인한 부분은 피고보조참가인이, 나머지는 피고가 각 부담한다.

【이 유】

피고와 피고보조참가인의 상고이유(상고이유서 제출기간이 경과한 후에 피고보조참가인 소송대리인이 제출한 상고이유보충서의 기재는 상고이유를 보충하는 범위 내에서)를 함께 판단한다.

1. 이 사건 신고수리가 항고소송의 대상인지 여부

구 관광진흥법(2010. 3. 31. 법률 제10219호로 개정되기 전의 것) 제8조 제4항에 의한 지위승계신고를 수리하는 허가관청의 행위는 단순히 양도 · 양수인 사이에 이미 발생한 사법상의 사업양도의 법률효과에 의하여 양수인이 그 영업을 승계하였다는 사실의 신고를 접수하는 행위에 그치는 것이 아니라, 영업허가자의 변경이라는 법률효과를 발생시키는 행위라고 할 것이다 (대법원 1995. 2. 24. 선고 94누9146 판결 등 참조).

그리고 구 체육시설의 설치 · 이용에 관한 법률(2010. 3. 31. 법률 제10219호로 개정되기 전의 것, 이하 '체육시설법' 이라 한다) 제20조, 제27조의 각 규정 등에 의하면, 체육시설업자로부터 영업을 양수하거나 문화체육관광부령으로 정하는 체육시설업의 시설 기준에 따른 필수시설을 인수한 자가 관계 행정청에 이를 신고하여 행정청이 이를 수리하는 경우에는 종전의 체육시설업자는 적법한 신고를 마친 체육시설업자로서의 지위를 부인당할 불안정한 상태

에 놓이게 되므로, 그로 하여금 이러한 수리행위의 적법성을 다투어 그 법적 불안을 해소할 수 있도록 하는 것이 법치행정의 원리에 부합한다.

이와 같은 법리에 비추어 기록을 살펴보면, 원심판결 이유에는 부적절한 부분이 없지 아니하나 이 사건 신고수리가 항고소송의 대상이 된다고 본 것은 결과적으로 정당하고, 거기에 상고이유의 주장과 같은 신고의 법적 성격과 대물적 허가에 관한 법리오해, 이유모순 등으로 판결 결과에 영향을 미친 위법이 없다.

2. 제소기간 준수 여부

원심은, 원고는 피고로부터 이 사건 신고와 관련하여 어떠한 통보도 받지 못하다가 이 사건 신고수리 이후인 2010. 2. 17.경 피고에게 정보공개신청을 함으로써 2010. 3. 1.경에야 관련 정보를 제공받아 이를 기초로 2010. 4. 23. 이 사건 소를 제기하기에 이른 점 등을 근거로, 원고가 이 사건 신고수리가 있었다는 사실을 현실적으로 알게 된 시점은 정보공개 무렵인 2010. 3. 1.경이라고 봄이 상당하므로, 그때부터 90일 이내에 제기된 이 사건 소는 적법하다고 판단하였다.

관련 법리와 기록에 비추어 살펴보면 원심의 위와 같은 사실인정과 판단은 정당하고, 거기에 상고이유의 주장과 같은 채증법칙위반, 제소기간의 기산점에 관한 법리오해 등의 위법이 없다.

3. 이 사건 신고수리의 취소를 구할 법률상 이익 내지 소의 이익이 있는지 여부

원심은, 원고가 이 사건 스포츠센터 필수 영업시설 등을 공매 등의 절차에 의하여 피고보조참가인에게 이전하여 그 소유권을 상실하였더라도 그 사유만으로 유원시설업 허가 또는 체육시설업 신고의 효력이 당연히 참가인에게 이전되었다고 볼 만한 법규상 근거가 없고, 반면에 이 사건 신고가 수리됨으로써 종전 사업자인 원고는 당해 영업을 적법하게 할 수 있는 법규상의 권리가 상실되는 점, 원고로서는 다시 매매 등을 통하여 이 사건 스포츠센터 시설 등을 갖출 수도 있으므로 관광진흥법과 체육시설법에서 정하는 시설 및 설비기준을 충족할 여지를 완전히 배제하기 어려운 점 등에 비추어 보면, 원고에게 이 사건 신고수리의 취소를 구할 법률상 이익이나 소의 이익이 없게 되었다고 단정할 수 없다고 판단하였다.

관련 법령 규정과 법리 및 기록에 비추어 살펴보면, 원심판결 이유에는 부적절한 부분이 없지 아니하나 원고가 이 사건 신고수리의 취소를 구할 법률상 이익이 있다고 본 것은 결과적으로 정당하고, 거기에 상고이유의 주장과 같은 신고수리의 취소를 구할 법률상 이익 내지 소의 이익에 관한 법리오해 등으로 판결 결과에 영향을 미친 위법이 없다.

4. 행정절차법 위반 여부

행정절차법 제21조 제1항, 제22조 제3항 및 제2조 제4호의 각 규정에 의하면, 행정청이 당사자에게 의무를 과하거나 권익을 제한하는 처분을 함에 있어서는 당사자 등에게 처분의 사전통지를 하고 의견제출의 기회를 주어야 하며, 여기서 당사자라 함은 행정청의 처분에 대하여 직접 그 상대가 되는 자를 의미한다. 한편 구 관광진흥법 제8조 제2항, 제4항, 체육시설법 제27조 제2항, 제20조의 각 규정에 의하면, 공매 등의 절차에 따라 문화체육관광부령으로 정하는 주요한 유원시설업 시설의 전부 또는 체육시설업의 시설 기준에 따른 필수시설을 인수함으로써 그 유원시설업자 또는 체육시설업자의 지위를 승계한 자가 관계 행정청에 이를 신고하여 행정청이 이를 수리하는 경우에는 종전의 유원시설업자에 대한 허가는 그 효력을 잃고, 종전의 체육시설업자는 적법한 신고를 마친 체육시설업자로서의 지위를 부인당할 불안정한 상태에 놓이게 된다. 따라서 행정청이 관광진흥법 또는 체육시설법의 규정에 의하여 유원시설업자 또는 체육시설업자 지위승계신고를 수리하는 처분은 종전의 유원시설업자 또는 체육시설업자의 권익을 제한하는 처분이라 할 것이고, 종전의 유원시설업자 또는 체육시설업자는 그 처분에 대하여 직접 그 상대가 되는 자에 해당한다고 봄이 상당하므로, 행정청으로서는 그 신고를 수리하는 처분을 함에 있어서 행정절차법 규정 소정의 당사자에 해당하는 종전의 유원시설업자 또는 체육시설업자에 대하여 위 규정 소정의 행정절차를 실시하고 처분을 하여야 한다(대법원 2003. 2. 14. 선고 2001두7015 판결 등 참조).

원심은 판시와 같은 이유로, 이 사건 신고수리가 종전의 유원시설업자 또는 체육시설업자인 원고의 권익을 제한하는 처분임에도 피고가 이 사건 신고수리를 함에 있어 원고에게 행정절차법이 정한 사전통지를 하거나 의견제출의 기회를 제공하였다는 점을 인정할 증거가 없다고 보는 한편, 이 사건 신고수리가 행정절차법 제21조 제4항 제3호 및 제22조 제4항에서 정하는 '당해 행정처분의 성질상 의견청취가 명백히 불필요하다고 인정될 만한 상당한 이유가 있는 경우'에 해당한다는 피고와 피고보조참가인의 주장을 배척한 다음, 이 사건 신고수리는 행정절차법에 따른 사전통지 등의 절차를 거치지 아니하여 위법하다고 판단하였다.

앞서 본 법리와 기록에 비추어 살펴보면 원심의 위와 같은 판단은 정당하고, 거기에 상고이유의 주장과 같은 채증법칙위반, 행정절차의 상대방 등 행정절차법에 관한 법리오해 등으로 판결 결과에 영향을 미친 위법이 없다.

5. 결론

그러므로 상고를 모두 기각하고, 상고비용 중 보조참가로 인한 부분은 피고보조참가인이, 나머지는 피고가 각 부담하도록 하여 관여 대법관의 일치된 의견으로 주문과 같이 판결한다.

issue

위 판례의 관광진흥법 위반 조문 항목을 찾아보고 토론하시오.

제5절 유원시설업

1. 유원시설업의 허가 및 신고

1) 유원시설업의 허가대상

유원시설업 중 대통령령으로 정하는 종합유원시설업 및 일반유원시설업을 경영하고자 하는 자는 문화체육관광부령으로 정하는 시설과 설비를 갖추어 특별자치시장 · 특별자치도지사 · 시장 · 군수 · 구청장의 허가를 받아야 한다.(관광진흥법 제5조 제2항, 관광진흥법시행령 제7조, 관광진흥법시행규칙 제7조)

2) 유원시설업의 신고대상

유원시설업중 기타유원시설업을 경영하고자 하는 자는 문화체육관광부령으로 정하는 시설과 설비를 갖추어 특별자치시장 · 특별자치도지사 · 시장 · 군수 · 구청장에게 신고하여야 한다. 신고한 사항 중 문화체육관광부령으로 정하는 중요 사항을 변경하려는 경우에도 또한 같다.(관광진흥법 제5조 제4항, 관광진흥법시행규칙 제11조)

3) 유원시설업의 조건부 영업허가

(1) 유원시설업의 조건부 영업허가

가) 조건부 영업허가

관광진흥법 제31조(조건부 영업허가) ① 특별자치시장 · 특별자치시장 · 특별자치도지사 · 시장 · 군수 · 구청장은 유원시설업 허가를 할 때 5년의 범위에서 대통령령으로 정하는 기간에 제5조제2항에 따른 시설 및 설비를 갖출 것을 조건으로 허가할 수 있다. 다만, 천재지변이나 그 밖의 부득이한 사유가 있다고 인정하는 경우에는 해당 사업자의 신청에 따라 한 차례에 한하여 1년을 넘지 아니하는 범위에서 그 기간을 연장할 수 있다. 〈개정 2008.6.5., 2011.4.5., 2018.6.12.〉

③ 제1항에 따른 허가를 받은 자는 제1항에 따른 기간 내에 허가 조건에 해당하는 필요한 시설 및 기구를 갖춘 경우 그 내용을 특별자치시장 · 특별자치시장 · 특별자치도지사 · 시장 · 군수 · 구청장에게 신고하여야 한다. 〈신설 2011.4.5., 2018.6.12.〉

④ 특별자치시장 · 특별자치도지사 · 시장 · 군수 · 구청장은 제3항에 따른 신고를 받은 날부터 문화체육관광부령으로 정하는 기간 내에 신고수리 여부를 신고인에게 통지하여야 한다. 〈신설 2018.6.12.〉

⑤ 특별자치시장 · 특별자치도지사 · 시장 · 군수 · 구청장이 제4항에서 정한 기간 내에 신고수리 여부 또는 민원 처리 관련 법령에 따른 처리기간의 연장을 신고인에게 통지하지 아니하면 그 기간(민원 처리 관련 법령에 따라 처리기간이 연장 또는 재연장된 경우에는 해당 처리기간을 말한다)이 끝난 날의 다음 날에 신고를 수리한 것으로 본다. 〈신설 2018.6.12.〉 [시행일 : 2018.7.13.] 제31조제4항, 제31조제5항

관광진흥법시행령 제31조(유원시설업의 조건부 영업허가 기간 등) ① 법 제31조제1항에서 "대통령령으로 정하는 기간"이란 조건부 영업허가를 받은 날부터 다음 각 호에서 정하는 연한이 만료된 날까지의 기간을 말한다. 다만, 문화체육관광부령으로 정하는 사유가 있는 경우에는 1회에 한하여 1년의 범위에서 그 기간을 연장할 수 있다. 〈개정 2008.2.29〉

1. 종합유원시설업을 하려는 경우 : 5년
2. 일반유원시설업을 하려는 경우 : 3년

② 법 제31조제1항 단서에서 "그 밖의 부득이한 사유"란 다음 각 호의 어느 하나에 해당하는 사유를 말한다.

1. 천재지변에 준하는 불가항력적인 사유가 있는 경우
2. 조건부 영업허가를 받은 자의 귀책사유가 아닌 사정으로 부지의 조성, 시설 및 설비의 설치가 지연되는 경우
3. 그 밖의 기술적인 문제로 시설 및 설비의 설치가 지연되는 경우 [전문개정 2011.10.6.]

나) 조건부 영업허가의 기간연장 신청

관광진흥법시행규칙 제39조(조건부 영업허가의 기간 연장 신청) 법 제31조제1항 단서에 따라 조건부 영업허가의 기간을 연장받으려는 자는 조건부 영업허가의 기간이 만료되기 전에 법 제31조제1항 단서 및 영 제31조제2항 각 호의 어느 하나에 해당하는 사유를 증명하는 서류를 특별자치시장 · 특별자치도지사 · 시장 · 군수 · 구청장에게 제출하여야 한다. 〈개정 2019. 4. 25.〉 [전문개정 2011.10.6.]

다) 조건부 영업허가 신청

관광진흥법시행규칙 제37조(유원시설업의 조건부 영업허가 신청) ① 법 제31조에 따라 조건부 영업허가를 받고자 하는 자는 별지 제11호서식의 유원시설업 조건부 영업허가 신청서에 제7조제2항제2호 및 제3호의 서류와 사업계획서를 첨부하여 특별자치시장 · 특별자치도지사 · 시장 · 군수 · 구청장에게 제출하여야 한다 〈개정 2009. 3. 31., 2019. 4. 25.〉

② 제1항에 따른 신청서를 받은 특별자치시장 · 특별자치도지사 · 시장 · 군수 · 구청장은 「전자정부법」 제36조제1항에 따른 행정정보의 공동이용을 통하여 법인 등기사항증명서(법인만 해당한다)를 확인하여야 한다. 〈개정 2009. 3. 31., 2011. 3. 30., 2019. 4. 25.〉

③ 제1항의 사업계획서에는 다음 각 호의 사항이 포함되어야 한다.. 법 제5조 제2항에 따른 시설 및 설비 계획

2. 공사 계획, 공사 자금 및 그 조달 방법
3. 시설별 · 층별 면적, 시설개요, 조감도, 사업 예정 지역의 위치도, 시설배치 계획도 및 토지명세서

④ 특별자치시장 · 특별자치도지사 · 시장 · 군수 · 구청장은 유원시설업의 조건부 영업허가를 하는 경우에는 별지 제13호서식의 유원시설업 조건부 영업허가증을 발급하여야 한다. 〈개정 2009. 3. 31., 2019. 4. 25.〉

[별지 제11호서식] 관광진흥법시행규칙 〈개정 2019. 10. 16.〉

유원시설업 [ ] 허가신청서 / [ ] 조건부 영업허가 신청서

※[ ]에는 √ 표시를 하며, 색상이 어두운 란은 신청인이 적지 않습니다. (앞쪽)

접수번호	접수일	발급일	처리기간	3일

신청인	성 명(대표자)	생년월일(외국인등록번호)
	주 소	전화번호
영업소	대표자	생년월일(외국인등록번호)
	소재지	전화번호
	명칭(상호)	영업의 종류
유기시설 또는 유기기구 종수	안전검사 대상 유기시설 또는 유기기구	종
	안전검사 대상이 아닌 유기시설 또는 유기기구	종
	시설 및 설비 설치 완료(예정)일	년 월 일
	영업기간(6개월 미만의 경우에만 표시)	

「관광진흥법」 제5조제2항·제31조 및 같은 법 시행규칙 제7조·제37조에 따라 위와 같이 신청합니다.

년 월 일

신청인 (서명 또는 인)

특별자치시장·특별자치도지사·시장·군수·구청장 귀하

대장 및 공부확인	일 자	결 과	서 명
건축물대장등본/토지이용계획확인원			

첨부서류	뒤쪽 참조	수수료 지방자치단체 조례

유의사항

1. 건축물의 용도 중 관계 법령에 적합하지 아니하거나 시설 및 설비기준에 적합하지 아니한 경우에는 영업허가가 제한됩니다.
2. 허가를 받지 아니하고 영업을 하는 경우에는 다음과 같은 불이익처분을 받습니다.
   가. 「관광진흥법」 제36조에 따른 폐쇄조치
   나. 「관광진흥법」 제82조에 따른 3년 이하의 징역 또는 3천만원 이하의 벌금

처리절차

신청서 작성 → 접 수 → 검 토 → 결 정 → 허가증 발급

신청인 / 처리기관(특별자치시장·특별자치도지사·시장·군수·구청장) / 처리기관(특별자치시장·특별자치도지사·시장·군수·구청장) / 처리기관(특별자치시장·특별자치도지사·시장·군수·구청장)

210mm×297mm[백상지(80g/㎡) 또는 중질지(80g/㎡)]

(뒤쪽)

구분	신청인(대표자) 제출서류	담당공무원 확인사항
유원시설업 허가의 경우	1. 영업시설 및 설비개요서(「관광진흥법 시행규칙」 별표 1의2에 따른 시설 및 설비기준이 포함되어야 합니다) 1부 2. 신청인(법인의 경우에는 대표자 및 임원)이 내국인인 경우에는 성명 및 주민등록번호를 기재한 서류 1부 3. 신청인(법인의 경우에는 대표자 및 임원)이 외국인인 경우에는 「관광진흥법」 제7조제1항 각 호에 해당하지 아니함을 증명하는 다음 각 목의 어느 하나에 해당하는 서류. [illegible] 가. [illegible] 나. [illegible] 4. 정관(법인만 해당합니다) 1부 5. 유기시설 또는 유기기구의 [illegible] 1부 6. 「관광진흥법」 [illegible] 1부 7. 「관광진흥법」 [illegible] 1부 8. 임대차계약서 사본(대지 또는 건물을 임차한 경우만 해당합니다) 1부 9. 다음 각 목의 사항이 포함된 안전관리계획서 1부 가. [illegible] 나. 비상연락체계 다. 비상 시 조치계획 라. [illegible] 마. [illegible]	법인 등기사항증명서(법인만 해당합니다)
유원시설업 조건부영업허가의 경우	1. 유원시설업 허가의 경우의 제3호부터 제4호까지의 서류 2. 사업계획서	법인 등기사항증명서(법인만 해당합니다)

[별지 제13호서식] 관광진흥법시행규칙 〈개정 2019. 4. 25.〉

(앞쪽)

제 호

유원시설업 [ ]허가증 / [ ]조건부 영업허가증

※ [ ]에는 √ 표시를 합니다.

1. 영업소 명칭	
2. 소 재 지	
3. 영업의 종류	
4. 대표자 성명	
5. 대표자의 생년월일	
6. 안전성검사 대상 유기시설 또는 유기기구 수 (종 수)	
7. 안전성검사 대상이 아닌 유기시설 또는 유기기구 수 (종 수)	
8. 허 가 조 건	
9. 영업기간 (6개월 미만의 경우에만 해당합니다)	

「관광진흥법」 제5조제2항·제31조 및 같은 법 시행규칙 제7조·제37조에 따라 위와 같이 허가합니다.

년 월 일

특별자치시장·
특별자치도지사·
시장·군수·구청장 [직인]

210mm×297mm[백상지 150g/㎡]

(뒤쪽)

허가번호 :

변경 및 처분사항		
연월일	내용	확인[인]

라) 조건이행의 신고

관광진흥법시행규칙 제38조(조건이행의 신고 등) ① 법 제31조에 따라 유원시설업의 조건부 영업허가를 받은 자는 영 제31조제1항에 따른 기간 내에 그 조건을 이행한 경우에는 별지 제32호의2서식의 조건이행내역 신고서에 시설 및 설비내역서를 첨부하여 특별자치시장 · 특별자치도지사 · 시장 · 군수 · 구청장에게 제출하여야 한다. 〈개정 2009. 3. 31., 2011. 10. 6., 2019. 4. 25.〉

② 제1항에 따른 조건이행내역 신고서를 제출한 자가 영업을 시작하려는 경우에는 별지 제11호서식의 유원시설업 허가신청서에 제7조제2항제4호부터 제6호까지의 서류를 첨부하여 특별자치시장 · 특별자치도지사 · 시장 · 군수 · 구청장에게 제출하여야 한다. 〈개정 2009. 3. 31., 2011. 10. 6., 2019. 4. 25.〉

[별지 제32호의2서식] 관광진흥법시행규칙
〈개정 2019. 4. 25.〉

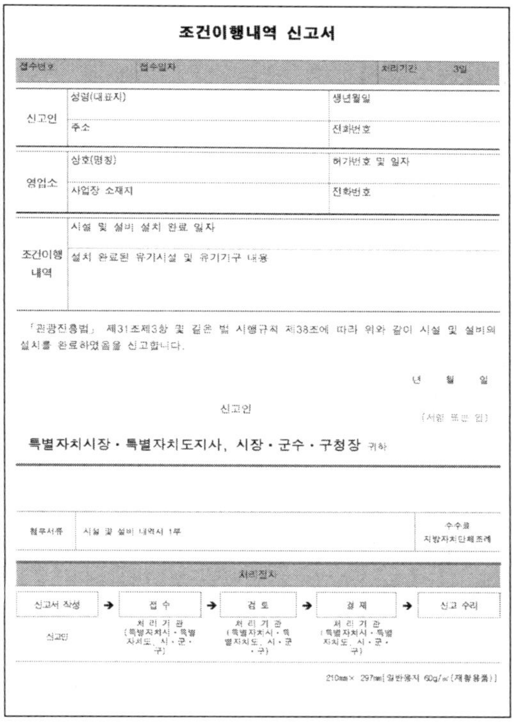

조건이행내역 신고서

접수번호	접수일자	처리기간 3일

신고인	성명(대표자)	생년월일
	주소	전화번호
영업소	상호(명칭)	허가번호 및 일자
	사업장 소재지	전화번호
조건이행 내역	시설 및 설비 설치 완료 일자	
	설치 완료된 유기시설 및 유기기구 내용	

「관광진흥법」 제31조제3항 및 같은 법 시행규칙 제38조에 따라 위와 같이 시설 및 설비의 설치를 완료하였음을 신고합니다.

년 월 일

신고인 (서명 또는 인)

특별자치시장 · 특별자치도지사, 시장 · 군수 · 구청장 귀하

첨부서류	시설 및 설비 내역서 1부	수수료 지방자치단체조례

처리절차

신고서 작성 → 접 수 → 검 토 → 결 재 → 신고 수리

신고인 / 처리기관 (특별자치시 · 특별자치도, 시 · 군 · 구) / 처리기관 (특별자치시 · 특별자치도, 시 · 군 · 구) / 처리기관 (특별자치시 · 특별자치도, 시 · 군 · 구)

210㎜× 297㎜[일반용지 60g/㎡(재활용품)]

[별지 제14호서식] 관광진흥법시행규칙
〈개정 2016.12.30.〉

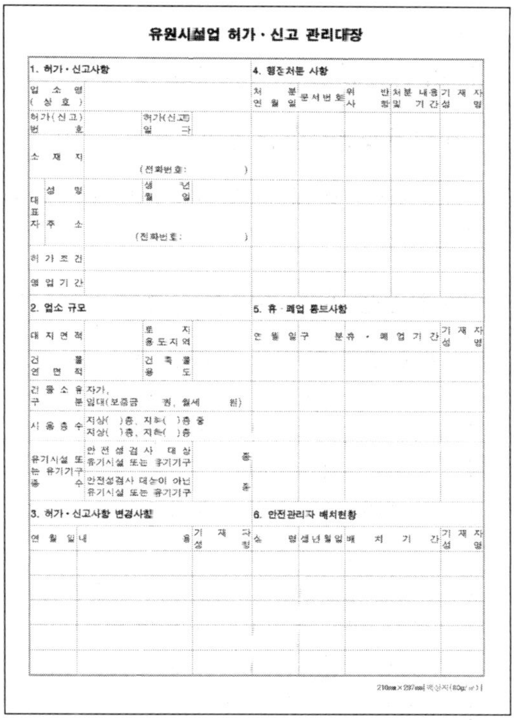

유원시설업 허가 · 신고 관리대장

1. 허가 · 신고사항

업소명(상호)			
허가(신고)번호		허가(신고)일자	
소재지	(전화번호:)		
대표자 성명		생년월일	
대표자 주소	(전화번호:)		
허가조건			
영업기간			

2. 업소 규모

대지면적		토지 용도지역	
건물 연면적		건축물 용도	
건물소유 구분	자가, 임대(보증금 원, 월세 원)		
사용층수	지상( )층, 지하( )층 중 지상( )층, 지하( )층		
유기시설 또는 유기기구 종수	안전성검사 대상 유기시설 또는 유기기구	종	
	안전성검사 대상이 아닌 유기시설 또는 유기기구	종	

3. 허가 · 신고사항 변경사항

연월일	내용	기재자 성명

4. 행정처분 사항

처분 연월일	문서번호	위반사항	처분 내용 및 기간	기재자 성명

5. 휴 · 폐업 등 사항

연월일	구분	휴 · 폐업 기간	기재자 성명

6. 안전관리자 배치현황

성명	생년월일	배치기간	기재자 성명

210㎜×297㎜[백상지(80g/㎡)]

마) 유원시설업허가증의 발급 및 관리대장 작성 · 관리

> **관광진흥법시행규칙 제38조(조건이행의 신고 등)** ③ 특별자치시장 · 특별자치도지사 · 시장 · 군수 · 구청장은 제2항에 따라 받은 서류를 검토한 결과 유원시설업의 허가조건을 충족하는 경우에는 신청인에게 제37조제4항에 따른 조건부 영업허가증을 별지 제13호서식의 유원시설업 허가증으로 바꾸어 발급하고, 별지 제14호서식의 유원시설업 허가 · 신고 관리대장을 작성하여 관리하여야 한다. 〈개정 2009. 3. 31., 2019. 4. 25.〉 [제목개정 2011. 10. 6.]

(2) 유원시설업의 조건부 영업허가의 취소

> **관광진흥법 제31조(조건부 영업허가)** ② 특별자치시장 · 특별자치시장 · 특별자치도지사 · 시장 · 군수 · 구청장은 제1항에 따른 허가를 받은 자가 정당한 사유 없이 제1항에 따른 기간에 허가 조건을 이행하지 아니하면 그 허가를 즉시 취소하여야 한다. 〈개정 2008.6.5., 2011.4.5., 2018.6.12.〉

2. 유원시설업의 유기시설 및 유기기구의 안전성검사

1) 안전성검사대상 유원시설업

유원시설업 중 종합유원시설업과 일반유원시설업이다.

2) 안전성 검사 및 안전성 검사대상이 아님을 확인하는 검사

(1) 안전성 검사 및 안전성 검사대상이 아님을 확인하는 검사

> **관광진흥법 제33조(안전성검사 등)** ① 유원시설업자 및 유원시설업의 허가 또는 변경허가를 받으려는 자(조건부 영업허가를 받은 자로서 그 조건을 이행한 후 영업을 시작하려는 경우를 포함한다)는 문화체육관광부령으로 정하는 안전성검사 대상 유기시설 또는 유기기구에 대하여 문화체육관광부령에서 정하는 바에 따라 특별자치시장 · 특별자치시장 · 특별자치도지사 · 시장 · 군수 · 구청장이 실시하는 안전성검사를 받아야 하고, 안전성검사 대상이 아닌 유기시설 또는 유기기구에 대하여는 안전성검사 대상에 해당되지 아니함을 확인하는 검사를 받아야 한다. 이 경우 특별자치시장 · 특별자치시장 · 특별자치도지사 · 시장 · 군수 · 구청장은 성수기 등을 고려하여 검사시기를 지정할 수 있다. 〈개정 2008.2.29., 2009.3.25., 2011.4.5., 2018.6.12.〉

(2) 안전성 검사 및 안전성 검사대상이 아님을 확인하는 유기시설 및 유기기구

안전성 검사 대상 유기시설 또는 유기기구와 안전성 검사대상이 아닌 유기시설 및 유기기구는 별표 11과 같고, 기타유원시설업의 신고를 하려는 자와 종합유원시설업 또는 일반유원시설업을 하는 자가 안전성검사 대상이 아닌 유기시설 또는 유기기구를 설치하여 운영하려는 경우에는 안전성검사 대상이 아님을 확인하는 검사를 받아야 한다. 다만, 유기시설 또는 유기기구는 최초로 확인검사를 받은 다음 연도부터는 2년마다 정기 확인검사를 받아야 하고, 그 확인검사에서 부적합 판정을 받은 유기시설 또는 유기기구는 재확인검사를 받아야 한다.

변경신고를 한 경우 또는 긴급안전점검 등이 문화체육관광부장관이 정하여 고시하는 바에 따라 이루어진 경우에는 제4항 단서에 따른 정기 확인검사에서 제외할 수 있다.(관광진흥법 시행규칙 제40조 제1, 4, 9항(유기시설 또는 유기기구의 안전성 검사 등))

3) 안전성 검사 및 재검사

(1) 안정성 검사

유원시설업의 허가 또는 변경허가를 받으려는 자(조건부 영업허가를 받은 자로서 조건이행내역 신고서를 제출한 후 영업을 시작하려는 경우를 포함한다)는 안전성검사 대상 유기시설 또는 유기기구에 대하여 허가 또는 변경허가 전에 안전성검사를 받아야 하며, 허가 또는 변경허가를 받은 다음 연도부터는 연 1회 이상 정기 안전성검사를 받아야 한다. 다만, 최초로 안전성검사를 받은 지 10년이 지난 유기시설 또는 유기기구에 대하여는 반기별로 1회 이상 안전성 검사를 받아야 한다.(관광진흥법시행규칙 제40조 제2항(유기시설 또는 유기기구의 안전성 검사 등))

(2) 안정성 재검사

안전성검사를 받은 유기시설 또는 유기기구 중 다음의 어느 하나에 해당하는 유기시설 또는 유기기구는 재검사를 받아야 한다.

① 정기 또는 반기별 안전성검사 및 재검사에서 부적합 판정을 받은 유기시설 또는 유기기구
② 사고가 발생한 유기시설 또는 유기기구(유기시설 또는 유기기구의 결함에 의하지 아니한 사고는 제외한다)
③ 3개월 이상 운행을 정지한 유기시설 또는 유기기구

또한 3개월 이상 운행을 정지한 유기시설 또는 유기기구에 해당하여 재검사를 받은 경우에는 제2항에 따른 정기 안전성검사를 받은 것으로 본다.(관광진흥법시행규칙 제40조 제3, 8항(유기시설 또는 유기기구의 안전성 검사 등))

4) 안전관리자 배치

관광진흥법 제33조(안전성검사 등) ② 제1항에 따라 안전성검사를 받아야 하는 유원시설업자는 유기시설 및 유기기구에 대한 안전관리를 위하여 사업장에 안전관리자를 항상 배치하여야 한다.

유원시설업의 사업장에 배치하여야 하는 안전관리자의 자격 · 배치기준 및 임무는 다음의 별표 12와 같다.(관광진흥법시행규칙 제41조 제1항(안전관리자의 자격 · 배치기준 및 임무 등))

[별표 12] **관광진흥법시행규칙 〈개정 2016.12.30.〉**

안전관리자의 자격 · 배치기준 및 임무(제41조 관련)

1. 안전관리자의 자격

구 분	자 격
종합유원시설업	가. 「국가기술자격법」에 따른 기계 · 전기 · 전자 또는 안전관리 분야의 산업기사 자격이상 보유한 자 나. 「고등교육법」에 따른 이공계 전문대학 또는 이와 동등 이상의 학교를 졸업한 자로서 종합유원시설업소 또는 일반유원시설업소에서 1년 이상 유기시설 및 유기기구 안전점검 · 정비업무를 담당한 자 또는 기계 · 전기 · 산업안전 · 자동차정비 등 유원시설업의 유사경력 2년 이상인 자 다. 「국가기술자격법」에 따른 기계 · 전기 · 전자 또는 안전관리 분야의 기능사 자격이상 보유한 자로서 종합유원시설업소 또는 일반유원시설업소에서 2년 이상 유기시설 및 유기기구 안전점검 · 정비업무를 담당한 자 또는 기계 · 전기 · 산업안전 · 자동차정비 등 유원시설업의 유사경력 3년 이상인 자
일반유원시설업	가. 「국가기술자격법」에 따른 기계 · 전기 · 전자 또는 안전관리 분야의 산업기사 또는 기능사 자격이상 보유한 자 나. 「고등교육법」에 따른 이공계 전문대학 또는 이와 동등 이상의 학교를 졸업한 자로서 종합유원시설업소 또는 일반유원시설업소에서 1년 이상 유기시설 및 유기기구 안전점검 · 정비업무를 담당한 자 또는 기계 · 전기 · 산업안전 · 자동차정비 등 유원시설업의 유사경력 2년 이상인 자 다. 「초 · 중등교육법」에 따른 공업계 고등학교 또는 이와 동등 이상의 학교를 졸업한 자로서 종합유원시설업소 또는 일반유원시설업소에서 2년 이상 유기시설 및 유기기구 안전점검 · 정비업무를 담당한 자 또는 기계 · 전기 · 산업안전 · 자동차정비 등 유원시설업의 유사경력 3년 이상인 자 라. 종합유원시설업 또는 일반유원시설업의 안전관리업무에 종사한 경력이 5년 이상인 자로서, 문화체육관광부장관이 지정하는 업종별 관광협회 또는 전문연구 · 검사기관에서 40시간 이상 안전교육을 이수한 자

2. 안전관리자의 배치기준

가. 안전성검사 대상 유기기구 1종 이상 10종 이하를 운영하는 사업자: 1명 이상

나. 안전성검사 대상 유기기구 11종 이상 20종 이하를 운영하는 사업자: 2명 이상

다. 안전성검사 대상 유기기구 21종 이상을 운영하는 사업자: 3명 이상

3. 안전관리자의 임무

가. 안전관리자는 안전운행 표준지침을 작성하고 유기시설 안전관리계획을 수립하고 이에 따라 안전관리업무를 수행하여야 한다.

나. 안전관리자는 매일 1회 이상 안전성검사 대상 유기시설 또는 유기기구에 대한 안전점검을 하고 그 결과를 안전점검기록부에 기록 · 비치하여야 하며, 이용객이 보기 쉬운 곳에 유기시설 또는 유기기구별로 안전점검표시판을 게시하여야 한다.

다. 유기시설과 유기기구의 운행자 및 유원시설 종사자에 대한 안전교육계획을 수립하고, 이에 따라 교육을 하여야 한다.

5) 안전관리자의 안전교육

(1) 안전관리자의 안전교육

관광진흥법 제33조(안전성검사 등) ③ 제2항에 따른 안전관리자는 문화체육관광부장관이 실시하는 유기시설 및 유기기구의 안전관리에 관한 교육(이하 "안전교육"이라 한다)을 정기적으로 받아야 한다. 〈신설 2015.2.3.〉

④ 제2항에 따른 유원시설업자는 제2항에 따른 안전관리자가 안전교육을 받도록 하여야 한다. 〈신설 2015.2.3.〉

⑤ 제2항에 따른 안전관리자의 자격·배치 기준 및 임무, 안전교육의 내용·기간 및 방법 등에 필요한 사항은 문화체육관광부령으로 정한다. 〈개정 2008.2.29., 2015.2.3.〉

안전관리자는 문화체육관광부장관이 실시하는 유기시설 및 유기기구의 안전관리에 관한 교육(이하 "안전교육"이라 한다)을 정기적으로 받아야 한다.(관광진흥법시행규칙 제41조 제2, 3, 4항(안전관리자의 자격·배치기준 및 임무 등))

유기시설 및 유기기구의 안전관리에 관한 교육의 내용은 다음과 같다.

① 유원시설 안전사고의 원인 및 대응요령

② 유원시설 안전관리에 관한 법령

③ 유원시설 안전관리 실무

④ 그 밖에 유원시설 안전관리를 위하여 필요한 사항

안전관리자는 유원시설업의 사업장에 처음 배치된 날부터 6개월 이내에 안전교육을 받아야 한다. 다만, 다른 유원시설업 사업장에서 제2항에 따른 안전교육을 받고 2년이 경과하지 아니한 경우에는 그러하지 아니하다. 또한, 안전교육을 받은 안전관리자는 교육일부터 매 2년마다 1회 이상의 안전교육을 받아야 한다. 이 경우 1회당 안전교육 시간은 8시간 이상으로 한다.

또한 안전관리자가 안전교육을 받도록 하여야 하며, 안전관리자의 자격·배치 기준 및 임무, 안전교육의 내용·기간 및 방법 등에 필요한 사항은 문화체육관광부령으로 정한다.

(2) 안전관리자의 위탁교육

안전관리자의 안전교육에 관한 권한을 위탁받은 업종별 관광협회 또는 안전관련 전문 연구·검사기관은 안전교육이 종료된 후 1개월 이내에 그 교육 결과를 해당 유원시설업의 소재지를 관할하는 특별자치시장 · 특별자치도지사 · 시장 · 군수 · 구청장에게 통지하여야 한다.(관광진흥법시행규칙 제41조 제5항(안전관리자의 자격 · 배치기준 및 임무 등))

6) 안전선 검사등록기관의 유기기구 검사관련 작성 · 제출

안전성검사 및 안전성검사 대상이 아님을 확인하는 검사에 관한 권한을 위탁받은 업종별 관광협회 또는 전문 연구 · 검사기관은 규정에 따른 안전성검사 또는 안전성검사 대상이 아님을 확인하는 검사를 한 경우에는 문화체육관광부장관이 정하여 고시하는 바에 따라 검사결과서를 작성하여 지체 없이 검사신청인과 해당 유원시설업의 소재지를 관할하는 특별자치시장 · 특별자치도지사 · 시장 · 군수 · 구청장에게 각각 통지하여야 하며, 유기시설 또는 유기기구에 대한 안전성검사 및 안전성검사 대상이 아님을 확인하는 검사의 세부기준 및 절차는 문화체육관광부장관이 정하여 고시한다.

또한 유기시설 또는 유기기구 검사결과서를 통지받은 특별자치시장 · 특별자치도지사 · 시장 · 군수 · 구청장은 그 안전성검사 또는 확인검사 결과에 따라 해당 사업자에게 다음의 사항을 조치를 하여야 한다.

① 검사 결과 부적합 판정을 받은 유기시설 또는 유기기구에 대해서는 운행중지를 명하고, 재검사 또는 재확인검사를 받은 후 운행하도록 권고하여야 한다.

② 검사 결과 적합 판정을 받았으나 개선이 필요한 사항이 있는 유기시설 또는 유기기구에 대해서는 개선을 하도록 권고할 수 있다.(관광진흥법시행규칙 제40조 제5, 6, 7, 9항(유기시설 또는 유기기구의 안정성 검사 등))

3. 유원시설업의 사고보고의무 및 사고조사

1) 사고보고의 의무

관광진흥법 제33조의2(사고보고의무 및 사고조사) ① 유원시설업자는 그가 관리하는 유기시설 또는 유기기구로 인하여 대통령령으로 정하는 중대한 사고가 발생한 때에는 즉시 사용중지 등 필요한 조치를 취하고 문화체육관광부령으로 정하는 바에 따라 특별자치시장 · 특별자치시장 · 특별자치도지사 · 시장 · 군수 · 구청장에게 통보하여야 한다. 〈개정 2018.6.12.〉

관광진흥법시행령 제31조의2(유기시설 등에 의한 중대한 사고) ① 법 제33조의2제1항에서 "대통령령으로 정하는 중대한 사고"란 다음 각 호의 어느 하나에 해당하는 경우가 발생한 사고를 말한다.

1. 사망자가 발생한 경우
2. 의식불명 또는 신체기능 일부가 심각하게 손상된 중상자가 발생한 경우
3. 사고 발생일부터 3일 이내에 실시된 의사의 최초 진단결과 2주 이상의 입원 치료가 필요한 부상자가 동시에 3명 이상 발생한 경우
4. 사고 발생일부터 3일 이내에 실시된 의사의 최초 진단결과 1주 이상의 입원 치료가 필요한 부상자가 동시에 5명 이상 발생한 경우
5. 유기시설 또는 유기기구의 운행이 30분 이상 중단되어 인명 구조가 이루어진 경우

관광진흥법시행규칙 제41조의2(유기시설 · 유기기구로 인한 중대한 사고의 통보) ① 유원시설업자는 그가 관리하는 유기시설 또는 유기기구로 인하여 영 제31조의2제1항 각 호의 어느 하나에 해당하는 사고가 발생한 경우에는 법 제33조의2제1항에 따라 사고 발생일부터 3일 이내에 다음 각 호의 사항을 관할 특별자치시장 · 특별자치도지사 · 시장 · 군수 · 구청장에게 통보하여야 한다. 〈개정 2019. 4. 25.〉

1. 사고가 발생한 영업소의 명칭, 소재지, 전화번호 및 대표자 성명
2. 사고 발생 경위(사고 일시 · 장소, 사고 발생 유기시설 또는 유기기구의 명칭을 포함하여야 한다)
3. 조치 내용
4. 사고 피해자의 이름, 성별, 생년월일 및 연락처
5. 사고 발생 유기시설 또는 유기기구의 안전성검사의 결과 또는 안전성검사 대상에 해당되지 아니함을 확인하는 검사의 결과

② 유원시설업자는 제1항에 따른 통보는 문서, 팩스 또는 전자우편으로 하여야 한다. 다만, 팩스나 전자우편으로 통보하는 경우에는 그 수신 여부를 전화 등으로 확인하여야 한다.

③ 특별자치시장 · 특별자치도지사 · 시장 · 군수 · 구청장은 제1항에 따라 통보받은 내용을 종합하여 대장에 기록하여야 한다. 〈개정 2019. 4. 25.〉 [본조신설 2015. 11. 19.]

2) 사고조사

자료의 제출 명령을 받은 날부터 7일 이내에 해당 자료를 제출하여야 한다. 다만, 특별자치시장 · 특별자치도지사 · 시장 · 군수 · 구청장은 유원시설업자가 정해진 기간 내에 자료를 제출하는 것이 어렵다고 사유를 소명한 경우에는 10일의 범위에서 그 제출 기한을 연장할 수 있다.

그리고 특별자치시장 · 특별자치도지사 · 시장 · 군수 · 구청장은 현장조사를 실시하려면

미리 현장조사의 일시, 장소 및 내용 등을 포함한 조사계획을 유원시설업자에게 문서로 알려야 한다. 다만, 긴급하게 조사를 실시하여야 하거나 부득이한 사유가 있는 경우에는 그러하지 아니하다.

또한 특별자치시장 · 특별자치도지사 · 시장 · 군수 · 구청장은 제3항에 따른 현장조사를 실시하는 경우에는 재난관리에 관한 전문가를 포함한 3명 이내의 사고조사반을 구성하여야 한다.

특별자치시장 · 특별자치도지사 · 시장 · 군수 · 구청장은 자료 및 현장조사 결과에 따라 해당 유기시설 또는 유기기구가 안전에 중대한 침해를 줄 수 있다고 판단하는 경우에는 다음의 구분에 따른 조치를 명할 수 있다.

① 사용중지 명령 : 유기시설 또는 유기기구를 계속 사용할 경우 이용자 등의 안전에 지장을 줄 우려가 있는 경우
② 개선 명령 : 유기시설 또는 유기기구의 구조 및 장치의 결함은 있으나 해당 시설 또는 기구의 개선 조치를 통하여 안전 운행이 가능한 경우
③ 철거 명령 : 유기시설 또는 유기기구의 구조 및 장치의 중대한 결함으로 정비 · 수리 등이 곤란하여 안전 운행이 불가능한 경우(관광진흥법시행령 제31조의 2 제2, 3, 4, 5항(유기시설 등에 의한 중대한 사고))

3) 사고조치에 따른 이의 신청

유원시설업자는 사고 조치 명령에 대하여 이의가 있는 경우에는 조치 명령을 받은 날부터 2개월 이내에 이의 신청을 할 수 있으며, 특별자치시장 · 특별자치도지사 · 시장 · 군수 · 구청장은 이의 신청이 있는 경우에는 최초 구성된 사고조사반의 반원 중 1명을 포함하여 3명 이내의 사고조사반을 새로 구성하여 현장조사를 하여야 한다.(관광진흥법시행령 제31조의 2 제6, 7항(유기시설 등에 의한 중대한 사고))

4) 사용중지 · 개선 또는 철거

관광진흥법 제33조의2(사고보고의무 및 사고조사) ③ 특별자치시장 · 특별자치시장 · 특별자치도지사 · 시장 · 군수 · 구청장은 제2항에 따른 자료 및 현장조사 결과에 따라 해당 유기시설 또는 유기기구가 안전에 중대한 침해를 줄 수 있다고 판단하는 경우에는 그 유원시설업자에게 대통령령으로 정하는 바에 따라 사용중지 · 개선 또는 철거를 명할 수 있다. 〈개정 2018.6.12.〉 [본조신설 2015.5.18.]

개선 명령을 받은 유원시설업자는 유기시설 또는 유기기구의 개선을 완료한 후 유기시설 또는 유기기구의 안전성 검사 및 안전성검사 대상에 해당되지 아니함을 확인하는 검사에 관한 권한을 위탁받은 업종별 관광협회 또는 전문 연구 · 검사기관으로부터 해당 시설 또는 기구의 운행 적합 여부를 검사받아 그 결과를 관할 특별자치시장 · 특별자치도지사 · 시장 · 군수 · 구청장에게 제출하여야 한다.(관광진흥법시행령 제31조의 2 제8항(유기시설 등에 의한 중대한 사고))

4. 유원시설업자의 준수사항

1) 유원시설업자의 준수사항

관광진흥법 제34조(영업질서 유지 등) ① 유원시설업자는 영업질서 유지를 위하여 문화체육관광부령으로 정하는 사항을 지켜야 한다. 〈개정 2008.2.29〉

② 유원시설업자는 법령을 위반하여 제조한 유기시설 · 유기기구 또는 유기기구의 부분품(部分品)을 설치하거나 사용하여서는 아니 된다.

유원시설업자의 준수사항은 다음의 별표 13과 같다.(관광진흥법시행규칙 제42조(유원시설업의 준수사항))

[별표 13] 관광진흥법시행규칙 〈개정 2020. 12. 10.〉 [시행일 : 2021. 1. 1.] 제2호가목(6)

유원시설업자의 준수사항(제42조 관련)

1. 공통사항

(1) 사업자는 사업장 내에서 이용자가 항상 이용질서를 유지하게 하여야 하며, 이용자의 활동에 제공되거나 이용자의 안전을 위하여 설치된 각종 시설 · 설비 · 장비 · 기구 등이 안전하고 정상적으로 이용될 수 있는 상태를 유지하여야 한다.

(2) 사업자는 이용자를 태우는 유기시설 또는 유기기구의 경우 정원을 초과하여 이용자를 태우지 아니하도록 하고, 운행 개시 전에 안전상태를 확인하여야 하며, 특히 안전띠 또는 안전대의 안전성 여부와 착용상태를 확인하여야 한다.

(3) 사업자는 운행 전 이용자가 외관상 객관적으로 판단하여 정신적 · 신체적으로 이용에 부적합하다고 인정되거나 유기시설 또는 유기기구 내에서 본인 또는 타인의 안전을 저해할 우려가 있는 경우에는 게시 및 안내를 통하여 이용을 거부하거나 제한하여야 하고, 운행 중에는 이용자가 정위치에 있는지와 이상행동을 하는지를 주의하여 관찰하여야 하며, 유기시설 또는 유기기구 안에서 장난 또는 가무행위 등 안전에 저해되는 행위를 하지 못하게 하여야 한다.

(4) 사업자는 이용자가 보기 쉬운 곳에 이용요금표 · 준수사항 및 이용시 주의하여야 할 사항을 게시하여야 한다.

(5) 사업자는 허가 또는 신고된 영업소의 명칭(상호)을 표시하여야 한다.

(6) 사업자는 조명이 60럭스 이상이 되도록 유지하여야 한다. 다만, 조명효과를 이용하는 유기시설은 제외한다.

(7) 사업자는 화재발생에 대비하여 소화기를 설치하고, 이용자가 쉽게 알아볼 수 있는 곳에 피난안내도를 부착하거나 피난방법에 대하여 고지하여야 한다.

(8) 사업자는 유관기관(허가관청 · 경찰서 · 소방서 · 의료기관 · 안전성검사등록기관 등)과 안전관리에 관한 연락체계를 구축하고, 사망 등 중대한 사고의 발생 즉시 등록관청에 보고하여야 하며, 안전사고의 원인 조사 및 재발 방지대책을 수립하여야 한다.

(9) 사업자는 제40조제7항에 따른 행정청의 조치사항을 준수하여야 한다.

(10) 사업자는 「게임산업진흥에 관한 법률」 제2조제1호 본문에 따른 게임물에 해당하는 유기시설 또는 유기기구에 대하여 「게임산업진흥에 관한 법률」 제28조제2호 · 제2호의2 · 제3호 및 제6호에 따라 사행성을 조장하지 아니하도록 하여야 하며, 「게임산업진흥에 관한 법률 시행령」 제16조에 따른 청소년게임제공업자의 영업시간 및 청소년의 출입시간을 준수하여야 한다.

2. 개별사항

가. 종합 · 일반유원시설업

(1) 사업자는 법 제33조제2항에 따라 안전관리자를 배치하고, 안전관리자가 그 업무를 적절하게 수행하도록 지도 · 감독하는 등 유기시설 또는 유기기구를 안전하게 관리하여야 하며, 안전관리자가 교육 등으로 업무수행이 일시적으로 불가한 경우에는 유원시설업의 안전관리업무에 종사한 경력이 있는 자로 하여금 업무를 대행하게 하여야 한다.

(2) 사업자는 안전관리자가 매일 1회 이상 안전성검사 대상 및 대상이 아닌 유기시설 또는 유기기구에 대한 안전점검을 하고 그 결과를 안전점검기록부에 기록하여 1년 이상 보관하도록 하여야 하며, 이용자가 보기 쉬운 곳에 유기시설 또는 유기기구별로 안전점검표지판을 게시하여야 한다.

(3) 사업자는 안전관리자가 유기시설 또는 유기기구의 운행자 및 종사자에 대한 안전교육계획을 수립하여 주 1회 이상 안전교육을 실시하고, 그 교육일지를 기록 · 비치하여야 한다.

(4) 사업자는 운행자 및 종사자의 신규 채용시에는 사전 안전교육을 4시간 이상 실시하고, 그 교육일지를 기록 · 비치하여야 한다.

(5) 6개월 미만으로 단기 영업허가를 받은 사업자는 영업이 종료된 후 1개월 이내에 안전점검기록부와 교육일지를 시장 · 군수 · 구청장에게 제출하여야 한다.

(6) 사업자는 다음의 사항을 내용으로 하는 안전관리에 관한 교육을 2년마다 1회(4시간 이상의 교육을 말한다) 이상 받아야 한다. 이 경우 2년은 교육을 받은 날부터 계산한다.

(가) 유원시설 안전정책에 관한 사항

(나) 유원시설 안전관리 및 운영에 관한 사항

(다) 그 밖에 유원시설 안전관리를 위하여 필요한 사항

(7) (6)에 따른 교육은 허가 받은 날부터 6개월 이내에 받아야 한다. 다만, 안전관리 교육을 받고 2년이 경과하지 않은 경우에는 그렇지 않다.

나. 기타유원시설업

(1) 사업자 또는 종사자는 비상시 안전행동요령 등을 숙지하고 근무하여야 한다.

(2) 사업자는 본인 스스로 또는 종사자로 하여금 별표 11의 제2호나목1)에 해당하는 유기시설 또는 유기기구는 매일 1회 이상 안전점검을 하고 그 결과를 안전점검기록부에 기록하여 1년 이상 보관하도록 하여야 하며, 이용자가 보기 쉬운 곳에 유기시설 또는 유기기구별로 안전점검표지판을 게시하여야 한다.

(3) 사업자는 본인 스스로 또는 종사자에 대한 안전교육을 월 1회 이상 하고, 그 교육일지를 기록 · 비치하여야 하며, 별표 11 제2호나목2)에 해당하는 유기시설 또는 유기기구를 설치하여 운영하는 사업자는 제41조제2항에 따른 안전교육을 2년마다 1회 이상 4시간 이상 받아야 한다.

(4) 사업자는 종사자의 신규 채용시에는 사전 안전교육을 2시간 이상 실시하고, 그 교육일지를 기록 · 비치하여야 한다.

(5) 6개월 미만으로 단기 영업신고를 한 사업자는 영업이 종료된 후 1개월 이내에 안전점검기록부와 교육일지를 시장 · 군수 · 구청장에게 제출하여야 한다.

2) 물놀이형 유원시설업자의 준수사항

관광진흥법 제32조(물놀이형 유원시설업자의 준수사항) 제5조제2항 또는 제4항에 따라 유원시설업의 허가를 받거나 신고를 한 자(이하 "유원시설업자"라 한다)중 물놀이형 유기시설 또는 유기기구를 설치한 자는 문화체육관광부령으로 정하는 안전 · 위생기준을 지켜야 한다. [전문개정 2009.3.25.]

유원시설업자 중 물놀이형 유기시설 또는 유기기구를 설치한 자가 지켜야 하는 안전 · 위생기준은 다음의 별표 10의2와 같다.(관광진흥법시행규칙 제39조의 2(물놀이형 유원시설업자의 안전 · 위생기준))

[별표 10의2] 관광진흥법시행규칙 〈개정 2020. 12. 10.〉

물놀이형 유원시설업자의 안전 · 위생기준(제39조의2 관련)

1. 사업자는 사업장 내에서 이용자가 항상 이용 질서를 유지하도록 하여야 하며, 이용자의 활동에 제공되거나 이용자의 안전을 위하여 설치된 각종 시설 · 설비 · 장비 · 기구 등이 안전하고 정상적으로 이용될 수 있는 상태를 유지하여야 한다.
2. 사업자는 물놀이형 유기시설 또는 유기기구의 특성을 고려하여 음주 등으로 정상적인 이용이 곤란하다고 판단될 때에는 음주자 등의 이용을 제한하고, 해당 유기시설 또는 유기기구별 신장 제한 등에 해당되는 어린이는 이용을 제한하거나 보호자와 동행하도록 하여야 한다.
3. 사업자는 물놀이형 유기시설 또는 유기기구의 정원, 주변 공간, 부속시설, 수상안전시설의 구비 정도 등을 고려하여 안전과 위생에 지장이 없다고 인정하는 범위에서 사업장의 동시수용 가능 인원을 산정하여 특별자치시장 · 특별자치도지사 · 시장 · 군수 · 구청장에게 제출하여야 하고, 기구별 정원을 초과하여 이용하게 하거나 동시수용 가능 인원을 초과하여 입장시켜서는 아니 된다.
4. 사업자는 물놀이형 유기시설 또는 유기기구의 설계도에 제시된 유량이 공급되거나 담수되도록 하여야 하고, 이용자가 쉽게 볼 수 있는 곳에 수심 표시를 하여야 한다(수심이 변경되는 구간에는 변경된 수심을 표시한다).
5. 사업자는 풀의 물이 1일 3회 이상 여과기를 통과하도록 하여야 하며, 부유물 및 침전물의 유무를 상시 점검하여야 한다.
6. 의무 시설을 설치한 사업자는 의무 시설에 「의료법」에 따른 간호사 또는 「응급의료에 관한 법률」에 따른 응급구조사 또는 「간호조무사 및 의료유사업자에 관한 규칙」에 따른 간호조무사를 1명 이상 배치하여야 한다.
7. 사업자는 다음 각 목에서 정하는 항목에 관한 기준(해수를 이용하는 경우 「환경정책기본법 시행령」 제2조 및 별표 1 제3호라목의 Ⅱ등급 기준을 적용한다)에 따라 사업장 내 풀의 수질기준을 유지해야 한다.
   가. 유리잔류염소는 0.4㎎/l에서 2.0㎎/l까지 유지하도록 하여야 한다. 다만, 오존소독 등으로 사전처리를 하는 경우의 유리잔류염소농도는 0.2㎎/l 이상을 유지하여야 한다.
   나. 수소이온농도는 5.8부터 8.6까지 되도록 하여야 한다.
   다. 탁도는 2.8NTU 이하로 하여야 한다.
   라. 과망간산칼륨의 소비량은 15㎎/l 이하로 하여야 한다.
   마. 각 풀의 대장균군은 10밀리리터들이 시험대상 5개 중 양성이 2개 이하이어야 한다.

7의2. 사업자는 사업장 내 풀의 수질검사를 「먹는물관리법」 제43조제1항에 따라 지정된 먹는물 수질검사기관에 의뢰하여 다음 각 목의 기준에 따라 실시하고, 관할하는 특별자치시장 · 특별자치도지사 · 시장 · 군수 · 구청장에게 수질검사 결과를 통지해야 한다.
   가. 제7호 각 목의 항목에 관한 수질검사: 연 1회 이상. 다만, 제7호 라목 및 마목의 항목에 관한 수질검사는 분기별로 1회 이상
   나. 가목에도 불구하고 7월 및 8월의 경우에는 제7호 각 목의 항목에 관한 수질검사를 각각 1회 이상 실시해야 한다.

8. 사업자는 이용자가 쉽게 볼 수 있는 곳에 물놀이형 유기시설 또는 유기기구의 정원 또는 사업장 동시수용인원, 물의 순환 횟수, 수질검사 일자 및 수질검사 결과 등을 게시하여야 한다. 이 경우 수질검사 결과 중 제7호가목부터 마목까지의 규정에 관한 내용은 게시하고, 같은 호 다목부터 마목까지의 규정에 관한 내용은 관리일지를 작성하여 비치 · 보관하여야 한다.
9. 사업자는 물놀이형 유기시설 또는 유기기구에 대한 관리요원을 배치하여 그 이용 상태를 항상 점검하여야 한다.
10. 사업자는 이용자의 안전을 위한 안전요원 배치와 관련하여 다음 사항을 준수하여야 한다.
    가. 안전요원이 할당 구역을 조망할 수 있는 적절한 배치 위치를 확보하여야 한다.
    나. 수심 100센티미터를 초과하는 풀에서는 면적 660제곱미터당 최소 1인이 배치되어야 하고, 수심 100센티미터 이하의 풀에서는 면적 1,000제곱미터당 최소 1인을 배치하여야 한다.
    다. 안전요원의 자격은 해양경찰청장이 지정하는 교육기관에서 발급하는 인명구조요원 자격증을 소지한 자, 대한적십자사나 「체육시설의 설치 · 이용에 관한 법률」 제34조에 따른 수영장 관련 체육시설업협회 등에서 실시하는 수상안전에 관한 교육을 받은 자 및 이와 동등한 자격요건을 갖춘 자만 해당한다. 다만, 수심 100센티미터 이하의 풀의 경우에는 문화체육관광부장관이 정하는 업종별 관광협회 또는 기관에서 실시하는 수상안전에 관한 교육을 받은 자도 배치할 수 있다.
11. 사업자는 안전요원이 할당한 구역 내에서 부상자를 신속하게 발견하여 응급처치를 이행할 수 있도록 이용자 안전관리계획, 안전요원 교육프로그램 및 안전 모니터링계획 등을 수립하여야 한다.
12. 사업자는 사업장 내에서 수영장 등 부대시설을 운영하는 경우 관계 법령에 따른 안전 · 위생기준을 준수하여야 한다.

관광진흥법 위반 사례 5

관광단지지정취소거부처분취소 [춘천지법, 2009구합1288, 2009. 11. 19.]

【판시사항】

'평창 용평 관광단지'로 지정된 지역에 포함되어 있는 토지의 소유자가 관광단지지정의 절차상 위법 등을 이유로 그 지정의 취소를 신청하였으나 도지사가 이를 거부하는 취지의 회신을 한 사안에서, 도지사가 위 관광단지 내 토지소유자의 관광단지지정취소신청을 거부한 것이 항고소송의 대상이 되는 처분에 해당하지 않는다고 한 사례

【판결요지】

'평창 용평 관광단지'로 지정된 지역에 포함되어 있는 토지의 소유자가 관광단지지정의 절차상 위법 등을 이유로 그 지정의 취소를 신청하였으나 도지사가 이를 거부하는 취지의 회신을 한 사안에서, 관광진흥법 등 관계 법령상 또는 조리상 관광단지 내 토지소유자에게 관광단지지정처분이나 조성계획승인처분의 변경을 구할 신청권이 없어 도지사가 위 관광단지 내 토지소유자의 관광단지지정취소신청을 거부한 것이 항고소송의 대상이 되는 처분에 해당하지 않는다고 한 사례.

【참조조문】

행정소송법 제2조 제1항 제1호, 관광진흥법 제52조, 제54조

【주 문】

1. 이 사건 소를 각하한다.
2. 소송비용은 보조참가로 인한 비용을 포함하여 모두 원고가 부담한다.

【청구취지】

피고가 2009. 5. 15. 원고에 대하여 한 강원 평창군 대관령면 (이하 생략) 묘지 7,031㎡(이하 '이 사건 토지'라고 한다)에 대한 관광단지지정취소신청거부처분을 취소한다.

【이 유】

1. 기초사실

가. 피고의 '평창 용평 관광단지(이하 '이 사건 관광단지'라고 한다)' 지정 · 고시

○ 지정 · 고시일 : 2001. 2. 21.

○ 관광단지의 명칭 : 평창 용평 관광단지

○ 관광단지의 위치 및 면적 : 강원 평창군 도암면(2007. 9. 1. 행정구역명칭 변경으로 대관령면으로 변경됨) 용산리, 같은 면 수하리 일대 17,189,420㎡

○ 관광단지의 지정목적 : 해외투자 유치에 의한 국제관광단지 조성과 동계스포츠시설 확충으로 국제적인 행사 유치를 위한 기반 조성

나. 이 사건 관광단지에 대한 지정면적 변경 및 조성계획 승인 · 고시

○ 승인 · 고시일 : 2004. 3. 16. 승인, 2004. 3. 20. 고시

○ 변경된 지정면적 : 17,179,099㎡(관광단지 편입 토지의 분할 · 등록전환시 발생한 환산공차로 인해 10,321㎡ 감소)

○ 조성계획승인면적 : 17,179,099㎡

○ 사업시행자 : 피고보조참가인(이하 '참가인'이라고 한다)

○ 총사업비 : 1조 1,095억 2,700만 원

○ 사업계획기간(계획 기준연도 2002년) : 1단계 2002년~2005년, 2단계 2006년~2010년, 3단계 2011년~2015년

○ 주요시설 : 관광호텔 1동 400실, 가족호텔 30동 51실, 콘도 95동 1,952실, 스키장 28면, 빙상장 1동, 대중골프장 9홀, 회원제골프장 36홀, 스키박물관 1동, 컨벤션센타 1동, 테마파크 1식, 휴양시설 등

시설지구명칭 토지면적(㎡) 건축연면적(㎡)동수 공공편익시설 86,691 2,328 1동 숙박시설 634,951331,919 126동 운동오락시설 5,677,83774,84641동 휴양문화시설 1,639,7329,386 4동 기타시설 9,139,888- - 합계 17,179,099418,479 172동

다. 이 사건 토지의 현황

이 사건 토지는 원고의 종산으로서 지목은 묘지이나 현재는 분묘를 모두 이장한 후 임야 상태로 있고, 이 사건 관광단지 지정면적 및 조성계획승인면적에 포함되어 있는데, 위 조성계획에 의하면 이 사건 토지의 경우 2011년부터 2015년까지 추진되는 3단계 사업 중 스키장 부대시설 부지로 예정되어 있다.

라. 원고의 관광단지지정 취소신청과 그에 대한 피고의 회신

(1) 원고는 2009. 5. 7. 피고에게 "이 사건 관광단지지정은 원고에게 아무런 통지 없이 이루어진 것으로 절차상 위법할 뿐만 아니라, 조성계획 승인고시일부터 2년 이내에 조성사업에 착수하지 않았으므로 관광진흥법 제56조 제2항에 따라 실효되었다"고 주장하면서 이 사건 토지에 대한 관광단지지정을 취소해 달라는 내용의 신청(이하 '이 사건 신청'이라고 한다)을 하였다.

(2) 이에 피고는 2009. 5. 15. 원고에게 "이 사건 관광단지지정은 적법한 절차를 거쳤고, 이에 따른 조성사업이 진행 중에 있으며, 사업시행자인 참가인은 3단계 사업계획 수립시 이 사건 토지를 매수할 예정이다"는 이유로 원고의 위 신청을 거부하는 취지의 회신(이하 '이 사건 회신'이라고 한다)을 하였다.

[인정 근거] 다툼 없는 사실, 갑 1 내지 3, 5호증, 을 1 내지 6호증의 각 기재, 이 법원의 현장검증결과, 변론 전체의 취지

2. 이 사건 소의 적법 여부

가. 피고의 본안 전 항변

참가인이 이 사건 관광단지 조성계획 승인고시일로부터 2년 내에 사업에 착수하지 않음으로써 이 사건 관광단지 지정이 실효되었음에도 불구하고 피고가 원고 소유의 이 사건 토지에 대한 관광단지지정 취소신청을 거부한 것은 위법하다는 취지의 원고의 이 사건 소에 대하여, 피고는 원고에게 관광단지지정 취소신청권이 있다고 볼 수 없고, 이 사건 회신은 원고의 민원에 대하여 단지 사업추진현황 등을 알려준 것에 불과하여 행정처분에 해당하지도 않으므로, 이 사건 소는 부적법하다고 항변한다.

나. 판단

(1) 행정청이 국민의 신청에 대하여 한 거부행위가 항고소송의 대상이 되는 행정처분으로 되려면, 그 신청한 행위가 공권력의 행사 또는 이에 준하는 행정작용이어야 하고, 그 거부행위가 신청인의 법률관계에 어떤 변동을 일으키는 것이어야 하며, 그 국민에게 그 행위발동을 요구할 법규상 또는 조리상의 신청권이 있어야 하는바, 이러한 신청권의 근거 없이 한 국민의 신청을 행정청이 받아들이지 아니한 경우에는 그 거부로 인하여 신청인의 권리나 법적 이익에 어떤 영향을 주는 것이 아니므로, 이를 항고소송의 대상이 되는 행정처분이라고 할 수 없다(대법원 2002. 11. 22. 선고 2000두9229 판결, 대법원 2005. 4. 15. 선고 2004두11626 판결 등 참조).

그리고 제소기간이 이미 도과하여 불가쟁력이 생긴 행정처분에 대하여는, 개별 법규에서 그 변경을 요구할 신청권을 규정하고 있거나 관계 법령의 해석상 그러한 신청권이 인정될 수 있는 등 특별한 사정이 없는 한 국민에게 그 행정처분의 변경을 구할 신청권이 있다고 할 수 없다(대법원 2007. 4. 26. 선고 2005두11104 판결 등 참조).

(2) 앞서 인정한 사실에 의하면, 원고의 이 사건 신청의 실질은 제소기간 도과로 이미 불가쟁력이 생긴 이 사건 관광단지지정처분 및 조성계획승인처분에 기한 관광단지의 위치 · 면적에 대하여 변경을 요구하는 것이라고 할 수 있다.

(가) 그런데 앞서 살펴본 관계 법령에 의하면, 관광진흥법은 관광단지의 지정은 시 · 도지사가 시장 · 군수 · 구청장의 신청에 의해 관계 행정기관의 장과 협의를 거친 후 지정하고, 관광단지의 지정취소 또는 면적변경 역시 마찬가지이며(제52조), 관광단지를 관할하는 시장 · 군수 · 구청장은 조성계획을 작성하거나 변경할 때에는 시 · 도지사의 승인을 받아야 하고, 시 · 도지사가 조성계획을 승인하거나 변경승인을 하고자 하는 때에는 관계 행정기관의 장과 협의하도록 규정하고 있을 뿐(제54조), 관광진흥법 등 관계 법령상 관광단지 내 토지소유자에게 관광단지지정처분이나 조성계획승인처분의 변경에 대하여 신청을 할 수 있다는 규정이 없다.

(나) 또한, 관광단지지정 및 그 조성계획과 같이 장기성 · 종합성이 요구되는 행정행위에 있어서는 관광단지지정이나 조성계획이 일단 확정된 후에 어떤 사정의 변동이 있다고 하여 관광단지 내 토지소유자나 지역 주민 등 이해관계인들에게 일일이 그 변경을 청구할 권리를 인정하여 줄 수는 없을 뿐만 아니라(대법원 1994. 12. 9. 선고 94누8433 판결, 대법원 2004. 10. 27. 선고 2003두13311 판결 등 참조), 처분청이 처분 후에 원래의 처분을 그대로 존속시킬 필요가 없게 된 중대한 사정변경이나 공익상의 필요가 발생한 경우에는 별도의 법적 근거가 없어도 별개의 행정행위로 이를 철회 · 변경할 수 있지만, 이는 그러한 철회 · 변경의 권한을 처분청에게 부여하는 데 그치는 것일 뿐 처분의 상대방이나 이해관계인 등에게 그 철회 · 변경을 요구할 신청권까지 부여하는 것은 아니므로(대법원 1997. 9. 12. 선고 96누6219 판결 등 참조), 결국 위와 같이 법규상 또는 조리상의 신청권이 없이 한 관광단지 내 토지소유자인 원고의 관광단지지정취소신청을 피고가 거부한 것은 항고소송의 대상이 되는 처분에 해당되지 않는다.

(3) 그러므로 이 사건 소는 부적법하다[설령, 원고에게 이 사건 관광단지 지정에 대한 변경을 요구할 권리가 인정된다고 하더라도, 관광진흥법 제56조 제2항은 "사업시행자가 조성계획의 승인고시일부터 2년 이내에 사업을 착수하지 아니하면 조성계획 승인고시일부터 2년이 지난 다음 날에 그 조성계획의 승인은 효력을 상실한다"고 규정하고 있을 뿐 이로 인해 관광단지 지정의 효력까지 상실한다고 규정하고 있지는 않다. 또한, 관광단지 조성사업에 착수하였는지

여부는 사업시행자가 조성사업계획승인 내용에 따라 실질적으로 공사에 착수하였다고 볼 수 있는지를 기준으로 할 것이지 사업면적에 포함된 모든 토지에 대하여 공사에 착수하였는지를 기준으로 할 것은 아닌데, 이 사건 관광단지는 조성사업계획상 3단계에 걸쳐 순차적으로 사업이 진행되며, 이 사건 토지의 경우 사업기간이 2011년부터 2015년까지인 3단계 사업 중 스키장 부대시설 부지로 예정되어 있는 사실은 앞서 인정한 바와 같고, 을 4, 10호증(가지번호 포함)의 각 기재와 이 법원의 현장검증결과에 변론 전체의 취지를 더하여 보면, 참가인은 조성계획승인 후 1단계 사업을 진행하였고, 근래에는 2단계 사업계획에 따라 2006. 10.경 포레스트콘도(1차), 2007. 1.경 그린피아콘도(1차), 2008. 7.경 피크아일랜드, 2008. 9.경 포레스트콘도(2차), 2008. 12.경 베르데힐콘도(2차) 등의 숙박 · 휴양시설을 신축 · 개관하는 등 관광단지 조성사업을 계속 진행하고 있는 사실을 인정할 수 있으므로, 이와 다른 전제에서 이 사건 관광단지지정이 당연 실효되었다는 원고의 주장은 어느 모로 보나 받아들여질 수 없을 것이다].

3. 결론

따라서 이 사건 소를 각하하기로 하여 주문과 같이 판결한다.

issue

위 판례의 관광진흥법 위반 조문 항목을 찾아보고 토론하시오.

제6절 영업에 대한 지도 · 감독

1. 관광사업의 등록취소 등

1) 등록취소 등의 사유

관광진흥법 제35조(등록취소 등) ① 관할 등록기관등의 장은 관광사업의 등록등을 받거나 신고를 한 자 또는 사업계획의 승인을 받은 자가 다음 각 호의 어느 하나에 해당하면 그 등록등 또는 사업계획의 승인을 취소하거나 6개월 이내의 기간을 정하여 그 사업의 전부 또는 일부의 정지를 명하거나 시설 · 운영의 개선을 명할 수 있다. 〈개정 2007. 7. 19., 2009. 3. 25., 2011. 4. 5., 2014. 3. 11., 2015. 2. 3., 2015. 5. 18., 2015. 12. 22., 2017. 11. 28., 2018. 6. 12., 2018. 12. 11.〉

① 여행업 · 관광숙박업 · 관광객 이용시설업 · 국제회의업을 등록한 사항 중 등록기준에 적합하지 아니하게 된 경우 또는 변경등록기간 내에 변경등록을 하지 아니하거나 등록한 영업범위를 벗어난 경우(관광진흥법 제4조 위반)

② 유원시설업 중 종합유원시설업 및 일반유원시설업자가 문화체육관광부령으로 정하는 시설과 설비를 갖추지 아니하게 되는 경우(관광진흥법 제5조 제2항 및 제4항 위반)

③ 카지노업 · 유원시설업의 허가나 신고사항 중 문화체육관광부령으로 정하는 중요한 사항을 변경하려면 변경신고를 하여야 하는데, 변경허가를 받지 아니하거나 변경신고를 하지 아니한 경우(관광진흥법 제5조 제3항 및 제4항 후단 위반)

④ 관광 편의시설업 지정 기준에 적합하지 아니하게 된 경우(관광진흥법 제6조 제2항 위반)

⑤ 관광사업자의 지위를 승계한 자가 1개월 이내에 관할 등록기관등의 장에게 기한 내에 신고를 하지 아니한 경우(관광진흥법 제8조 제4항 및 제6항 위반)

⑥ 관광사업자가 그 사업의 전부 또는 일부를 휴업하거나 폐업한 때에는 관할 등록기관등의 장에게 알려야 하는데, 휴업 또는 폐업을 하고 알리지 아니하는 경우(관광진흥법 제8조 제8항 위반)

⑦ 여행업자나 유원시설업자가 사업개시 전에 보험 또는 공제에 가입하지 아니하거나 영업보증금을 예치하지 아니한 경우(관광진흥법 제9조 위반)

⑧ 관광사업자는 사실과 다르게 관광표지를 붙이거나 관광표지에 기재되는 내용을 내용을 사실과 다르게 표시 또는 광고하는 행위를 한 경우(관광진흥법 제10조 제2항 위반)

⑨ 타인경영이나 처분이 금지된 관광사업의 시설을 타인에게 처분하거나 타인으로 하여금 경영하게 한 경우(관광진흥법 제11조 위반)

⑩ 기획여행의 실시요건 또는 실시방법을 위반하여 기획여행을 실시한 경우(관광진흥법 제12조 위반)

⑪ 여행자에게 여행지에 대한 안전정보를 제공하지 아니하거나, 여행계약서를 여행자에게 내주지 아니한 경우 또는 여행자의 사전 동의 없이 여행일정(선택관광 일정을 포함한다)을 변경하는 경우(관광진흥법 제14조 위반)

⑫ 사업계획의 승인을 얻은 자가 정당한 사유 없이 대통령령으로 정하는 기간 내에 착공 또는 준공을 하지 아니하거나 같은 조를 위반하여 변경승인을 얻지 아니하고 사업계획을 임의로 변경한 경우(관광진흥법 제15조 위반)

⑬ 관광숙박업자의 준수사항을 위반한 경우(관광진흥법 제18조의 2 위반)

⑭ 호텔업 등록을 한 자가 등급결정을 신청하지 아니한 경우(관광진흥법 제19조 제1항 단서 위반)

⑮ 분양 또는 회원모집을 하거나 같은 조 제5항에 따른 공유자 · 회원의 권익을 보호하기 위한 사항을 준수하지 아니한 경우 (관광진흥법 제20조 제1항 및 제4항 및 제5항 위반)

⑯ 야영장업자의 준수사항을 위반한 경우(관광진흥법 제20조의 2 위반)

⑰ 카지노업의 허가 요건에 적합하지 아니하게 된 경우(관광진흥법 제21조 위반)

⑱ 카지노 시설 및 기구에 관한 유지 · 관리를 소홀히 한 경우(관광진흥법 제23조 제3항 위반)

⑲ 카지노사업자의 준수사항을 위반한 경우(관광진흥법 제28조 제1항 및 제2항 위반)

⑳ 카지노사업자가 관광진흥개발기금을 납부하지 아니한 경우(관광진흥법 제30조 위반)

㉑ 물놀이형 유원시설 등의 안전 · 위생기준을 지키지 아니한 경우(관광진흥법 제32조 위반)

㉒ 유기시설 또는 유기기구에 대한 안전성검사 및 안전성검사 대상에 해당되지 아니함을 확인하는 검사를 받지 아니하거나 안전관리자를 배치하지 아니한 경우(관광진흥법 제33조 제1항 위반)

㉓ 유원시설업자가 영업질서 유지를 위한 준수사항을 지키지 아니하거나 불법으로 제조한 부분품을 설치하거나 사용한 경우(관광진흥법 제34조 제1항 및 제2항 위반)

㉔ 관광통역안내사의 해당 자격이 없는 자를 외국인관광안내에 종사하게 한 경우(관광진흥법 제38조 제1항 단서 위반)

㉕ 관광사업자나 관광사업자단체가 보고 또는 서류제출명령을 이행하지 아니하거나 관계공무원의 검사를 방해한 경우(관광진흥법 제78조 위반)

㉖ 관광사업의 경영 또는 사업계획을 추진함에 있어서 뇌물을 주고받은 경우

㉗ 여행업자가 고의로 여행계약을 위반한 경우(여행업자만 해당)

2) 관광사업의 정지명령

관광진흥법 제35조(등록취소 등) ② 관할 등록기관등의 장은 관광사업의 등록등을 받은 자가 다음 각 호의 어느 하나에 해당하면 6개월 이내의 기간을 정하여 그 사업의 전부 또는 일부의 정지를 명할 수 있다. 〈신설 2007.7.19., 2008.2.29., 2011.4.5.〉

1. 제13조제2항에 따른 등록을 하지 아니한 자에게 국외여행을 인솔하게 한 경우
2. 제27조에 따른 문화체육관광부장관의 지도와 명령을 이행하지 아니한 경우

① 국외여행인솔자의 자격요건을 갖추지 못한 자로 하여금 국외여행을 인솔하게 한 경우 (관광진흥법 제13조 제2항 위반)

② 카지노사업자가 문화체육관광부장관의 지도와 명령을 이행하지 아니한 경우(관광진흥법 제27조 위반)

3) 위반행위의 종류별 행정처분의 세부기준

관광진흥법 제35조(등록취소 등) ③ 제1항 및 제2항에 따른 취소 · 정지처분 및 시설 · 운영개선명령의 세부적인 기준은 그 사유와 위반 정도를 고려하여 대통령령으로 정한다. 〈개정 2007.7.19〉

문화체육관광부장관, 특별시장 · 광역시장 · 도지사 · 특별자치도지사(이하 "시 · 도지사"라 한다) 또는 시장 · 군수 · 구청장(이하 "등록기관등의 장"이라 한다)이 행정처분을 하기 위한 위반행위의 종류와 그 처분기준은 별표 2와 같다.(관광진흥법시행령 제33조(행정처분의 기준 등))

[별표 2] 관광진흥법시행령 〈개정 2019. 6. 11.〉

행정처분의 기준(제33조제1항 관련)

1. 일반기준

가. 위반행위가 두 가지 이상일 때에는 그 중 중한 처분기준(중한 처분기준이 같을 때에는 그 중 하나의 처분기준을 말한다. 이하 이 목에서 같다)에 따르며, 두 가지 이상의 처분기준이 모두 사업정지일 경우에는 중한 처분기준의 2분의 1까지 가중 처분할 수 있되, 각 처분기준을 합산한 기간을 초과할 수 없다.

나. 위반행위의 횟수에 따른 행정처분의 기준은 최근 1년(카지노업에 대하여 행정처분을 하는 경우에는 최근 3년을 말한다)간 같은 위반행위로 행정처분을 받은 경우에 적용한다. 이 경우 기간의 계산은 위반행위에 대하여 행정처분을 받은 날과 그 처분 후 다시 같은 위반행위를 하여 적발된 날을 기준으로 한다.

다. 나목에 따라 가중된 행정처분을 하는 경우 행정처분의 적용 차수는 그 위반행위 전 행정처분 차수(나목에 따른 기간 내에 행정처분이 둘 이상 있었던 경우에는 높은 차수를 말한다)의 다음 차수로 한다.

라. 처분권자는 위반행위의 동기 · 내용 · 횟수 및 위반의 정도 등 1)부터 4)까지의 규정에 해당하는 사유를 고려하여 그 처분을 감경할 수 있다. 이 경우 그 처분이 사업정지인 경우에는 그 처분기준의 2분의 1의 범위에서 감경할 수 있다.

1) 위반행위가 고의나 중대한 과실이 아닌 사소한 부주의나 오류로 인한 것으로 인정되는 경우
2) 위반의 내용 · 정도가 경미하여 소비자에게 미치는 피해가 적다고 인정되는 경우
3) 위반 행위자가 처음 해당 위반행위를 한 경우로서, 5년 이상 관광사업을 모범적으로 해 온 사실이 인정되는 경우
4) 위반 행위자가 해당 위반행위로 인하여 검사로부터 기소유예 처분을 받거나 법원으로부터 선고유예의 판결을 받은 경우

2. 개별기준

위 반 사 항	근거법령	행정처분기준 1차	2차	3차	4차
가. 법 제4조에 따른 등록기준에 적합하지 아니하게 된 경우 또는 변경등록기간 내에 변경등록을 하지 아니하거나 등록한 영업범위를 벗어난 경우	법 제35조 제1항 제1호				
1) 등록기준에 적합하지 아니하게 된 경우		시정명령	사업정지 15일	사업정지 1개월	취소
2) 변경등록기간 내에 변경등록을 하지 아니한 경우		시정명령	사업정지 15일	사업정지 1개월	취소
3) 등록한 영업범위를 벗어난 경우					
가) 법 제16조제7항에 따른 관광숙박업(문화체육관광부장관이 정하여 고시하는 학교환경위생을 저해하는 행위만 해당한다)		사업정지 1개월	사업정지 2개월	취소	
나) 가) 외의 관광사업		사업정지 1개월	사업정지 2개월	사업정지 3개월	취소
나. 법 제5조제2항 및 제4항에 따라 문화체육관광부령으로 정하는 시설과 설비를 갖추지 아니하게 되는 경우	법 제35조 제1항 제1호의2	시정명령	사업정지 10일	사업정지 1개월	취소(신고업종의 경우에는 사업정지 3개월)
다. 법 제5조제3항 및 제4항 후단에 따른 변경허가를 받지 아니하거나 변경신고를 하지 아니한 경우	법 제35조 제1항 제2호				
1) 카지노업					
가) 문화체육관광부령으로 정하는 중요 사항에 대하여 변경허가를 받지 아니하고 변경한 경우		사업정지 1개월	사업정지 3개월	취소	
나) 문화체육관광부령으로 정하는 경미한 사항에 대하여 변경신고를 하지 아니하고 변경한 경우		사업정지 10일	사업정지 1개월	사업정지 3개월	취소
2) 유원시설업					
가) 허가 대상 유원시설업의 경우 문화체육관광부령으로 정하는 중요 사항에 대하여 변경허가를 받지 아니하고 변경한 경우		사업정지 5일	사업정지 10일	사업정지 20일	취소
나) 허가 대상 유원시설업의 경우 문화체육관광부령으로 정하는 경미한 사항에 대하여 변경신고를 하지 아니하고 변경한 경우		시정명령	사업정지 5일	사업정지 10일	취소
다) 신고 대상 유원시설업의 경우 문화체육관광부령으로 정하는 중요 사항에 대하여 변경신고를 하지 아니하고 변경한 경우		시정명령	사업정지 5일	사업정지 10일	영업소 폐쇄명령
라. 법 제6조제2항에 따른 지정기준에 적합하지 않게 된 경우	법 제35조 제1항 제2호의2	시정명령	사업정지 15일	취소	
마. 법 제7조에 따른 결격사유에 해당하게 된 경우	법 제7조 제2항	취소(신고업종의 경우에는 영업소 폐쇄명령)			
바. 법 제8조제4항(같은 조 제5항에 따라 준용되는 경우를 포함한다)에 따른 기한 내에 신고를 하지 아니한 경우	법 제35조 제1항 제3호	시정명령	사업정지 1개월 또는 사업계획 승인취소	사업정지 2개월	취소(신고업종의 경우에는 사업정지 3개월)
사. 법 제8조제8항을 위반하여 휴업 또는 폐업을 하고 알리지 않거나 미리 신고하지 않은 경우	법 제35조 제1항 제3호의2	시정명령	취소(신고업종의 경우에는 시정명령)	신고업종의 경우에는 영업소 폐쇄명령	
아. 법 제9조에 따른 보험 또는 공제에 가입하지 아니하거나 영업보증금을 예치하지 아니한 경우	법 제35조 제1항 제4호	시정명령	사업정지 1개월	사업정지 2개월	취소(신고업종의 경우에는 사업정지 3개월)
자. 법 제10조제2항을 위반하여 사실과 다르게 관광표지를 붙이거나 관광표지에 기재되는 내용을 사실과 다르게 표시 또는 광고하는 행위를 한 경우	법 제35조 제1항 제4호의2	시정명령	사업정지 1개월	사업정지 2개월	취소(신고업종의 경우에는 사업정지 3개월)
차. 법 제11조를 위반하여 관광사업의 시설을 타인에게 처분하거나 타인에게 경영하도록 한 경우	법 제35조 제1항 제5호				
1) 카지노업		사업정지 3개월	취소		
2) 카지노업 외의 관광사업		사업정지 1개월	사업정지 3개월	사업정지 5개월	취소(신고업종의 경우에는 사업정지 6개월)
카. 법 제12조에 따른 기획여행의 실시요건 또는 실시방법을 위반하여 기획여행을 실시한 경우	법 제35조 제1항 제6호	사업정지 15일	사업정지 1개월	사업정지 3개월	취소
타. 법 제13조제2항에 따른 등록을 하지 않은 자에게 국외여행을 인솔하게 한 경우	법 제35조 제2항 제1호	사업정지 10일	사업정지 20일	사업정지 1개월	사업정지 3개월
파. 법 제14조를 위반한 경우					
1) 법 제14조제1항을 위반하여 안전정보 또는 변경된 안전정보를 제공하지 않은 경우	법 제35조 제1항 제7호	시정명령	사업정지 5일	사업정지 10일	취소
2) 법 제14조제2항을 위반하여 여행계획서(여행일정표 및 약관을 포함한다) 및 보험 가입 등을 증명할 수 있는 서류를 여행자에게 내주지 아니한 경우		시정명령	사업정지 10일	사업정지 20일	취소
3) 법 제14조제3항을 위반하여 여행자의 사전 동의 없이 여행일정(선택관광 일정을 포함한다)을 변경한 경우		시정명령	사업정지 10일	사업정지 20일	취소
하. 법 제15조에 따라 사업계획의 승인을 얻은 자가 정당한 사유 없이 제32조에 따른 기간 내에 착공 또는 준공을 하지 아니하거나 법 제15조제1항 후단을 위반하여 변경승인을 얻지 아니하고 사업계획을 임의로 변경한 경우	법 제35조 제1항 제8호	시정명령	사업계획 승인취소		
거. 법 제18조의2에 따른 준수사항을 위반한 경우	법 제35조 제1항 제8호의2				
1) 법 제18조의2제1호에 따른 준수사항을 위반한 경우		취소			
2) 법 제18조의2제2호부터 제5호까지의 규정에 따른 준수사항을 위반한 경우		사업정지 1개월	사업정지 2개월	사업정지 3개월	취소
너. 법 제19조제1항 단서를 위반하여 등급결정 신청을 하지 아니한 경우	법 제35조제1항제8호의3	시정명령	사업정지 10일	사업정지 20일	취소
더. 법 제20조제1항, 제4항 및 제5항을 위반한 경우	법 제35조 제1항 제9호				
1) 법 제20조제1항을 위반하여 분양 또는 회원모집을 할 수 없는 자가 분양 또는 회원모집을 한 경우		시정명령	사업정지 1개월 또는 사업계획 승인취소	사업정지 3개월	취소
2) 법 제20조제4항을 위반하여 분양 또는 회원모집 기준 및 절차를 위반하여 분양 또는 회원모집을 한 경우		시정명령	사업정지 1개월 또는 사업계획 승인취소	사업정지 3개월	취소
3) 법 제20조제5항에 따른 공유자·회원의 권익을 보호하기 위한 사항을 준수하지 아니한 경우		시정명령	사업정지 1개월 또는 사업계획 승인취소	사업정지 2개월	사업정지 3개월
러. 법 제20조의2에 따른 준수사항을 위반한 경우	법 제35조 제1항 제9호의2	시정명령	사업정지 15일	사업정지 1개월	취소
머. 법 제21조에 따른 카지노업의 허가 요건에 적합하지 아니	법 제35조 제1항	시정명령	사업정지 1개월	사업정지 3개월	취소

하게 된 경우	제10호				
버. 법 제22조에 따른 카지노업의 결격사유에 해당하게 된 경우	법 제22조 제2항	취소			
서. 법 제23조제3항을 위반하여 카지노 시설 및 기구에 관한 유지·관리를 소홀히 한 경우	법 제35조 제1항 제11호	사업정지 1개월	사업정지 3개월	취소	
어. 법 제27조에 따른 문화체육관광부장관의 지도와 명령을 이행하지 아니한 경우	법 제35조 제2항 제2호	사업정지 10일	사업정지 1개월	사업정지 3개월	사업정지 6개월
저. 법 제28조제1항 및 제2항에 따른 준수사항을 위반한 경우	법 제35조 제1항 제12호				
1) 법령에 위반되는 카지노기구를 설치하거나 사용하는 경우		사업정지 3개월	취소		
2) 법령을 위반하여 카지노기구 또는 시설을 변조하거나 변조된 카지노기구 또는 시설을 사용하는 경우		사업정지 3개월	취소		
3) 허가받은 전용영업장 외에서 영업을 하는 경우		사업정지 1개월	사업정지 3개월	취소	
4) 카지노영업소에 내국인(「해외이주법」 제2조에 따른 해외이주자는 제외한다)을 입장하게 하는 경우					
가) 고의로 입장시킨 경우		사업정지 3개월	취소		
나) 과실로 입장시킨 경우		시정명령	사업정지 10일	사업정지 1개월	사업정지 3개월
5) 지나친 사행심을 유발하는 등 선량한 풍속을 해칠 우려가 있는 광고나 선전을 하는 경우		시정명령	사업정지 10일	사업정지 1개월	사업정지 3개월
6) 법 제26조제1항에 따른 영업 종류에 해당하지 아니하는 영업을 하거나 영업 방법 및 배당금 등에 관한 신고를 하지 아니하고 영업하는 경우		사업정지 1개월	사업정지 3개월	취소	
7) 총매출액을 누락시켜 법 제30조제1항에 따른 관광진흥개발기금 납부금액을 감소시키는 경우		사업정지 3개월	취소		
8) 카지노영업소에 19세 미만인 자를 입장시키는 경우		시정명령	사업정지 10일	사업정지 1개월	사업정지 3개월
9) 정당한 사유 없이 그 연도 안에 60일 이상 휴업하는 경우		사업정지 1개월	사업정지 3개월	취소	
10) 문화체육관광부령으로 정하는 영업준칙을 지키지 아니하는 경우		시정명령	사업정지 10일	사업정지 1개월	사업정지 3개월
처. 법 제30조를 위반하여 관광진흥개발기금을 납부하지 아니한 경우	법 제35조 제1항 제13호				
1) 관광진흥개발기금의 납부를 1개월 미만 지연한 경우		시정명령	사업정지 10일	사업정지 1개월	
2) 관광진흥개발기금의 납부		사업정지	사업정지	사업정지	
3) 관광진흥개발기금의 납부를 3개월 이상 지연한 경우		사업정지 1개월	사업정지 3개월	취소	
4) 관광진흥개발기금의 납부를 6개월 이상 지연한 경우		사업정지 3개월	취소		
5) 관광진흥개발기금의 납부를 1년 이상 지연한 경우		취소			
커. 법 제32조에 따른 물놀이형 유원시설 등의 안전·위생기준을 지키지 아니한 경우	법 제35조 제1항 제14호	시정명령	사업정지 10일	사업정지 1개월	취소(신고업종의 경우에는 사업정지 3개월)
터. 법 제33조제1항에 따른 검사를 받지 아니하거나 같은 조 제2항에 따른 안전관리자를 배치하지 아니한 경우	법 제35조 제1항 제15호				
1) 법 제33조제1항에 따른 유기시설 또는 유기기구에 대한 안전성검사를 받지 아니한 경우		사업정지 20일	사업정지 1개월	취소	
2) 법 제33조제1항에 따른 안전성검사 대상에 해당되지 아니함을 확인하는 검사를 받지 아니한 경우		사업정지 10일	사업정지 20일	사업정지 1개월	사업정지 3개월
3) 법 제33조제2항에 따른 안전관리자를 배치하지 아니한 경우		사업정지 5일	사업정지 10일	사업정지 20일	취소
퍼. 법 제34조를 위반한 경우	법 제35조 제1항 제16호				
1) 법 제34조제1항에 따른 영업질서 유지를 위한 준수사항을 지키지 아니한 경우		시정명령	사업정지 10일	사업정지 20일	사업정지 1개월
2) 법 제34조제2항을 위반하여 불법으로 제조한 유기시설·유기기구 또는 유기기구의 부분품을 설치하거나 사용한 경우		사업정지 15일	사업정지 1개월	사업정지 2개월	취소(신고업종의 경우에는 사업정지 3개월)
허. 법 제38조제1항 단서를 위반하여 해당 자격이 없는 자를 종사하게 한 경우	법 제35조 제1항 제16호의2	시정명령	사업정지 15일	취소	
고. 법 제78조에 따른 보고 또는 서류제출명령을 이행하지 아니하거나 관계 공무원의 검사를 방해한 경우	법 제35조 제1항 제18호	사업정지 10일	사업정지 1개월	사업정지 2개월	취소(신고업종의 경우에는 사업정지 3개월)
노. 관광사업의 경영 또는 사업계획을 추진함에 있어서 뇌물을 주고받은 경우	법 제35조 제1항 제19호	시정명령	사업정지 10일 또는 사업계획 승인취소	사업정지 20일	취소(신고업종의 경우에는 사업정지 1개월)
도. 고의로 여행계약을 위반한 경우(여행업자만 해당한다)	법 제35조 제1항 제20호	시정명령	사업정지 10일	사업정지 20일	취소

4) 소관행정관청에 대한 행정처분내용의 통보

관광진흥법 제35조(등록취소 등) ⑤ 관할 등록기관등의 장은 관광사업자에 대하여 제1항 및 제2항에 따라 등록등을 취소하거나 사업의 전부 또는 일부의 정지를 명한 경우에는 제18조제1항 각 호의 신고 또는 인·허가 등의 소관 행정기관의 장(외국인투자기업인 경우에는 기획재정부장관을 포함한다)에게 그 사실을 통보하여야 한다. 〈개정 2007. 7. 19., 2008. 2. 29., 2023. 5. 16.〉

5) 관할세관장에 대한 행정처분내용의 통보

관광진흥법 제35조(등록취소 등) ④ 관할 등록기관등의 장은 관광사업에 사용할 것을 조건으로 「관세법」 등에 따라 관세의 감면을 받은 물품을 보유하고 있는 관광사업자로부터 그 물품의 수입면허를 받은 날부터 5년 이내에 그 사업의 양도 · 폐업의 신고 또는 통보를 받거나 그 관광사업자의 등록등의 취소를 한 경우에는 관할 세관장에게 그 사실을 즉시 통보하여야 한다. 〈개정 2007.7.19〉

6) 소관관청의 관광사업자에 대한 불이익처분시 관할 등록기관등의 장과 사전협의

관광진흥법 제35조(등록취소 등) ⑥ 관할 등록기관등의 장 외의 소관 행정기관의 장이 관광사업자에 대하여 그 사업의 정지나 취소 또는 시설의 이용을 금지하거나 제한하려면 미리 관할 등록기관등의 장과 협의하여야 한다. 〈개정 2007.7.19〉

7) 관광진흥법에 의한 행정처분기준의 적용

관광진흥법 제35조(등록취소 등) ⑦ 제1항 각 호의 어느 하나에 해당하는 관광숙박업자의 위반행위가 「공중위생관리법」 제11조제1항에 따른 위반행위에 해당하면 「공중위생관리법」의 규정에도 불구하고 이 법을 적용한다. 〈개정 2007.7.19〉

8) 행정처분기록대장의 기록 · 유지

관광진흥법시행령 제33조(행정처분의 기준 등) ② 등록기관등의 장이 제1항에 따라 행정처분을 한 경우에는 문화체육관광부령으로 정하는 행정처분기록대장에 그 처분내용을 기록 · 유지하여야 한다. 〈개정 2008.2.29〉(관광진흥법시행규칙 제43조(행정처븐기록대장의 기록유지))

2. 카지노업 및 유원시설업의 영업소 폐쇄조치 등

1) 폐쇄방법

관광진흥법 제36조(폐쇄조치 등) ① 관할 등록기관등의 장은 제5조제1항 · 제2항 또는 제4항에 따른 허가 또는 신고 없이 영업을 하거나 제24조제2항 · 제31조제2항 또는 제35조에 따른 허가의 취소 또는 사업의 정지명령을 받고 계속하여 영업을 하는 자에 대하여는 그 영업소를 폐쇄하기 위하여 관계 공무원에게 다음 각 호의 조치를 하게 할 수 있다.

1. 해당 영업소의 간판이나 그 밖의 영업표지물의 제거 또는 삭제
2. 해당 영업소가 적법한 영업소가 아니라는 것을 알리는 게시물 등의 부착
3. 영업을 위하여 꼭 필요한 시설물 또는 기구 등을 사용할 수 없게 하는 봉인(封印)

2) 공개 또는 제거 또는 삭제조치

관광진흥법 제36조(폐쇄조치 등) ② 관할 등록기관등의 장은 제35조제1항제4호의2에 따라 행정처분을 한 경우에는 관계 공무원으로 하여금 이를 인터넷 홈페이지 등에 공개하게 하거나 사실과 다른 관광표지를 제거 또는 삭제하는 조치를 하게 할 수 있다. 〈신설 2014.3.11.〉

3) 봉인해제 및 부착게시물 제거

관광진흥법 제36조(폐쇄조치 등) ③ 관할 등록기관등의 장은 제1항제3호에 따른 봉인을 한 후 다음 각 호의 어느 하나에 해당하는 사유가 생기면 봉인을 해제할 수 있다. 제1항제2호에 따라 게시를 한 경우에도 또한 같다. 〈개정 2014.3.11.〉

1. 봉인을 계속할 필요가 없다고 인정되는 경우
2. 해당 영업을 하는 자 또는 그 대리인이 정당한 사유를 들어 봉인의 해제를 요청하는 경우

4) 폐쇄조치시 유의사항

관광진흥법 제36조(폐쇄조치 등) ④ 관할 등록기관등의 장은 제1항 및 제2항에 따른 조치를 하려는 경우에는 미리 그 사실을 그 사업자 또는 그 대리인에게 서면으로 알려주어야 한다. 다만, 급박한 사유가 있으면 그러하지 아니하다. 〈개정 2014.3.11.〉

⑤ 제1항에 따른 조치는 영업을 할 수 없게 하는 데에 필요한 최소한의 범위에 그쳐야 한다. 〈개정 2014.3.11.〉

⑥ 제1항 및 제2항에 따라 영업소를 폐쇄하거나 관광표지를 제거 · 삭제하는 관계 공무원은 그 권한을 표시하는 증표를 지니고 이를 관계인에게 내보여야 한다. 〈개정 2014.3.11.〉

3. 관광사업자에 대한 과징금 부과

1) 과징금의 부과대상

관광진흥법 제37조(과징금의 부과) ① 관할 등록기관등의 장은 관광사업자가 제35조제1항 각 호 또는 제2항 각 호의 어느 하나에 해당되어 사업 정지를 명하여야 하는 경우로서 그 사업의 정지가 그 이용자 등에게 심한 불편을 주거나 그 밖에 공익을 해칠 우려가 있으면 사업 정지 처분을 갈음하여 2천만원 이하의 과징금(過徵金)을 부과할 수 있다. 〈개정 2009.3.25〉

2) 과징금을 부과할 위반행위의 종류와 과징금의 금액

관광진흥법 제37조(과징금의 부과) ② 제1항에 따라 과징금을 부과하는 위반 행위의 종류·정도 등에 따른 과징금의 금액과 그 밖에 필요한 사항은 대통령령으로 정한다.

과징금을 부과하는 위반행위의 종류와 위반 정도에 따른 과징금의 금액은 위반행위별 과징금 부과 기준에 따른다.(관광진흥법시행령 제34조 제1항(과징금을 부과할 위반행위의 종류와 과징금의 금액))

3) 과징금의 가중 또는 경감(관광진흥법시행령 제34조 제2항(과징금을 부과할 위반행위의 종류와 과징금의 금액))

등록기관등의 장은 사업자의 사업규모, 사업지역의 특수성과 위반행위의 정도 및 위반횟수 등을 고려하여 제1항에 따른 과징금 금액의 2분의 1범위에서 가중하거나 감경할 수 있다. 다만, 가중하는 경우에도 과징금의 총액은 2천만 원을 초과할 수 없다.

4) 과징금 부과 통보(관광진흥법시행령 제35조(과징금의 부과 및 납부))

등록기관등의 장은 법 제37조에 따라 과징금을 부과하려면 그 위반행위의 종류와 과징금의 금액 등을 명시하여 납부할 것을 서면으로 알려야 하고, 통지를 받은 자는 20일 이내에 과징금을 등록기관등의 장이 정하는 수납기관에 내야 한다. 과징금의 수납기관은 과징금을 받은 경우에는 지체 없이 그 사실을 등록기관등의 장에게 통보하여야 하며, 과징금을 받은 수납기관은 영수증을 납부자에게 발급하여야 한다. 다만, 천재지변이나 그 밖의 부득이한 사유로 그 기간에 과징금을 낼 수 없는 경우에는 그 사유가 없어진 날부터 7일 이내에 내야 한다.

5) 미납과징금의 강제징수

관광진흥법 제37조(과징금의 부과) ③ 관할 등록기관등의 장은 제1항에 따른 과징금을 내야 하는 자가 납부기한까지 내지 아니하면 국세 체납처분의 예 또는 「지방행정제재 · 부과금의 징수 등에 관한 법률」에 따라 징수한다. 〈개정 2013. 8. 6., 2020. 3. 24.〉

제7절 관광종사원

1. 관광종사원의 자격

1) 관광종사원의 자격의 종류

관광종사원에 대한 국가자격의 종류는 다음과 같다.

① 관광통역안내사

② 국내여행안내사

③ 호텔경영사

④ 호텔관리사

⑤ 호텔서비스사

2) 자격을 필요로 하는 관광업무 자격기준(관광진흥법시행령 제36조(자격을 필요로 하는 관광업무 자격기준))

관할 등록기관등의 장은 대통령령으로 정하는 관광업무(여행업과 관광숙박업)에는 관광종사원의 자격을 가진 자가 종사하도록 해당 관광사업자에게 권고할 수 있다. 다만, 2009년 3월 25일 「관광진흥법」을 개정하여 외국인 관광객을 대상으로 하는 여행업자는 관광통역안내의 자격을 가진 사람을 의무적으로 관광안내에 종사하게 하여야 한다.(관광진흥법 제38조(관광종사원의 자격 등))

관광업무별 자격기준은 다음의 별표 4와 같다.

[별표 4] 관광진흥법시행령 〈개정 2014.11.28.〉

관광 업무별 자격기준(제36조 관련)

업종	업무	종사하도록 권고할 수 있는 자	종사하게 하여야 하는 자
1. 여행업	가. 외국인 관광객의 국내여행을 위한 안내		관광통역안내사 자격을 취득한 자
	나. 내국인의 국내여행을 위한 안내	국내여행안내사 자격을 취득한 자	
2. 관광숙박업	가. 4성급 이상의 관광호텔업의 총괄관리 및 경영업무	호텔경영사 자격을 취득한 자	
	나. 4성급 이상의 관광호텔업의 객실관리 책임자 업무	호텔경영사 또는 호텔관리사 자격을 취득한 자	
	다. 3성급 이하의 관광호텔업과 한국전통호텔업 · 수상관광호텔업 · 휴양콘도미니엄업 · 가족호텔업 · 호스텔업 · 소형호텔업 및 의료관광호텔업의 총괄관리 및 경영업무	호텔경영사 또는 호텔관리사 자격을 취득한 자	
	라. 현관 · 객실 · 식당의 접객업무	호텔서비스사 자격을 취득한 자	

3) 관광종사원의 자격시험

(1) 시험 실시 및 공고(관광진흥법시행규칙 제49조(시험의 실시 및 공고))

관광종사원의 자격시험은 매년 1회 이상 실시하며(다만, 호텔경영사 시험은 격년으로 실시), 한국산업인력공단은 시험의 응시자격 · 시험과목 · 일시 · 장소 · 응시절차, 그 밖에 시험에 필요한 사항을 시험 시행일 90일 전까지 인터넷 홈페이지 등에 공고하여야 한다.

(2) 응시자격 및 응시원서

가) 응시자격(관광진흥법시행규칙 제48조(응시자격))

관광종사원 중 호텔경영사 또는 호텔관리사 시험에 응시할 수 있는 자격은 다음과 같이 구분한다.

① 호텔경영사 시험

ⓐ 호텔관리사 자격을 취득한 후 관광호텔에서 3년 이상 종사한 경력이 있는 자

ⓑ 특2등급 이상 호텔의 임원으로 3년 이상 종사한 경력이 있는 자

② 호텔관리사 시험

ⓐ 호텔서비스사 또는 조리사 자격을 취득한 후 관광숙박업소에서 3년 이상 종사한 경력이 있는 자

ⓑ 「고등교육법」에 따른 전문대학의 관광분야 학과를 졸업한 자(졸업예정자를 포함한

다) 또는 관광분야의 과목을 이수하여 다른 법령에서 이와 동등한 학력이 있다고 인정되는 자

ⓒ「고등교육법」에 따른 대학을 졸업한 자(졸업예정자를 포함한다) 또는 다른 법령에서 이와 동등 이상의 학력이 있다고 인정되는 자

ⓓ「초 · 중등교육법」에 따른 고등기술학교의 관광분야를 전공하는 과의 2년과정 이상을 이수하고 졸업한 자(졸업예정자를 포함한다)

한편 관광통역안내사 · 국내여행안내사 · 호텔서비스사는 별도의 응시자격을 규정하지 않고, 누구나 응시할 수 있게 하였다.

나) 응시원서(관광진흥법시행규칙 제50조(응시원서))

시험에 응시하려는 자는 별지 제36호서식의 응시원서를 한국산업인력공단에 제출하여야 한다.

[별지 제36호서식] 관광진흥법시행규칙 〈개정 2019. 6. 11.〉

(앞쪽)

응시번호	관광종사원 자격시험 응시원서	사 진 3cm×4cm (반명함판)

한국산업인력공단 이사장 귀하

제 회 자격시험에 응시하고자 원서를 제출합니다.

※ 아래 기재사항은 사실과 다름이 없으며 만일 시험합격 후에 허위 또는 부실 기재한 사실이 판명되었을 경우에는 합격취소 처분을 하여도 이의를 제기하지 아니할 것을 서약합니다.

년 월 일

응 시 자 (서명 또는 인)

※ 아래 각 항목은 뒤쪽의 응시자 참고사항을 참조하여 작성하시기 바랍니다.

① 성 명	한 글	한 자	영 어	② 주민등록번호	- (만 세)
③ 연 락 처	우편번호	-	전화번호	휴대전화	
				자택전화	( )-( )-( )
	주 소				
④ 선택 외국어	1. 영어 2. 일본어 3. 중국어 4. 프랑스어 5. 독일어 6. 스페인어 7. 러시아어 8. 이탈리아어 9. 태국어 10. 베트남어 11. 말레이 · 인도네시아어 12. 아랍어				
⑤ 시험면제 코드	1. 일반응시 2. 필기일부면제 3. 필기전부면제 4. 외국어면제 5. 필기일부 및 외국어면제 6. 필기전부 및 외국어면제				
⑥ 시험지역					
⑦ 최종학력	년 월 일 교 과 년(졸업 · 수료 · 중퇴 · 재학)				

⑧ 자 격	취득 연월일	자격증 명칭	발행 기관	자격증 번호
	년 월 일			

⑨ 경 력		
	년 월 일부터 년 월 일까지	근무
	년 월 일부터 년 월 일까지	근무
	년 월 일부터 년 월 일까지	근무

⑩ 응시번호	응 시 표	사 진 3cm×4cm (반명함판)

※ 제 회 자격시험

성 명(한글) (한자)

주민등록번호 - (만 세)

년 월 일

※ 응시자는 뒤쪽의 주의사항을 참조하여 수험에 착오 없으시기 바랍니다.

한국산업인력공단이사장 [인]

210mm×297mm[백상지(150g/㎡)]

(뒤쪽)

행정정보 공동이용 동의서

본인은 「관광진흥법 시행규칙」 제48조에 따른 관광종사원 자격시험의 응시자격과 관련하여 한국산업인력공단이 「전자정부법」 제36조제1항에 따른 행정정보의 공동이용을 통하여 국민연금가입자가입증명 또는 건강보험자격득실확인서를 확인하는 것에 동의합니다.

* 동의하지 아니하는 경우에는 응시자가 직접 관련 서류를 제출해야 합니다.

응시자 (서명 또는 인)

응시자 참고사항

1. 응시원서의 제출기간, 응시자격, 시험일시 · 장소 및 시험방법 등은 해당 시험시행공고에 따릅니다.
2. 응시원서 기재요령(기재사항은 자필로 기입합니다)
   ①란은 한글 · 한자 및 영어로 기입합니다.
   ②란은 아라비아숫자로 기입합니다.
   ③란의 우편번호와 전화번호는 아라비아 숫자로 기입(자택 전화번호는 지역번호를 포함)하며, 주소는 주민등록표에 따른 주소로 작성하되, 세부주소(아파트인 경우 동 · 호수)까지 적어야 합니다.
   ④란은 해당란에 √표를 합니다.
   ⑤란은 해당란에 √표를 합니다.
   ⑥란은 시험 공고분의 시험장소 중 응시희망 장소를 한글로 기입합니다.
   ⑦란은 연월일 · 최종학교명 및 과를 기입하고, 해당란에 √표를 합니다.
   ⑧란은 획득한 자격의 취득연월일 · 자격명칭 · 발행기관 및 자격증 번호를 기입합니다.
   ⑨란은 경력이 응시자격 요건이 되는 경우에 근무기간 · 근무처 등을 기입하되 경력증명서와 일치하여야 합니다.
   ⑩란은 횟수 · 응시시험명칭 · 성명 및 주민등록번호를 한글 · 한자 및 아라비아 숫자로 기입합니다.
3. 각종 첨부서류는 시험공고를 참조하시기 바랍니다.
4. 사진은 최근 6개월 이내에 모자를 쓰지 아니하고 촬영한 가로 3cm, 세로4cm의 동일한 사진 2매를 응시원서 및 응시표의 사진란에 붙입니다.
5. 수수료는 시험시행공고에서 정하는 바에 따라 소정의 금액을 현금 등으로 납부하여야 합니다.
6. 우편으로 접수하는 자는 반드시 응시원서 도착과 접수 여부 및 응시시간을 확인하여야 하며, 응시표는 시험 당일 시험 시작 30분 전까지 시험장소에서 받아야 합니다.
7. 우편으로 접수하는 경우 응시원서와 응시표를 분리하지 말고 함께 보내야 합니다.
8. 기재사항이 미흡한 서류는 접수하지 아니하며, 제출된 응시원서 및 수수료는 반환하지 아니합니다.

주의사항

1. 응시표를 받은 후 해당란에 누락된 사항이 없는지 확인합니다.
2. 응시표를 가져오지 아니한 자는 응시하지 못하며, 응시표를 잃어버리거나 훼손하였을 경우에는 시험 전에 다시 받아야 합니다(응시원서에 부착된 것과 동일한 사진 1매와 신분증 지참).
3. 시험장에서는 답안지 작성에 필요한 필기구 외에는 휴대할 수 없습니다.
4. 수험시 응시자는 응시표, 신분증(주민등록증 · 여권 · 공무원증 · 운전면허증 중 하나) 및 필기구(컴퓨터용 흑색수성사인펜)를 지녀야 하며, 시험시작 30분전까지 시험장의 지정된 좌석에 앉아야 합니다.
5. 답안지에는 컴퓨터용 흑색수성사인펜만을 사용하여야 하며, 난 외에 기입하거나 점 또는 그 밖의 어떠한 표시를 하여서도 안 됩니다.
6. 시험지 및 시험문제를 시험장 밖으로 유출하여서는 안됩니다.
7. 응시 중에 퇴장하거나 좌석을 떠난 경우 다시 돌아올 수 없습니다.
8. 부정행위자나 주의사항 또는 감독관의 지시에 따르지 아니한 자는 즉시 퇴장을 명하며, 시험을 무효로 합니다.
9. 응시표는 필기 및 면접시험까지 계속 지녀야 합니다.
10. 그 밖의 자세한 것은 감독관의 지시에 따라야 합니다.

(3) 자격시험

관광진흥법 제38조(관광종사원의 자격 등) ② 제1항에 따른 관광종사원의 자격을 취득하려는 자는 문화체육관광부령으로 정하는 바에 따라 문화체육관광부장관이 실시하는 시험에 합격한 후 문화체육관광부장관에게 등록하여야 한다. 다만, 문화체육관광부령으로 따로 정하는 자는 시험의 전부 또는 일부를 면제할 수 있다. 〈개정 2008.2.29〉

관광종사원의 자격시험(이하 "시험"이라 한다)은 필기시험(외국어시험을 제외한 필기시험을 말한다. 이하 같다), 외국어시험(관광통역안내사 · 호텔경영사 · 호텔관리사 및 호텔서비스사 자격시험만 해당한다. 이하 같다) 및 면접시험으로 구분하되, 평가의 객관성이 확보될 수 있는 방법으로 시행하여야 한다.(관광진흥법시행규칙 제44조(관광종사원의 자격시험))

가) 필기시험(관광진흥법시행규칙 제46조(필기시험))

필기시험의 과목과 합격결정의 기준은 별표 14와 같다.

[별표 14] **관광진흥법시행규칙**

필기시험의 시험과목 및 합격결정 기준(제46조 관련)

1. 시험과목 및 배점비율

구 분	시 험 과 목	배점비율
가. 관광통역안내사	국 사	40%
	관광자원해설	20%
	관광법규(「관광기본법」 · 「관광진흥법」 · 「관광진흥개발기금법」 · 「국제회의산업 육성에 관한 법률」 등의 관광 관련 법규를 말한다. 이하 같다)	20%
	관광학개론	20%
	계	100%
나. 국내여행안내사	국 사	30%
	관광자원해설	20%
	관광법규	20%
	관광학개론	30%
	계	100%
다. 호텔경영사	관광법규	10%
	호텔회계론	30%
	호텔인사 및 조직관리론	30%
	호텔마케팅론	30%
	계	100%
라. 호텔관리사	관광법규	30%
	관광학개론	30%
	호텔관리론	40%
	계	100%
마. 호텔서비스사	관광법규	30%
	호텔실무(현관 · 객실 · 식당 중심)	70%
	계	100%

2. 합격결정기준: 필기시험의 합격기준은 매과목 4할 이상, 전과목의 점수가 위의 배점비율로 환산하여 6할 이상이어야 한다.

나) 외국어시험(관광진흥법시행규칙 제47조 제1항(외국어시험))

> **관광진흥법시행규칙 제47조(외국어시험)** ① 관광종사원별 외국어시험의 종류는 다음 각 호와 같다. 〈개정 2009.12.31〉
>
> 1. 관광통역안내사: 영어, 일어, 중국어, 불어, 독어, 스페인어, 러시아어, 이탈리아어, 태국어, 베트남어, 말레이·인도네시아어, 아랍어 중 1과목
> 2. 호텔경영사 및 호텔관리사: 영어
> 3. 호텔서비스사: 영어, 일어, 중국어 중 1과목
>
> ② 외국어시험은 다른 외국어시험기관에서 실시하는 시험(이하 "다른 외국어시험"이라 한다)으로 대체한다. 이 경우 외국어시험을 대체하는 다른 외국어시험의 점수 및 급수(별표 15 제1호 중 불어의 DELF 및 DALF시험의 점수 및 급수는 제외한다)는 응시원서 접수 마감일부터 2년 이내에 실시한 시험에서 취득한 점수 및 급수여야 한다. 〈개정 2010.3.17〉
>
> ③ 제2항에 따른 다른 외국어시험의 종류 및 합격에 필요한 점수 및 급수는 별표 15와 같다.

관광종사원별 외국어시험의 종류는 다음과 같다.

① 관광통역안내사 : 영어, 일본어, 중국어, 프랑스어, 독일어, 스페인어, 러시아어, 이탈리아어, 태국어, 베트남어, 말레이·인도네시아어, 아랍어 중 1과목

② 호텔경영사, 호텔관리사 및 호텔서비스사 : 영어, 일본어, 중국어 중 1과목

외국어시험은 다른 외국어시험기관에서 실시하는 시험(이하 "다른 외국어시험"이라 한다)으로 대체한다. 이 경우 외국어시험을 대체하는 다른 외국어시험의 점수 및 급수(별표 15 제1호 중 프랑스어의 델프(DELF) 및 달프(DALF) 시험의 점수 및 급수는 제외한다)는 응시원서 접수 마감일부터 2년 이내에 실시한 시험에서 취득한 점수 및 급수여야 한다.

[별표 15] 관광진흥법시행규칙 〈개정 2021. 9. 24.〉

다른 외국어시험의 종류 및 합격에 필요한 점수 또는 급수(제47조 관련)

1. 다른 외국어시험의 종류

구분		내용
영어	토플(TOEFL)	아메리카합중국 이.티.에스(E.T.S: Education Testing Service)에서 시행하는 시험(Test of English as a Foreign Language)을 말한다.
	토익(TOEIC)	아메리카합중국 이.티.에스(E.T.S: Education Testing Service)에서 시행하는 시험(Test of English for International Communication)을 말한다.
	텝스(TEPS)	서울대학교영어능력검정시험(Test of English Proficiency, Seoul National University)을 말한다.
	지텔프(G-TELP, 레벨2)	아메리카합중국 샌디에이고 주립대(Sandiego State University)에서 시행하는 시험(General Test of English Language Proficiency)을 말한다.
	플렉스(FLEX)	한국외국어대학교와 대한상공회의소에서 공동 시행하는 어학능력검정시험(Foreign Language Examination)을 말한다.
	아이엘츠(IELTS)	영국의 영국문화원(British Council)에서 시행하는 영어능력검정시험(International English Language Testing System)을 말한다.
일본어	일본어능력시험(JPT)	일본국 순다이(駿台)학원그룹에서 개발한 문제를 재단법인 국제교류진흥회에서 시행하는 시험(Japanese Proficiency Test)을 말한다.
	일본어검정시험(日檢, NIKKEN)	한국시사일본어사와 일본국서간행회(日本國書刊行會)에서 공동 개발하여 한국시사일본어사에서 시행하는 시험을 말한다.
	플렉스(FLEX)	한국외국어대학교와 대한상공회의소에서 공동 시행하는 어학능력검정시험(Foreign Language Examination)을 말한다.
	일본어능력시험(JLPT)	일본국제교류기금 및 일본국제교육지원협회에서 시행하는 일본어능력시험(Japanese Language Proficiency test)을 말한다.
중국어	한어수평고시(HSK)	중국 교육부가 설립한 국가한어수평고시위원회(國家漢語水平考試委員會)에서 시행하는 시험(HanyuShuipingKaoshi)을 말한다.
	플렉스(FLEX)	한국외국어대학교와 대한상공회의소에서 공동시행하는 어학능력검정시험(Foreign Language Examination)을 말한다.

언어	시험명	내용
	실용중국어시험(BCT)	중국국가한어국제추광영도소조판공실(中國國家漢語國際推广領導小組辦公室)이 중국 북경대학교에 위탁 개발한 실용중국어시험(Business Chinese Test)을 말한다.
	중국어실용능력시험(CPT)	중국어언연구소 출제 한국CPT관리위원회 주관 (주)시사중국어사에서 시행하는 생활실용커뮤니케이션 능력평가(Chinese Proficiency Test)를 말한다.
	대만중국어능력시험(TOCFL)	중화민국 교육부 산하 국가화어측험추동공작위원회에서 시행하는 중국어능력시험(Test of Chinese as a Foreign Language)을 말한다.
프랑스어	플렉스(FLEX)	한국외국어대학교와 대한상공회의소에서 공동시행하는 어학능력검정시험 (Foreign Language Examination)을 말한다.
	델프/달프(DELF/DALF)	주한 프랑스대사관 문화과에서 시행하는 프랑스어 능력검정시험(Diplôme d'Etudes en Langue Française)을 말한다.
독일어	플렉스(FLEX)	한국외국어대학교와 대한상공회의소에서 공동시행하는 어학능력검정시험 (Foreign Language Examination)을 말한다.
	괴테어학검정시험(Goethe Zertifikat)	유럽 언어능력시험협회 ALTE(Association of Language Testers in Europe) 회원인 괴테-인스티튜트(Goethe Institut)에서 시행하는 독일어능력검정시험을 말한다.
스페인어	플렉스(FLEX)	한국외국어대학교와 대한상공회의소에서 공동시행하는 어학능력검정시험 (Foreign Language Examination)을 말한다.
	델레(DELE)	스페인 문화교육부에서 주관하는 스페인어 능력 검정시험(Diploma de Español como Lengua Extranjera)을 말한다.
러시아어	플렉스(FLEX)	한국외국어대학교와 대한상공회의소에서 공동시행하는 어학능력검정시험 (Foreign Language Examination)을 말한다.
	토르플(TORFL)	러시아 교육부 산하 시험기관 토르플 한국센터(계명대학교 러시아센터)에서 시행하는 러시아어 능력검정시험(Test of Russian as a Foreign Language)을 말한다.
이탈리아어	칠스(CILS)	이탈리아 시에나 외국인 대학(Università per Stranieri di Siena)에서 주관하는 이탈리아어 자격증명시험(Certificazione di Italiano come Lingua Straniera)을 말한다.
	첼리(CELI)	이탈리아 페루지아 국립언어대학(Università per Stranieri di Perugia)과 주한 이탈리아문화원에서 공동 시행하는 이탈리아어 능력검정시험(Certificato di Conoscenza della Lingua Italiana)을 말한다.
태국어, 베트남어, 말레이·인도네시아어, 아랍어	플렉스(FLEX)	한국외국어대학교에서 주관하는 어학능력검정시험(Foreign Language Examination)을 말한다. ※ 이 외국어시험은 부정기적으로 시행하는 수시시험임.

2. 합격에 필요한 다른 외국어시험의 점수 또는 급수

시험명 \ 자격구분		관광통역안내사	호텔서비스사	호텔관리사	호텔경영사	만점/최고급수
영어	토플(TOEFL, PBT)	584점 이상	396점 이상	557점 이상	619점 이상	677점
	토플(TOEFL, IBT)	81점 이상	51점 이상	76점 이상	88점 이상	120점
	토익(TOEIC)	760점 이상	490점 이상	700점 이상	800점 이상	990점
	텝스(TEPS)	372점 이상	201점 이상	367점 이상	404점 이상	600점
	지텔프(G-TELP, 레벨2)	74점 이상	39점 이상	66점 이상	79점 이상	100점
	플렉스(FLEX)	776점 이상	381점 이상	670점 이상	728점 이상	1000점
	아이엘츠(IELTS)	5점	4점	5점	5점	9점
일본어	일본어능력시험(JPT)	740점 이상	510점 이상	692점 이상	784점 이상	990점
	일본어검정시험(日檢, NIKKEN)	750점 이상	500점 이상	701점 이상	795점 이상	1000점
	플렉스(FLEX)	776점 이상	-	-	-	1000점
	일본어능력시험(JLPT)	N1 이상				N1
중국어	한어수평고시(HSK)	5급 이상	4급 이상	5급 이상	5급 이상	6급
	플렉스(FLEX)	776점 이상	-	-	-	1000점
	실용중국어시험(BCT) (B)	181점 이상				300점
	실용중국어시험(BCT) (B)L&R	601점 이상				1000점
	중국어실용능력시험(CPT)	750점 이상				1000점
	대만중국어능력시험(TOCFL)	5급(유리) 이상				6급(정통)
프랑스어	플렉스(FLEX)	776점 이상				1000점
	델프/달프(DELF/DALF)	델프(DELF) B2 이상				달프(DALF) C2
독일어	플렉스(FLEX)	776점 이상				1000점
	괴테어학검정시험(Goethe Zertifikat)	괴테어학검정시험(Goethe-Zertifikat) B1(ZD) 이상				괴테어학검정시험(Goethe-Zertifikat) C2
스페인어	플렉스(FLEX)	776점 이상				1000점
	델레(DELE)	B2 이상				C2
러시아어	플렉스(FLEX)	776점 이상				1000점
	토르플(TORFL)	1단계 이상				4단계
이탈리아어	칠스(CILS)	레벨 2-B2 (Livello Due-B2) 이상				레벨 4-C2 (Livello Quattro-C2)
	첼리(CELI)	첼리(CELI) 3 이상				첼리(CELI) 5
태국어, 베트남어, 말레이·인도네시아어, 아랍어	플렉스(FLEX)	600점 이상				1000점

3. 청각장애인 응시자의 합격에 필요한 다른 외국어시험의 점수 또는 급수

시험명 \ 자격구분		호텔 서비스사	호텔 관리사	호텔경영사
영어	토플(TOEFL, PBT)	264점 이상	371점 이상	412점 이상
	토플(TOEFL, IBT)	51점 이상	76점 이상	88점 이상
	토익(TOEIC)	245점 이상	350점 이상	400점 이상
	텝스(TEPS)	121점 이상	221점 이상	243점 이상
	지텔프(G-TELP, 레벨2)	39점 이상	66점 이상	79점 이상
	플렉스(FLEX)	229점 이상	402점 이상	437점 이상
일본어	일본어능력시험(JPT)	255점 이상	346점 이상	392점 이상
	일본어검정시험(日檢,NIKKEN)	250점 이상	351점 이상	398점 이상
중국어	한어수평고시(HSK)	3급 이상	4급 이상	4급 이상

비고

1. 위 표의 적용을 받는 "청각장애인"이란 「장애인복지법 시행규칙」 별표 1 제4호에 따른 청각장애인 중 장애의 정도가 심한 장애인을 말한다.
2. 청각장애인 응시자의 합격에 필요한 다른 외국어 시험의 기준 점수(이하 "합격 기준 점수"라 한다)는 해당 외국어시험에서 듣기부분을 제외한 나머지 부분의 합계 점수(지텔프 시험은 나머지 부분의 평균 점수를 말한다)를 말한다. 다만, 토플(TOEFL, IBT) 시험은 듣기부분을 포함한 합계 점수를 말한다.
3. 청각장애인의 합격 기준 점수를 적용받으려는 사람은 원서접수 마감일까지 청각장애인으로 유효하게 등록되어 있어야 하며, 원서접수 마감일부터 4일 이내에 「장애인복지법」 제32조제1항에 따른 장애인등록증의 사본을 원서접수 기관에 제출해야 한다.

다) 면접시험(관광진흥법시행규칙 제47조 제2항(외국어시험)) (관광진흥법시행규칙 제45조 제1항(면접시험))

면접시험은 필기시험 및 외국어시험에 합격한 자에 대하여 시행하는데, 면접시험은 다음의 사항에 관하여 평가하며, 면접시험의 합격점수는 면접시험 총점의 6할 이상이어야 한다.

① 국가관 · 사명감 등 정신자세
② 전문지식과 응용능력
③ 예의 · 품행 및 성실성
④ 의사발표의 정확성과 논리성

(4) 자격시험 면제(관광진흥법시행규칙 제51조(시험의 면제))

시험의 면제를 받으려는 자는 관광종사원 자격시험 면제신청서에 경력증명서, 학력증명서 또는 그 밖에 자격을 증명할 수 있는 서류를 첨부하여 한국산업인력공단에 제출하면 자격시험의 일부를 면제받을 수 있다. 자격시험의 면제 할 수 있는 경우는 별표 16과 같다.

한편, 필기시험 및 외국어시험에 합격하고 면접시험에 불합격한 자에 대하여는 다음 회의 시험에만 필기시험 및 외국어시험을 면제한다.

[별표 16] **관광진흥법시행규칙 〈개정 2019. 11. 20.〉**

시험의 면제기준(제51조 관련)

구 분	면 제 대 상 및 면 제 과 목
1. 관광통역안내사	가. 「고등교육법」에 따른 전문대학 이상의 학교 또는 다른 법령에서 이와 동등 이상의 학력이 인정되는 교육기관에서 해당 외국어를 3년 이상 강의한 자에 대하여 해당 외국어시험을 면제 나. 4년 이상 해당 언어권의 외국에서 근무하거나 유학(해당 언어권의 언어를 사용하는 학교에서 공부한 것을 말한다)을 한 경력이 있는 자 및 「초·중등교육법」에 따른 중·고등학교 또는 고등기술학교에서 해당 외국어를 5년 이상 강의한 자에 대하여 해당 외국어 시험을 면제 다. 「고등교육법」에 따른 전문대학 이상의 학교에서 관광분야를 전공(전공과목이 관광법규 및 관광학개론 또는 이에 준하는 과목으로 구성되는 전공과목을 30학점 이상 이수한 경우를 말한다)하고 졸업한 자(졸업예정자 및 관광분야 과목을 이수하여 다른 법령에서 이와 동등한 학력을 취득한 자를 포함한다)에 대하여 필기시험 중 관광법규 및 관광학개론 과목을 면제 라. 관광통역안내사 자격증을 소지한 자가 다른 외국어를 사용하여 관광안내를 하기 위하여 시험에 응시하는 경우 필기시험을 면제 마. 문화체육관광부장관이 정하여 고시하는 교육기관에서 실시하는 60시간 이상의 실무교육과정을 이수한 사람에 대하여 필기시험 중 관광법규 및 관광학개론 과목을 면제. 이 경우 실무교육과정의 교육과목 및 그 비중은 다음과 같음 1) 관광법규 및 관광학개론: 30% 2) 관광안내실무: 20% 3) 관광자원안내실습: 50%
2. 국내여행안내사	가. 「고등교육법」에 따른 전문대학 이상의 학교에서 관광분야를 전공(전공과목이 관광법규 및 관광학개론 또는 이에 준하는 과목으로 구성되는 전공과목을 30학점 이상 이수한 경우를 말한다)하고 졸업한 자(졸업예정자 및 관광분야 과목을 이수하여 다른 법령에서 이와 동등한 학력을 취득한 자를 포함한다)에 대하여 필기시험을 면제 나. 여행안내와 관련된 업무에 2년 이상 종사한 경력이 있는 자에 대하여 필기시험을 면제 다. 「초·중등교육법」에 따른 고등학교나 고등기술학교를 졸업한 자 또는 다른 법령에서 이와 동등한 학력이 있다고 인정되는 교육기관에서 관광분야의 학과를 이수하고 졸업한 자(졸업예정자를 포함한다)에 대하여 필기시험을 면제
3. 호텔경영사	가. 호텔관리사 자격을 취득한 자로서 그 자격을 취득한 후 4성급 이상의 관광호텔에서 부장급 이상으로 3년 이상 종사한 경력이 있는 자에 대하여 필기시험을 면제 나. 호텔관리사 자격을 취득한 자로서 그 자격을 취득한 후 3성급 관광호텔의 총괄 관리 및 경영업무에 3년 이상 종사한 경력이 있는 자에 대하여 필기시험을 면제 다. 국내호텔과 체인호텔 관계에 있는 해외호텔에서 호텔경영 업무에 종사한 경력이 있는 자로서 해당 국내 체인호텔에 파견근무를 하려는 자에 대하여 필기시험 및 외국어시험을 면제
4. 호텔관리사	「고등교육법」에 따른 대학 이상의 학교 또는 다른 법령에서 이와 동등 이상의 학력이 인정되는 교육기관에서 호텔경영 분야를 전공하고 졸업한 자(졸업예정자를 포함한다)에 대하여 필기시험을 면제
5. 호텔서비스사	가. 「초·중등교육법」에 따른 고등학교 또는 고등기술학교 이상의 학교를 졸업한 자 또는 다른 법령에서 이와 동등한 학력이 있다고 인정되는 교육기관에서 관광분야의 학과를 이수하고 졸업한 자(졸업예정자를 포함한다)에 대하여 필기시험을 면제 나. 관광숙박업소의 접객업무에 2년 이상 종사한 경력이 있는 자에 대하여 필기시험을 면제

[별지 제37호서식] 관광진흥법시행규칙
〈개정 2019. 6. 11.〉

관광종사원 자격시험 면제신청서

접수번호	접수일	발급일	처리기간 3일

신청인	성명(명칭)	생년월일
	전화번호	휴대전화번호
	주소	

자격구분	
면제구분	
면제사유	

「관광진흥법 시행규칙」 제51조제3항에 따라 관광종사원의 자격시험을 면제받고자 신청합니다.

년 월 일

신청인 성명 (서명 또는 인)

한국산업인력공단이사장 귀하

첨부서류	경력증명서 · 학력증명서 또는 그 밖에 자격을 증명할 수 있는 서류 1부
담당 직원 확인사항	국민연금가입자가입증명, 건강보험자격득실확인서

행정정보 공동이용 동의서

본인은 관광종사원 자격시험 면제를 위한 경력 증명과 관련하여 한국산업인력공단이 「전자정부법」 제36조제1항에 따른 행정정보의 공동이용을 통하여 국민연금가입자가입증명 또는 건강보험자격득실확인서를 확인하는 것에 동의합니다.
* 동의하지 않는 경우에는 응시자가 직접 관련 서류를 제출해야 합니다.

응시자 (서명 또는 인)

기재요령

자격구분란은 취득하고자 하는 자격명을 기입합니다.
면제구분란은 「관광진흥법 시행규칙」 별표 16의 구분 기준에 따라 기입합니다.
예) 「고등교육법」에 따른 전문대학 이상의 학교 또는 다른 법령에서 이와 동등 이상의 학력이 인정되는 교육기관에서 해당 외국어를 3년 이상 강의한 자가 해당 외국어시험을 면제받고자 하는 경우: "1-가"로 기입
면제사유란은 면제 사유가 되는 해당 학력, 경력 또는 자격을 기입합니다.

210mm×297mm[백상지(80g/㎡) 또는 중질지(80g/㎡)]

[별지 제38호서식] 관광진흥법시행규칙
〈개정 2019. 10. 7.〉

관광종사원 [ ]등록 [ ]자격증재발급 신청서

※ 색상이 어두운 란은 신청인이 적지 않습니다.

접수번호	접수일	발급일	처리기간 3일

신청인	성명	생년월일
	전화번호	휴대전화번호
	주소	

자격구분		합격일	
자격증 번호		취득 연월일	
신청사유			

「관광진흥법 시행규칙」 제53조제1항 및 제54조에 따라 [ ]관광종사원 등록 [ ]관광종사원 자격증재발급을 신청합니다.

년 월 일

신청인 성명 (서명 또는 인)

한국관광공사사장 또는 한국관광협회중앙회장 귀하

첨부서류	1. 사진(최근 6개월 이내에 모자를 쓰지 않고 촬영한 상반신 반명함판) 2매 2. 관광종사원 자격증(자격증이 헐어 못 쓰게 된 경우만 해당합니다) 1부	수수료 관광종사원 등록 시: 5,000원 관광종사원 자격증 재발급 시: 3,000원

210mm×297mm[백상지(80g/㎡) 또는 중질지(80g/㎡)]

(5) 합격자의 공고(관광진흥법시행규칙 제52조(합격자의 공고))

한국산업인력공단은 시험 종료 후 합격자의 명단을 게시하고 이를 한국관광공사와 한국관광협회중앙회에 각각 통보하여야 한다.

4) 관광종사원의 등록 및 자격증 교부

(1) 관광종사원의 등록

관광진흥법 제38조(관광종사원의 자격 등) ③ 문화체육관광부장관은 제2항에 따라 등록을 한 자에게 관광종사원 자격증을 내주어야 한다. 〈개정 2008.2.29.〉

⑦ 관광통역안내의 자격을 가진 사람이 관광안내를 하는 경우에는 제3항에 따른 자격증을 패용하여야 한다. 〈신설 2016.2.3.〉

시험에 합격한 자는 관광종사원 등록신청서에 사진(최근 6개월 이내에 촬영한 탈모 상반신 반명함판) 2매를 첨부하여 한국관광공사 및 한국관광협회중앙회에 등록을 신청하여야 한다.(관광진흥법시행규칙 제53조 제1항(관광종사원의 등록 및 자격증 발급))

표 3-25 등록신청기관에 따른 관광종사원의 등록 및 자격증 발급

구분	한국관광공사	한국관광협회중앙회
관광통역안내사	○	
국내여행안내사		○
호텔경영사	○	
호텔관리사	○	
호텔서비스사		○

(2) 관광종사원의 자격증 발급(관광진흥법시행규칙 제53조 제2, 3항(관광종사원의 등록 및 자격증 발급))

한국관광공사 및 한국관광협회중앙회는 관광종사원의 등록신청을 받은 경우에는 결격사유가 없는 자에 한하여 관광종사원으로 등록하고 관광종사원 자격증을 발급하여야 한다. 단, 관광통역안내사의 경우에는 기재사항 및 교육이수 정보 등을 전자적 방식으로 저장한 집적회로(IC) 칩을 첨부한 자격증을 발급하여야 한다.

[별지 제39호서식] **관광진흥법시행규칙 〈개정 2015.12.31.〉**

관광종사원 자격증
TOURISM EMPLOYEE LICENSE

사 진
2.5cm×3cm

자격증번호 :
LICENSE NO.
자격구분 :
QUAL.
성 명 :
NAME
생년월일 :
Date of birth

년 월 일
Date

한 국 관 광 공 사 사 장
PRESIDENT OF K.T.O.
한 국 관 광 협 회 중 앙 회 장 (인)
PRESIDENT OF K.T.A.

85mm×53mm[백상지(150g/㎡)]

[별지 제39호의5서식] **관광진흥법시행규칙 〈개정 2021. 4. 19.〉**

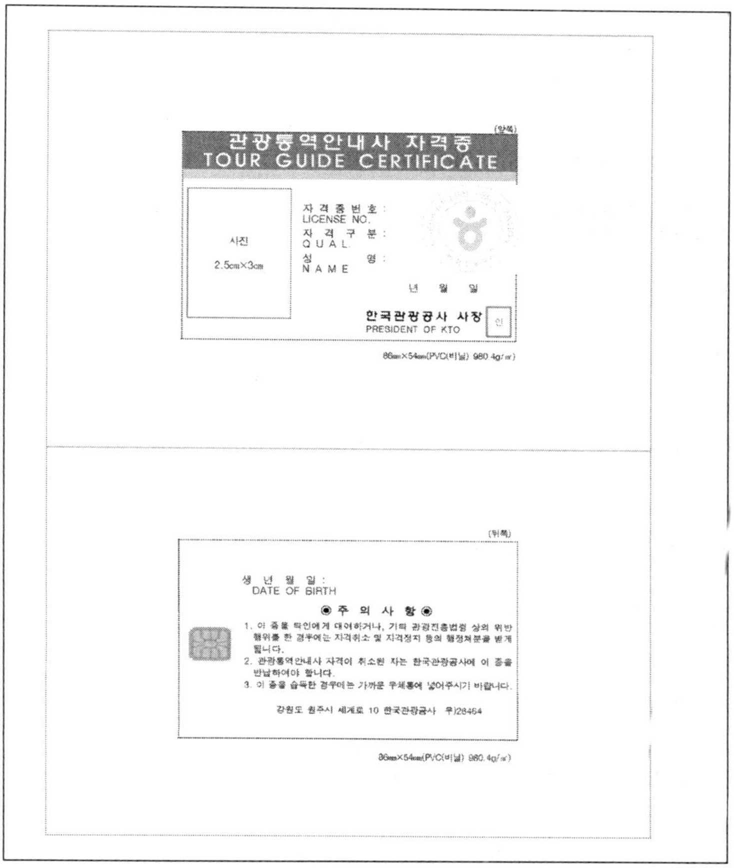
(앞쪽)

관광통역안내사 자격증
TOUR GUIDE CERTIFICATE

사진
2.5cm×3cm

자격증번호 :
LICENSE NO.
자격구분 :
QUAL.
성 명 :
NAME

년 월 일

한국관광공사 사장 인
PRESIDENT OF KTO

86mm×54mm(PVC(비닐) 980.4g/m²)

(뒤쪽)

생년월일 :
DATE OF BIRTH

◉ 주 의 사 항 ◉

1. 이 증을 타인에게 대여하거나, 기타 관광진흥법령 상의 위반행위를 한 경우에는 자격취소 및 자격정지 등의 행정처분을 받게 됩니다.
2. 관광통역안내사 자격이 취소된 자는 한국관광공사에 이 증을 반납하여야 합니다.
3. 이 증을 습득한 경우에는 가까운 우체통에 넣어주시기 바랍니다.

강원도 원주시 세계로 10 한국관광공사 우)26464

86mm×54mm(PVC(비닐) 980.4g/m²)

(3) 관광종사원의 자격증 재발급

> **관광진흥법 제38조(관광종사원의 자격 등)** ④ 관광종사원 자격증을 가진 자는 그 자격증을 잃어버리거나 못 쓰게 되면 문화체육관광부장관에게 그 자격증의 재교부를 신청할 수 있다. 〈개정 2008.2.29〉

발급받은 자격증을 잃어버리거나 그 자격증이 못 쓰게 되어 자격증을 재발급받으려는 자는 별지 제38호서식의 관광종사원 자격증 재발급신청서에 사진(최근 6개월 이내에 모자를 쓰지 않고 촬영한 상반신 반명함판) 2매와 관광종사원 자격증(자격증이 헐어 못 쓰게 된 경우만 해당한다)을 첨부하여 한국관광공사 및 한국관광협회중앙회에 제출하여야 한다.(관광진흥법시행규칙 제54조(관광종사원 자격증의 재발급))

5) 관광종사원의 결격사유

관광진흥법 제38조(관광종사원의 자격 등) ⑤ 제2항에 따른 시험의 최종합격자 발표일을 기준으로 제7조제1항 각 호(제3호는 제외한다)의 어느 하나에 해당하는 자는 제1항에 따른 관광종사원의 자격을 취득하지 못한다. 〈개정 2011. 4. 5., 2019. 12. 3.〉

다음과 같은 경우에는 관광종사원의 자격을 취득하지 못한다.

① 피성년후견인 · 피한정후견인

② 파산선고를 받고 복권되지 아니한 자

③ 이 법을 위반하여 징역 이상의 실형을 선고받고 그 집행이 끝나거나 집행을 받지 아니하기로 확정된 후 2년이 지나지 아니한 자 또는 형의 집행유예 기간 중에 있는 자

6) 관광종사원의 금지사항

관광진흥법 제38조(관광종사원의 자격 등) ⑥ 관광통역안내의 자격이 없는 사람은 외국인 관광객을 대상으로 하는 관광안내(제1항 단서에 따라 외국인 관광객을 대상으로 하는 여행업에 종사하여 관광안내를 하는 경우에 한정한다. 이하 이 조에서 같다)를 하여서는 아니 된다. 〈신설 2016.2.3.〉

⑧ 제3항에 따른 자격증은 다른 사람에게 빌려주거나 빌려서는 아니 되며, 이를 알선해서도 아니 된다. 〈개정 2019. 12. 3.〉

⑨ 문화체육관광부장관은 제2항에 따른 시험에서 다음 각 호의 어느 하나에 해당하는 사람에 대하여는 그 시험을 정지 또는 무효로 하거나 합격결정을 취소하고, 그 시험을 정지하거나 무효로 한 날 또는 합격결정을 취소한 날부터 3년간 시험응시자격을 정지한다. 〈신설 2017.11.28.〉

1. 부정한 방법으로 시험에 응시한 사람
2. 시험에서 부정한 행위를 한 사람

2. 관광종사원의 교육

관광진흥법 제39조(교육) 문화체육관광부장관 또는 시 · 도지사는 관광종사원과 그 밖에 관광 업무에 종사하는 자의 업무능력 향상을 위한 교육에 필요한 지원을 할 수 있다. [전문개정 2011.4.5.]

3. 관광종사원의 자격취소

관광진흥법 제40조(자격취소 등) 문화체육관광부장관(관광종사원 중 대통령령으로 정하는 관광종사원에 대하여는 시 · 도지사)은 제38조제1항에 따라 자격을 가진 관광종사원이 다음 각 호의 어느 하나에 해당하면 문화체육관광부령으로 정하는 바에 따라 그 자격을 취소하거나 6개월 이내의 기간을 정하여 자격의 정지를 명할 수 있다. 다만, 제1호 및 제5호에 해당하면 그 자격을 취소하여야 한다. 〈개정 2008.2.29., 2011.4.5., 2016.2.3.〉

1. 거짓이나 그 밖의 부정한 방법으로 자격을 취득한 경우
2. 제7조제1항 각 호(제3호는 제외한다)의 어느 하나에 해당하게 된 경우
3. 관광종사원으로서 직무를 수행하는 데에 부정 또는 비위(非違) 사실이 있는 경우
4. 삭제 〈2007.7.19.〉
5. 제38조제8항을 위반하여 다른 사람에게 관광종사원 자격증을 대여한 경우

관광진흥법시행령 제37조(시 · 도지사 관할 관광종사원) 법 제40조 각 호 외의 부분 본문에서 "대통령령으로 정하는 관광종사원"이란 다음 각 호에 해당하는 자를 말한다.

1. 국내여행안내사
2. 호텔서비스사

문화체육관광부령으로 정하는 관광종사원의 자격취소 등에 관한 처분 기준은 별표 17과 같다.(관광진흥법시행규칙 제56조(종사원의 자격취소))

[별표 17] 관광진흥법시행규칙 〈개정 2014.12.31.〉

관광종사원에 대한 행정처분 기준(제56조 관련)

1. 일반기준

가. 위반행위가 2 이상일 경우에는 그 중 중한 처분기준(중한 처분기준이 동일할 경우에는 그 중 하나의 처분기준을 말한다)에 따르며, 2 이상의 처분기준이 동일한 자격정지일 경우에는 중한 처분기준의 2분의 1까지 가중 처분할 수 있되, 각 처분기준을 합산한 기간을 초과할 수 없다.

나. 위반행위의 횟수에 따른 행정처분의 기준은 최근 1년간 같은 위반행위로 행정처분을 받은 경우에 적용한다. 이 경우 행정처분 기준의 적용은 같은 위반행위에 대하여 최초로 행정처분을 한 날을 기준으로 한다.

다. 처분권자는 그 처분기준이 자격정지인 경우에는 위반행위의 동기·내용·횟수 및 위반의 정도 등 다음 1)부터 3)까지의 규정에 해당하는 사유를 고려하여 처분기준의 2분의 1 범위에서 그 처분을 감경할 수 있다.

1) 위반행위가 고의나 중대한 과실이 아닌 사소한 부주의나 오류로 인한 것으로 인정되는 경우
2) 위반의 내용·정도가 경미하여 소비자에게 미치는 피해가 적다고 인정되는 경우
3) 위반 행위자가 처음 해당 위반행위를 한 경우로서 3년 이상 관광종사원으로서 모범적으로 일해 온 사실이 인정되는 경우

2. 개별기준

위반행위	근거법령	행정처분기준			
		1차 위반	2차 위반	3차 위반	4차 위반
가. 거짓이나 그 밖의 부정한 방법으로 자격을 취득한 경우	법 제40조 제1호	자격취소			
나. 법 제7조제1항 각 호(제3호는 제외한다)의 어느 하나에 해당하게 된 경우	법 제40조 제2호	자격취소			
다. 관광종사원으로서 직무를 수행하는 데에 부정 또는 비위(非違)사실이 있는 경우	법 제40조 제3호	자격정지 1개월	자격정지 3개월	자격정지 5개월	자격취소

관광진흥법 위반 사례 6

공중위생법위반 · 관광진흥법위반 [대법원, 97도2621, 1998. 9. 4.]

【판시사항】

[1] 휴양콘도미니엄업을 경영하는 회사가 그 회사의 다른 콘도미니엄 회원으로 하여금 일반 호텔로 허가받은 호텔별관을 이용하게 한 것이 콘도미니엄업을 경영한 것으로 볼 수 있는지 여부(소극)

[2] 휴양콘도미니엄업을 경영하는 회사가 콘도회원을 모집하면서 일반 호텔로 허가받은 호텔별관까지도 휴양콘도미니엄시설로 이용할 수 있다고 광고한 경우, 관광진흥법 제10조 제1호 소정의 관광사업의 경영에 있어서 부정한 방법을 사용하는 행위에 해당하는지 여부(적극)

【판결요지】

[1] 휴양콘도미니엄업과 호텔업과의 주된 차이점은 당해 시설에 관하여 분양 등의 방법으로 회원을 모집하여 그들을 중심으로 운영되는데 그 특색이 있으므로, 당해 시설에 대한 분양 등의 방법에 의한 회원모집이 없이 그 시설을 이용객에게 제공하는 행위는 휴양콘도미니엄업을 영위한 것이라고 볼 수 없다 할 것이고, 따라서 휴양콘도미니엄업을 경영하는 회사가 그 회사의 다른 콘도미니엄 회원으로 하여금 일반 호텔로 허가받은 호텔별관을 이용하게 한 것을 가지고 휴양콘도미니엄업을 경영한 것이라고 할 수 없다.

[2] 휴양콘도미니엄업을 경영하는 회사가 콘도회원을 모집하면서 일반 호텔로 허가받은 호텔별관까지도 휴양콘도미니엄시설로 이용할 수 있다고 광고한 경우, 관광진흥법 제10조 제1호 소정의 관광사업의 경영에 있어서 부정한 방법을 사용하는 행위에 해당한다.

【참조조문】

[1] 관광진흥법 제3조 제1항 제2호 (나)목 , 공중위생법 제4조 제1항 , 제42조 제1항 제1호

[2] 관광진흥법 제10조 제1호

【주문】

피고인 1, 피고인 2 주식회사 및 검사의 상고를 각 기각한다.

【이유】

1. 검사의 상고이유를 판단한다.

관광진흥법 제3조 제1항 제2호 (나)목은 관광호텔업종의 하나인 휴양콘도미니엄업에 대하여 "관광객의 숙박과 취사에 적합한 시설을 갖추어 이를 당해 시설의 공유자 · 회원 기타 관광객에게 이용하게 하는 행위"를 영위하는 업을 말한다고 규정하고 있는바(관광진흥법이 1993. 12. 27. 법률 제4645호로 개정되기 전에는 동법시행령 제2조 제2호 (라)목에 같은 취지의 규정이 있었는데 법이 개정되면서 위 시행령의 규정을 법률의 규정으로 옮겨왔다.), 호텔업은 관광객의 숙박에 적합한 시설을 갖추어 이를 관광객에게 이용하게 하고 음식을 제공하는 행위를 영위하는 업을 말하므로 원칙적으로 취사시설을 갖출 필요가 없으나, 다만 호텔업종의 하나인 가족호텔업의 경우 숙박 · 운동시설 외에 취사시설을 반드시 갖추도록 규정하고 있는 점 등에 비추어 보면, 휴양콘도미니엄업과 호텔업과의 주된 차이점은 당해 시설에 관하여 분양 등의 방법으로 회원을 모집하여 그들을 중심으로 운영되는데 그 특색이 있으므로, 당해 시설에 대한 분양 등의 방법에 의한 회원모집이 없이 그 시설을 이용객에게 제공하는 행위는 휴양콘도미니엄업을 영위한 것이라고 볼 수 없다고 해석함이 상당하다 할 것이다.

같은 취지에서 원심이 피고인들이 이 사건 호텔별관에 대하여 분양 등의 방법으로 회원모집을 하였다는 점에 대하여 이를 인정할 증거가 없고, 단지 피고인 회사의 다른 콘도미니엄의 회원들로 하여금 위 호텔별관을 이용하게 한 것을 가지고 휴양콘도미니엄업을 경영한 것이라고 할 수 없다고 보아, 당국으로부터 허가를 받지 아니하고 휴양콘도미니엄업을 경영하였다는 이 사건 공중위생법위반의 공소사실에 대하여 무죄를 선고한 조치는, 위에서 본 법리에 따른 것으로서 정당한 것으로 수긍이 가고, 거기에 상고이유에서 주장하는 바와 같은 사실오인이나 휴양콘도미니엄업에 관한 법리를 오해한 위법이 있다고 할 수 없다. 이 점을 다투는 검사의 상고이유는 받아들일 수 없다.

2. 피고인 1, 피고인 2 주식회사의 상고이유를 판단한다.

관광진흥법 제10조 제1호는 관광사업자 또는 사업계획의 승인을 받은 자는 관광사업의 경영 또는 사업계획을 추진함에 있어서 사위 기타 부정한 방법을 사용하는 행위를 하여서는 아니된다고 규정하고 있는바, 기록에 의하면, 위 지리산프라자호텔별관은 일반 호텔로 허가 받았기 때문에 휴양콘도미니엄으로 사용할 수 없음에도 불구하고, 피고인 회사의 대표이사인 피고인 이종학은 1993. 11.경부터 1994. 11. 30.경까지 피고인 회사 직영의 설악콘도 및 백암콘도의 회원권을 일반인들에게 매도하면서 매수자들에게 그 회원권을 구입하면 위 지리산프라

자호텔별관도 휴양콘도미니엄시설로 이용할 수 있는 권리가 생기는 것처럼 광고하여 그러한 내용으로 산정호수콘도를 분양하고 설악콘도 및 백암콘도회원권을 매도하였다는 이 사건 공소사실을 충분히 인정할 수 있으므로 , 이 점에 관한 원심판결에 채증법칙을 위반하여 판결에 영향을 미친 위법이 있다고 할 수 없으며, 피고인 이종학의 위와 같은 행위는 관광진흥법 제10조 제1호가 규정하고 있는 관광사업의 경영에 있어서 부정한 방법을 사용하는 행위에 해당한다 고 할 것이므로, 결국 같은 취지로 판단한 원심판결에 상고이유로 주장하는 바와 같은 법리오해의 위법이 있다고 볼 수도 없다.

이 점을 다투는 위 피고인들의 상고이유는 받아들일 수 없다.

3. 그러므로 피고인 1, 피고인 2 주식회사와 검사의 상고를 각 기각하기로 하여 관여 법관의 일치된 의견으로 주문과 같이 판결한다.

issue

위 판례의 관광진흥법 위반 조문 항목을 찾아보고 토론하시오.

제3장 관광사업자단체(관광진흥법시행규칙 제4조)

제1절 한국관광협회중앙회

1. 한국관광협회중앙회 설립

1) 설립배경

관광진흥법 제41조(한국관광협회중앙회 설립) ① 제45조에 따른 지역별 관광협회 및 업종별 관광협회는 관광사업의 건전한 발전을 위하여 관광업계를 대표하는 한국관광협회중앙회(이하 "협회"라 한다)를 설립할 수 있다.

② 협회를 설립하려는 자는 대통령령으로 정하는 바에 따라 문화체육관광부장관의 허가를 받아야 한다. 〈개정 2008.2.29〉

③ 협회는 법인으로 한다.

④ 협회는 설립등기를 함으로써 성립한다.

2) 설립요건(관광진흥법시행령 제38조(한국관광협회중앙회의 설립요건))

한국관광협회중앙회(이하 "협회"라 한다)를 설립하려면 지역별 관광협회 및 업종별 관광협회의 대표자 3분의 1 이상으로 구성되는 발기인이 정관을 작성하여 지역별 관광협회 및 업종별 관광협회의 대표자 과반수로 구성되는 창립총회의 의결을 거쳐야 하고, 협회의 설립 후 임원이 임명될 때까지 필요한 업무는 발기인이 수행한다.

3) 정관

관광진흥법 제42조(정관) 협회의 정관에는 다음 각 호의 사항을 적어야 한다.

1. 목적
2. 명칭
3. 사무소의 소재지
4. 회원 및 총회에 관한 사항
5. 임원에 관한 사항
6. 업무에 관한 사항
7. 회계에 관한 사항
8. 해산(解散)에 관한 사항
9. 그 밖에 운영에 관한 중요 사항

4) 업무

(1) 수행업무내용

관광진흥법 제43조(업무) ① 협회는 다음 각 호의 업무를 수행한다.

1. 관광사업의 발전을 위한 업무
2. 관광사업 진흥에 필요한 조사 · 연구 및 홍보
3. 관광 통계
4. 관광종사원의 교육과 사후관리
5. 회원의 공제사업
6. 국가나 지방자치단체로부터 위탁받은 업무
7. 관광안내소의 운영
8. 제1호부터 제7호까지의 규정에 의한 업무에 따르는 수익사업

(2) 회원의 공제사업

가) 회원공제사업의 허가

관광진흥법 제43조(업무) ② 제1항제5호에 따른 공제사업은 문화체육관광부장관의 허가를 받아야 한다. 〈개정 2008.2.29〉

협회가 공제사업의 허가를 받으려면 공제규정을 첨부하여 문화체육관광부장관에게 신청하여야 하고, 허가를 받아야 한다. 또한 공제규정에는 사업의 실시방법, 공제계약, 공제분담금 및 책임준비금의 산출방법에 관한 사항이 포함되어야 하며, 공제규정을 변경하려면 문화체육관광부장관의 승인을 받아야 한다.

한편, 공제사업을 하는 자는 공제규정에서 정하는 바에 따라 매 사업연도 말에 그 사업의 책임준비금을 계상하고 적립하여야 하고, 공제사업에 관한 회계는 협회의 다른 사업에 관한 회계와 구분하여 경리하여야 한다.(관광진흥법시행령 제39조(공제사업의 허가 등))

나) 회원공제사업의 업무 내용

관광진흥법 제43조(업무) ③ 제2항에 따른 공제사업의 내용 및 운영에 필요한 사항은 대통령령으로 정한다.

공제사업의 내용은 다음과 같다.(관광진흥법시행령 제40조(공제사업의 내용))

① 관광사업자의 관광사업행위와 관련된 사고로 인한 대물 및 대인배상에 대비하는 공제 및 배상업무

② 관광사업행위에 따른 사고로 인하여 재해를 입은 종사원에 대한 보상업무

③ 그 밖에 회원 상호간의 경제적 이익을 도모하기 위한 업무

5) 민법의 준용

관광진흥법 제44조(「민법」의 준용) 협회에 관하여 이 법에 규정된 것 외에는 「민법」 중 사단법인(社團法人)에 관한 규정을 준용한다.

제2절 지역별 · 업종별 관광협회

1. 설립배경

관광진흥법 제45조(지역별 · 업종별 관광협회) ① 관광사업자는 지역별 또는 업종별로 그 분야의 관광사업의 건전한 발전을 위하여 대통령령으로 정하는 바에 따라 지역별 또는 업종별 관광협회를 설립할 수 있다.

지역별 관광협회 또는 업종별 관광협회를 설립할 수 있는 범위는 다음과 같다.(관광진흥법시행령 제41조(지역별 또는 업종별 관광협회의 설립))

① 지역별 관광협회는 특별시 · 광역시 · 특별자치시 · 도 및 특별자치도를 단위로 설립하되, 필요하다고 인정되는 지역에는 지부를 둘 수 있다.

② 업종별 관광협회는 업종별로 업무의 특수성을 고려하여 전국을 단위로 설립할 수 있다.

2. 설립허가

관광진흥법 제45조(지역별 · 업종별 관광협회) ② 제1항에 따른 업종별 관광협회는 문화체육관광부장관의 설립허가를, 지역별 관광협회는 시 · 도지사의 설립허가를 받아야 한다. 〈개정 2008.2.29.〉

③ 시 · 도지사는 해당 지방자치단체의 조례로 정하는 바에 따라 제1항에 따른 지역별 관광협회가 수행하는 사업에 대하여 예산의 범위에서 사업비의 전부 또는 일부를 지원할 수 있다. 〈신설 2023. 3. 21.〉 [시행일: 2023. 9. 22.] 제45조제3항

3. 협회에 관한 규정의 준용

관광진흥법 제46조(협회에 관한 규정의 준용) 지역별 관광협회 및 업종별 관광협회의 설립 · 운영 등에 관하여는 제41조부터 제44조까지의 규정을 준용한다.

관광진흥법 제41조부터 제44조까지는 다음과 같다.

① 관광진흥법 제41조(한국관광협회중앙회 설립)

② 관광진흥법 제42조(정관)

③ 관광진흥법 제43조(업무)

④ 관광진흥법 제44조(「민법」 의 준용)

제4장 관광의 진흥과 홍보

제1절 관광정보의 활용 및 관광통계의 작성

1. 관광정보의 활용

관광진흥법 제47조(관광정보 활용 등) ① 문화체육관광부장관은 관광에 관한 정보의 활용과 관광을 통한 국제 친선을 도모하기 위하여 관광과 관련된 국제기구와의 협력 관계를 증진하여야 한다. 〈개정 2008.2.29〉

② 문화체육관광부장관은 제1항에 따른 업무를 원활히 수행하기 위하여 관광사업자 · 관광사업자 단체 또는 한국관광공사(이하 "관광사업자등"이라 한다)에게 필요한 사항을 권고 · 조정할 수 있다. 〈개정 2008.2.29〉

③ 관광사업자등은 특별한 사유가 없으면 제2항에 따른 문화체육관광부장관의 권고나 조정에 협조하여야 한다. 〈개정 2008.2.29〉

2. 관광통계

1) 관광통계작성 개요

관광진흥법 제47조의2(관광통계) ① 문화체육관광부장관과 지방자치단체의 장은 제49조제1항 및 제2항에 따른 관광개발기본계획 및 권역별 관광개발계획을 효과적으로 수립 · 시행하고 관광산업에 활용하도록 하기 위하여 국내외의 관광통계를 작성할 수 있다.

② 문화체육관광부장관과 지방자치단체의 장은 관광통계를 작성하기 위하여 필요하면 실태조사를 하거나, 공공기관 · 연구소 · 법인 · 단체 · 민간기업 · 개인 등에게 협조를 요청할 수 있다.

③ 제1항 및 제2항에서 규정한 사항 외에 관광통계의 작성 · 관리 및 활용에 필요한 사항은 대통령령으로 정한다. [본조신설 2009.3.25]

2) 관광통계작성 범위

관광진흥법시행령 제41조의2(관광통계 작성 범위) 법 제47조의2제1항에 따른 관광통계의 작성 범위는 다음 각 호와 같다.

1. 외국인 방한(訪韓) 관광객의 관광행태에 관한 사항
2. 국민의 관광행태에 관한 사항
3. 관광사업자의 경영에 관한 사항
4. 관광지와 관광단지의 현황 및 관리에 관한 사항
5. 그 밖에 문화체육관광부장관 또는 지방자치단체의 장이 관광산업의 발전을 위하여 필요하다고 인정하는 사항 [본조신설 2009.10.7]

3. 장애인 · 고령자 관광 활동의 지원

관광진흥법 제47조의3(장애인 관광 활동의 지원) ① 국가 및 지방자치단체는 장애인 · 고령자의 여행 기회를 확대하고 장애인 · 고령자의 관광 활동을 장려 · 지원하기 위하여 관련 시설을 설치하는 등 필요한 시책을 강구하여야 한다. 〈개정 2023. 3. 21.〉

② 국가 및 지방자치단체는 장애인 · 고령자의 여행 및 관광 활동 권리를 증진하기 위하여 장애인 · 고령자의 관광 지원 사업과 장애인 · 고령자 관광 지원 단체에 대하여 경비를 보조하는 등 필요한 지원을 할 수 있다. 〈개정 2023. 3. 21.〉 [본조신설 2014. 5. 28. [제목개정 2023. 3. 21.]

4. 관광취약계층의 관광복지 증진 시책 강구

관광진흥법 제47조의4(관광취약계층의 관광복지 증진 시책 강구) 국가 및 지방자치단체는 경제적 · 사회적 여건 등으로 관광 활동에 제약을 받고 있는 관광취약계층의 여행 기회를 확대하고 관광 활동을 장려하기 위하여 필요한 시책을 강구하여야 한다. [본조신설 2014.5.28.]

5. 여행이용권의 지급 및 관리

1) 여행이용권의 지급

> **관광진흥법 제47조의5(여행이용권의 지급 및 관리)** ① 국가 및 지방자치단체는 「국민기초생활 보장법」에 따른 수급권자, 그 밖에 소득수준이 낮은 저소득층 등 대통령령으로 정하는 관광취약계층에게 여행이용권을 지급할 수 있다. [본조신설 2014.5.28.]

여기에서 "「국민기초생활 보장법」에 따른 수급권자, 그 밖에 소득수준이 낮은 저소득층 등 대통령령으로 정하는 관광취약계층"이란 다음의 어느 하나에 해당하는 사람을 말한다.(관광진흥법시행령 제41조의 3(관광취약층의 범위))

① 수급자

② 차상위계층에 해당하는 사람 중 다음의 어느 하나에 해당하는 사람

ⓐ 자활급여 수급자

ⓑ 장애수당 수급자 또는 장애아동수당 수급자

ⓒ 장애인연금 수급자

ⓓ 「국민건강보험법 시행령」 별표 2 제3호라목의 경우에 해당하는 사람

③ 「한부모가족지원법」 제5조에 따른 지원대상자

④ 그 밖에 경제적 · 사회적 제약 등으로 인하여 관광 활동을 영위하기 위하여 지원이 필요한 사람으로서 문화체육관광부장관이 정하여 고시하는 기준에 해당하는 사람

2) 여행이용권의 지급에 필요한 자료

> **관광진흥법 제47조의5(여행이용권의 지급 및 관리)** ② 국가 및 지방자치단체는 여행이용권의 수급자격 및 자격유지의 적정성을 확인하기 위하여 필요한 가족관계증명 · 국세 · 지방세 · 토지 · 건물 · 건강보험 및 국민연금에 관한 자료 등 대통령령으로 정하는 자료를 관계 기관의 장에게 요청할 수 있고, 해당 기관의 장은 특별한 사유가 없으면 요청에 따라야 한다. 다만, 「전자정부법」 제36조제1항에 따른 행정정보 공동이용을 통하여 확인할 수 있는 사항은 예외로 한다.
>
> ③ 국가 및 지방자치단체는 제2항에 따른 자료의 확인을 위하여 「사회복지사업법」 제6조의2제2항에 따른 정보시스템을 연계하여 사용할 수 있다.

여기에서 "가족관계증명 · 국세 · 지방세 · 토지 · 건물 · 건강보험 및 국민연금에 관한 자료 등 대통령령으로 정하는 자료"란 다음의 자료를 말한다.(관광진흥법시행령 제41조의 4(여행이용권의 지급에 필요한 자료))

① 제41조의3에 따른 관광취약계층에 해당함을 확인하기 위한 자료
② 주민등록등본
③ 가족관계증명서

또한, 국가 및 지방자치단체는 자료의 확인을 위하여 정보시스템을 연계하여 사용할 수 있다.

3) 여행이용권 업무의 전담기관

관광진흥법 제47조의5(여행이용권의 지급 및 관리) ④ 국가 및 지방자치단체는 여행이용권의 발급, 정보시스템의 구축 · 운영 등 여행이용권 업무의 효율적 수행을 위하여 대통령령으로 정하는 바에 따라 전담기관을 지정할 수 있다.

여행이용권 업무의 전담기관의 지정 요건은 다음과 같다.(관광진흥법시행령 제41조의 5(여행이용권 업무의 전담기관))

① 제3항 각 호의 업무를 수행하기 위한 인적 · 재정적 능력을 보유할 것
② 제3항 각 호의 업무를 수행하는 데에 필요한 시설을 갖출 것
③ 여행이용권에 관한 홍보를 효율적으로 수행하기 위한 관련 기관 또는 단체와의 협력 체계를 갖출 것

문화체육관광부장관은 제1항 각 호의 요건을 모두 갖춘 전담기관을 지정하였을 때에는 그 사실을 문화체육관광부의 인터넷 홈페이지에 게시하여야 한다.

전담기관이 수행하는 업무는 다음 각 호와 같다.

① 여행이용권의 발급에 관한 사항
② 법 제47조의5제4항에 따른 정보시스템의 구축 · 운영
③ 여행이용권 이용활성화를 위한 관광단체 및 관광시설 등과의 협력
④여행이용권 이용활성화를 위한 조사 · 연구 · 교육 및 홍보

⑤ 여행이용권 이용자의 편의 제고를 위한 사업

⑥ 여행이용권 관련 통계의 작성 및 관리

⑦ 그 밖에 문화체육관광부장관이 여행이용권 업무의 효율적 수행을 위하여 필요하다고 인정하는 사무

4) 여행이용권의 발급

> **관광진흥법 제47조의5(여행이용권의 지급 및 관리)** ⑤ 제1항부터 제4항까지에서 규정한 사항 외에 여행이용권의 지급 · 이용 등에 필요한 사항은 대통령령으로 정한다.

전담기관 또는 특별자치시장 · 시장(제주특별자치도의 경우에는 「제주특별자치도 설치 및 국제자유도시 조성을 위한 특별법」에 따른 행정시장을 말한다) · 군수 · 구청장은 문화체육관광부령으로 정하는 바에 따라 여행이용권을 발급한다.(관광진흥법시행령 제41조의 6(여행이용권의 발급))

여행이용권의 발급 및 재발급에 관하여는 「문화예술진흥법 시행규칙」 제2조부터 제4조까지를 준용한다. 이 경우 "문화이용권"은 "여행이용권"으로, "한국문화예술위원회의 위원장"은 "전담기관"으로 본다.(관광진흥법시행규칙 제56조의 3(여행이용권의 발급 등))

5) 여행이용권의 통합운영

> **관광진흥법 제47조의5(여행이용권의 지급 및 관리)** ⑥ 문화체육관광부장관은 여행이용권의 이용 기회 확대 및 지원 업무의 효율성을 제고하기 위하여 여행이용권을 「문화예술진흥법」 제15조의4에 따른 문화이용권 등 문화체육관광부령으로 정하는 이용권과 통합하여 운영할 수 있다. [본조신설 2014.5.28.]

여기에서 문화이용권 등 문화체육관광부령으로 정하는 이용권이란 다음의 이용권을 말한다.(관광진흥법시행규칙 제56조의 2(여행이용권의 통합운영))

① 문화이용권

② 그 밖에 문화체육관광부장관이 지급 · 관리하는 이용권으로서 문화체육관광부장관이 정하여 고시하는 이용권

6. 국제협력 및 해외진출 지원

제47조의6(국제협력 및 해외진출 지원) ① 문화체육관광부장관은 관광산업의 국제협력 및 해외시장 진출을 촉진하기 위하여 다음 각 호의 사업을 지원할 수 있다.

1. 국제전시회의 개최 및 참가 지원
2. 외국자본의 투자유치
3. 해외마케팅 및 홍보활동
4. 해외진출에 관한 정보제공
5. 수출 관련 협력체계의 구축
6. 그 밖에 국제협력 및 해외진출을 위하여 필요한 사업

② 문화체육관광부장관은 제1항에 따른 사업을 효율적으로 지원하기 위하여 대통령령으로 정하는 관계 기관 또는 단체에 이를 위탁하거나 대행하게 할 수 있으며, 이에 필요한 비용을 보조할 수 있다. [본조신설 2018. 12. 11.]

7. 관광산업 진흥 사업

제47조의7(관광산업 진흥 사업) 문화체육관광부장관은 관광산업의 활성화를 위하여 대통령령으로 정하는 바에 따라 다음 각 호의 사업을 추진할 수 있다.

1. 관광산업 발전을 위한 정책 · 제도의 조사 · 연구 및 기획
2. 관광 관련 창업 촉진 및 창업자의 성장 · 발전 지원
3. 관광산업 전문인력 수급분석 및 육성
4. 관광산업 관련 기술의 연구개발 및 실용화
5. 지역에 특화된 관광 상품 및 서비스 등의 발굴 · 육성
6. 그 밖에 관광산업 진흥을 위하여 필요한 사항 [본조신설 2018. 12. 24.]

8. 스마트관광산업의 육성

제47조의8(스마트관광산업의 육성) ① 국가와 지방자치단체는 기술기반의 관광산업 경쟁력을 강화하고 지역관광을 활성화하기 위하여 스마트관광산업(관광에 정보통신기술을 융합하여 관광객에게 맞춤형 서비스를 제공하고 관광콘텐츠 · 인프라를 지속적으로 발전시킴으로써 경제적 또는 사회적 부가가치를 창출하는 산업을 말한다. 이하 같다)을 육성하여야 한다.

② 문화체육관광부장관은 스마트관광산업의 육성을 위하여 다음 각 호의 사업을 추진 · 지원할 수 있다.

1. 스마트관광산업 발전을 위한 정책 · 제도의 조사 · 연구 및 기획
2. 스마트관광산업 관련 창업 촉진 및 창업자의 성장 · 발전 지원

3. 스마트관광산업 관련 기술의 연구개발 및 실용화
4. 스마트관광산업 기반 지역관광 개발
5. 스마트관광산업 진흥에 필요한 전문인력 양성
6. 그 밖에 스마트관광산업 육성을 위하여 필요한 사항 [본조신설 2021. 6. 15.]

제2절 관광홍보 및 관광자원개발

1. 관광홍보 및 관광자원개발

1) 관광홍보

관광진흥법 제48조(관광 홍보 및 관광자원 개발) ① 문화체육관광부장관 또는 시 · 도지사는 국제 관광의 촉진과 국민 관광의 건전한 발전을 위하여 국내외 관광 홍보 활동을 조정하거나 관광 선전물을 심사하거나 그 밖에 필요한 사항을 지원할 수 있다. 〈개정 2008.2.29〉

② 문화체육관광부장관 또는 시 · 도지사는 제1항에 따라 관광홍보를 원활히 추진하기 위하여 필요하면 문화체육관광부령으로 정하는 바에 따라 관광사업자등에게 해외관광시장에 대한 정기적인 조사, 관광 홍보물의 제작, 관광안내소의 운영 등에 필요한 사항을 권고하거나 지도할 수 있다. 〈개정 2008.2.29〉

③ 지방자치단체의 장, 관광사업자 또는 제54조제1항에 따라 관광지 · 관광단지의 조성계획승인을 받은 자는 관광지 · 관광단지 · 관광특구 · 관광시설 등 관광자원을 안내하거나 홍보하는 내용의 옥외광고물(屋外廣告物)을 「옥외광고물 등의 관리와 옥외광고산업 진흥에 관한 법률」의 규정에도 불구하고 대통령령으로 정하는 바에 따라 설치할 수 있다. 〈개정 2016.1.6.〉

2) 관광자원개발

관광진흥법 제48조(관광 홍보 및 관광자원 개발) ④ 문화체육관광부장관과 지방자치단체의 장은 관광객의 유치, 관광복지의 증진 및 관광 진흥을 위하여 대통령령 또는 조례로 정하는 바에 따라 다음 각 호의 사업을 추진할 수 있다. 〈개정 2008. 2. 29., 2016. 2. 3., 2023. 6. 20.〉

1. 문화, 체육, 레저 및 산업시설 등의 관광자원화사업
2. 해양관광의 개발사업 및 자연생태의 관광자원화사업
3. 관광상품의 개발에 관한 사업
4. 국민의 관광복지 증진에 관한 사업
5. 유휴자원을 활용한 관광자원화사업
6. 주민 주도의 지역관광 활성화 사업 [시행일: 2023. 12. 21.] 제48조

2. 지역축제 등

1) 지역축제 육성

> **관광진흥법 제48조의2(지역축제 등)** ① 문화체육관광부장관은 지역축제의 체계적 육성 및 활성화를 위하여 지역축제에 대한 실태조사와 평가를 할 수 있다.
> ② 문화체육관광부장관은 지역축제의 통폐합 등을 포함한 그 발전방향에 대하여 지방자치단체의 장에게 의견을 제시하거나 권고할 수 있다.

문화체육관광부장관은 지역축제의 체계적 육성 및 활성화를 위하여 지역축제에 대한 실태조사와 평가를 할 수 있는데, 지역축제의 통폐합 등을 포함한 그 발전방향에 대하여 지방자치단체의 장에게 의견을 제시하거나 권고할 수 있다.

2) 지역축제 지정 및 지원

> **관광진흥법 제48조의2(지역축제 등)** ③ 문화체육관광부장관은 다양한 지역관광자원을 개발·육성하기 위하여 우수한 지역축제를 문화관광축제로 지정하고 지원할 수 있다.

(1) 문화관광축제의 지정기준

> **관광진흥법 제48조의2(지역축제 등)** ④ 제3항에 따른 문화관광축제의 지정 기준 및 지원 방법 등에 필요한 사항은 대통령령으로 정한다. [본조신설 2009.3.25]

문화관광축제의 지정 기준 및 지원 방법 등에 필요한 사항은 대통령령으로 정하며, 문화관광축제의 지정 기준은 문화체육관광부장관이 다음의 사항을 고려하여 정한다.(관광진흥법시행령 제41조의 7(문화관광축제의 지정기준))

① 축제의 특성 및 콘텐츠

② 축제의 운영능력

③ 관광객 유치 효과 및 경제적 파급효과

④ 그 밖에 문화체육관광부장관이 정하는 사항

(2) 문화관광축제의 지원방법(관광진흥법시행령 제41조의 8(문화관광축제의 지원방법))

문화관광축제로 지정받으려는 지역축제의 개최자는 관할 특별시 · 광역시 · 특별자치시 · 도 · 특별자치도를 거쳐 문화체육관광부장관에게 지정신청을 하여야 하고, 지정신청을 받은 문화체육관광부장관은 지정기준에 따라 문화관광축제를 지정한다. 한편 문화체육관광부장관은 지정받은 문화관광축제를 예산의 범위에서 지원할 수 있다.

3. 지속가능한 관광활성화

관광진흥법 제48조의3(지속가능한 관광활성화) ① 문화체육관광부장관은 에너지 · 자원의 사용을 최소화하고 기후변화에 대응하며 환경 훼손을 줄이고, 지역주민의 삶과 균형을 이루며 지역경제와 상생발전 할 수 있는 지속가능한 관광자원의 개발을 장려하기 위하여 정보제공 및 재정지원 등 필요한 조치를 강구할 수 있다. 〈개정 2019. 12. 3.〉

② 시 · 도지사나 시장 · 군수 · 구청장은 수용 범위를 초과한 관광객의 방문으로 자연환경이 훼손되거나 주민의 평온한 생활환경을 해칠 우려가 있어 관리할 필요가 있다고 인정되는 지역을 조례로 정하는 바에 따라 특별관리지역으로 지정할 수 있다. 이 경우 특별관리지역이 같은 시 · 도 내에서 둘 이상의 시 · 군 · 구에 걸쳐 있는 경우에는 시 · 도지사가 지정하고, 둘 이상의 시 · 도에 걸쳐 있는 경우에는 해당 시 · 도지사가 공동으로 지정한다. 〈신설 2019. 12. 3., 2021. 4. 13.〉

③ 문화체육관광부장관은 특별관리지역으로 지정할 필요가 있다고 인정하는 경우에는 시 · 도지사 또는 시장 · 군수 · 구청장으로 하여금 해당 지역을 특별관리지역으로 지정하도록 권고할 수 있다. 〈신설 2021. 4. 13.〉

④ 시 · 도지사나 시장 · 군수 · 구청장은 특별관리지역을 지정 · 변경 또는 해제할 때에는 대통령령으로 정하는 바에 따라 미리 주민의 의견을 들어야 하며, 문화체육관광부장관 및 관계 행정기관의 장과 협의하여야 한다. 다만, 대통령령으로 정하는 경미한 사항을 변경하려는 경우에는 예외로 한다. 〈신설 2019. 12. 3., 2021. 4. 13.〉

⑤ 시 · 도지사나 시장 · 군수 · 구청장은 특별관리지역을 지정 · 변경 또는 해제할 때에는 특별관리지역의 위치, 면적, 지정일시, 지정 · 변경 · 해제 사유, 특별관리지역 내 조치사항, 그 밖에 조례로 정하는 사항을 해당 지방자치단체 공보에 고시하고, 문화체육관광부장관에게 제출하여야 한다. 〈신설 2019. 12. 3., 2021. 4. 13.〉

⑥ 시 · 도지사나 시장 · 군수 · 구청장은 특별관리지역에 대하여 조례로 정하는 바에 따라 관광객 방문시간 제한, 이용료 징수, 차량 · 관광객 통행 제한 등 필요한 조치를 할 수 있다. 〈신설 2019. 12. 3., 2021. 4. 13.〉

⑦ 시 · 도지사나 시장 · 군수 · 구청장은 제6항에 따른 조례를 위반한 사람에게 「지방자치법」 제27조에 따라 1천만원 이하의 과태료를 부과 · 징수할 수 있다. 〈신설 2021. 4. 13.〉

⑧ 시 · 도지사나 시장 · 군수 · 구청장은 특별관리지역에 해당 지역의 범위, 조치사항 등을 표시한 안내판을 설치하여야 한다. 〈신설 2021. 4. 13.〉

⑨ 문화체육관광부장관은 특별관리지역 지정 현황을 관리하고 이와 관련된 정보를 공개하여야 하며, 특별관리지역을 지정 · 운영하는 지방자치단체와 그 주민 등을 위하여 필요한 지원을 할 수 있다. 〈신설 2021. 4. 13.〉
⑩ 그 밖에 특별관리지역의 지정 요건, 지정 절차 등 특별관리지역 지정 및 운영에 필요한 사항은 해당 지방자치단체의 조례로 정한다. 〈신설 2021. 4. 13.〉 [본조신설 2009. 3. 25.]

4. 문화관광해설사 양성 등

1) 문화관광해설사의 양성 및 활용계획 등

관광진흥법 제48조의4(문화관광해설사의 양성 및 활용계획 등) ① 문화체육관광부장관은 문화관광해설사를 효과적이고 체계적으로 양성 · 활용하기 위하여 해마다 문화관광해설사의 양성 및 활용계획을 수립하고, 이를 지방자치단체의 장에게 알려야 한다.
② 지방자치단체의 장은 제1항에 따른 문화관광해설사 양성 및 활용계획에 따라 관광객의 규모, 관광자원의 보유 현황, 문화관광해설사에 대한 수요 등을 고려하여 해마다 문화관광해설사 운영계획을 수립 · 시행하여야 한다. 이 경우 문화관광해설사의 양성 · 배치 · 활용 등에 관한 사항을 포함하여야 한다. [본조신설 2011.4.5.]

2) 문화관광해설사 양성교육과정의 개설 · 운영

제48조의6(문화관광해설사 양성교육과정의 개설 · 운영) ① 문화체육관광부장관 또는 시 · 도지사는 문화관광해설사 양성을 위한 교육과정을 개설(開設)하여 운영할 수 있다.
② 제1항에 따른 교육과정의 개설 · 운영에 필요한 사항은 문화체육관광부령으로 정한다. [전문개정 2018. 12. 11.]

문화관광해설사 양성을 위한 교육과정의 개설 · 운영 기준은 별표 17의2와 같다.(관광진흥법 시행규칙 제57조의 3(문화관광해설사 양성교육과정의 개설 · 운영기준)) [제목개정 2019. 4. 25.]

[별표 17의2] **관광진흥법시행규칙 〈개정 2019. 4. 25.〉**

문화관광해설사 양성교육과정의 개설·운영 기준(제57조의3제1항 관련)

구분	개설·운영 기준		
교육과목 및 교육시간	교육과목(실습을 포함한다)		교육시간
	기본 소양	1) 문화관광해설사의 역할과 자세 2) 문화관광자원의 가치 인식 및 보호 3) 관광객의 특성 이해 및 관광약자 배려	20시간
	전문 지식	4) 관광정책 및 관광산업의 이해 5) 한국 주요 문화관광자원의 이해 6) 지역 특화 문화관광자원의 이해	40시간
	현장 실무	7) 해설 시나리오 작성 및 해설 기법 8) 해설 현장 실습 9) 관광 안전관리 및 응급처치	40시간
	합 계		100시간
교육시설	1) 강의실 2) 강사대기실 3) 회의실 4) 그 밖에 교육에 필요한 기자재 및 시스템		

비고
1)부터 9)까지의 모든 과목을 교육해야 하며, 이론교육은 정보통신망을 통한 온라인 교육을 포함하여 구성할 수 있다.

3) 문화관광해설사의 선발 및 활용

(1) 문화관광해설사 선발계획 수립

관광진흥법 제48조의8(문화관광해설사의 선발 및 활용) ① 문화체육관광부장관 또는 지방자치단체의 장은 제48조의6제1항에 따른 교육과정을 이수한 자를 문화관광해설사로 선발하여 활용할 수 있다. 〈개정 2018. 12. 11.〉

문화체육관광부장관 또는 지방자치단체의 장은 문화관광해설사를 선발하려는 경우에는 문화관광해설사의 선발 인원, 평가 일시 및 장소, 응시원서 접수기간, 그 밖에 선발에 필요한 사항을 포함한 선발계획을 수립하고 이를 공고하여야 한다.(관광진흥법시행규칙 제57조의 5 제1항(문화관광해설사 선발 및 활용))

(2) 문화관광해설사 선발 평가

관광진흥법 제48조의8(문화관광해설사의 선발 및 활용) ② 문화체육관광부장관 또는 지방자치단체의 장은 제1항에 따라 문화관광해설사를 선발하는 경우 문화체육관광부령으로 정하는 바에 따라 이론 및 실습을 평가하고, 3개월 이상의 실무수습을 마친 자에게 자격을 부여할 수 있다.

문화체육관광부장관 또는 지방자치단체의 장이 이론 및 실습을 평가하려는 경우에는 별표 17의4의 평가 기준에 따라 평가하여야 하며, 선발계획에 따라 문화관광해설사를 선발하려는 경우에는평가 기준에 따른 평가 결과 이론 및 실습 평가항목 각각 70점 이상을 득점한 사람 중에서 각각의 평가항목의 비중을 곱한 점수가 고득점자인 사람의 순으로 선발한다.(관광진흥법시행규칙 제57조의 5 제2, 3항(문화관광해설사 선발 및 활용))

[별표 17의4] 관광진흥법시행규칙 〈개정 2019. 4. 25.〉

문화관광해설사 평가 기준(제57조의5제2항 관련)

평가항목	세부 평가내용		배점	비중
1. 이론	기본 소양	1) 문화관광해설사의 역할과 자세 2) 문화관광자원의 가치 인식 및 보호 3) 관광객의 특성 이해 및 관광약자 배려	30점	70%
	전문 지식	4) 관광정책 및 관광산업의 이해 5) 한국 주요 문화관광자원의 이해 6) 지역 특화 문화관광자원의 이해	70점	
	합 계		100점	
2. 실습	현장 실무	7) 해설 시나리오 작성 8) 해설 기법 시연 9) 관광 안전관리 및 응급처치	45점 45점 10점	30%
	합 계		100점	

비고

1)부터 9)까지의 모든 항목을 평가해야 하며, 이론 평가는 객관식 문제와 주관식 문제를 병행하여 평가한다.

(3) 문화관광해설사 선발, 배치, 활용의 지원

관광진흥법 제48조의8(문화관광해설사의 선발 및 활용) ③ 문화체육관광부장관 또는 지방자치단체의 장은 예산의 범위에서 문화관광해설사의 활동에 필요한 비용 등을 지원할 수 있다.
④ 그 밖에 문화관광해설사의 선발, 배치 및 활용 등에 필요한 사항은 문화체육관광부령으로 한다. [본조신설 2011.4.5.]

문화체육관광부장관 또는 지방자치단체의 장은 문화관광해설사를 배치 · 활용하려는 경우에 해당 지역의 관광객 규모와 관광자원의 보유 현황 및 문화관광해설사에 대한 수요, 문화관광해설사의 활동 실적 및 태도 등을 고려하여야 하며, 그 밖에 문화관광해설사의 선발, 배치 및 활용 등에 필요한 세부적인 사항은 문화체육관광부장관이 정하여 고시한다.(관광진흥법시행규칙 제57조의 5 제4, 5항(문화관광해설사 선발 및 활용))

5. 관광체험교육프로그램 개발

관광진흥법 제48조의5(관광체험교육프로그램 개발) 문화체육관광부장관 또는 지방자치단체의 장은 관광객에게 역사 · 문화 · 예술 · 자연 등의 관광자원과 연계한 체험기회를 제공하고, 관광을 활성화하기 위하여 관광체험교육프로그램을 개발 · 보급할 수 있다. 이 경우 장애인을 위한 관광체험교육프로그램을 개발하여야 한다. [본조신설 2011.4.5.]

6. 지역관광협의회 설립

관광진흥법 제48조의9(지역관광협의회 설립) ① 관광사업자, 관광 관련 사업자, 관광 관련 단체, 주민 등은 공동으로 지역의 관광진흥을 위하여 광역 및 기초 지방자치단체 단위의 지역관광협의회(이하 "협의회"라 한다)를 설립할 수 있다.

② 협의회에는 지역 내 관광진흥을 위한 이해 관련자가 고루 참여하여야 하며, 협의회를 설립하려는 자는 해당 지방자치단체의 장의 허가를 받아야 한다.

③ 협의회는 법인으로 한다.

④ 협의회는 다음 각 호의 업무를 수행한다.

1. 지역의 관광수용태세 개선을 위한 업무
2. 지역관광 홍보 및 마케팅 지원 업무
3. 관광사업자, 관광 관련 사업자, 관광 관련 단체에 대한 지원
4. 제1호부터 제3호까지의 업무에 따르는 수익사업
5. 지방자치단체로부터 위탁받은 업무

⑤ 협의회의 운영 등에 필요한 경비는 회원이 납부하는 회비와 사업 수익금 등으로 충당하며, 지방자치단체의 장은 협의회의 운영 등에 필요한 경비의 일부를 예산의 범위에서 지원할 수 있다.

⑥협의회의 설립 및 지원 등에 필요한 사항은 해당 지방자치단체의 조례로 정한다.

⑦ 협의회에 관하여 이 법에 규정된 것 외에는 「민법」 중 사단법인에 관한 규정을 준용한다. [본조신설 2015.5.18.]

7. 한국관광 품질인증

1) 한국관광 품질인증 사업

관광진흥법 제48조의10(한국관광 품질인증) ① 문화체육관광부장관은 관광객의 편의를 돕고 관광서비스의 수준을 향상시키기 위하여 관광사업 및 이와 밀접한 관련이 있는 사업으로서 대통령령으로 정하는 사업을 위한 시설 및 서비스 등(이하 "시설등"이라 한다)을 대상으로 품질인증(이하 "한국관광 품질인증"이라 한다)을 할 수 있다.

여기에서 “대통령령으로 정하는 사업”이란 다음의 어느 하나에 해당하는 사업을 말한다.(관광진흥법시행령 제41조의 9(한국관광 품질인증의 대상))

① 야영장업

② 외국인관광 도시민박업

③ 관광식당업

④ 한옥체험업

⑤ 관광면세업

⑥ 숙박업(관광숙박업 제외)

⑦ 외국인관광객면세판매장

2) 한국관광 품질인증의 인증

(1) 한국관광 품질인증의 인증표지 및 홍보

관광진흥법 제48조의10(한국관광 품질인증) ② 한국관광 품질인증을 받은 자는 대통령령으로 정하는 바에 따라 인증표지를 하거나 그 사실을 홍보할 수 있다.
③ 한국관광 품질인증을 받은 자가 아니면 인증표지 또는 이와 유사한 표지를 하거나 한국관광 품질인증을 받은 것으로 홍보하여서는 아니 된다.

한국관광 품질인증의 인증표지는 별표 4의2와 같다.(관광진흥법시행령 제41조의 12(한국관광 품질인증의 인증표지))

[별표 4의2] **관광진흥법시행령 〈개정 2020. 6. 2.〉**

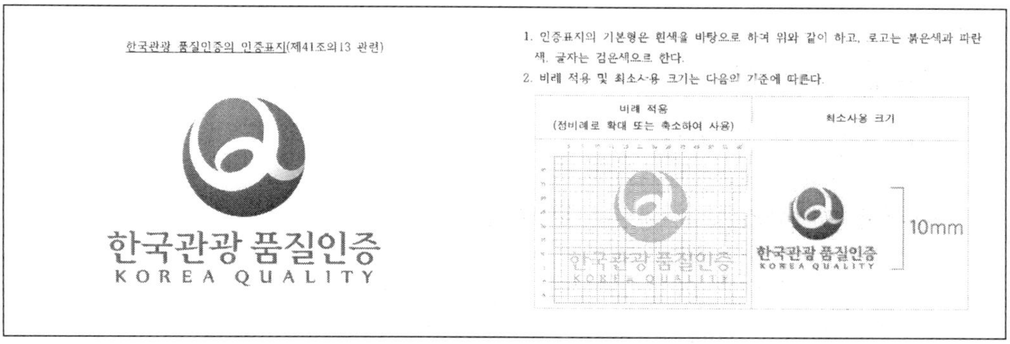
한국관광 품질인증의 인증표지(제41조의13 관련)

한국관광 품질인증
KOREA QUALITY

1. 인증표지의 기본형은 흰색을 바탕으로 하며 위와 같이 하고, 로고는 붉은색과 파란색, 글자는 검은색으로 한다.
2. 비례 적용 및 최소사용 크기는 다음의 기준에 따른다.

비례 적용 (정비례로 확대 또는 축소하여 사용)	최소사용 크기
한국관광 품질인증 KOREA QUALITY	한국관광 품질인증 KOREA QUALITY 10mm

(2) 한국관광 품질인증의 인증 기준

관광진흥법 제48조의10(한국관광 품질인증) ⑥ 한국관광 품질인증의 인증 기준 · 절차 · 방법, 인증표지 및 그 밖에 한국관광 품질인증 제도 운영에 필요한 사항은 대통령령으로 정한다. [본조신설 2018.3.13.]

한국관광 품질인증의 인증 기준은 다음과 같으며, 한국관광 품질인증의 인증 기준에 관한 세부사항은 문화체육관광부령으로 정한다.(관광진흥법시행령 제41조의 10(한국관광 품질인증의 인증기준), 관광진흥법시행규칙 제57조의 6한국관광 품질인증의 인증기준))

① 관광객 편의를 위한 시설 및 서비스를 갖출 것
② 관광객 응대를 위한 전문 인력을 확보할 것
③ 재난 및 안전관리 위험으로부터 관광객을 보호할 수 있는 사업장 안전관리 방안을 수립할 것
④ 해당 사업의 관련 법령을 준수할 것

한국관광 품질인증의 세부 인증 기준은 별표 17의5와 같다.

[별표 17의5] **관광진흥법시행규칙 〈개정 2020. 12. 1**

한국관광 품질인증의 세부 인증 기준(제57조의6 관련)

1. 서류평가 통과 기준: 다음 각 목의 사항을 모두 갖추었을 것
  가. 제57조의7제1항제1호·제2호·제4호의 서류를 모두 제출하였을 것
  나. 가목에 따라 제출한 서류를 심사한 결과 위법·부당한 사실이 없을 것
  다. 한국관광 품질인증 신청서를 제출한 날 이전 3개월간 관할 허가·등록·지정 또는 신고 기관의 장으로부터 허가·등록·지정의 취소, 사업의 전부 또는 일부의 정지, 영업의 정지 또는 일부 시설의 사용중지나 영업소 폐쇄 처분을 받지 않았을 것

2. 현장평가 통과 기준: 다음 각 목의 사항을 모두 갖추었을 것
  가. 해당 사업의 관련 법령에 따른 허가·등록·지정 또는 신고 요건을 계속하여 갖추고 있을 것
  나. 평가 분야별 득점의 합이 100점 만점을 기준으로 하여 70점 이상일 것. 다만, 일부 사업의 경우 득점하여야 하는 총점을 업무 규정으로 다르게 정할 수 있음.

평가 분야	평가 항목	배점 비중
가. 시설 및 서비스 분야	건물의 외관·내부시설의 유지·관리	60%
	장애인을 위한 편의시설의 설치·관리	
	메뉴얼에 따른 서비스 품질관리	
	업무 규정에 따른 서비스이행표준의 준수	
나. 인력의 전문성 분야	관광객 응대에 필요한 종사원의 전문성	20%
	외국인 관광객 응대를 위한 외국어 능력	
	종사원의 서비스 교육·훈련 이수 결과	
다. 안전관리 분야	정기적인 소방안전점검 및 관리	20%
	안전관리에 필요한 장비의 구비·관리	
	비상재해대비시설의 설치·관리	
	화재 등으로 발생한 손해에 대한 배상체계 구비	
총 계		100%

비고
1. 평가 분야별 배점 비중은 업무 규정이 정하는 바에 따라 총계의 10퍼센트 범위에서 조정될 수 있으나, 배점 비중의 총계는 항상 100퍼센트가 되어야 함.
2. 평가 항목별 구체적인 평가지표는 한국관광 품질인증의 대상별 특성에 따라 업무 규정으로 정함.

다. 아래 표에 따른 한국관광 품질인증의 대상별 필수사항을 모두 갖추었을 것

구 분	필수사항
외국인관광 도시민박업, 한옥체험업	- 객실, 침구, 욕실, 조리시설에 대한 청결 수준이 보통(5단계 평가 시 3단계) 이상일 것
관광면세업	- 내국인 출입이 가능할 것 - 품질보증서 등을 구비할 것 - 외국인관광객에게 부가가치세 등을 환급해 줄 수 있는 설비를 갖추고 관련 정보를 제공할 것 - 주변의 교통에 지장을 주지 않을 것 - 종사자가 외국어 능력을 갖출 것
숙박업	- 관광객 응대를 위한 안내 데스크가 개방형 구조일 것 - 주차장에 가림막 등 폐쇄형 구조물이 없을 것 - 시간제로 운영하지 않을 것 - 청소년 보호를 위해 성인방송 제공을 제한할 것 - 요금표를 게시할 것 - 객실, 침구, 욕실, 조리시설에 대한 청결 수준이 보통(5단계 평가 시 3단계) 이상일 것
외국인관광객면세 판매장	- 내국인 출입이 가능할 것 - 품질보증서 등을 구비할 것 - 외국인관광객에게 부가가치세 등을 환급해 줄 수 있는 설비를 갖추고 관련 정보를 제공할 것
음식점업	- 「식품위생법」 제47조의2에 따른 위생등급을 지정받은 업소일 것 - 식기, 수저에 대한 청결 수준이 보통(5단계 평가 시 3단계) 이상일 것 - 남녀 화장실이 분리되어 있을 것 - 식재료의 원산지 표기와 실제 원산지가 동일할 것 - 한글 외에 최소 1개 이상의 외국어가 병기된 메뉴판을 제공할 것

(3) 한국관광 품질인증의 절차 및 방법 등

관광진흥법 제48조의10(한국관광 품질인증) ⑥ 한국관광 품질인증의 인증 기준 · 절차 · 방법, 인증표지 및 그 밖에 한국관광 품질인증 제도 운영에 필요한 사항은 대통령령으로 정한다. [본조신설 2018.3.13.]

관광진흥법시행령 제41조의12(한국관광 품질인증의 절차 및 방법 등) 한국관광 품질인증을 받으려는 자는 문화체육관광부령으로 정하는 품질인증 신청서를 문화체육관광부장관에게 제출하여야 한다.

② 문화체육관광부장관은 제1항에 따라 제출된 신청서의 내용을 평가 · 심사한 결과 제41조의11에 따른 인증 기준에 적합하면 신청서를 제출한 자에게 문화체육관광부령으로 정하는 인증서를 발급해야 한다. 〈개정 2020. 6. 2.〉

관광진흥법 시행규칙 제57조의7(한국관광 품질인증의 절차 및 방법 등) ① 한국관광 품질인증을 받으려는 자는 별지 제39호의6서식의 한국관광 품질인증 신청서(전자문서로 된 신청서를 포함한다)에 다음 각 호의 서류(전자문서를 포함한다)를 첨부하여 한국관광공사에 제출하여야 한다.

1. 「부가가치세법」 제8조제5항에 따른 사업자등록증의 사본 1부
2. 해당 사업의 관련 법령을 준수하여 허가 · 등록 또는 지정을 받거나 신고를 하였음을 증명할 수 있는 서류 1부
3. 한국관광 품질인증의 인증 기준 전부 또는 일부와 인증 기준이 유사하다고 문화체육관광부장관이 인정하여 고시하는 인증(이하 "유사 인증"이라 한다)이 유효함을 증명할 수 있는 서류 1부(해당 서류가 있는 경우에만 첨부한다)
4. 그 밖에 한국관광공사가 한국관광 품질인증의 대상별 특성에 따라 한국관광 품질인증을 위한 평가 · 심사에 필요하다고 인정하여 영 제65조제7항에 따른 한국관광 품질인증 및 그 취소에 관한 업무 규정(이하 "업무 규정"이라 한다)으로 정하는 서류 각 1부

② 제1항에 따른 신청을 받은 한국관광공사는 서류평가, 현장평가 및 심의를 실시한 결과 별표 17의5에 따른 세부 인증 기준에 적합하면 신청서를 제출한 자에게 별지 제39호의7서식의 한국관광 품질인증서를 발급하여야 한다.

③ 한국관광공사는 제2항에 따른 서류평가 시 유효한 유사 인증을 받은 것으로 인정되는 자에 대하여 별표 17의5에 따른 인증 기준 전부 또는 일부를 갖추었음을 인정할 수 있다.

④ 한국관광공사는 한국관광 품질인증을 받은 자에게 해당 연도의 사업 운영 실적을 다음 연도 1월 20일까지 제출할 것을 요청할 수 있다. [본조신설 2018.6.14.]

[별지 제39호의6서식] **관광진흥법시행규칙**
〈신설 2018.6.14.〉

한국관광 품질인증 신청서

접수번호		접수일시	
신청인	상호(법인명)	대표자	
	주 소		
	사업자등록번호	연락처	
	팩스번호	전자메일	
	담당자	성명 / 직위	
		일반전화	
		휴대전화	
		전자메일	
인증신청 대상	시설 · 서비스명	최초등록일	
	소재지(또는 주소)		
	인증신청 업종	면적(㎡)	

「관광진흥법」 제48조의10제1항, 같은 법 시행령 제41조의11제1항 및 같은 법 시행규칙 제57조의7제1항에 따라 위와 같이 한국관광 품질인증을 신청합니다.

년 월 일

신청인(대표자): (서명 또는 인)

한국관광공사 사장 귀하

첨부서류	1. 「부가가치세법」 제8조제5항에 따른 사업자등록증의 사본 1부 2. 해당 사업의 관련 법령을 준수하여 허가·등록 또는 지정을 받거나 신고를 하였음을 증명할 수 있는 서류 1부 3. 한국관광 품질인증의 인증 기준 전부 또는 일부와 인증 기준이 유사하다고 문화체육관광부장관이 인정하여 고시하는 인증이 유효함을 증명할 수 있는 서류 1부(해당 서류가 있는 경우에만 첨부합니다) 4. 그 밖에 한국관광공사가 한국관광 품질인증의 대상별 특성에 따라 한국관광 품질인증을 위한 평가·심사에 필요하다고 인정하여 영 제65조제7항에 따른 한국관광 품질인증 및 그 취소에 관한 업무 규정으로 정하는 서류 각 1부

처리절차

제출	⇨	접수	⇨	평가·심사 (서류평가 → 현장평가 → 심의)	⇨	평가·심사 결과통보
신청인		한국관광공사		한국관광공사		한국관광공사

[별지 제39호의7서식] **관광진흥법시행규칙**
〈신설 2018.6.14.〉

한국관광 품질인증서

인증번호 :

인증 사업자
1. 상호(법인명) :
2. 대표자 :
3. 주 소 :

인증 대상
1. 시설 · 서비스명 :
2. 소재지(또는 주소) :
3. 면적 :
4. 사업의 종류 :
5. 유효기간 :
6. 그 밖의 사항 :

「관광진흥법」 제48조의10제1항, 같은 법 시행령 제41조의11제2항 및 같은 법 시행규칙 제57조의7제2항에 따라 위와 같이 한국관광 품질인증서를 발급합니다.

년 월 일

한국관광공사 사장 직인

210mm×297mm[백상지(150g/㎡)]

관광진흥법시행령 제41조의11(한국관광 품질인증의 절차 및 방법 등) ③ 문화체육관광부장관은 제2항에 따른 평가 · 심사 결과 제41조의11에 따른 인증 기준에 부적합하면 신청서를 제출한 자에게 그 결과와 사유를 알려주어야 한다. 〈개정 2020. 6. 2.〉

⑤ 제1항부터 제3항까지에서 규정한 사항 외에 한국관광 품질인증의 절차 및 방법에 관한 세부사항은 문화체육관광부령으로 정한다. [본조신설 2018.6.5.]

(4) 한국관광 품질인증의 유효기간

관광진흥법시행령 제41조의11(한국관광 품질인증의 절차 및 방법 등) ④ 한국관광 품질인증의 유효기간은 제2항에 따라 인증서가 발급된 날부터 3년으로 한다.

(5) 한국관광 품질인증의 취소

관광진흥법 제48조의11(한국관광 품질인증의 취소) 문화체육관광부장관은 한국관광 품질인증을 받은 자가 다음 각 호의 어느 하나에 해당하는 경우에는 그 인증을 취소할 수 있다. 다만, 제1호에 해당하는 경우에는 인증을 취소하여야 한다.
1. 거짓이나 그 밖의 부정한 방법으로 인증을 받은 경우
2. 제48조의10제6항에 따른 인증 기준에 적합하지 아니하게 된 경우 [본조신설 2018.3.13.]

3) 한국관광 품질인증의 시설등 지원

관광진흥법 제48조의10(한국관광 품질인증) ④ 문화체육관광부장관은 한국관광 품질인증을 받은 시설등에 대하여 다음 각 호의 지원을 할 수 있다.
1. 「관광진흥개발기금법」에 따른 관광진흥개발기금의 대여 또는 보조
2. 국내 또는 국외에서의 홍보
3. 그 밖에 시설등의 운영 및 개선을 위하여 필요한 사항

⑤ 문화체육관광부장관은 한국관광 품질인증을 위하여 필요한 경우에는 특별자치시장 · 특별자치시장 · 특별자치도지사 · 시장 · 군수 · 구청장 및 관계 기관의 장에게 자료 제출을 요청할 수 있다. 이 경우 자료 제출을 요청받은 특별자치시장 · 특별자치시장 · 특별자치도지사 · 시장 · 군수 · 구청장 및 관계 기관의 장은 특별한 사유가 없으면 이에 따라야 한다. [본조신설 2018.3.13.]

제5장 관광지 등의 개발

제1절 관광지 및 관광단지의 개발

관광기본법 제3조(관광진흥계획의 수립) 정부는 관광진흥장기계획과 연도별 계획을 각각 수립하여야 한다.

「관광기본법」 제3조에서 명시한 관광진흥계획의 수립은 국가차원에서 장 · 단기계획이므로 관광정책심의위원회의 심의의결을 거치도록 한 것이라면, 「관광진흥법」 제49조에서 명시한 관광진흥계획의 수립은 문화체육관광부장관의 책임 또는 주관하에 수립하여 관광정책심의위원회의 의결을 거쳐 확정된 것이라는 점에서 구별되며, 개발계획에는 최근의 관광시장동향, 관광수요공급, 수요측정 및 전국, 권역별 관광루트개발 등이 포함되어 관광주무행정관청의 단기 또는 장기 관광개발계획안의 성격을 갖게 된다.

현재 관광(단)지 개발을 위한 계획수립체계는 국가계획인 관광개발기본계획과 권역별 관광개발계획이 있다. 관광개발기본계획은 문화체육관광부장관이 관광자원을 효율적으로 개발·관리하기 위하여 전국을 대상으로 관광개발기본계획을 수립하여야 하며, 권역계획은 시·도지사가 관광개발기본계획에 의하여 구분된 권역을 대상으로 권역별 관광개발계획을 수립하여야 한다. 관광개발기본계획은 문화체육관광부 장관이 10년마다, 권역별 관광개발계획은 관광개발기본계획을 바탕으로 시·도지사가 5년마다 수립한다. 이외 법적구속력이 없는 행정계획으로서 특정지역계획 및 기초자치단체의 시·군 관광개발계획, 단위 관광(단)지 계획 등이 있다.

1. 관광개발기본계획 및 권역별 관광개발계획

1) 관광개발기본계획의 수립

(1) 관광개발기본계획 등

관광진흥법 제49조(관광개발기본계획 등) ① 문화체육관광부장관은 관광자원을 효율적으로 개발하고 관리하기 위하여 전국을 대상으로 다음과 같은 사항을 포함하는 관광개발기본계획(이하 "기본계획"이라 한다)을 수립하여야 한다. 〈개정 2008.2.29〉

1. 전국의 관광 여건과 관광 동향(動向)에 관한 사항
2. 전국의 관광 수요와 공급에 관한 사항
3. 관광자원 보호·개발·이용·관리 등에 관한 기본적인 사항
4. 관광권역(觀光圈域)의 설정에 관한 사항
5. 관광권역별 관광개발의 기본방향에 관한 사항
6. 그 밖에 관광개발에 관한 사항

관광개발계획의 수립시기는 다음과 같다.(관광진흥법시행령 제42조제1,2항(관광개발계획의 수립시기)) 〈개정 2020. 12. 8.〉

① 관광개발기본계획(기본계획)은 10년마다 수립한다.

② 문화체육관광부장관은 사회적·경제적 여건 변화 등을 고려하여 5년마다 기본계획을 전반적으로 재검토하고 개선이 필요한 사항을 정비해야 한다.

(2) 기본계획수립절차(관광진흥법시행령 제42조(관광개발계획의 수립시기))

관광진흥법 제50조(기본계획) ① 시 · 도지사는 기본계획의 수립에 필요한 관광 개발사업에 관한 요구서를 문화체육관광부장관에게 제출하여야 하고, 문화체육관광부장관은 이를 종합 · 조정하여 기본계획을 수립하고 공고하여야 한다. 〈개정 2008.2.29〉

② 문화체육관광부장관은 수립된 기본계획을 확정하여 공고하려면 관계 부처의 장과 협의하여야 한다. 〈개정 2008.2.29〉

③ 확정된 기본계획을 변경하는 경우에는 제1항과 제2항을 준용한다.

④ 문화체육관광부장관은 관계 기관의 장에게 기본계획의 수립에 필요한 자료를 요구하거나 협조를 요청할 수 있고, 그 요구 또는 협조 요청을 받은 관계 기관의 장은 정당한 사유가 없으면 요청에 따라야 한다. 〈개정 2008.2.29〉

2) 권역별 관광개발계획의 수립

(1) 권역별 관광개발기본계획 등

관광진흥법 제49조(관광개발기본계획 등) ② 시 · 도지사(특별자치도지사는 제외한다)는 기본계획에 따라 구분된 권역을 대상으로 다음 각 호의 사항을 포함하는 권역별 관광개발계획(이하 "권역계획"이라 한다)을 수립하여야 한다. 〈개정 2008.6.5, 2009.3.25〉

1. 권역의 관광 여건과 관광 동향에 관한 사항
2. 권역의 관광 수요와 공급에 관한 사항
3. 관광자원의 보호 · 개발 · 이용 · 관리 등에 관한 사항
4. 관광지 및 관광단지의 조성 · 정비 · 보완 등에 관한 사항

4의2. 관광지 및 관광단지의 실적 평가에 관한 사항

5. 관광지 연계에 관한 사항
6. 관광사업의 추진에 관한 사항
7. 환경보전에 관한 사항
8. 그 밖에 그 권역의 관광자원의 개발, 관리 및 평가를 위하여 필요한 사항

권역별 관광개발계획(권역계획)은 5년마다 수립한다.(관광진흥법시행령 제42조제3항(관광개발계획의 수립시기)) 〈개정 2020. 12. 8.〉

(2) 권역별 기본계획수립절차

관광진흥법시행령 제43조의2(권역계획의 수립 기준 및 방법 등) ① 문화체육관광부장관은 권역계획이 기본계획에 부합되도록 권역계획의 수립 기준 및 방법 등을 포함하는 권역계획 수립지침을 작성하여 특별시장 · 광역시장 · 특별자치시장 · 도지사에게 보내야 한다.

② 제1항에 따른 권역계획 수립지침에는 다음 각 호의 사항이 포함되어야 한다.

1. 기본계획과 권역계획의 관계
2. 권역계획의 기본사항과 수립절차
3. 권역계획의 수립 시 고려사항 및 주요 항목
4. 그 밖에 권역계획의 수립에 필요한 사항 [본조신설 2020. 12. 8.]

(3) 권역계획의 수립 기준 및 방법 등

관광진흥법 제51조(권역계획) ① 권역계획(圈域計劃)은 그 지역을 관할하는 시 · 도지사(특별자치도지사는 제외한다. 이하 이 조에서 같다)가 수립하여야 한다. 다만, 둘 이상의 시 · 도에 걸치는 지역이 하나의 권역계획에 포함되는 경우에는 관계되는 시 · 도지사와의 협의에 따라 수립하되, 협의가 성립되지 아니한 경우에는 문화체육관광부장관이 지정하는 시 · 도지사가 수립하여야 한다. 〈개정 2008.2.29, 2008.6.5〉

② 시 · 도지사는 제1항에 따라 수립한 권역계획을 문화체육관광부장관의 조정과 관계 행정기관의 장과의 협의를 거쳐 확정하여야 한다. 이 경우 협의요청을 받은 관계 행정기관의 장은 특별한 사유가 없는 한 그 요청을 받은 날부터 30일 이내에 의견을 제시하여야 한다. 〈개정 2007.7.19, 2008.2.29〉

③ 시 · 도지사는 권역계획이 확정되면 그 요지를 공고하여야 한다.

(4) 권역별 기본계획의 경미한 사항변경

관광진흥법 제51조(권역계획) ④ 확정된 권역계획을 변경하는 경우에는 제1항부터 제3항까지의 규정을 준용한다. 다만, 대통령령으로 정하는 경미한 사항의 변경에 대하여는 관계 부처의 장과의 협의를 갈음하여 문화체육관광부장관의 승인을 받아야 한다. 〈개정 2008.2.29.〉

⑤ 그 밖에 권역계획의 수립 기준 및 방법 등에 필요한 사항은 대통령령으로 정하는 바에 따라 문화체육관광부장관이 정한다. 〈신설 2020. 6. 9.〉

관광진흥법시행령 제43조(경미한 권역계획의 변경) 법 제51조제4항 단서에서 "대통령령으로 정하는 경미한 사항의 변경"이란 다음 각 호의 어느 하나에 해당하는 것을 말한다. 〈개정 2020. 12. 8.〉

1. 기본계획의 범위에서 하는 법 제49조제2항제1호 · 제2호 또는 제6호부터 제8호까지에 관한 사항의 변경
2. 법 제49조제2항제3호부터 제5호까지에 관한 사항 중 다음 각 목의 변경
   가. 관광자원의 보호 · 이용 및 관리 등에 관한 사항

나. 관광지 또는 관광단지(이하 "관광지등"이라 한다)의 면적(권역계획상의 면적을 말한다. 이하 다목과 라목에서 같다)의 축소
다. 관광지등 면적의 100분의 30 이내의 확대
라. 지형여건 등에 따른 관광지등의 구역 조정(그 면적의 100분의 30 이내에서 조정하는 경우만 해당한다)이나 명칭 변경

3) 계획수립 등을 위한 지역조사 · 측량 실시

관광진흥법 제53조(조사 · 측량 실시) ① 시 · 도지사는 기본계획 및 권역계획을 수립하거나 관광지등의 지정을 위하여 필요하면 해당 지역에 대한 조사와 측량을 실시할 수 있다. 〈개정 2007.7.19〉

② 제1항에 따른 조사와 측량을 위하여 필요하면 타인이 점유하는 토지에 출입할 수 있다.

③ 제2항에 따른 타인이 점유하는 토지에의 출입에 관하여는 「국토의 계획 및 이용에 관한 법률」 제130조와 제131조를 준용한다.

2. 관광지의 지정 등

1) 관광지 및 관광단지

관광진흥법 제52조(관광지의 지정 등) ① 관광지 및 관광단지(이하 "관광지등"이라 한다)는 문화체육관광부령으로 정하는 바에 따라 시장 · 군수 · 구청장의 신청에 의하여 시 · 도지사가 지정한다. 다만, 특별자치시 및 특별자치도의 경우에는 특별자치시장 및 특별자치도지사가 지정한다. 〈개정 2008.2.29., 2008.6.5., 2009.3.25., 2018.6.12.〉

(1) 관광지 및 관광단지의 구분기준

※ 관광지

- 관광지는 자연적 또는 문화적 관광자원을 갖추고 관광객을 위한 기본적인 편의시설을 설치하는 지역으로서 관광진흥법에 따라 지정된 곳을 말한다.(관광진흥법제2조제6호)
- 관광지는 관광자원이 풍부하고 관광객의 접근이 용이한 지역에 주차장, 상하수도, 벤치 등의 공공 및 편익시설을 공공사업으로 조성하고 그 외 이용관광객 편의를 위한 각종 유희시설과 숙박 및 상가시설을 민간자본으로 개발하는 관광단지 개발사업보다 규모가 작은 관광개발사업이다.
- 관광지 개발사업은 대부분 지방자치단체가 개발주체가 되어 추진하고 있으나 개별관광시설에 대한 민자유치가 관광지개발의 성공을 위한 관건이다.

※ 관광단지

- 관광단지란 관광객의 다양한 관광 및 휴양을 위하여 각종 관광시설을 종합적으로 개발하는 관광거점 지역으로서 관광진흥법에 따라 지정된 곳을 말하며(관광진흥법제2조제7호), 100만㎡ 이상(일부완화가능) 개발되는 곳을 말한다.(관광진흥법시행규칙 제54조제2항)
- 관광단지는 개발사업을 장기간에 걸쳐 대규모 투자재원과 인력이 소요되므로 공익차원에서 관광공사가 주도적으로 개발하여 왔으나 1994년을 기점으로 민간업체의 관광단지 개발사업 참여가 늘어나고 있으며 앞으로는 수익성위주의 관광단지 개발사업을 민간업체가 주도할 것으로 예상된다.

관광지 및 관광단지의 구분기준은 다음과 같다.(관광진흥법시행규칙 제28조제2항(관광지 등의 지정신청 등))

[별표 18] 관광진흥법시행규칙 〈개정 2014.12.31.〉

관광지 · 관광단지의 구분기준(제58조제2항 관련)

1. 관광단지: 가목의 시설을 갖추고, 나목의 시설 중 1종 이상의 필요한 시설과 다목 또는 라목의 시설 중 1종 이상의 필요한 시설을 갖춘 지역으로서 총면적이 50만제곱미터 이상인 지역(다만, 마목 및 바목의 시설은 임의로 갖출 수 있다)

시설구분	시설종류	구비기준
가. 공공편익시설	화장실, 주차장, 전기시설, 통신시설, 상하수도시설 또는 관광안내소	각 시설이 관광객이 이용하기에 충분할 것
나. 숙박시설	관광호텔, 수상관광호텔, 한국전통호텔, 가족호텔 또는 휴양콘도미니엄	관광숙박업의 등록기준에 부합할 것
다. 운동 · 오락시설	골프장, 스키장, 요트장, 조정장, 카누장, 빙상장, 자동차경주장, 승마장, 종합체육시설, 경마장, 경륜장 또는 경정장	「체육시설의 설치 · 이용에 관한 법률」 제10조에 따른 등록체육시설업의 등록기준, 「한국마사회법 시행령」 제5조에 따른 시설 · 설비기준 또는 「경륜 · 경정법 시행령」 제5조에 따른 시설 · 설비기준에 부합할 것
라. 휴양 · 문화시설	민속촌, 해수욕장, 수렵장, 동물원, 식물원, 수족관, 온천장, 동굴자원, 수영장, 농어촌휴양시설, 산림휴양시설, 박물관, 미술관, 활공장, 자동차야영장, 관광유람선 또는 종합유원시설	관광객이용시설업의 등록기준 또는 유원시설업의 설비기준에 부합할 것
마. 접객시설	관광공연장, 관광유흥음식점, 관광극장유흥업점, 외국인전용유흥음식점, 관광식당 등	관광객이용시설업의 등록기준 또는 관광편의시설업의 지정기준에 적합할 것
바. 지원시설	관광종사자 전용숙소, 관광종사자 연수시설, 물류 · 유통 관련 시설	관광단지의 관리 · 운영 및 기능 활성화를 위해서 필요한 시설일 것

(비고) 관광단지의 총면적 기준은 시 · 도지사가 그 지역의 개발목적 · 개발 · 계획 · 설치시설 및 발전전망 등을 고려하여 일부 완화하여 적용할 수 있다.

2. 관광지: 제1호가목의 시설을 갖춘 지역(다만, 나목부터 바목까지의 시설은 임의로 갖출 수 있다)

(2) 관광지 및 관광단지의 지정 등 절차

가) 지정권자 : 시 · 도지사

나) 지정 등 신청

관광진흥법시행규칙 제58조(관광지등의 지정신청 등) ① 법 제52조제1항 및 같은 조 제5항에 따라 관광지등의 지정 및 지정 취소 또는 그 면적의 변경(이하 "지정등"이라 한다)을 신청하려는 자는 별지 제40호서식의 관광지(관광단지) 지정등 신청서에 다음 각 호의 서류를 첨부하여 특별시장 · 광역시장 · 도지사에게 제출하여야 한다. 다만, 관광지등의 지정 취소 또는 그 면적 변경의 경우에는 그 취소 또는 변경과 관계 없는 사항에 대한 서류는 첨부하지 아니한다. 〈개정 2009. 10. 22., 2019. 4. 25.〉

1. 관광지등의 개발방향을 기재한 서류
2. 관광지등과 그 주변의 주요 관광자원 및 주요 접근로 등 교통체계에 관한 서류
3. 「국토의 계획 및 이용에 관한 법률」에 따른 용도지역을 기재한 서류
4. 관광객 수용능력 등을 기재한 서류
5. 관광지등의 구역을 표시한 축척 2만5천분의 1 이상의 지형도 및 지목 · 지번 등이 표시된 축척500분의 1부터 6천분의 1까지의 도면
6. 관광지등의 지번 · 지목 · 지적 및 소유자가 표시된 토지조서(임야에 대하여는 「산지관리법」에 따른 보전산지 및 준보전산지로 구분하여 표시하고, 농지에 대하여는 「농지법」에 따른 농업진흥지역 및 농업진흥지역이 아닌 지역으로 구분하여 표시한다)

② 제1항에 따른 신청을 하려는 자는 별표 18의 관광지 · 관광단지의 구분기준에 따라 그 지정등을 신청하여야 한다.

③ 특별시장 · 광역시장 · 도지사는 제1항에 따른 지정등의 신청을 받은 경우에는 제1항에 따른 관광지등의 개발 필요성, 타당성, 관광지 · 관광단지의 구분기준 및 법 제49조에 따른 관광개발기본계획 및 권역별 관광개발계획에 적합한지 등을 종합적으로 검토하여야 한다. 〈개정 2009.10.22〉

[별지 제40호 서식] **관광진흥법시행규칙**
〈개정 2009.10.22〉

행 정 기 관 명

수신자
(경유)
제 목 관광지(관광단지) 지정(변경지정 · 지정취소) 신청서

「관광진흥법」 제52조 및 같은 법 시행규칙 제58조에 따라 아래와 같이 관광지(관광단지)의 지정(변경지정 · 지정취소)을 신청합니다.

1. 관광지(관광단지)의 명칭:
2. 관광지(관광단지)의 위치:
3. 관광지(관광단지)의 면적:
4. 관광지(관광단지)의 지정(변경지정) 목적:
5. 관광지(관광단지)의 지정취소 사유:
6. 기 타

첨 부 「관광진흥법 시행규칙」 제58조제1항 각 호의 서류 각 1부. 끝.

시장 · 군수 · 구청장 [직인]

기안자 직위(직급) 서명 검토자 직위(직급)서명 결재권자 직위 (직급)서명
협조자
시행 처리과-일련번호(시행일자) 접수 처리과명-일련번호(접수일자)
우 주소 / 홈페이지 주소
전화( ) 전송( ) / 기안자의 공식전자우편주소 / 공개구분
210㎜×297㎜[일반용지 60 g / ㎡(재활용품)]

[별지 제40호의2 서식] **관광진흥법시행규칙**
〈개정 2020.12.10〉

공사(사업) 진행상황 신고서

※ [ ]에 해당하는 곳에 √표를 합니다.

접수번호	접수일	처리기간	15일

신고인	성명(법인인 경우에는 법인의 명칭 및 대표자 성명)		생년월일(법인등록번호)
	주소(법인인 경우에는 주사무소의 소재지)		전화번호
신고사항	행위허가(신고)내용	[ ] 건축물의 건축 [ ] 공작물의 설치 [ ] 토지의 형질 변경 [ ] 토석의 채취 [ ] 토지분할 [ ] 물건을 쌓아놓는 행위 [ ] 죽목을 베어내거나 심는 행위	
	위치		
	면적(㎡)		
	근거 법령		
	허가일자	년 월 일	허가권자
	공사(사업) 진행상황	공사 진척도 % ※ 공사(사업) 진행상황을 구체적으로 기재하십시오.	

「관광진흥법」 제52조의2제3항, 같은 법 시행령 제45조의2제3항 및 같은 법 시행규칙 제58조의2에 따라 위와 같이 공사(사업) 진행상황을 신고합니다.

년 월 일

신고인 (서명 또는 인)

특별자치시장 · 특별자치도지사 · 시장 · 군수 · 구청장 귀하

첨부서류	1. 관계 법령에 따른 허가를 받았거나 허가를 받을 필요가 없음을 증명할 수 있는 서류 2. 신고일 기준시점의 공정도를 확인할 수 있는 사진 3. 배치도 등 공사 또는 사업 관련 도서(「관광진흥법 시행령」 제43조의2제1항제3호 또는 제4호에 따른 토지의 형질 변경 또는 토석의 채취에 해당하는 경우로 한정합니다)	수수료 없음

처리절차

신고서 작성 (신고인) → 접 수 → 검 토 → 결 정 → 통 보 (처 리 기 관 (특별자치시 · 특별자치도 · 시 · 군 · 구))

210㎜×297㎜[백상지 80g/㎡]

다) 관계행정기관의 장과 협의

관광진흥법 제52조(관광지의 지정 등) ② 시 · 도지사는 제1항에 따른 관광지등을 지정하려면 사전에 문화체육관광부장관 및 관계 행정기관의 장과 협의하여야 한다. 다만, 「국토의 계획 및 이용에 관한 법률」 제30조에 따라 같은 법 제36조제1항제2호다목에 따른 계획관리지역(같은 법의 규정에 따라 도시 · 군관리계획으로 결정되지 아니한 지역인 경우에는 종전의 「국토이용관리법」 제8조에 따라 준도시지역으로 결정 · 고시된 지역을 말한다)으로 결정 · 고시된 지역을 관광지등으로 지정하려는 경우에는 그러하지 아니하다. 〈개정 2011.4.5., 2011.4.14.〉

③ 문화체육관광부장관 및 관계 행정기관의 장은 「환경영향평가법」 등 관련 법령에 특별한 규정이 있거나 정당한 사유가 있는 경우를 제외하고는 제2항 본문에 따른 협의를 요청받은 날부터 30일 이내에 의견을 제출하여야 한다. 〈개정 2018.6.12.〉

④ 문화체육관광부장관 및 관계 행정기관의 장이 제3항에서 정한 기간(「민원 처리에 관한 법률」 제20조제2항에 따라 회신기간을 연장한 경우에는 그 연장된 기간을 말한다) 내에 의견을 제출하지 아니하면 협의가 이루어진 것으로 본다. 〈신설 2018.6.12.〉

라) 지정 취소 또는 면적의 변경

> **관광진흥법 제52조(관광지의 지정 등)** ⑤ 관광지등의 지정 취소 또는 그 면적의 변경은 관광지등의 지정에 관한 절차에 따라야 한다. 이 경우 대통령령으로 정하는 경미한 면적의 변경은 제2항 본문에 따른 협의를 하지 아니할 수 있다. 〈개정 2007.7.19., 2018.6.12.〉

여기에서 '대통령령으로 정하는 경미한 면적의 변경'이란 다음과 같다.(관광진흥법시행령 제44조(관광진흥법시행령 제44조(경미한 면적 변경)

① 지적조사 또는 지적측량의 결과에 따른 면적의 정정 등으로 인한 면적의 변경
② 관광지등 지정면적의 100분의 30 이내의 면적(「농지법」 제28조에 따른 농업진흥지역의 농지가 1만 제곱미터 이상, 농업진흥지역이 아닌 지역의 농지가 6만 제곱미터 이상 추가로 포함되는 경우는 제외한다)의 변경

(3) 관광지 및 관광단지의 지정 등의 고시

가) 관광지 및 관광단지의 지정 등의 고시 및 포함사항

> **관광진흥법 제52조(관광지의 지정 등)** ⑤ 시 · 도지사는 제1항 또는 제5항에 따라 지정, 지정취소 또는 그 면적변경을 한 경우에는 이를 고시하여야 한다. 〈개정 2007.7.19., 2018.6.12.〉

여기에서 시 · 도지사의 고시에는 다음의 사항이 포함되어야 한다.(관광진흥법시행령 제45조 제1항(관광지 등의 지정 · 고시)

① 고시연월일
② 관광지등의 위치 및 면적
③ 관광지등의 구역이 표시된 축척 2만 5천분의 1 이상의 지형도

나) 고시된 지정내용통지

> **관광진흥법시행령 제45조(관광지등의 지정 · 고시 등)** ② 시 · 도지사(특별자치도지사는 제외한다)는 관광지등을 지정 · 고시하는 경우에는 그 지정내용을 관계 시장 · 군수 · 구청장에게 통지하여야 한다. 〈개정 2009.1.20., 2019. 4. 9.〉

③ 특별자치도지사와 제2항에 따른 통지를 받은 시장 · 군수 · 구청장은 관광지등의 지번 · 지목 · 지적 및 소유자가 표시된 토지조서를 갖추어 두고 일반인이 열람할 수 있도록 하여야 한다. 〈개정 2009.1.20., 2019. 4. 9.〉

2) 관광지 및 관광단지에서의 행위 등의 제한

관광진흥법 제52조의2(행위 등의 제한) ① 제52조에 따라 관광지등으로 지정 · 고시된 지역에서 건축물의 건축, 공작물의 설치, 토지의 형질 변경, 토석의 채취, 토지분할, 물건을 쌓아놓는 행위 등 대통령령으로 정하는 행위를 하려는 자는 특별자치시장 · 특별자치도지사 · 시장 · 군수 · 구청장의 허가를 받아야 한다. 허가받은 사항을 변경하려는 경우에도 또한 같다.

② 제1항에도 불구하고 재해복구 또는 재난수습에 필요한 응급조치를 위하여 하는 행위는 제1항에 따른 허가를 받지 아니하고 할 수 있다.

③ 제1항에 따라 허가를 받아야 하는 행위로서 관광지등의 지정 및 고시 당시 이미 관계 법령에 따라 허가를 받았거나 허가를 받을 필요가 없는 행위에 관하여 그 공사 또는 사업에 착수한 자는 대통령령으로 정하는 바에 따라 특별자치시장 · 특별자치도지사 · 시장 · 군수 · 구청장에게 신고한 후 이를 계속 시행할 수 있다.

④ 특별자치시장 · 특별자치도지사 · 시장 · 군수 · 구청장은 제1항을 위반한 자에게 원상회복을 명할 수 있으며, 명령을 받은 자가 그 의무를 이행하지 아니하면 「행정대집행법」에 따라 이를 대집행(代執行)할 수 있다.

⑤ 제1항에 따른 허가에 관하여 이 법에서 규정한 것을 제외하고는 「국토의 계획 및 이용에 관한 법률」 제57조부터 제60조까지 및 제62조를 준용한다.

⑥ 제1항에 따라 허가를 받은 경우에는 「국토의 계획 및 이용에 관한 법률」 제56조에 따라 허가를 받은 것으로 본다. [본조신설 2020. 6. 9.]

여기에서 "건축물의 건축, 공작물의 설치, 토지의 형질 변경, 토석의 채취, 토지분할, 물건을 쌓아놓는 행위 등 대통령령으로 정하는 행위"란 다음의 어느 하나에 해당하는 행위를 말한다.(관광진흥법시행령 제42조의2(행위 등이 제한)) [본조신설 2020. 12. 8.]

① 건축물의 건축 : 건축물(가설건축물을 포함한다)의 건축, 대수선 또는 용도변경

② 공작물의 설치 : 인공을 가하여 제작한 시설물의 설치

③ 토지의 형질 변경 : 절토(땅깎기) · 성토(흙쌓기) · 정지(땅고르기) · 포장(흙덮기) 등의 방법으로 토지의 형상을 변경하는 행위, 토지의 굴착(땅파기) 또는 공유수면의 매립

④ 토석의 채취 : 흙 · 모래 · 자갈 · 바위 등의 토석을 채취하는 행위(토지의 형질 변경을 목적으로 하는 것은 제외한다)

⑤ 토지분할

⑥ 물건을 쌓아놓는 행위: 옮기기 어려운 물건을 1개월 이상 쌓아놓는 행위

⑦ 죽목(竹木)을 베어내거나 심는 행위

특별자치시장 · 특별자치도지사 · 시장 · 군수 · 구청장은 허가를 하려는 경우 조성계획의 승인을 받은 자가 이미 있는 때에는 그 의견을 들어야 한다.

또한 신고를 하려는 자는 관광지등으로 지정 · 고시된 날부터 30일 이내에 문화체육관광부령으로 정하는 신고서(별지 제40호의2서식의 공사(사업) 진행상황 신고서)에 다음의 서류를 첨부하여 해당 특별자치시장 · 특별자치도지사 · 시장 · 군수 · 구청장에게 제출해야 한다.

① 관계 법령에 따른 허가를 받았거나 허가를 받을 필요가 없음을 증명할 수 있는 서류

② 신고일 기준시점의 공정도를 확인할 수 있는 사진

③ 배치도 등 공사 또는 사업 관련 도서(제1항제3호 또는 제4호에 따른 토지의 형질 변경 또는 토석의 채취에 해당하는 경우로 한정한다)

3) 관광지 및 관광단지의 조성계획수립 및 승인

관광진흥법 제54조(조성계획의 수립 등) ① 관광지등을 관할하는 시장 · 군수 · 구청장은 조성계획을 작성하여 시 · 도지사의 승인을 받아야 한다. 이를 변경(대통령령으로 정하는 경미한 사항의 변경은 제외한다)하려는 경우에도 또한 같다. 다만, 관광단지를 개발하려는 공공기관 등 문화체육관광부령으로 정하는 공공법인 또는 민간개발자(이하 "관광단지개발자"라 한다)는 조성계획을 작성하여 대통령령으로 정하는 바에 따라 시 · 도지사의 승인을 받을 수 있다. 〈개정 2008.2.29., 2011.4.5.〉

관광(단)지로 지정을 받게 되면 이후 사업을 추진하기 위해서 조성계획수립 및 각종 영향평가 절차를 거쳐야 비로소 조성계획 승인 단계를 거쳐 조성사업을 시행할 수 있다. 조성계획이라 함은 관광지 또는 관광단지의 보호 및 이용을 증진하기 위해 필요한 관광시설의 조성과 관리에 관한 계획을 말한다.(관광진흥법제2조제9호)

"대통령령으로 정하는 경미한 사항의 변경"이란 다음의 어느 하나에 해당하는 것을 말하고, 관광지등 조성계획의 승인을 받은 자는 경미한 조성계획의 변경을 하는 경우에는 관계

행정기관의 장과 조성계획 승인권자에게 각각 통보하여야 한다.(관광진흥법시행령제47조(경미한 조성계획의 변경)

① 관광시설계획면적의 100분의 20 이내의 변경

② 관광시설계획 중 시설지구별 토지이용계획면적(조성계획의 변경승인을 받은 경우에는 그 변경승인을 받은 토지이용계획면적을 말한다)의 100분의 30 이내의 변경(시설지구별 토지이용계획면적이 2천200제곱미터 미만인 경우에는 660제곱미터 이내의 변경)

③ 관광시설계획 중 시설지구별 건축 연면적(조성계획의 변경승인을 받은 경우에는 그 변경승인을 받은 건축 연면적을 말한다)의 100분의 30 이내의 변경(시설지구별 건축 연면적이 2천200제곱미터 미만인 경우에는 660제곱미터 이내의 변경)

④ 관광시설계획 중 숙박시설지구에 설치하려는 시설(조성계획의 변경승인을 받은 경우에는 그 변경승인을 받은 시설을 말한다)의 변경(숙박시설지구 안에 설치할 수 있는 시설 간 변경에 한정한다)으로서 숙박시설지구의 건축 연면적의 100분의 30 이내의 변경(숙박시설지구의 건축 연면적이 2천200제곱미터 미만인 경우에는 660제곱미터 이내의 변경)

⑤ 관광시설계획 중 시설지구에 설치하는 시설의 명칭 변경

⑥ 조성계획의 승인을 받은 자(특별자치시장 및 특별자치도지사가 조성계획을 수립한 경우를 포함한다. 이하 "사업시행자"라 한다)의 성명(법인인 경우에는 그 명칭 및 대표자의 성명을 말한다) 또는 사무소 소재지의 변경. 다만, 양도 · 양수, 분할, 합병 및 상속 등으로 인해 사업시행자의 지위나 자격에 변경이 있는 경우는 제외한다.

또한, 관광단지의 경우 조성계획을 작성할 수 있는 자(관광단지개발자)는 다음과 같다.(관광진흥법시행규칙제61조(관광단지개발자)

① 관광단지를 관할하는 시 · 도지사

② 「한국관광공사법」에 따른 한국관광공사 또는 한국관광공사가 관광단지 개발을 위하여 출자한 법인

③ 「한국토지공사법」에 따른 한국토지공사

④ 「지방공기업법」에 따라 설립된 지방공사 및 지방공단

⑤ 「제주특별자치도 설치 및 국제자유도시 조성을 위한 특별법」에 따른 제주국제자유도시개발센터

(1) 관광지 등의 조성계획 승인절차

가) 승인신청

관광진흥법시행령 제46조(조성계획의 승인신청) ① 법 제54조제1항에 따라 관광지등 조성계획의 승인 또는 변경승인을 받으려는 자는 다음 각 호의 서류를 첨부하여 조성계획의 승인 또는 변경승인을 신청하여야 한다. 다만, 조성계획의 변경승인을 신청하는 경우에는 변경과 관계되지 아니하는 사항에 대한 서류는 첨부하지 아니하고, 제4호에 따른 국·공유지에 대한 소유권 또는 사용권을 증명할 수 있는 서류는 조성계획 승인 후 공사착공 전에 제출할 수 있다. 〈개정 2008.2.29〉

1. 문화체육관광부령으로 정하는 내용을 포함하는 관광시설계획서·투자계획서 및 관광지등 관리계획서
2. 지번·지목·지적·소유자 및 시설별 면적이 표시된 토지조서
3. 조감도
4. 법 제2조제8호의 민간개발자가 개발하는 경우에는 해당 토지의 소유권 또는 사용권을 증명할 수 있는 서류. 다만, 민간개발자가 개발하는 경우로서 해당 토지 중 사유지의 3분의 2 이상을 취득한 경우에는 취득한 토지에 대한 소유권을 증명할 수 있는 서류와 국·공유지에 대한 소유권 또는 사용권을 증명할 수 있는 서류

조성계획의 승인신청서류는 다음의 사항이 포함되어야 한다.(관광진흥법시행규칙제41조제2,3,4항(안전관리자의 자격배치기준 및 임무 등) 〈개정 2019. 6. 12.〉

① 관광시설계획

ⓐ 공공편익시설, 숙박시설, 상가시설, 관광 휴양·오락시설 및 그 밖의 시설지구로 구분된 토지이용계획

ⓑ 건축연면적이 표시된 시설물설치계획(축척 500분의 1부터 6천분의 1까지의 지적도에 표시한 것)

ⓒ 조경시설물, 조경구조물 및 조경식재계획이 포함된 조경계획

ⓓ 그 밖의 전기·통신·상수도 및 하수도 설치계획

ⓔ 관광시설계획에 대한 관련부서별 의견(지방자치단체의 장이 조성계획을 수립하는 경우만 해당)

② 투자계획서

ⓐ 재원조달계획

ⓑ 연차별 투자계획

③ 관광지등 관리계획서

ⓐ 관광시설계획에 포함된 시설물의 관리계획

ⓑ 관광지등의 관리를 위한 인원 확보 및 조직에 관한 계획

ⓒ 그 밖의 관광지등의 효율적 관리방안

관광시설계획 중 공공편익시설, 숙박시설, 상가시설, 운동 · 오락시설, 휴양 · 문화시설 및 그 밖의 시설지구로 구분된 토지이용계획의 각 시설지구 안에 설치할 수 있는 시설은 별표 19와 같다.

[별표 19] 관광진흥법시행규칙 〈개정 2019. 6. 12.〉

관광지등의 시설지구 안에 설치할 수 있는 시설(제60조제2항 관련)

시설지구	설치할 수 있는 시설
공공편익시설지구	도로, 주차장, 관리사무소, 안내시설, 광장, 정류장, 공중화장실, 금융기관, 관공서, 폐기물처리시설, 오수처리시설, 상하수도시설, 그 밖에 공공의 편익시설과 관련되는 시설로서 관광지등의 기반이 되는 시설
숙박시설지구	「공중위생관리법」 및 이 법에 따른 숙박시설, 그 밖에 관광객의 숙박과 체재에 적합한 시설
상가시설지구	판매시설, 「식품위생법」에 따른 업소, 「공중위생관리법」에 따른 업소(숙박업은 제외한다), 사진관, 그 밖의 물품이나 음식 등을 판매하기에 적합한 시설
관광 휴양 · 오락시설지구	1. 휴양 · 문화시설: 공원, 정자, 전망대, 조경휴게소, 의료시설, 노인시설, 삼림욕장, 자연휴양림, 연수원, 야영장, 온천장, 보트장, 유람선터미널, 낚시터, 청소년수련시설, 공연장, 식물원, 동물원, 박물관, 미술관, 수족관, 문화원, 교양관, 도서관, 자연학습장, 과학관, 국제회의장, 농 · 어촌휴양시설, 그 밖에 휴양과 교육 · 문화와 관련된 시설 2. 운동 · 오락시설: 「체육시설의 설치 · 이용에 관한 법률」에 따른 체육시설, 이 법에 따른 유원시설, 「게임산업진흥에 관한 법률」에 따른 게임제공업소, 케이블카(리프트카), 수렵장, 어린이놀이터, 무도장, 그 밖의 운동과 놀이에 직접 참여하거나 관람하기에 적합한 시설
기타시설지구	위의 지구에 포함되지 아니하는 시설

(비고) 개별시설에 각종 부대시설이 복합적으로 있는 경우에는 그 시설의 주된 기능을 중심으로 시설지구를 구분한다.

나) 관계행정기관의 장과의 협의

관광진흥법 제54조(조성계획의 수립 등) ② 시 · 도지사는 제1항에 따른 조성계획을 승인하거나 변경승인을 하고자 하는 때에는 관계 행정기관의 장과 협의하여야 한다. 이 경우 협의요청을 받은 관계 행정기관의 장은 특별한 사유가 없는 한 그 요청을 받은 날부터 30일 이내에 의견을 제시하여야 한다. 〈개정 2007.7.19〉

다) 변경승인신청

관광단지개발자가 조성계획의 승인 또는 변경승인을 신청하는 경우에는 특별자치시장 · 특별자치도지사 · 시장 · 군수 · 구청장에게 조성계획 승인 또는 변경승인신청서를 제출하여야 하며, 조성계획 승인 또는 변경승인신청서를 제출받은 시장 · 군수 · 구청장은 제출받은 날부터 20일 이내에 검토의견서를 첨부하여 시 · 도지사(특별자치시장 · 특별자치도지사는 제외)에게 제출하여야 한다.(관광진흥법시행령 제46조(조성계획의 승인신청)

(2) 관광지 등의 조성계획 승인 · 고시

가) 조성계획승인 · 고시

관광진흥법 제54조(조성계획의 수립 등) ③ 시 · 도지사가 제1항에 따라 조성계획을 승인 또는 변경승인한 때에는 지체 없이 이를 고시하여야 한다. 〈개정 2007.7.19〉

나) 관계행정기관의 장과의 협의 승인 · 고시

관광진흥법 제54조(조성계획의 수립 등) ⑤ 제1항부터 제3항까지에도 불구하고 관광지등을 관할하는 특별자치시장 및 특별자치도지사는 관계 행정기관의 장과 협의하여 조성계획을 수립하고, 조성계획을 수립한 때에는 지체 없이 이를 고시하여야 한다. 〈신설 2008.6.5., 2018.6.12.〉

(3) 관광지 등의 지정 및 조성계획승인 동시처리

관광진흥법시행규칙 제59조(관광지등의 지정신청 및 조성계획의 승인신청) 시장 · 군수 · 구청장은 법 제52조제1항에 따른 관광지등의 지정신청 및 법 제54조제1항 본문에 따른 조성계획의 승인신청을 함께 하거나, 관광단지의 지정신청을 할 때 법 제54조제1항 단서에 따라 관광단지개발자로 하여금 관광단지의 조성계획을 제출하게 하여 관광단지의 지정신청 및 조성계획의 승인신청을 함께 할 수 있다. 이 경우 특별시장 · 광역시장 · 도지사는 관광지 등의 지정 및 조성계획의 승인을 함께 할 수 있다. 〈개정 2009.10.22〉

(4) 관광지의 지정 및 조성계획승인의 효력상실

관광진흥법 제56조(관광지등 지정 등의 실효 및 취소 등) ① 제52조에 따라 관광지등으로 지정·고시된 관광지등에 대하여 그 고시일부터 2년 이내에 제54조제1항에 따른 조성계획의 승인신청이 없으면 그 고시일부터 2년이 지난 다음 날에 그 관광지등 지정은 효력을 상실한다. 제2항에 따라 조성계획의 효력이 상실된 관광지등에 대하여 그 조성계획의 효력이 상실된 날부터 2년 이내에 새로운 조성계획의 승인신청이 없는 경우에도 또한 같다. 〈개정 2011.4.5.〉

② 제54조제1항에 따라 조성계획의 승인을 받은 관광지등 사업시행자(제55조제3항에 따른 조성사업을 하는 자를 포함한다)가 같은 조 제3항에 따라 조성계획의 승인고시일부터 2년 이내에 사업을 착수하지 아니하면 조성계획 승인고시일부터 2년이 지난 다음 날에 그 조성계획의 승인은 효력을 상실한다. 〈개정 2011.4.5.〉

④ 시·도지사는 제1항과 제2항에도 불구하고 행정절차의 이행 등 부득이한 사유로 조성계획 승인신청 또는 사업 착수기한의 연장이 불가피하다고 인정되면 1년 이내의 범위에서 한 번만 그 기한을 연장할 수 있다.

(5) 관광단지의 조성계획승인 취소 등

관광진흥법 제56조(관광지등 지정 등의 실효 및 취소 등) ③ 시·도지사는 제54조제1항에 따라 조성계획 승인을 받은 민간개발자가 사업 중단 등으로 환경·미관을 크게 해치거나 제49조제2항제4호의2에 따른 관광지 및 관광단지의 실적 평가 결과 조성사업의 완료가 어렵다고 판단되는 경우에는 조성계획의 승인을 취소하거나 이의 개선을 명할 수 있다. 〈개정 2019. 12. 3.〉

(6) 관광지의 지정 또는 조성계획승인의 실효 및 취소 고시

관광진흥법 제56조(관광지등 지정 등의 실효 및 취소 등) ⑤ 시·도지사는 제1항이나 제2항에 따라 지정 또는 승인의 효력이 상실된 경우 및 제3항에 따라 승인이 취소된 경우에는 지체 없이 그 사실을 고시하여야 한다. [제목개정 2011.4.5.]

(7) 민간개발자의 관광단지개발시 사업인정 등의 제한적 의제처리

민간개발자가 관광단지를 개발하는 경우에는「공익사업을 위한 토지 등의 취득 및 보상에 관한 법률」제20조제1항에 따른 사업인정의 의제(관광진흥법 제58조제1항제13호) 및 토지 등의 수용 및 사용(관광진흥법 제61조)에 관한 규정은 적용하지 아니하므로, 관광단지 조성계획승인을 받더라도 이와는 별도로 「공익사업을 위한 토지 등의 취득 및 보상에 관한 법률」에 의하여 사업인정을 받아 토지 등의 수용 및 사용에 따른 업무를 처리하여야 한다. 다만, 조성계획상의 조성대상 토지면적 중 사유지의 3분의 2 이상을 취득한 경우 남은 사유지에 대하여는 그러하지 아니하다.(관광진흥법 제54조제4항)

(8) 조성계획의 승인 시 의제처리

관광진흥법 제58조(인 · 허가 등의 의제) ① 제54조제1항에 따라 조성계획의 승인 또는 변경승인을 받거나 같은 조 제5항에 따라 특별자치시장 및 특별자치도지사가 조성계획을 수립한 경우 다음 각 호의 인 · 허가 등에 관하여 시 · 도지사가 인 · 허가 등의 관계 행정기관의 장과 미리 협의한 사항에 대해서는 해당 인 · 허가 등을 받거나 신고를 한 것으로 본다. 〈개정 2007. 7. 19., 2007. 12. 27., 2008. 3. 21., 2008. 6. 5., 2009. 3. 25., 2010. 4. 15., 2010. 5. 31., 2011. 4. 5., 2011. 4. 14., 2014. 1. 14., 2018. 6. 12., 2020. 1. 29., 2022. 12. 27., 2023. 5. 16.〉

1. 「국토의 계획 및 이용에 관한 법률」 제30조에 따른 도시 · 군관리계획(같은 법 제2조 제 4호다목의 계획 중 대통령령으로 정하는 시설 및 같은 호 마목의 계획 중 같은 법 제51조에 따른 지구단위계획구역의 지정 계획 및 지구단위계획만 해당한다)의 결정, 같은 법 제32조제2항에 따른 지형도면의 승인, 같은 법 제36조에 따른 용도지역 중 도시지역이 아닌 지역의 계획관리지역 지정, 같은 법 제37조에 따른 용도지구 중 개발진흥지구의 지정, 같은 법 제56조에 따른 개발행위의 허가, 같은 법 제86조에 따른 도시 · 군계획시설사업 시행자의 지정 및 같은 법 제88조에 따른 실시계획의 인가
2. 「수도법」 제17조에 따른 일반수도사업의 인가 및 같은 법 제52조에 따른 전용 상수도설치시설의 인가
3. 「하수도법」 제16조에 따른 공공하수도 공사시행 등의 허가
4. 「공유수면 관리 및 매립에 관한 법률」 제8조에 따른 공유수면 점용 · 사용허가, 같은 법 제17조에 따른 점용 · 사용 실시계획의 승인 또는 신고, 같은 법 제28조에 따른 공유수면의 매립면허, 같은 법 제35조에 따른 국가 등이 시행하는 매립의 협의 또는 승인 및 같은 법 제38조에 따른 공유수면매립실시계획의 승인
5. 삭제 〈2010. 4. 15.〉
6. 「하천법」 제30조에 따른 하천공사 등의 허가 및 실시계획의 인가, 같은 법 제33조에 따른 점용허가 및 실시계획의 인가
7. 「도로법」 제36조에 따른 도로관리청이 아닌 자에 대한 도로공사 시행의 허가 및 같은 법 제61조에 따른 도로의 점용 허가
8. 「항만법」 제9조제2항에 따른 항만개발사업 시행의 허가 및 같은 법 제10조제2항에 따른 항만개발사업실시계획의 승인
9. 「사도법」 제4조에 따른 사도개설의 허가

10. 「산지관리법」 제14조 · 제15조에 따른 산지전용허가 및 산지전용신고, 같은 법 제15조의2에 따른 산지일시사용허가 · 신고, 「산림자원의 조성 및 관리에 관한 법률」 제36조제1항 · 제5항 및 제45조제1항 · 제2항에 따른 입목벌채 등의 허가와 신고
11. 「농지법」 제34조제1항에 따른 농지 전용허가
12. 「자연공원법」 제20조에 따른 공원사업 시행 및 공원시설관리의 허가와 같은 법 제23조에 따른 행위 허가
13. 「공익사업을 위한 토지 등의 취득 및 보상에 관한 법률」 제20조제1항에 따른 사업인정
14. 「초지법」 제23조에 따른 초지전용의 허가
15. 「사방사업법」 제20조에 따른 사방지 지정의 해제
16. 「장사 등에 관한 법률」 제8조제3항에 따른 분묘의 개장신고 및 같은 법 제27조에 따른 분묘의 개장허가
17. 「폐기물관리법」 제29조에 따른 폐기물 처리시설의 설치승인 또는 신고
18. 「온천법」 제10조에 따른 온천개발계획의 승인
19. 「건축법」 제11조에 따른 건축허가, 같은 법 제14조에 따른 건축신고, 같은 법 제20조에 따른 가설건축물 건축의 허가 또는 신고
20. 제15조제1항에 따른 관광숙박업 및 제15조제2항에 따른 관광객 이용시설업 · 국제회의업의 사업계획 승인. 다만, 제15조에 따른 사업계획의 작성자와 제55조제1항에 따른 조성사업의 사업시행자가 동일한 경우에 한한다.
21. 「체육시설의 설치 · 이용에 관한 법률」 제12조에 따른 등록 체육시설업의 사업계획 승인. 다만, 제15조에 따른 사업계획의 작성자와 제55조제1항에 따른 조성사업의 사업시행자가 동일한 경우에 한한다.
22. 「유통산업발전법」 제8조에 따른 대규모점포의 개설등록
23. 「공간정보의 구축 및 관리 등에 관한 법률」 제86조제1항에 따른 사업의 착수 · 변경의 신고

② 시 · 도지사(제54조제5항에 따른 조성계획 수립의 경우에는 특별자치시장 및 특별자치도지사를 말한다)는 제1항 각 호의 인 · 허가 등이 포함되어 있는 조성계획을 승인 · 변경승인 또는 수립하려는 경우 미리 관계 행정기관의 장과 협의하여야 한다. 〈개정 2023. 5. 16.〉

③ 제1항 및 제2항에서 규정한 사항 외에 인 · 허가 등 의제의 기준 및 효과 등에 관하여는 「행정기본법」 제24조부터 제26조까지를 준용한다. 〈개정 2023. 5. 16.〉

관광진흥법시행령 제50조(인 · 허가 등의 의제) 법 제58조제1항제1호에서 "대통령령으로 정하는 시설"이란 「국토의 계획 및 이용에 관한 법률 시행령」 제2조제1항제2호에 따른 유원지를 말한다.

(9) 사유지의 매수 요청

관광진흥법 제54조(조성계획의 수립 등) ⑥ 제1항에 따라 조성계획의 승인을 받은 자(제5항에 따라 특별자치시장 및 특별자치도지사가 조성계획을 수립한 경우를 포함한다. 이하 "사업시행자"라 한다)가 아닌 자로서 조성계획을 시행하기 위한 사업(이하 "조성사업"이라 한다)을 하려는 자가 조성하려는 토지면적 중 사유지의 3분의 2 이상을 취득한 경우에는 대통령령으로 정하는 바에 따라 사업시행자(사업시행자가 관광단지개발자인 경우는 제외한다)에게 남은 사유지의 매수를 요청할 수 있다. 〈신설 2019. 12. 3.〉

관광진흥법 제47조의2(사유지의 매수 요청) ① 법 제54조제6항에 따라 남은 사유지의 매수를 요청하려는 자는 문화체육관광부령으로 정하는 바에 따라 사유지 매수요청서를 사업시행자(사업시행자가 같은 조 제1항 단서에 따른 관광단지개발자인 경우는 제외한다. 이하 이 조에서 같다)에게 제출해야 한다.

② 사업시행자는 제1항에 따라 사유지의 매수 요청을 받은 경우에는 다음 각 호의 사항을 검토해야 한다.

1. 사유지의 매수 필요성 및 시급성
2. 사유지의 매수를 요청한 자가 토지소유자 및 관계인과 성실하게 협의에 임하였는지 여부
3. 사유지의 매수를 요청한 자와 토지소유자 간의 협의 가능 여부
4. 그 밖에 사업시행자가 사유지의 매수를 위하여 검토가 필요하다고 인정하는 사항

③ 사업시행자는 법 제54조제6항에 따른 매수 요청을 받아들인 경우에는 사유지의 매수를 요청한 자에게 매수 업무에 드는 비용을 받을 수 있다. [본조신설 2020. 6. 2.] [종전 제47조의2는 제47조의3으로 이동 〈2020. 6. 2.〉]

관광진흥법시행규칙 제61조의2(사유지의 매수 요청) ① 법 제54조제6항에 따라 남은 사유지의 매수를 요청하려는 자는 별지 제40호의3서식의 사유지 매수요청서에 다음 각 호의 서류를 첨부하여 같은 항에 따른 사업시행자(사업시행자가 같은 조 제1항 단서에 따른 관광단지개발자인 경우는 제외한다. 이하 이 조에서 같다)에게 제출해야 한다. 〈개정 2020. 12. 10.〉

1. 사업계획서
2. 조성하려는 토지면적 중 사유지의 3분의 2 이상을 취득하였음을 증명할 수 있는 자료(토지 등기사항증명서로 확인할 수 없는 경우만 해당한다)
3. 매수를 요청하는 사유지의 위치도 및 지번
4. 매수 요청 사유(토지소유자 및 관계인과 협의를 통한 사유지의 취득이 어렵다고 판단한 근거를 포함한다)

② 사업시행자는 제1항에 따른 매수요청서를 받은 경우에는 「전자정부법」 제36조제1항에 따른 행정정보의 공동이용을 통해 토지 등기사항증명서와 토지(임야)대장을 확인해야 한다. [본조신설 2020. 6. 4.] [종전 제61조의2는 제61조의3으로 이동 〈2020. 6. 4.〉]

[별지 제40호의3서식] **관광진흥법시행규칙**
〈개정 2020. 12. 10.〉

사유지 매수요청서

※ 색상이 어두운 난은 요청인이 적지 않습니다.

접수번호	접수일자	처리기간 30일
요청인	성 명(대표자)	생년월일(법인등록번호)
	주 소	전화번호
사업의 명칭		
사업의 위치		
사업의 종류		
사업지 면적	○ 전체면적 ㎡ - 국유지·공유지 면적 ㎡ - 사유지 면적 ㎡ (취득면적 ㎡, 잔여면적 ㎡)	
토지의 활용계획		
토지매입 시기	. . . ~ . . .	

「관광진흥법」 제54조제6항 및 같은 법 시행규칙 제61조의2제1항에 따라 위와 같이 조성사업에 필요한 남은 사유지의 매수를 요청합니다

년 월 일

요청인 (서명 또는 인)

특별자치시장·
특별자치도지사· 귀하
시장·군수·구청장

첨부서류	1. 사업계획서 1부 2. 조성하려는 토지면적 중 사유지의 3분의 2 이상을 취득하였음을 증명할 수 있는 자료(토지 등기사항증명서로 확인할 수 없는 경우만 해당합니다) 1부 3. 매수를 요청하는 사유지의 위치 및 지번 1부 4. 매수 요청 사유(토지소유자 및 관계인과 협의를 통한 사유지의 취득이 어렵다고 판단한 근거를 포함합니다) 1부	수수료 없음
사업시행자 확인사항	토지 등기사항증명서 및 토지(임야)대장	

처리절차

요청서 작성 → 접수 → 검토 → 결정 → 통보

요청인 / 처리기관 (특별자치시·특별자치도·시·군·구)

210㎜×297㎜[백상지 80g/㎡]

[별지 제7호서식] **관광진흥법시행규칙**
〈개정 2019. 4. 25.〉

조성사업 토지매입 승인신청서

※ 색상이 어두운 난은 신고인이 적지 않습니다

접수번호	접수일	처리기간 30일
개발자	성 명(대표자)	생년월일
	주 소	전화번호
사업의 명칭		
사업의 위치		
시설의 종류		
사업지 면적		
토지의 활용계획		
토지매입 시기	. . . ~ . . .	

「관광진흥법」 제55조제2항 및 같은 법 시행규칙 제61조의3에 따라 조성사업용 토지매입 승인을 신청합니다

년 월 일

신고인 (서명 또는 인)

특별시장·광역시장·특별자치시장·도지사·특별자치도지사 귀하

첨부서류	1. 토지 매입계획서(매입 예정 토지의 세목 및 토지의 매입 예정 시기를 포함합니다) 1부 2. 매입 예정 토지의 사업계획서(시설물 및 공작물 등의 위치규모 및 용도가 포함된 설치계획을 포함합니다) 1부 3. 자금계획서(재원조달계획 및 연차별 자금투입계획을 포함합니다) 4. 조성사업 예정지를 표시한 도면	수수료 없음

처리절차

신청서 작성 → 접수 → 검토 → 결정 → 승인

신청인 / 처리기관 (특별시·광역시·특별자치시·도·특별자치도)

210㎜×297㎜[백상지 80g/㎡]

3) 관광지 등의 조성계획시행

(1) 사업시행자

관광진흥법 제55조(조성계획의 시행) ①조성사업은 이 법 또는 다른 법령에 특별한 규정이 있는 경우 외에는 사업시행자가 행한다. 〈개정 2008. 6. 5., 2018. 6. 12., 2019. 12. 3.〉

(2) 사업시행자가 아닌 자의 조성사업시행

가) 특별자치시장·특별자치도지사·시장·군수·구청장의 허가 또는 관광단지개발자와의 협의

관광진흥법 제55조(조성계획의 시행) ③ 사업시행자가 아닌 자로서 조성사업을 하려는 자는 대통령령으로 정하는 기준과 절차에 따라 사업시행자가 특별자치시장·특별자치시장·특별자치도지사·시장·군수·구청장인 경우에는 특별자치시장·특별자치도지사·시장·군수·구청장의 허가를 받아서 조성사업을 할 수 있고, 사업시행자가 관광단지개발자인 경우에는 관광단지개발자와 협의하여 조성사업을 할 수 있다. 〈개정 2008.6.5., 2018.6.12.〉

또한 조성사업의 시행허가를 받거나 협의를 하려는 자는 문화체육관광부령으로 정하는 바에 따라 특별자치시장 · 특별자치도지사 · 시장 · 군수 · 구청장 또는 사업시행자에게 각각 신청해야 한다.(관광진흥법시행령 제48조(조성사업의 시행허가 등))

나) 허가 또는 협의 절차

관광진흥법시행규칙 제62조(조성사업의 허가신청 등) ① 법 제55조제1항에 따른 사업시행자가 아닌 자가 법 제55조제3항에 따라 조성사업의 허가를 받거나 협의를 하려는 경우에는 별지 제41호서식의 조성사업 허가 또는 협의신청서에 다음 각 호의 서류를 첨부하여 관광지등의 사업시행자에게 제출하여야 한다. 〈개정 2009.10.22〉

1. 사업계획서(위치, 용지면적, 시설물설치계획, 건설비내역 및 재원조달계획 등을 포함한다)
2. 시설물의 배치도 및 설계도서(평면도 및 입면도를 말한다)
3. 부동산이 타인 소유인 경우에는 토지소유자가 자필서명된 사용승낙서 및 신분증 사본

② 제1항에 따른 신청서를 받은 관광지등의 사업시행자는 「전자정부법」 제36조제1항에 따른 행정정보의 공동이용을 통하여 부동산의 등기사항증명서를 확인하여야 한다. 〈개정 2009.3.31., 2011.3.30., 2015.4.22.〉

관광진흥법시행령 제48조(조성사업의 시행허가 등) ② 특별자치시장 · 특별자치도지사 · 시장 · 군수 · 구청장 또는 사업시행자는 제1항에 따른 허가 또는 협의를 하려면 해당 조성사업에 대하여 다음 각 호의 사항을 검토하여야 한다. 〈개정 2009. 1. 20., 2019. 4. 9.〉

1. 조성계획에 저촉 여부
2. 관광지등의 자연경관 및 특성에 적합 여부

사업시행자가 아닌 자가 조성사업의 허가를 받거나 협의를 하려는 경우에는 조성사업 허가 또는 협의신청서에 다음의 서류를 첨부하여 관광지등의 사업시행자에게 제출하여야 한다.

① 사업계획서(위치, 용지면적, 시설물설치계획, 건설비내역 및 재원조달계획 등을 포함)

② 시설물의 배치도 및 설계도서(평면도 및 입면도)

③ 부동산이 타인 소유인 경우에는 토지소유자가 자필서명된 사용승낙서 및 신분증 사본

이때 허가 또는 협의를 하고자 할 때에는 특별자치도지사 · 시장 · 군수 · 구청장 또는 사업시행자는 해당 조성사업에 대하여 ⓐ 조성계획에 저촉 여부, ⓑ 관광지등의 자연경관 및 특성에 적합 여부를 검토하여야 한다.

한편, 신청서를 받은 관광지등의 사업시행자는 행정정보의 공동이용을 통하여 부동산의 등기사항증명서를 확인하여야 한다.(전자정부법 제36조제1항)

[별지 제41호서식] 관광진흥법시행규칙

(앞 쪽)

조성사업 허가(협의) 신청서				처리기간 13일
사업주	① 성명(대표자)		② 생년월일	
	③ 주 소	(전화:)		
사 업 시행자	④ 성명(대표자)		⑤ 생년월일	
	⑥ 주 소	(전화:)		
⑦ 사업장의 위치				
⑧ 목적 및 내용				
⑨ 착공 및 준공예정일		. . ~ . . .		

「관광진흥법」 제55조제3항에 따라 조성사업의 허가(협의)를 신청합니다.

년 월 일

신청인 (서명 또는 인)

특별자치시장
특별자치도지사 귀 하
시장·군수·구청장

구비서류	신청인(대표자) 제출서류	담당공무원 확인사항	수수료
	1. 사업계획서 1부 2. 시설물의 배치도 및 설계도서 1부 3. 부동산이 타인소유인 경우에는 토지소유자의 사용승낙서, 신분증 사본 및 자필서명본 1부	1. 건물등기부 등본 2. 토지등기부 등본	없음

210㎜×297㎜[일반용지 60g/㎡(재활용품)]

이 신청서는 아래와 같이 처리됩니다. (뒤 쪽)

신 청 인	처 리 기 관 특별자치시장·특별자치도지사·시장·군수·구청장, 기타 협의기관장

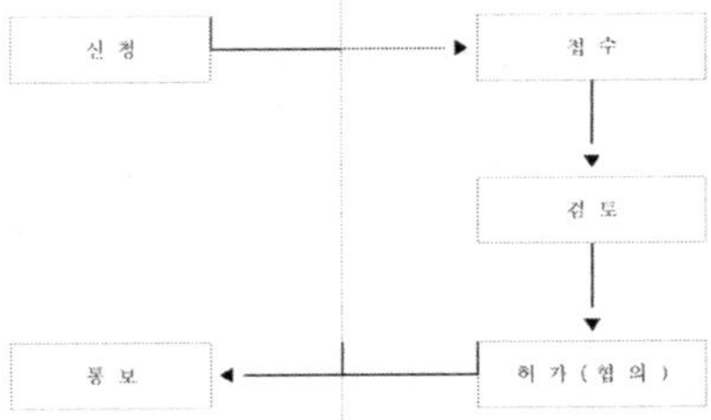

(3) 사업계획승인을 얻은 자의 조성사업시행

관광진흥법 제55조(조성계획의 시행) ④ 사업시행자가 아닌 자로서 조성사업(시장·군수·구청장이 조성계획의 승인을 받은 사업만 해당한다. 이하 이 항에서 같다)을 시행하려는 자가 제15조제1항 및 제2항에 따라 사업계획의 승인을 받은 경우에는 제3항에도 불구하고 특별자치시장·특별자치시장·특별자치도지사·시장·군수·구청장의 허가를 받지 아니하고 그 조성사업을 시행할 수 있다. 〈개정 2008.6.5., 2018.6.12.〉

(4) 관광단지개발자의 용지 매수 및 손실보상업무 위탁

관광진흥법 제55조(조성계획의 시행) ⑤ 관광단지를 개발하려는 공공기관 등 문화체육관광부령으로 정하는 관광단지개발자는 필요하면 용지의 매수 업무와 손실보상 업무(민간개발자인 경우에는 제54조제4항 단서에 따라 남은 사유지를 수용하거나 사용하는 경우만 해당한다)를 대통령령으로 정하는 바에 따라 관할 지방자치단체의 장에게 위탁할 수 있다. 〈개정 2008.2.29., 2011.4.5.〉

관광진흥법 제54조(조성계획의 수립 등) ④ 민간개발자가 관광단지를 개발하는 경우에는 제58조제13호 및 제61조를 적용하지 아니한다. 다만, 조성계획상의 조성 대상 토지면적 중 사유지의 3분의 2 이상을 취득한 경우 남은 사유지에 대하여는 그러하지 아니하다. 〈개정 2009.3.25〉

관광진흥법시행령 제49조(용지매수 및 보상업무의 위탁) ① 관광단지개발자는 법 제55조제5항에 따라 조성사업을 위한 용지의 매수 업무와 손실보상 업무를 관할 지방자치단체의 장에게 위탁하려면 그 위탁 내용에 다음 각 호의 사항을 명시하여야 한다.

1. 위탁업무의 시행지 및 시행기간
2. 위탁업무의 종류 · 규모 · 금액
3. 위탁업무 수행에 필요한 비용과 그 지급방법
4. 그 밖에 위탁업무를 수행하는 데에 필요한 사항

② 지방자치단체의 장은 제1항에 따라 위탁을 받은 경우에는 문화체육관광부령으로 정하는 바에 따라 그 업무를 위탁한 자에게 수수료를 청구할 수 있다.〈개정 2008.2.29〉

관광진흥법시행규칙 제61조(관광단지개발자) ② 법 제55조제5항에서 "문화체육관광부령으로 정하는 관광단지개발자"란 제1항 각 호의 공공법인 또는 법 제2조제3호의 민간개발자를 말한다.〈개정 2008.3.6〉

용지매수 및 보상업무의 위탁수수료의 산정기준표는 다음의 별표 20과 같다.(관광진흥법시행규칙 제63조(위탁수수료))

[별표 20] 관광진흥법시행규칙

용지매수 및 보상업무의 위탁수수료 산정기준표(제63조 관련)

용지매수의 금액별	위탁수수료의 기준 (용지매수대금에 대한 백분율)	비 고
10억원 이하	2.0퍼센트 이내	1. "용지매수의 금액"이란 용지매입비, 시설의 매수 및 인건비, 관리보상비 및 지장물보상비와 이주위자료의 합계액을 말한다. 2. 감정수수료 및 등기수수료 등 법정수수료는 위탁수수료의 기준을 정할 때 고려하지 아니한다. 3. 개발사업의 완공 후 준공 및 관리처분을 위한 측량, 지목변경, 관리이전을 위한 소유권의 변경절차를 위한 관리비는 이 기준수수료의 100분의 30의 범위에서 가산할 수 있다. 4. 지역적인 특수조건이 있는 경우에는 이 위탁료율을 당사자가 상호 협의하여 증감 조정할 수 있다.
10억원 초과 30억원 이하	1.7퍼센트 이내	
30억원 초과 50억원 이하	1.3퍼센트 이내	
50억원 초과	1.0퍼센트 이내	

(5) 조성계획승인전 조성사업에 필요한 토지를 매입에 대한 특례

관광진흥법 제55조(조성계획의 시행) ② 사업시행자가 관광지등의 개발 촉진을 위하여 조성계획의 승인 전에 시ㆍ도지사의 승인을 받아 그 조성사업에 필요한 토지를 매입한 경우에는 사업시행자로서 토지를 매입한 것으로 본다.

관광진흥법시행령 제47조의3(조성사업용 토지 매입의 승인 신청) 법 제55조제2항에 따라 시ㆍ도지사의 승인을 받아 조성사업(조성계획을 시행하기 위한 사업을 말한다. 이하 같다)에 필요한 토지를 매입하려는 자는 문화체육관광부령으로 정하는 승인신청서에 다음 각 호의 서류를 첨부하여 시ㆍ도지사에게 승인을 신청해야 한다.

1. 다음 각 목의 사항이 포함된 토지 매입계획서
   가. 매입 예정 토지의 세목
   나. 토지의 매입 예정 시기
2. 매입 예정 토지의 사업계획서(시설물 및 공작물 등의 위치ㆍ규모 및 용도가 포함된 설치계획을 포함한다)
3. 다음 각 목의 사항이 포함된 자금계획서
   가. 재원조달계획
   나. 연차별 자금투입계획
4. 조성사업 예정지를 표시한 도면 [본조신설 2019. 6. 11.] [제47조의2에서 이동 〈2020. 6. 2.〉]

(6) 사업시행자의 토지 등의 수용 및 사용

※ 수용 및 사용의 정의 : 공익사업에 필요한 토지의 수용 및 사용을 말한다.

공용수용	공공사업 기타 공공목적을 위하여 개인의 특정한 재산권을 법률의 힘에 의하여 강제적으로 취득하는 일 및 그 제도로서, 목적은 특정한 재산권을 공익사업 기타 공공목적에 제공함으로써 공공복리의 증진과 사유재산권의 조절을 도모함에 있음.
공용사용	행정주체가 특정한 행정목적을 실현하기 위해 타인의 재산권을 사용하는 일.

가) 수용 및 사용의 목적물

관광진흥법 제61조(수용 및 사용) ① 사업시행자는 제55조에 따른 조성사업의 시행에 필요한 토지와 다음 각 호의 물건 또는 권리를 수용하거나 사용할 수 있다. 다만, 농업 용수권(用水權)이나 그 밖의 농지개량 시설을 수용 또는 사용하려는 경우에는 미리 농림축산식품부장관의 승인을 받아야 한다. 〈개정 2008.2.29., 2013.3.23.〉

1. 토지에 관한 소유권 외의 권리
2. 토지에 정착한 입목이나 건물, 그 밖의 물건과 이에 관한 소유권 외의 권리
3. 물의 사용에 관한 권리
4. 토지에 속한 토석 또는 모래와 조약돌

나) 수용 및 사용의 재결신청

관광진흥법 제61조(수용 및 사용) ② 제1항에 따른 수용 또는 사용에 관한 협의가 성립되지 아니하거나 협의를 할 수 없는 경우에는 사업시행자는 「공익사업을 위한 토지 등의 취득 및 보상에 관한 법률」 제28조제1항에도 불구하고 조성사업 시행 기간에 재결(裁決)을 신청할 수 있다.

③ 제1항에 따른 수용 또는 사용의 절차, 그 보상 및 재결 신청에 관하여는 이 법에 규정되어 있는 것 외에는 「공익사업을 위한 토지 등의 취득 및 보상에 관한 법률」을 적용한다.

다) 이주대책의 수립 · 실시

관광진흥법 제66조(이주대책) ① 사업시행자는 조성사업의 시행에 따른 토지 · 물건 또는 권리를 제공함으로써 생활의 근거를 잃게 되는 자를 위하여 대통령령으로 정하는 내용이 포함된 이주대책을 수립 · 실시하여야 한다.

② 제1항에 따른 이주대책의 수립에 관하여는 「공익사업을 위한 토지 등의 취득 및 보상에 관한 법률」 제78조제2항 · 제3항과 제81조를 준용한다.

이주대책에는 다음의 사항이 포함되어야 한다.(관광진흥법시행령 제57조(이주대책의 내용)

① 택지 및 농경지의 매입

② 택지 조성 및 주택 건설

③ 이주보상금

④ 이주방법 및 이주시기

⑤ 이주대책에 따른 비용

⑥ 그 밖에 필요한 사항

(7) 공공시설 등의 우선설치 및 귀속

가) 공공시설의 우선 설치

관광진흥법 제57조(공공시설의 우선 설치) 국가 · 지방자치단체 또는 사업시행자는 관광지등의 조성사업과 그 운영에 관련되는 도로, 전기, 상 · 하수도 등 공공시설을 우선하여 설치하도록 노력하여야 한다.

나) 공공시설 등의 귀속

관광진흥법 제58조의3(공공시설 등의 귀속) ① 사업시행자가 조성사업의 시행으로「국토의 계획 및 이용에 관한 법률」 제2조제13호에 따른 공공시설을 새로 설치하거나 기존의 공공시설에 대체되는 시설을 설치한 경우 그 귀속에 관하여는 같은 법 제65조를 준용한다. 이 경우 "행정청이 아닌 경우"는 "사업시행자인 경우"로 본다.

② 제1항에 따른 공공시설 등을 등기하는 경우에는 조성계획승인서와 준공검사증명서로써「부동산등기법」의 등기원인을 증명하는 서면을 갈음할 수 있다.

③ 제1항에 따라「국토의 계획 및 이용에 관한 법률」을 준용할 때 관리청이 불분명한 재산 중 도로 · 도랑 등에 대하여는 국토교통부장관을, 하천에 대하여는 환경부장관을, 그 밖의 재산에 대하여는 기획재정부장관을 관리청으로 본다. 〈개정 2020. 12. 31.〉 [본조신설 2009. 3. 25.]

(8) 관광단지의 전기시설 설치

관광진흥법 제57조의2(관광단지의 전기시설 설치) ① 관광단지에 전기를 공급하는 자는 관광단지 조성사업의 시행자가 요청하는 경우 관광단지에 전기를 공급하기 위한 전기간선시설(電氣幹線施設) 및 배전시설(配電施設)을 관광단지 조성계획에서 도시 · 군계획시설로 결정된 도로까지 설치하되, 구체적인 설치범위는 대통령령으로 정한다. 〈개정 2011.4.14.〉

② 제1항에 따라 관광단지에 전기를 공급하는 전기간선시설 및 배전시설의 설치비용은 전기를 공급하는 자가 부담한다. 다만, 관광단지 조성사업의 시행자 · 입주기업 · 지방자치단체 등의 요청에 의하여 전기간선시설 및 배전시설을 땅속에 설치하는 경우에는 전기를 공급하는 자와 땅속에 설치할 것을 요청하는 자가 각각 100분의 50의 비율로 설치비용을 부담한다. [본조신설 2009.3.25.]

전기간선시설(電氣幹線施設) 및 배전시설(配電施設)을 설치하여야 하는 구체적인 설치범위는 관광단지 조성사업구역 밖의 기간(基幹)이 되는 시설로부터 조성사업구역 안의 토지이용계획상 6미터 이상의 도시 · 군계획시설로 결정된 도로에 접하는 개별필지의 경계선까지를 말한다.(관광진흥법시행령 제49조의2(전기간선시설 등의 설치범위))

(9) 관광지 등의 준공검사

가) 준공검사 신청

관광진흥법 제58조의2(준공검사) ① 사업시행자가 관광지등 조성사업의 전부 또는 일부를 완료한 때에는 대통령령으로 정하는 바에 따라 지체 없이 시·도지사에게 준공검사를 받아야 한다. 이 경우 시·도지사는 해당 준공검사 시행에 관하여 관계 행정기관의 장과 미리 협의하여야 한다.

조성사업의 전부 또는 일부를 완료하여 준공검사를 받으려는 때에는 다음의 사항을 적은 준공검사신청서를 시·도지사에게 제출하여야 한다.(관광진흥법시행령 제50조의2제1,2항(준공검사)

① 사업시행자의 성명(법인인 경우에는 법인의 명칭 및 대표자의 성명을 말한다)·주소
② 조성사업의 명칭
③ 조성사업을 완료한 지역의 위치 및 면적
④ 조성사업기간

또한, 준공검사신청서에는 다음의 서류 및 도면을 첨부하여야 한다.

① 준공설계도서(착공 전의 사진 및 준공사진을 첨부)
② 지적소관청이 발행하는 지적측량성과도
③ 공공시설 및 토지 등의 귀속조사문서와 도면(민간개발자인 사업시행자의 경우에는 용도폐지된 공공시설 및 토지 등에 대한 감정평가법인등의 평가조서와 새로 설치된 공공시설의 공사비 산출 명세서를 포함)
④ 사업시행자가 취득할 대상 토지와 국가 또는 지방자치단체에 귀속될 토지 등의 내역서(공유수면을 매립하는 경우에만 해당)
⑤ 환지계획서 및 신·구 지적대조도(환지를 하는 경우에만 해당)
⑥ 개발된 토지 또는 시설 등의 관리·처분 계획

준공검사신청서는 별지 제41호의2서식에 따른다.(관광진흥법시행규칙 제63조의2제1항(준공검사신청서 등)

[별지 제41호2서식] 관광진흥법시행규칙 〈개정 2019. 10. 7.

(앞 쪽)

준공검사신청서				처리기간 30 일
신청인	성명		생년월일	
	업체명		전화번호	
	주소 또는 소재지			
신청내용				
조성사업 명칭			조성사업 위치	
조성사업 완료면적	㎡		조성기간	

「관광진흥법」 제58조의2제1항, 같은 법 시행령 제50조의2제1항 및 같은 법 시행규칙 제63조의2제1항에 따라 위와 같이 신청합니다.

년 월 일

신청인 (서명 또는 인)

특별시장 · 광역시장 · 특별자치시장 · 도지사 · 특별자치도지사 귀하

〈구비서류〉	수수료
1. 준공설계도서(착공 전의 사진 및 준공사진을 포함합니다) 2. 「지적법」에 따라 소관청이 발행하는 지적측량성과도 3 법 제58조의3에 따른 공공시설 및 토지 등의 귀속조사문서와 도면(민간개발자인 사업시행자의 경우에는 용도폐지된 공공시설 및 토지 등에 대한 「부동산 가격공시 및 감정평가에 관한 법률」에 따른 감정평가업자의 평가조서와 새로 설치된 공공시설의 공사비산출내역서를 포함합니다) 4. 「공유수면매립법」 제26조, 제38조제4항 및 같은 법 시행령 제20조에 따라 사업시행자가 취득할 대상 토지와 국가 또는 지방자치단체에 귀속될 토지 등의 내역서(공유수면을 매립하는 경우에만 해당합니다) 5. 환지계획서 및 신 · 구 지적대조도(환지를 하는 경우만 해당합니다) 6. 개발된 토지 또는 시설 등의 관리 · 처분 계획	없음

210mm×297mm[일반용지 60g/㎡ (재활용품)]

이 신청서는 다음과 같이 처리됩니다. (뒤 쪽)

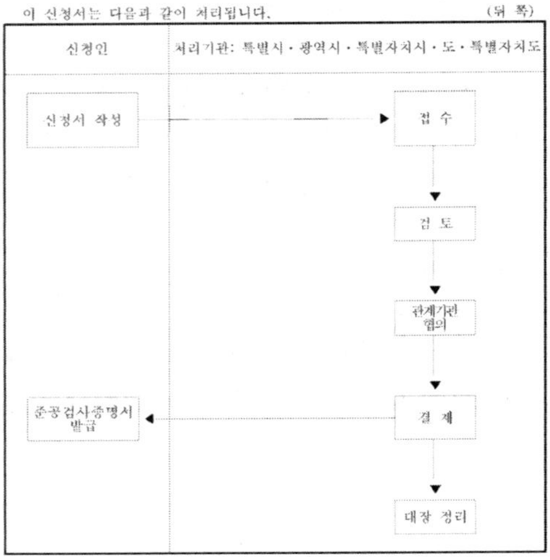

나) 관계행정기관의 장과의 협의 등

관광진흥법 제58조의2(준공검사) ① 사업시행자가 관광지등 조성사업의 전부 또는 일부를 완료한 때에는 대통령령으로 정하는 바에 따라 지체 없이 시 · 도지사에게 준공검사를 받아야 한다. 이 경우 시 · 도지사는 해당 준공검사 시행에 관하여 관계 행정기관의 장과 미리 협의하여야 한다.

준공검사 신청을 받은 시 · 도지사는 검사일정을 정하여 준공검사 신청 내용에 포함된 공공시설을 인수하거나 관리하게 될 국가기관 또는 지방자치단체의 장에게 검사일 5일 전까지 통보하여야 하며, 준공검사에 참여하려는 국가기관 또는 지방자치단체의 장은 준공검사일 전날까지 참여를 요청하여야 한다.(관광진흥법시행령 제50조의2제3항(준공검사))

(다) 준공검사 받은 경우의 의제처리 및 준공검사증명서 발급

① 준공검사 받은 경우의 의제처리

관광진흥법 제58조의2(준공검사) ② 사업시행자가 제1항에 따라 준공검사를 받은 경우에는 제58조제1항 각 호에 규정된 인 · 허가 등에 따른 해당 사업의 준공검사 또는 준공인가 등을 받은 것으로 본다. [본조신설 2009.3.25.]

② 준준공검사증명서 발급 및 고시

관광진흥법시행령 제50조의2(준공검사) ④ 제1항에 따른 준공검사 신청을 받은 시 · 도지사는 준공검사를 하여 해당 조성사업이 법 제54조에 따라 승인된 조성계획대로 완료되었다고 인정하는 경우에는 준공검사증명서를 발급하고, 다음 각 호의 사항을 공보에 고시하여야 한다.

1. 조성사업의 명칭
2. 사업시행자의 성명 및 주소
3. 조성사업을 완료한 지역의 위치 및 면적
4. 준공년월일
5. 주요 시설물의 관리 · 처분에 관한 사항
6. 그 밖에 시 · 도지사가 필요하다고 인정하는 사항 [본조신설 2009.10.7.]

준공검사증명서는 별지 제41호의3 서식에 따른다.(관광진흥법시행규칙 제63조의2제2항(준공검사신청서 등)

[별지 제41호의3서식] **관광진흥법시행규칙**
〈개정 2019. 4. 25.〉

제 호

준 공 검 사 증 명 서

○ 사업시행자

○ 주 소

○ 상 호 명

○ 대표자 성명

귀하가 시행한 관광(단)지 조성사업에 대하여 「관광진흥법 시행령」 제50조의2제4항에 따라 아래와 같이 준공검사하고 본 증명서를 발급합니다.

1. 조성사업 명칭
2. 조성위치
3. 조성사업 완료 면적
4. 준공연월일
5. 준공검사사항(확정측량조서 및 지적도 별첨)

년 월 일

특별시장·광역시장·특별자치시장·도지사
특별자치도지사 직인

210mm×297mm[보존용지(2종) 70g/㎡]

[별지 제42호서식] **관광진흥법시행규칙**
〈개정 2009.10.22.〉

행 정 기 관 명

수신자 특별시장 · 광역시장 · 도지사
(경유)
제 목 관광특구 지정등 신청서

「관광진흥법 시행규칙」 제64조제2항에 따라 아래와 같이 관광특구의 지정(변경지정 · 지정취소)을 신청합니다.

1. 관광특구의 명칭:
2. 관광특구의 위치:
3. 관광특구의 면적:
4. 관광특구의 지정(변경지정) 목적:
5. 관광특구의 지정취소 사유:
6. 기 타

첨 부 : 「관광진흥법 시행규칙」 제64조제2항 각 호의 서류 각 2부. 끝.

시장 · 군수 · 구청장 직인

기안자 직위(직급) 서명 검토자 직위(직급)서명 결재권자 직위 (직급)서명
협조자
시행 처리과-일련번호(시행일자) 접수 처리과명-일련번호(접수일자)
우 주소 / 홈페이지 주소
전화( ) 전송( ) / 기안자의 공식전자우편주소 / 공개구분

210㎜×297㎜[일반용지 60g/㎡(재활용품)]

4) 관광지 등의 처분

관광진흥법 제59조(관광지등의 처분) ① 사업시행자는 조성한 토지, 개발된 관광시설 및 지원시설의 전부 또는 일부를 매각하거나 임대하거나 타인에게 위탁하여 경영하게 할 수 있다.
② 제1항에 따라 토지 · 관광시설 또는 지원시설을 매수 · 임차하거나 그 경영을 수탁한 자는 그 토지나 관광시설 또는 지원시설에 관한 권리 · 의무를 승계한다.

5) 국토의 계획 및 이용에 관한 법률의 준용

관광진흥법 제60조(「국토의 계획 및 이용에 관한 법률」의 준용) 조성계획의 수립, 조성사업의 시행 및 관광지등의 처분에 관하여는 이 법에 규정되어 있는 것 외에는 「국토의 계획 및 이용에 관한 법률」 제90조 · 제100조 · 제130조 및 제131조를 준용한다. 이 경우 "국토교통부장관 또는 시 · 도지사"는 "시 · 도지사"로, "실시계획"은 "조성계획"으로, "인가"는 "승인"으로, "도시 · 군계획시설사업의 시행지구"는 "관광지등"으로, "도시 · 군계획시설사업의 시행자"는 "사업시행자"로, "도시 · 군계획시설사업"은 "조성사업"으로, "국토교통부장관"은 "문화체육관광부장관"으로, "광역도시계획 또는 도시 · 군계획"은 "조성계획"으로 본다. 〈개정 2008.2.29., 2011.4.14., 2013.3.23.〉

6) 사업시행자에 따른 각종 비용의 부담

(1) 선수금

관광진흥법 제63조(선수금) 사업시행자는 그가 개발하는 토지 또는 시설을 분양받거나 시설물을 이용하려는 자로부터 그 대금의 전부 또는 일부를 대통령령으로 정하는 바에 따라 미리 받을 수 있다.

선수금을 미리 받으려는 경우에는 그 금액 및 납부방법에 대하여 토지 또는 시설을 분양받거나 시설물을 이용하려는 자와 협의하여야 한다.(관광진흥법시행령 제52조(선수금))

(2) 분담금

분담금이란 특정한 공익사업에 대하여 특정한 이해관계를 가진 사람에게 그 사업에 필요한 경비의 전부 또는 일부를 부담시키기 위하여 과하는 공법상의 금전지급 의무를 말한다.

가) 이용자 분담금

관광진흥법 제64조(이용자 분담금 및 원인자 부담금) ① 사업시행자는 지원시설 건설비용의 전부 또는 일부를 대통령령으로 정하는 바에 따라 그 이용자에게 분담하게 할 수 있다.

관광진흥법시행령 제53조(이용자 분담금) ① 사업시행자는 법 제64조제1항에 따라 지원시설의 이용자에게 분담금을 부담하게 하려는 경우에는 지원시설의 건설사업명 · 건설비용 · 부담금액 · 납부방법 및 납부기한을 서면에 구체적으로 밝혀 그 이용자에게 분담금의 납부를 요구하여야 한다.

② 제1항에 따른 지원시설의 건설비용은 다음 각 호의 비용을 합산한 금액으로 한다.

1. 공사비(조사측량비 · 설계비 및 관리비는 제외한다)
2. 보상비(감정비를 포함한다)

③ 제1항에 따른 분담금액은 지원시설의 이용자의 수 및 이용횟수 등을 고려하여 사업시행자가 이용자와 협의하여 산정한다.

나) 원인자 분담금

관광진흥법 제64조(이용자 분담금 및 원인자 부담금) ② 지원시설 건설의 원인이 되는 공사 또는 행위가 있으면 사업시행자는 대통령령으로 정하는 바에 따라 그 공사 또는 행위의 비용을 부담하여야 할 자에게 그 비용의 전부 또는 일부를 부담하게 할 수 있다.

관광진흥법시행령 제54조(원인자 부담금) 사업시행자가 법 제64조제2항에 따라 원인자 부담금을 부담하게 하려는 경우에는 이용자 분담금에 관한 제53조를 준용한다.

다) 유지관리비 및 보수비의 분담

관광진흥법 제64조(이용자 분담금 및 원인자 부담금) ③ 사업시행자는 관광지등의 안에 있는 공동시설의 유지 · 관리 및 보수에 드는 비용의 전부 또는 일부를 대통령령으로 정하는 바에 따라 관광지등에서 사업을 경영하는 자에게 분담하게 할 수 있다.

관광진흥법시행령 제55조(유지 · 관리 및 보수비용의 분담) ① 사업시행자는 법 제64조제3항에 따라 공동시설의 유지 · 관리 및 보수비용을 분담하게 하려는 경우에는 공동시설의 유지 · 관리 · 보수 현황, 분담금액, 납부방법, 납부기한 및 산출내용을 적은 서류를 첨부하여 관광지등에서 사업을 경영하는 자에게 그 납부를 요구하여야 한다.

② 제1항에 따른 공동시설의 유지 · 관리 및 보수비용의 분담비율은 시설사용에 따른 수익의 정도에 따라 사업시행자가 사업을 경영하는 자와 협의하여 결정한다.

③ 사업시행자는 유지 · 관리 · 보수비용의 분담 및 사용 현황을 매년 결산하여 비용분담자에게 통보하여야 한다.

(3) 지방세법의 강제징수

가) 분담금 등의 징수위탁

관광진흥법 제65조(강제징수) ① 제64조에 따라 이용자 분담금 · 원인자 부담금 또는 유지 · 관리 및 보수에 드는 비용을 내야 할 의무가 있는 자가 이를 이행하지 아니하면 사업시행자는 대통령령으로 정하는 바에 따라 그 지역을 관할하는 특별자치시장 · 특별자치도지사 · 시장 · 군수 · 구청장에게 그 징수를 위탁할 수 있다. 〈개정 2008. 6. 5., 2018. 6. 12.〉

관광진흥법시행령 제56조(이용자 분담금 및 원인자 부담금의 징수위탁) 사업시행자는 법 제65조제1항에 따라 특별자치시장 · 특별자치도지사 · 시장 · 군수 · 구청장에게 법 제64조에 따른 이용자 분담금, 원인자 부담금 또는 유지 · 관리 및 보수 비용(이하 이 조에서 "분담금등"이라 한다)의 징수를 위탁하려면 그 위탁 내용에 다음 각 호의 사항을 명시하여야 한다. 〈개정 2009. 1. 20., 2019. 4. 9.〉

1. 분담금등의 납부의무자의 성명 · 주소
2. 분담금등의 금액
3. 분담금등의 납부사유 및 납부기간
4. 그 밖에 분담금등의 징수에 필요한 사항

나) 지방세 체납처분의 예에 의한 징수

관광진흥법 제65조(강제징수) ② 제1항에 따라 징수를 위탁받은 특별자치시장 · 특별자치도지사 · 시장 · 군수 · 구청장은 지방세 체납처분의 예에 따라 이를 징수할 수 있다. 이 경우 특별자치시장 · 특별자치도지사 · 시장 · 군수 · 구청장에게 징수를 위탁한 자는 특별자치시장 · 특별자치도지사 · 시장 · 군수 · 구청장이 징수한 금액의 100분의 10에 해당하는 금액을 특별자치시 · 특별자치도 · 시 · 군 · 구에 내야 한다. 〈개정 2008. 6. 5., 2018. 6. 12.〉

※ 지방세 체납처분의 예

체납처분이라 함은 지방자치단체징수금의 납부 또는 납입의무가 있는자에 대하여 독촉 또는 최고를 하였음에도 그 독촉 또는 최고기한까지 해당 지방자치단체의 징수금을 납부 또는 납입하지 않을 경우에 그 체납자의 재산을 압류 또는 교부청구를 하고 공매처분에 의하여 환가하며 환가된 금액을 체납된 지방자차단체징수금에 충당하고 잔여금액을 각 채권자와 소유자에 배당하는 일련의 강제징수절차를 말한다.

독촉	납세자가 납세고지서에 지정된 납부기한까지 당해 조세를 완납하지 아니하는 경우에 납세자의 임의납부를 촉구하는 행위
재산압류	납부의무자가 독촉을 받고도 그 납부기한까지 납부하지 아니할 때 가하는 행위
공매	법률의 규정에 따라 공적 기관에 의하여 강제적으로 이루어지는 매매, 공매는 입찰이나 경매의 방법으로 이루어 짐

(4) 입장료 등의 징수와 사용

관광진흥법 제67조(입장료 등의 징수와 사용) ① 관광지등에서 조성사업을 하거나 건축, 그 밖의 시설을 한 자는 관광지등에 입장하는 자로부터 입장료를 징수할 수 있고, 관광시설을 관람하거나 이용하는 자로부터 관람료나 이용료를 징수할 수 있다.

② 제1항에 따른 입장료 · 관람료 또는 이용료의 징수 대상의 범위와 그 금액은 관광지등이 소재하는 지방자치단체의 조례로 정한다. 〈개정 2008. 6. 5., 2018. 6. 12., 2020. 6. 9.〉

③ 지방자치단체는 제1항에 따라 입장료 · 관람료 또는 이용료를 징수하면 이를 관광지등의 보존 · 관리와 그 개발에 필요한 비용에 충당하여야 한다.

7) 관광지등 또는 관광사업자 단체 등의 관리 · 운영

관광진흥법 제69조(관광지등의 관리) ① 사업시행자는 관광지등의 관리 · 운영에 필요한 조치를 하여야 한다.

② 사업시행자는 필요하면 관광사업자 단체 등에 관광지등의 관리 · 운영을 위탁할 수 있다.

제2절 관광특구

1. 관광특구의 지정

관광특구는 관광지 및 관광단지 또는 외국인관광객이 주로 이용하는 일정구역에 지정하는 지역으로 1993년에 도입한 제도이다. 2004년 10월 관광진흥법을 개정하여 관광특구지정권한을 종전의 문화관광부장관(현. 문화체육관광부장관)에게서 시 · 도지사에게 이양하였다.

1) 관광특구의 지정요건

관광진흥법 제70조(관광특구의 지정) ① 관광특구는 다음 각 호의 요건을 모두 갖춘 지역 중에서 시장 · 군수 · 구청장의 신청(특별자치시 및 특별자치도의 경우는 제외한다)에 따라 시 · 도지사가 지정한다. 이 경우 관광특구로 지정하려는 대상지역이 같은 시 · 도 내에서 둘 이상의 시 · 군 · 구에 걸쳐 있는 경우에는 해당 시장 · 군수 · 구청장이 공동으로 지정을 신청하여야 하고, 둘 이상의 시 · 도에 걸쳐 있는 경우에는 해당 시장 · 군수 · 구청장이 공동으로 지정을 신청하고 해당 시 · 도지사가 공동으로 지정하여야 한다. 〈개정 2007. 7. 19., 2008. 2. 29., 2008. 6. 5., 2018. 6. 12., 2018. 12. 24., 2019. 12. 3.〉

1. 외국인 관광객 수가 대통령령으로 정하는 기준 이상일 것
2. 문화체육관광부령으로 정하는 바에 따라 관광안내시설, 공공편익시설 및 숙박시설 등이 갖추어져 외국인 관광객의 관광수요를 충족시킬 수 있는 지역일 것
3. 관광활동과 직접적인 관련성이 없는 토지의 비율이 대통령령으로 정하는 기준을 초과하지 아니할 것
4. 제1호부터 제3호까지의 요건을 갖춘 지역이 서로 분리되어 있지 아니할 것

② 제1항 각 호 외의 부분 전단에도 불구하고 「지방자치법」 제198조제2항제1호에 따른 인구 100만 이상 대도시(이하 "특례시"라 한다)의 시장은 관할 구역 내에서 제1항 각 호의 요건을 모두 갖춘 지역을 관광특구로 지정할 수 있다. 〈신설 2022. 5. 3.〉

관광진흥법시행령 제58조(관광특구의 지정요건) ① 법 제70조제1항제1호에서 "대통령령으로 정하는 기준"이란 문화체육관광부장관이 고시하는 기준을 갖춘 통계전문기관의 통계결과 해당 지역의 최근 1년간 외국인 관광객 수가 10만 명(서울특별시는 50만 명)인 것을 말한다. 〈개정 2008.2.29〉

② 법 제70조제1항제3호에서 “대통령령으로 정하는 기준”이란 관광특구 전체 면적 중 관광활동과 직접적인 관련성이 없는 토지가 차지하는 비율이 10퍼센트인 것을 말한다. 〈개정 2020. 6. 2.〉

관광진흥법시행규칙 제64조(관광특구의 지정신청 등) ① 법 제70조제1항제2호에 따른 관광특구 지정요건의 세부기준은 별표 21과 같다.

문화체육관광부장관이 고시하는 통계전문기관은 다음과 같다.

관광특구 통계전문기관 기준

[시행 2008.6.26.] [문화체육관광부고시 제2008-13호, 2008.6.26., 일부개정]

통계전문기관은 다음 각호의 요건을 갖춘 법인으로 한다.

1. 통계작성을 담당하는 조직 및 전문인력이 확보되어 있을 것
2. 관광통계 관련 정책연구 또는 관광통계 추정 등의 실적이 있을 것

또한, 관광특구지정요건의 세부기준은 별표 21과 같다.

[별표 21] 관광진흥법시행규칙 〈개정 2016.3.28.〉

관광특구 지정요건의 세부기준(제64조제1항 관련)

시설구분	시설종류	구비기준
가. 공공편익시설	화장실, 주차장, 전기시설, 통신시설, 상하수도시설	각 시설이 관광객이 이용하기에 충분할 것
나. 관광안내시설	관광안내소, 외국인통역안내소, 관광지 표지판	각 시설이 관광객이 이용하기에 충분할 것
다. 숙박시설	관광호텔, 수상관광호텔, 한국전통호텔, 가족호텔 및 휴양콘도미니엄	영 별표 1의 등록기준에 부합되는 관광숙박시설이 1종류 이상일 것
라. 휴양·오락시설	민속촌, 해수욕장, 수렵장, 동물원, 식물원, 수족관, 온천장, 동굴자원, 수영장, 농어촌휴양시설, 산림휴양시설, 박물관, 미술관, 활공장, 자동차야영장, 관광유람선 및 종합유원시설	영 별표 1의 등록기준에 부합되는 관광객이용시설 또는 별표 1의2의 시설 및 설비기준에 부합되는 유원시설이 1종류 이상일 것
마. 접객시설	관광공연장, 관광유흥음식점, 관광극장유흥업점, 외국인전용유흥음식점, 관광식당	영 별표 1의 등록기준에 부합되는 관광객이용시설 또는 별표 2의 지정기준에 부합되는 관광편의시설로서 관광객이 이용하기에 충분할 것
바. 상가시설	관광기념품전문판매점, 백화점, 재래시장, 면세점 등	1개소 이상일 것

2) 관광특구의 지정절차

(1) 지정신청

관광진흥법시행규칙 제64조(관광특구의 지정신청 등) ② 법 제70조제1항 및 제2항에 따라 관광특구의 지정 및 지정 취소 또는 그 면적의 변경(이하 이 조에서 "지정등"이라 한다)을 신청하려는 시장 · 군수 · 구청장(특별자치시 · 특별자치도의 경우는 제외한다)은 별지 제42호서식의 관광특구 지정등 신청서에 다음 각 호의 서류를 첨부하여 특별시장 · 광역시장 · 도지사에게 제출하여야 한다. 다만, 관광특구의 지정 취소 또는 그 면적 변경의 경우에는 그 취소 또는 변경과 관계되지 아니하는 사항에 대한 서류는 첨부하지 아니한다. 〈개정 2009. 3. 31., 2009. 10. 22., 2019. 4. 25.

1. 신청사유서
2. 주요관광자원 등의 내용이 포함된 서류
3. 해당 지역주민 등의 의견수렴 결과를 기재한 서류
4. 관광특구의 진흥계획서
5. 관광특구를 표시한 행정구역도와 지적도면
6. 제1항의 요건에 적합함을 증명할 수 있는 서류

(2) 관광개발계획 등과의 적합성 여부 등 검토

관광진흥법시행규칙 제64조(관광특구의 지정신청 등) ③ 관광특구의 지정 등에 관하여는 제58조제3항을 준용한다.

특별시장 · 광역시장 · 도지사는 지정등의 신청을 받은 경우에는 관광지등의 개발 필요성, 타당성, 관광지 · 관광단지의 구분기준 및 관광개발기본계획 및 권역별 관광개발계획에 적합한지 등을 종합적으로 검토하여야 한다.(관광진흥법시행규칙 제58조제3항(관광지 등의 지정신청 등)

3) 관광특구의 지정고시

관광진흥법 제70조(관광특구의 지정) ③ 관광특구의 지정 · 취소 · 면적변경 및 고시에 관하여는 제52조제2항 · 제3항 · 제5항 및 제6항을 준용한다. 이 경우 "시 · 도지사"는 "시 · 도지사 또는 특례시의 시장"으로 본다. 〈개정 2018. 6. 12., 2022. 5. 3.〉

4) 관광특구 지정을 위한 조사 · 분석

관광진흥법 제70조의2(관광특구 지정을 위한 조사 · 분석) 제70조제1항 및 제2항에 따라 시 · 도지사 또는 특례시의 시장이 관광특구를 지정하려는 경우에는 같은 조 제1항 각 호의 요건을 갖추었는지 여부와 그 밖에 관광특구의 지정에 필요한 사항을 검토하기 위하여 대통령령으로 정하는 전문기관에 조사 · 분석을 의뢰하여야 한다. 〈개정 2022. 5. 3.〉
[본조신설 2019. 12. 3.] [제목개정 2022. 5. 3.]

관광진흥법시행령 제58조의2(관광특구의 지정신청에 대한 조사 · 분석 전문기관) 법 제70조의2에서 "대통령령으로 정하는 전문기관"이란 다음 각 호의 기관 또는 단체를 말한다.

1. 「문화기본법」 제11조의2에 따른 한국문화관광연구원
2. 「정부출연연구기관 등의 설립 · 운영 및 육성에 관한 법률」에 따른 정부출연연구기관으로서 관광정책 및 관광산업에 관한 연구를 수행하는 기관
3. 다음 각 목의 요건을 모두 갖춘 기관 또는 단체
   가. 관광특구 지정신청에 대한 조사 · 분석 업무를 수행할 조직을 갖추고 있을 것
   나. 관광특구 지정신청에 대한 조사 · 분석 업무와 관련된 분야의 박사학위를 취득한 전문인력을 확보하고 있을 것
   다. 관광특구 지정신청에 대한 조사 · 분석 업무와 관련하여 전문적인 조사 · 연구 · 평가 등을 한 실적이 있을 것 [본조신설 2020. 6. 2.]

2. 관광특구의 진흥계획

1) 관광특구의 진흥계획

관광진흥법 제71조(관광특구의 진흥계획) ① 특별자치시장 · 특별자치시장 · 특별자치도지사 · 시장 · 군수 · 구청장은 관할 구역 내 관광특구를 방문하는 외국인 관광객의 유치 촉진 등을 위하여 관광특구진흥계획을 수립하고 시행하여야 한다. 〈개정 2008.6.5., 2018.6.12.〉
② 제1항에 따른 관광특구진흥계획에 포함될 사항 등 관광특구진흥계획의 수립 · 시행에 필요한 사항은 대통령령으로 정한다.

특별자치시장 · 특별자치도지사 · 시장 · 군수 · 구청장은 법 제71조에 따른 관광특구진흥계획(이하 "진흥계획"이라 한다)을 수립하기 위하여 필요한 경우에는 해당 특별자치시 · 특별자치도 · 시 · 군 · 구 주민의 의견을 들을 수 있다.(관광진흥법시행령 제59조제1항(관광특구진흥계획의 수립, 시행))

2) 관광특구의 진흥계획에 포함할 사항

관광진흥법시행령 제59조(관광특구진흥계획의 수립 · 시행) ② 특별자치시장 · 특별자치도지사 · 시장 · 군수 · 구청장은 다음 각 호의 사항이 포함된 진흥계획을 수립 · 시행한다. 〈개정 2008. 2. 29., 2009. 1. 20., 2019. 4. 9.〉

1. 외국인 관광객을 위한 관광편의시설의 개선에 관한 사항
2. 특색 있고 다양한 축제, 행사, 그 밖에 홍보에 관한 사항
3. 관광객 유치를 위한 제도개선에 관한 사항
4. 관광특구를 중심으로 주변지역과 연계한 관광코스의 개발에 관한 사항
5. 그 밖에 관광질서 확립 및 관광서비스 개선 등 관광객 유치를 위하여 필요한 사항으로서 문화체육관광부령으로 정하는 사항

관광특구의 진흥계획에 포함할 사항은 다음과 같다.(관광진흥법시행규칙 제41조(관광특구진흥계획의 수립내용)

① 범죄예방 계획 및 바가지요금, 퇴폐행위, 호객행위 근절 대책

② 관광불편신고센터의 운영계획

③ 관광특구 안의 접객시설 등 관련시설 종사원에 대한 교육계획

④ 외국인 관광객을 위한 토산품 등 관광상품개발 · 육성계획

3) 관광특구진흥계획의 타당성검토

관광진흥법시행령 제59조(관광특구진흥계획의 수립 · 시행) ③ 특별자치시장 · 특별자치도지사 · 시장 · 군수 · 구청장은 수립된 진흥계획에 대하여 5년마다 그 타당성을 검토하고 진흥계획의 변경 등 필요한 조치를 하여야 한다. 〈개정 2009. 1. 20., 2019. 4. 9.〉

3. 관광특구에 대한 지원

1) 관광특구의 진흥을 위한 지원

관광진흥법 제72조(관광특구에 대한 지원) ① 국가나 지방자치단체는 관광특구를 방문하는 외국인 관광객의 관광 활동을 위한 편의 증진 등 관광특구 진흥을 위하여 필요한 지원을 할 수 있다.

2) 관광진흥개발기금의 지원

관광진흥법 제72조(관광특구에 대한 지원) ② 문화체육관광부장관은 관광특구를 방문하는 관광객의 편리한 관광 활동을 위하여 관광특구 안의 문화 · 체육 · 숙박 · 상가 · 교통 · 주차시설로서 관광객 유치를 위하여 특히 필요하다고 인정되는 시설에 대하여 「관광진흥개발기금법」에 따라 관광진흥개발기금을 대여하거나 보조할 수 있다. 〈개정 2008. 2. 29., 2009. 3. 25., 2019. 12. 3.〉

4. 관광특구에 대한 평가

1) 평가결과 우수한 관광특구

관광진흥법 제73조(관광특구에 대한 평가 등) ① 시 · 도지사 또는 특례시의 시장은 대통령령으로 정하는 바에 따라 제71조에 따른 관광특구진흥계획의 집행 상황을 평가하고, 우수한 관광특구에 대하여는 필요한 지원을 할 수 있다. 〈개정 2008. 2. 29., 2019. 12. 3., 2022. 5. 3.〉

④ 문화체육관광부장관은 제3항에 따른 평가 결과 우수한 관광특구에 대하여는 필요한 지원을 할 수 있다. 〈신설 2019. 12. 3.〉

관광진흥법시행령 제60조(진흥계획의 평가 및 조치) ① 시 · 도지사 또는 「지방자치법」 제198조제2항제1호에 따른 인구 100만 이상 대도시(이하 "특례시"라 한다)의 시장은 법 제73조제1항에 따라 진흥계획의 집행 상황을 연 1회 평가해야 하며, 평가 시에는 관광 관련 학계 · 기관 및 단체의 전문가와 지역주민, 관광 관련 업계 종사자가 포함된 평가단을 구성하여 평가해야 한다. 〈개정 2023. 5. 2.〉

② 시 · 도지사 또는 특례시의 시장은 제1항에 따른 평가 결과를 평가가 끝난 날부터 1개월 이내에 문화체육관광부장관에게 보고해야 하며, 문화체육관광부장관은 시 · 도지사 또는 특례시의 시장이 보고한 사항 외에 추가로 평가가 필요하다고 인정되면 진흥계획의 집행 상황을 직접 평가할 수 있다. 〈개정 2008. 2. 29., 2023. 5. 2.〉

2) 평가결과 미흡한 관광특구

관광진흥법 제73조(관광특구에 대한 평가 등) ② 시 · 도지사 또는 특례시의 시장은 제1항에 따른 평가 결과 제70조에 따른 관광특구 지정 요건에 맞지 아니하거나 추진 실적이 미흡한 관광특구에 대하여는 대통령령으로 정하는 바에 따라 관광특구의 지정취소 · 면적조정 · 개선권고 등 필요한 조치를 하여야 한다. 〈개정 2021. 4. 13., 2022. 5. 3.〉

⑤ 문화체육관광부장관은 제3항에 따른 평가 결과 제70조에 따른 관광특구 지정 요건에 맞지 아니하거나 추진 실적이 미흡한 관광특구에 대하여는 대통령령으로 정하는 바에 따라 해당 시 · 도지사 또는 특례시의 시장에게 관광특구의 지정취소 · 면적조정 · 개선권고 등 필요한 조치를 할 것을 요구할 수 있다. 〈신설 2019. 12. 3., 2022. 5. 3.〉

관광진흥법시행령 제60조(관광특구의 평가 및 조치) ③ 법 제73조제2항에 따라 시 · 도지사 또는 특례시의 시장은 진흥계획의 집행 상황에 대한 평가 결과에 따라 다음 각 호의 구분에 따른 조치를 해야 한다. 〈개정 2021. 10. 14., 2023. 5. 2.〉

1. 관광특구의 지정요건에 3년 연속 미달하여 개선될 여지가 없다고 판단되는 경우에는 관광특구 지정 취소
2. 진흥계획의 추진실적이 미흡한 관광특구로서 제3호에 따라 개선권고를 3회 이상 이행하지 아니한 경우에는 관광특구 지정 취소
3. 진흥계획의 추진실적이 미흡한 관광특구에 대하여는 지정 면적의 조정 또는 투자 및 사업계획 등의 개선 권고 [제목개정 2020. 6. 2.]

3) 관광특구 평가 주기

관광진흥법 제73조(관광특구에 대한 평가 등) ③ 문화체육관광부장관은 관광특구의 활성화를 위하여 관광특구에 대한 평가를 3년마다 실시하여야 한다. 〈신설 2019. 12. 3.〉

⑥ 제3항에 따른 평가의 내용, 절차 및 방법 등에 필요한 사항은 대통령령으로 정한다. 〈신설 2019. 12. 3.〉

관광진흥법시행령 제60조의2(관광특구의 평가 및 조치) ① 문화체육관광부장관은 법 제73조제3항에 따라 관광특구에 대하여 다음 각 호의 사항을 평가해야 한다.

1. 법 제70조에 따른 관광특구 지정 요건을 충족하는지 여부
2. 최근 3년간의 진흥계획 추진 실적
3. 외국인 관광객의 유치 실적
4. 그 밖에 관광특구의 활성화를 위하여 평가가 필요한 사항으로서 문화체육관광부령으로 정하는 사항

② 문화체육관광부장관은 법 제73조제3항에 따른 관광특구의 평가를 위하여 평가 대상지역의 특별자치시장 · 특별자치도지사 · 시장 · 군수 · 구청장에게 평가 관련 자료의 제출을 요구할 수 있으며, 필요한 경우 현지조사를 할 수 있다.

③ 문화체육관광부장관은 법 제73조제3항에 따라 관광특구에 대한 평가를 하려는 경우에는 세부 평가계획을 수립하여 평가 대상지역의 특별자치시장 · 특별자치도지사 · 시장 · 군수 · 구청장에게 평가실시일 90일 전까지 통보해야 한다.

④ 문화체육관광부장관은 법 제73조제5항에 따라 다음 각 호의 구분에 따른 조치를 해당 시 · 도지사 또는 특례시의 시장에게 요구할 수 있다. 〈개정 2023. 5. 2.〉

1. 법 제70조에 따른 관광특구의 지정 요건에 맞지 않아 개선될 여지가 없다고 판단되는 경우: 관광특구 지정 취소
2. 진흥계획 추진 실적이 미흡한 경우: 면적조정 또는 개선권고
3. 제2호에 따른 면적조정 또는 개선권고를 이행하지 않은 경우: 관광특구 지정 취소

⑤ 시 · 도지사 또는 특례시의 시장은 제4항 각 호의 구분에 따른 조치 요구를 받은 날부터 1개월 이내에 조치계획을 문화체육관광부장관에게 보고해야 한다. 〈개정 2023. 5. 2.〉
[본조신설 2020. 6. 2.] [종전 제60조의2는 제60조의3으로 이동 〈2020. 6. 2.〉]

5. 관광특구 내의 다른 법률의 적용배제

1) 「식품위생법」에 따른 영업제한에 관한 규정 적용 배제

관광진흥법 제74조(다른 법률의 적용배제) ① 관광특구 안에서는 「식품위생법」 제43조에 따른 영업제한에 관한 규정을 적용하지 아니한다. 〈개정 2009.2.6., 2011.4.5.〉

2) 「건축법」에 대한 특례를 적용받는 관광사업자

관광진흥법 제74조(다른 법률의 적용배제) ② 관광특구 안에서 대통령령으로 정하는 관광사업자는 「건축법」 제43조에도 불구하고 연간 180일 이내의 기간 동안 해당 지방자치단체의 조례[9]로 정하는 바에 따라 공개 공지(空地: 공터)를 사용하여 외국인 관광객을 위한 공연 및 음식을 제공할 수 있다. 다만, 울타리를 설치하는 등 공중(公衆)이 해당 공개 공지를 사용하는 데에 지장을 주는 행위를 하여서는 아니 된다. 〈신설 2011.4.5., 2017.3.21.〉

대통령령으로 정하는 관광사업자는 다음의 하나에 해당하는 관광사업을 경영하는 자를 말한다.(관광진흥법시행령 제60조의3(건축법에 대한 특례를 적용받는 관광사업자의 범위)

① 관광숙박업
② 국제회의업
③ 종합여행업
④ 관광공연장업
⑤ 관광식당업, 여객자동차터미널시설업 및 관광면세업

9) 「부산광역시 해운대구 관광진흥 조례」, 「고양시 관광진흥 조례」, 「수원시 수원화성(華城) 관광특구 지원에 관한 조례」

3) 「도로교통법」 관한 규정 적용 배제

관광진흥법 제74조(다른 법률의 적용배제) ③ 관광특구 관할 지방자치단체의 장은 관광특구의 진흥을 위하여 필요한 경우에는 시 · 도경찰청장 또는 경찰서장에게 「도로교통법」 제2조에 따른 차마(車馬) 또는 노면전차의 도로통행 금지 또는 제한 등의 조치를 하여줄 것을 요청할 수 있다. 이 경우 요청받은 시 · 도경찰청장 또는 경찰서장은 「도로교통법」 제6조에도 불구하고 특별한 사유가 없으면 지체 없이 필요한 조치를 하여야 한다. 〈신설 2011. 4. 5., 2018. 3. 27., 2020. 12. 22.〉 [제목개정 2011. 4. 5.]

관광진흥법 위반 사례 7

관광진흥법 제11조 제2항 위헌소원 [전원재판부 2013헌바402, 2016. 2. 25.]

【판시사항】

관광사업자가 관광숙박업 객실의 경영을 타인에게 위탁하여 경영하게 할 경우 해당 시설의 경영은 관광사업자의 명의로 하여야 한다고 규정한 관광진흥법(2011. 4. 5. 법률 제10556호로 개정된 것) 제11조 제2항 후문 중 "해당 시설의 경영은 관광사업자의 명의로 하여야 한다" 부분이 숙박업영업신고반려처분의 취소를 구하는 당해사건에서 재판의 전제가 되는지 여부(소극)

【결정요지】

당해사건은 일부 객실의 공유자들로부터 경영을 위탁받은 청구인의 공중위생관리법상 숙박업 신고를 반려한 행정청의 처분이 적법한지에 관한 것이다. 당해사건에서 문제된 건물의 경우 전체 객실에 대하여 청구인 외 관광사업자 명의의 사업계획 승인 및 등록이 이루어졌고 공중위생관리법상 숙박업 신고가 의제되어, 청구인이 일부 객실을 사용하여 숙박업을 경영하려면 사용하려는 객실 수만큼의 사업계획 변경승인 및 변경등록이 선행되어야 한다. 그렇다면 설령 심판대상조항이 위헌으로 결정된다고 하여도, 전체 객실에 대한 관광사업자 명의의 사업계획 승인 및 등록이 유지되는 한 청구인의 숙박업 신고는 수리될 수 없으므로, 심판대상조항의 위헌 여부가 재판의 전제가 된다고 할 수 없다.

【심판대상조문】

관광진흥법(2011. 4. 5. 법률 제10556호로 개정된 것) 제11조 제2항 후문 중 "해당 시설의 경영은 관광사업자의 명의로 하여야 한다" 부분

【참조조문】

헌법 제37조 제2항

관광진흥법(2007. 4. 11. 법률 제8343호로 전부개정된 것) 제1조, 제2조 제2호, 제5호, 제3조 제1항 제2호 나목

관광진흥법(2008. 6. 5. 법률 제9097호로 개정된 것) 제18조 제1항 제1호

관광진흥법(2009. 3. 25. 법률 제9527호로 개정된 것) 제4조 제1항, 제15조 제1항

관광진흥법(2011. 4. 5. 법률 제10556호로 개정된 것) 제11조 제1항 제1호

공중위생관리법(2005. 3. 31. 법률 제7455호로 개정된 것) 제2조 제1항 제2호

공중위생관리법(2010. 1. 18. 법률 제9932호로 개정된 것) 제3조 제1항

관광진흥법 시행령(2011. 12. 30. 대통령령 제23451호로 개정된 것) 제9조 제1항

【참조판례】

헌재 2012. 8. 23. 2010헌바220, 판례집 24-2상, 455, 461

【주 문】

이 사건 심판청구를 각하한다.

【이 유】

1. 사건개요

가. 주식회사 ㅁㅁ(이하 '□□'라 한다)는 2005. 5. 2. 부산 해운대구청장으로부터 부산 해운대구 ○○로○○번길 ○○ 대지에 객실 331실을 가진 지하 3층, 지상 17층 건물(이하 '이 사건 건물'이라 한다)에 대한 관광숙박업 사업계획 승인을 받고, 이 사건 건물을 완공한 후 2008. 2. 26. '△△'라는 상호로 관광숙박업(휴양 콘도미니엄업)을 등록하였으며, 관광진흥법 제18조 제1항 제1호에 따라 공중위생관리법상 숙박업 신고는 의제되었다. □□는 이 사건 건물의 각 객실을 분양받은 공유자들과 객실운영 위탁계약을 체결하고 이를 운영해왔는데, 일부 객실의 공유자들과 수익배분 기준에 관한 이견으로 위 계약을 갱신하지 못하였다.

나. 청구인은 □□와 객실운영 위탁계약을 체결하지 못한 일부 공유자들의 객실을 운영하고자 2012. 10. 16. 부산 해운대구청장에게 이 사건 건물 중 20개 객실에 대한 공중위생관리법상 숙박업 신고를 하였으나, 부산 해운대구청장은 같은 날 "신고하고자 하는 이 사건 건물은 관광진흥법 제4조 및 동법 제15조의 규정에 의거 △△라는 상호로 관광숙박업 사업계획 승인 및 등록된 관광사업자가 있고, 전체 객실에 대하여 이미 숙박업으로 영업신고되어 있는바, 관광진흥법 제11조 제2항의 규정에 의거 관광숙박업의 객실을 타인에게 위탁하여 경영하게 할 경우 관광사업자의 명의로 하여야 함에 따라, 청구인은 관광진흥법에 따른 관광사업자가 아니므로 숙박업 신고를 반려한다."는 내용의 처분(이하 '이 사건 처분'이라 한다)을 하였다.

다. 청구인은 2013. 2. 13. 이 사건 처분의 취소를 구하는 소를 제기하였으나 같은 해 11. 14. 청구기각판결을 받았고(부산지방법원 2013구합20111), 항소한 후 2014. 7. 1. 항소가 취하간주되면서 위 판결이 확정되었다(부산고등법원 2013누21052). 한편 청구인은 1심 계속 중 관광진흥법 제11조 제2항에 대하여 위헌법률심판제청신청을 하였으나, 2013. 11. 14. 위 제청신청이 기각되자(부산지방법원 2013아513), 2013. 12. 2. 이 사건 헌법소원심판을 청구하였다.

2. 심판대상

청구인은 관광진흥법 제11조 제2항에 대한 단순위헌청구와 위 조항을 "관광사업자가 공유자 소유 객실의 위탁 경영을 거부하는 경우에도 반드시 관광사업자 명의로 객실을 경영해야 한다"고 해석하는 한 헌법에 위반된다는 한정위헌청구를 동시에 하고 있다. 그런데 한정위헌청구는 단순위헌청구의 질적인 일부청구에 불과하여 단순위헌청구와 별개의 청구로 볼 수 없으므로, 단순위헌청구에 대하여만 판단하기로 한다.

또한 청구인은 관광진흥법 제11조 제2항 중에서도 "해당 시설의 경영은 관광사업자의 명의로 하여야 한다" 부분만의 위헌성을 주장하고 있으므로, 심판대상을 관광진흥법 제11조 제2항 중 관련 부분으로 한정한다.

따라서 이 사건 심판대상은 관광진흥법(2011. 4. 5. 법률 제10556호로 개정된 것) 제11조 제2항 후문 중 "해당 시설의 경영은 관광사업자의 명의로 하여야 한다" 부분(이하 '이 사건 법률조항' 이라 한다)이 헌법에 위반되는지 여부이다. 심판대상조항은 다음과 같고, 관련조항은 [별지]와 같다.

【심판대상조항】

관광진흥법(2011. 4. 5. 법률 제10556호로 개정된 것)

제11조(관광시설의 타인 경영 및 처분과 위탁 경영) ② 관광사업자는 관광사업의 효율적 경영을 위하여 제1항에도 불구하고 제1항 제1호에 따른 관광숙박업의 객실을 타인에게 위탁하여 경영하게 할 수 있다. 이 경우 해당 시설의 경영은 관광사업자의 명의로 하여야 하고, 이용자 또는 제3자와의 거래행위에 따른 대외적 책임은 관광사업자가 부담하여야 한다.

3. 청구인의 주장

가. 관광사업자만이 관광숙박업의 등록에 필요한 객실(이하 '객실'이라 한다)에 대한 숙박업 신고를 할 수 있음에도, 이 사건 법률조항이 위 객실을 관광사업자로부터 위탁받아 경영하는 자는 관광사업자의 명의로 경영하여야 한다고 규정함으로써, 관광사업자가 객실의 위탁 운영을 거부하는 경우 공유자는 자신이 소유한 객실의 위탁 운영을 할 수 없게 되므로 재산권을 침해받고, 관광사업자가 아닌 청구인은 위 객실에서 숙박업을 경영할 수 없게 되므로 직업의 자유를 침해받는다.

나. 관광진흥법상 관광숙박업과 공중위생관리법상 숙박업은 '숙박'이라는 점에서 본질적으로 동일하므로, 공중위생관리법상 2개 이상 업체가 숙박업 신고를 할 수 있다고 한다면, 관광진흥법상으로도 이미 1개의 업체가 관광사업자 등록을 하여 영업을 하더라도 다른 업체가 공중위생관리법상의 숙박업 신고를 할 수 있어야 하는데, 이를 금지하는 이 사건 법률조항은 청구인의 평등권을 침해한다.

4. 판단

가. 재판의 전제성의 의미

헌법재판소법 제68조 제2항의 헌법소원심판청구가 적법하려면 당해 사건에 적용될 법률이 헌법에 위반되는지 여부가 재판의 전제가 되어야 하고, 여기에서 법률의 위헌 여부가 재판의 전제가 된다는 것은 그 법률이 당해 사건에 적용되고, 그 위헌 여부에 따라 재판의 주문이 달라지거나 재판의 내용과 효력에 관한 법률적 의미가 달라지는 것을 말한다(헌재 2012. 8. 23. 2010헌바220 참조).

나. 이 사건 법률조항에 대한 판단

(1) 관광진흥법상 관광숙박업 등록제도

관광숙박업을 경영하려는 자는 등록을 하기 전에 사업계획을 작성하여 특별자치도지사·시장·군수·구청장(이하 '특별자치도지사 등'이라 한다)의 승인을 받은 후(관광진흥법 제15조 제1항 전문), 일정한 자본금·시설 및 설비 등을 갖추어 특별자치도지사 등에게 등록

하여야 한다(관광진흥법 제4조 제1항, 제3항). 특별자치도지사 등이 관광숙박업 등록을 하면 그 관광사업자는 공중위생관리법 제3조에 따른 숙박업의 신고를 한 것으로 본다(관광진흥법 제18조 제1항 제1호). 관광사업자는 승인을 받은 사업계획 중 객실 수 등을 변경하려는 경우(객실 수 변경은 휴양 콘도미니엄업만 해당한다)에는 특별자치도지사 등의 승인을 받아야 하고(관광진흥법 제15조 제1항 후문, 동법 시행령 제9조 제1항), 등록한 사항 중 사업계획의 변경승인을 받은 사항이 있는 경우 이를 변경등록하여야 한다(관광진흥법 제4조 제4항, 동법 시행령 제6조 제1항).

한편 관광사업자는 관광숙박업의 시설 중 객실을 제외한 부대시설은 타인에게 경영하도록 하거나, 그 용도로 계속하여 사용하는 것을 조건으로 타인에게 처분할 수 있다(관광진흥법 제11조 제1항 제1호). 또한 관광사업자는 관광사업의 효율적 경영을 위하여 예외적으로 객실을 타인에게 위탁하여 경영하게 할 수 있는데, 이 경우 해당 시설의 경영은 관광사업자의 명의로 하여야 하고, 이용자 또는 제3자와의 거래행위에 따른 대외적 책임은 관광사업자가 부담하여야 한다(관광진흥법 제11조 제2항).

(2) 재판의 전제성 인정 여부

당해 사건은 공유자들로부터 이 사건 건물 일부 객실의 운영을 위탁받은 청구인의 공중위생관리법상 숙박업 신고를 반려한 이 사건 처분의 적법 여부에 관한 것이다. 그런데 이 사건 건물 전체 객실에 대하여 관광사업자인 ㅁㅁ는 2005. 5. 2. 휴양 콘도미니엄업을 경영하기 위한 관광숙박업 사업계획 승인을 받아, 2008. 2. 26. 관광숙박업(휴양 콘도미니엄업)으로 등록하였으며, 이에 2008. 2. 27. 공중위생관리법상 숙박업 신고가 의제되었으므로, 이 사건 건물 전체 객실은 휴양 콘도미니엄업의 용도로만 사용할 수 있다. 그런데 앞서 본 바와 같이 휴양 콘도미니엄업을 경영하는 관광사업자가 등록사항 중 객실 수를 변경하려는 경우에는 특별자치도지사 등의 사업계획 변경승인 및 변경등록을 받아야 하므로, 이 사건 건물 일부 객실을 사용하여 공중위생관리법상 숙박업을 경영하기 위해서는 그 사용하려는 객실 수만큼 휴양 콘도미니엄에 사용하는 객실 수를 감축하는 사업계획 변경승인 및 변경등록이 먼저 이루어져야 한다.

따라서 이 사건 법률조항이 설령 위헌으로 결정된다고 하더라도, 이 사건 건물 전체 객실에 대한 ㅁㅁ 명의의 사업계획 승인 및 관광숙박업(휴양 콘도미니엄업) 등록이 유지되는 한 청구인의 공중위생관리법상 숙박업 신고는 수리될 수 없으므로, 당해 사건 재판의 주문이 달라지거나 재판의 내용과 효력에 관한 법률적 의미가 달라진다고 볼 수 없다.

결국 이 사건 심판청구는 재판의 전제성이 인정되지 아니한다.

5. 결론

그렇다면 이 사건 심판청구는 부적법하므로 관여 재판관 전원의 일치된 의견으로 주문과 같이 결정한다.

issue

위 판례의 관광진흥법 위반 조문 항목을 찾아보고 토론하시오.

제6장 보칙

제1절 관광관련사업에 대한 재정지원

1. 정부의 보조급 지급

관광진흥법 제76조(재정지원) ① 문화체육관광부장관은 관광에 관한 사업을 하는 지방자치단체, 관광사업자 단체 또는 관광사업자에게 대통령령으로 정하는 바에 따라 보조금을 지급할 수 있다. 〈개정 2008.2.29.〉

1) 국고보조금의 지급신청

(1) 지급신청 및 신청서류

관광진흥법시행령 제61조(국고보조금의 지급신청) ① 법 제76조제1항에 따른 보조금을 받으려는 자는 문화체육관광부령으로 정하는 바에 따라 문화체육관광부장관에게 신청하여야 한다. 〈개정 2008.2.29.〉

보조금을 받으려는 자는 별지 제43호서식의 국고보조금 신청서에 다음 각 호의 사항을 기재한 서류를 첨부하여 문화체육관광부장관에게 제출하여야 한다.(관광진흥법시행규칙 제66조제1항(국고보조금의 신청))

1. 사업 개요(건설공사인 경우 시설내용을 포함) 및 효과

2. 사업자의 자산과 부채에 관한 사항

3. 사업공정계획

4. 총사업비 및 보조금액의 산출내역

5. 사업의 경비 중 보조금으로 충당하는 부분 외의 경비 조달방법

[별지 제43호서식] 관광진흥법시행규칙 〈개정 2009.12.31.〉

국고보조금 신청서				처리기간 15일
신청인	①성명(대표자)		②생 년 월 일	
	③주 소	(전화 :)		
④상 호(명칭)				
⑤업 종				
⑥사 업 장 소 재 지		(전화 :)		
⑦신 청 금 액				
⑧거 래 은 행				
⑨용 도				
⑩신 청 사 유				

「관광진흥법 시행령」 제61조 및 「관광진흥법 시행규칙」 제66조제1항에 따라 보조금을 받고자 신청합니다.

년 월 일

신청인 (서명 또는 인)

문화체육관광부장관 귀하

※ 구비서류	수수료
1. 사업개요(건설공사인 경우 시설내용을 포함합니다) 및 효과 1부 2. 사업자의 자산과 부채에 관한 사항 1부 3. 사업공정계획 1부 4. 총사업비 및 보조금의 산출내역 1부 5. 사업의 경비 중 보조금으로 충당하는 부분 외의 경비 조달방법 1부	없 음

210mm×297mm[일반용지 60g/㎡(재활용품)]

(2) 지급신청의 내용과 조건 심사

관광진흥법시행령 제61조(국고보조금의 지급신청) ② 문화체육관광부장관은 제1항에 따른 신청을 받은 경우 필요하다고 인정하면 관계 공무원의 현지조사 등을 통하여 그 신청의 내용과 조건을 심사할 수 있다. 〈개정 2008.2.29〉

(3) 보조금의 지급결정통지

관광진흥법시행령 제62조(보조금의 지급결정 등) ① 문화체육관광부장관은 제61조에 따른 신청이 타당하다고 인정되면 보조금의 지급을 결정하고 그 사실을 신청인에게 알려야 한다. 〈개정 2008.2.29〉

(4) 보조금의 지급결정방법

관광진흥법시행령 제62조(보조금의 지급결정 등) ② 제1항에 따른 보조금은 원칙적으로 사업완료 전에 지급하되, 필요한 경우 사업완료 후에 지급할 수 있다.

2) 보조금을 받은 자의 사업추진실적 보고

관광진흥법시행령 제62조(보조금의 지급결정 등) ③ 보조금을 받은 자(이하 "보조사업자"라 한다)는 문화체육관광부장관이 정하는 바에 따라 그 사업추진 실적을 문화체육관광부장관에게 보고하여야 한다. 〈개정 2008.2.29〉

3) 사업계획의 변경 및 변경사항 신고

관광진흥법시행령 제63조(사업계획의 변경 등) ① 보조사업자는 사업계획을 변경 또는 폐지하거나 그 사업을 중지하려는 경우에는 미리 문화체육관광부장관의 승인을 받아야 한다. 〈개정 2008.2.29〉

② 보조사업자는 다음 각 호의 어느 하나에 해당하는 사실이 발생한 경우에는 지체 없이 문화체육관광부장관에게 신고하여야 한다. 다만, 사망한 경우에는 그 상속인이, 합병한 경우에는 그 합병으로 존속되거나 새로 설립된 법인의 대표자가, 해산한 경우에는 그 청산인이 신고하여야 한다. 〈개정 2008.2.29〉

1. 성명(법인인 경우에는 그 명칭 또는 대표자의 성명)이나 주소를 변경한 경우
2. 정관이나 규약을 변경한 경우
3. 해산하거나 파산한 경우
4. 사업을 시작하거나 종료한 경우

4) 보조금의 사용제한 등

관광진흥법시행령 제64조(보조금의 사용제한 등) ① 보조사업자는 보조금을 지급받은 목적 외의 용도로 사용할 수 없다.

② 문화체육관광부장관은 보조금의 지급결정을 받은 자 또는 보조사업자가 다음 각 호의 어느 하나에 해당하는 경우에는 보조금의 지급결정의 취소, 보조금의 지급정지 또는 이미 지급한 보조금의 전부 또는 일부의 반환을 명할 수 있다. 〈개정 2008.2.29〉

1. 거짓이나 그 밖의 부정한 방법으로 보조금의 지급을 신청하였거나 받은 경우
2. 보조금의 지급조건을 위반한 경우

2. 지방자치단체의 보조급 지급

관광진흥법 제76조(재정지원) ② 지방자치단체는 그 관할 구역 안에서 관광에 관한 사업을 하는 관광사업자 단체 또는 관광사업자에게 조례로 정하는 바에 따라 보조금을 지급할 수 있다.

보조금을 받으려는 자가 지방자치단체인 경우에는 다음의 제2,5호의 상항을 생략할 수 있다.(관광진흥법시행규칙제66조제2항(국고보조금의 신청)

1. 사업 개요(건설공사인 경우 시설내용을 포함) 및 효과
2. 사업자의 자산과 부채에 관한 사항
3. 사업공정계획
4. 총사업비 및 보조금액의 산출내역
5. 사업의 경비 중 보조금으로 충당하는 부분 외의 경비 조달방법

3. 관광지등의 사업시행자에 대한 국유 · 공유 재산의 임대료 감면

관광진흥법 제76조(재정지원) ③ 국가 및 지방자치단체는 「국유재산법」, 「공유재산 및 물품 관리법」, 그 밖의 다른 법령에도 불구하고 관광지등의 사업시행자에 대하여 국유 · 공유 재산의 임대료를 대통령령으로 정하는 바에 따라 감면할 수 있다. 〈신설 2011.4.5.〉

관광진흥법시행령 제64조의2(공유 재산의 임대료 감면) ① 법 제76조제3항에 따른 공유 재산의 임대료 감면율은 고용창출, 지역경제 활성화에 미치는 영향 등을 고려하여 공유 재산 임대료의 100분의 30의 범위에서 해당 지방자치단체의 조례로 정한다.

② 법 제76조제3항에 따라 공유 재산의 임대료를 감면받으려는 관광지등의 사업시행자는 해당 지방자치단체의 장에게 감면 신청을 하여야 한다. [본조신설 2011.10.6.]

4. 감염병 확산 등에 따른 지원

관광진흥법 제76조의2(감염병 확산 등에 따른 지원) 국가와 지방자치단체는 감염병 확산 등으로 관광사업자에게 경영상 중대한 위기가 발생한 경우 필요한 지원을 할 수 있다. [본조신설 2021. 8. 10.

제2절 청문

관광진흥법 제77조(청문) 관할 등록기관등의 장은 다음 각 호의 어느 하나에 해당하는 처분을 하려면 청문을 하여야 한다. 〈개정 2011. 4. 5., 2018. 3. 13., 2018. 12. 11., 2019. 12. 3.〉

1. 제13조의2에 따른 국외여행 인솔자 자격의 취소
2. 제24조제2항ㆍ제31조제2항 또는 제35조제1항에 따른 관광사업의 등록등이나 사업계획승인의 취소
3. 제40조에 따른 관광종사원 자격의 취소
4. 제48조의11에 따른 한국관광 품질인증의 취소
5. 제56조 제3항에 따른 조성계획 승인의 취소
6. 제80조제5항에 따른 카지노기구의 검사 등의 위탁 취소

※ 청문

- 원래 미국행정법상에서 발달한 행정절차제도로, 행정기관이 규칙제정이나 행정처분 또는 재결(裁決) 등을 행하는데 그 필요성ㆍ타당성을 판단하기 위하여 상대방ㆍ이해관계인ㆍ증인ㆍ감정인 등의 변명이나 의견 등을 청취하고 증거를 제출하게 함으로써 사실을 조사하는 절차이다.
- 행정운영에 있어 적법ㆍ타당성을 확보하고 부당한 정치적 영향에서 행정의 독자성을 유지하여, 재량통제(裁量統制)의 실효를 거둘 수 있을 뿐만 아니라, 이해(利害)가 얽히는 현대행정에서 주민참여를 통하여 행정의 민주화를 기할 수 있다. 그리고 현대사회의 사회 ㆍ경제적 난제(難題)들의 간이ㆍ신속하고도 전문적인 해결과 사전적(事前的) 권리보호를 통하여 사법적 구제제도의 결함을 보완하고 행정구제제도의 합리화에 이바지한다.
- 미국 행정절차법은 직능분리ㆍ심사관 등의 규정을 두고 있는데, 행정조사기능과 청문주재기능(主宰機能) 및 결정기능 등이 분리되고, 심사관은 원칙적으로 청문을 주재하는 법률전문가로서 그 신분과 직무상 독립성이 보장되고 있다. 한국의 경우, 행정작용에 관한 각 단행법령에서 어떤 행정행위를 함에 있어서 고지(告知)ㆍ청문ㆍ의견청취ㆍ진술권 등을 규정하는 일이 증가하고 있다.(독점규제 및 공정거래에 관한 법 제 50, 52조, 도로법 제74조 제2항, 토지수용법 제15조, 공무원연금법 제83조, 지방공무원 징계 및 소청규정 제4, 5조)

제3절 보고 · 검사

1. 지방자치단체의 장의 관광진흥정책 수립 · 집행 보고

관광진흥법 제78조(보고 · 검사) ① 지방자치단체의 장은 문화체육관광부령으로 정하는 바에 따라 관광진흥정책의 수립 · 집행에 필요한 사항과 그 밖에 이 법의 시행에 필요한 사항을 문화체육관광부장관에게 보고하여야 한다. 〈개정 2008.2.29.〉

관광진흥법시행규칙 제67조(보고) ① 법 제78조제1항에 따라 지방자치단체의 장은 다음 각 호의 사항을 문화체육관광부장관에게 보고해야 한다. 〈개정 2008. 3. 6., 2009. 10. 22., 2020. 12. 10.〉

1. 법 제4조에 따른 관광사업의 등록 현황
2. 법 제15조에 따른 사업계획의 승인 현황
3. 법 제49조제2항에 따른 권역계획에 포함된 관광자원 개발의 추진현황
4. 법 제52조에 따른 관광지등의 지정 현황
5. 법 제54조에 따른 관광지등의 조성계획 승인 현황

② 제1항제1호부터 제3호까지에 따른 보고는 매 연도 말 현재의 상황을 해당 연도가 끝난 후 20일 이내에 제출해야 하며, 제1항제4호 및 제5호에 따른 보고는 지정 또는 승인 즉시 해야 한다. 〈개정 2009. 10. 22., 2020. 12. 10.〉

2. 관할 등록기관등의 장의 관광진흥시책 수립 · 집행 보고

관광진흥법 제78조(보고 · 검사) ② 관할 등록기관등의 장은 관광진흥시책의 수립 · 집행 및 이 법의 시행을 위하여 필요하면 관광사업자 단체 또는 관광사업자에게 그 사업에 관한 보고를 하게 하거나 서류를 제출하도록 명할 수 있다.

3. 검사공무원의 검사 및 증표

관광진흥법 제78조(보고 · 검사) ③ 관할 등록기관등의 장은 관광진흥시책의 수립 · 집행 및 이 법의 시행을 위하여 필요하다고 인정하면 소속 공무원에게 관광사업자 단체 또는 관광사업자의 사무소 · 사업장 또는 영업소 등에 출입하여 장부 · 서류나 그 밖의 물건을 검사하게 할 수 있다.

④ 제3항의 경우 해당 공무원은 그 권한을 표시하는 증표를 지니고 이를 관계인에게 내보여야 한다.

관광진흥법시행규칙 제68조(검사공무원의 증표) 법 제78조제4항에 따른 공무원의 증표는 별표 22와 같다.

공무원의 증표는 별표 22와 같다.

[별표 22] 관광진흥법시행규칙 〈개정 2015.12.30.〉

검사공무원 증표(제68조 관련)

(앞 쪽)

제 호

직 명

성 명

생년월일

위의 사람은 「관광진흥법」 제78조제4항에 따른 검사공무원임을 증명합니다.

유효기간 년 월 일부터

년 월 일까지

문화체육관광부장관

시 · 도 지 사 (인)

시장·군수·구청장

90mm×60mm[청색켄트지 120g/㎡]

(뒤쪽)

1. 이 증표는 본인만 사용할 수 있다.
2. 이 증표는 사업장에 출입·검사할 경우에 관계자에게 내보여야 한다.
3. 이 증표를 분실한 경우에는 지체 없이 그 사유를 발행처에 보고하고 재발급받아야 한다.
4. 사용기간을 경과하거나 사용하지 못하게 된 경우에는 지체 없이 발행처에 반납하여야 한다.

이 증표를 습득하신 분은 가까운 우체통에 넣어 주시기 바랍니다.

제4절 수수료 납부

관광진흥법 제79조(수수료) 다음 각 호의 어느 하나에 해당하는 자는 문화체육관광부령으로 정하는 바에 따라 수수료를 내야 한다. 〈개정 2007.7.19., 2008.2.29., 2009.3.25., 2011.4.5., 2018.3.13., 2018.6.12.〉

1. 제4조제1항 및 제4항에 따라 여행업, 관광숙박업, 관광객 이용시설업 및 국제회의업의 등록 또는 변경등록을 신청하는 자
2. 제5조제1항 및 제3항에 따라 카지노업의 허가 또는 변경허가를 신청하는 자
3. 제5조제2항부터 제4항까지의 규정에 따라 유원시설업의 허가 또는 변경허가를 신청하거나 유원시설업의 신고 또는 변경신고를 하는 자
4. 제6조에 따라 관광 편의시설업 지정을 신청하는 자
5. 제8조제4항 및 제6항에 따라 지위 승계를 신고하는 자
6. 제15조제1항 및 제2항에 따라 관광숙박업, 관광객 이용시설업 및 국제회의업에 대한 사업계획의 승인 또는 변경승인을 신청하는 자
7. 제19조에 따라 관광숙박업의 등급 결정을 신청하는 자
8. 제23조제2항에 따라 카지노시설의 검사를 받으려는 자
9. 제25조제2항에 따라 카지노기구의 검정을 받으려는 자
10. 제25조제3항에 따라 카지노기구의 검사를 받으려는 자
11. 제33조제1항에 따라 안전성검사 또는 안전성검사 대상에 해당되지 아니함을 확인하는 검사를 받으려는 자
12. 제38조제2항에 따라 관광종사원 자격시험에 응시하려는 자
13. 제38조제2항에 따라 관광종사원의 등록을 신청하는 자
14. 제38조제4항에 따라 관광종사원 자격증의 재교부를 신청하는 자

15. 제48조의6제1항에 따라 문화관광해설사 양성을 위한 교육프로그램 또는 교육과정의 인증을 신청하는 자
16. 제48조의10에 따라 한국관광 품질인증을 받으려는 자

관광진흥법시행규칙 제69조(수수료) ① 법 제79조제1호, 제2호, 제4호부터 제7호까지, 제10호, 제12호부터 제16호까지의 규정에 따른 수수료는 별표 23과 같다. 〈개정 2011.10.6., 2018.6.14.〉

② 법 제79조제3호에 따른 유원시설업의 허가 · 변경허가 · 신고 또는 변경신고에 관한 수수료는 해당 시 · 군 · 구(자치구를 말한다. 이하 같다)의 조례로 정한다.

③ 법 제79조제8호에 따른 카지노시설의 검사에 관한 수수료는 카지노전산시설 검사기관의 검사공정별로 필요한 경비를 산출하여 이에 대한 직접인건비, 직접경비, 제경비 및 기술료를 합한 금액으로 한다.

④ 법 제79조제11호에 따른 유기시설 또는 유기기구의 안전성검사에 관한 수수료는 해당 안전성검사기관이 정하되, 「엔지니어링 기술진흥법」 제10조 및 같은 법 시행령 제14조에 따른 엔지니어링사업대가의 기준을 고려하여 검사의 난이도, 검사에 걸린 시간 등에 따른 유기기구 종류별 금액을 정하여야 한다.

⑤ 제3항에 따른 경비의 산출기준은 「소프트웨어산업 진흥법」 제22조 및 같은 법 시행령 제16조에 따른 소프트웨어사업의 대가기준에 따르며, 직접인건비, 직접경비, 제경비 및 기술료의 범위와 요율 및 직접인건비의 기준금액은 「엔지니어링 기술진흥법」 제10조 및 같은 법 시행령 제14조에 따른 엔지니어링사업대가의 기준에 따른다.

⑥ 법 제79조제12호에 따라 관광종사원 자격시험에 응시하려고 납부한 수수료에 대한 반환기준은 다음 각 호와 같다. 〈개정 2011.2.17.〉

1. 수수료를 과오납한 경우: 그 과오납한 금액의 전부
2. 시험 시행일 20일 전까지 접수를 취소하는 경우: 납입한 수수료의 전부
3. 시험관리기관의 귀책사유로 시험에 응시하지 못하는 경우: 납입한 수수료의 전부
4. 시험 시행일 10일 전까지 접수를 취소하는 경우: 납입한 수수료의 100분의 50

⑦ 제1항부터 제4항까지의 규정에 따른 수수료와 법 제80조에 따라 문화체육관광부장관의 권한이 한국관광공사, 한국관광협회중앙회, 지역별 관광협회, 업종별 관광협회, 카지노전산시설 검사기관, 카지노기구 검사기관, 유기시설 · 유기기구 안전성검사기관 또는 한국산업인력공단에 위탁된 업무에 대한 수수료는 해당 기관 또는 해당 기관이 지정하는 은행에 내야 한다. 〈개정 2009.12.31.〉

[별표 23] 관광진흥법시행규칙 〈개정 2020. 6. 4.〉

수수료(제69조제1항 관련)

납부자	금액
1. 법 제4조제1항부터 제4항까지의 규정에 따른 관광사업을 등록하는 자	
가. 관광사업의 신규등록	1) 외국인관광 도시민박업의 경우: 20,000원 2) 그 밖의 관광사업의 경우: 30,000원(숙박시설이 있는 경우 매 실당 700원을 가산한 금액으로 한다)
나. 관광사업의 변경등록	1) 외국인관광 도시민박업의 경우: 15,000원 2) 그 밖의 관광사업의 경우: 15,000원(숙박시설 중 객실변경등록을 하는 경우 매 실당 600원을 가산한 금액으로 한다)
2. 법 제5조제1항 및 제3항에 따른 카지노업의 허가를 신청하는 자	
가. 신규허가	100,000원 (온라인으로 신청하는 경우 90,000원)
나. 변경허가	50,000원 (온라인으로 신청하는 경우 45,000원)
3. 법 제6조에 따른 관광편의시설업의 지정을 신청하는 자	20,000원
4. 법 제8조제4항 및 제5항에 따른 관광사업의 지위승계를 신고하는 자	20,000원
5. 법 제15조에 따른 사업계획의 승인을 신청하는 자	
가. 신규사업계획의 승인	50,000원 (숙박시설이 있는 경우 매 실당 500원을 가산한 금액)
나. 사업계획 변경승인	50,000원 (숙박시설 중 객실변경이 있는 경우 매 실당 500원을 가산한 금액)
6. 법 제19조에 따라 관광숙박업으 등급결정을 신청하는 자	등급결정에 관한 평가요원의 수 및 지급 수당 등을 고려하여 문화체육관광부장관이 정하여 고시하는 기준에 따른 금액
7. 법 제25조제3항에 따라 카지노기구(별표 8 제2호 및 제3호에 따른 전자테이블게임 및 머신게임만 해당한다)의 검사를 신청하는 자	
가. 신규로 반입·사용하거나 검사유효기간이 만료되어 신청하는 경우	대당 189,000원
나. 가목 외의 경우	기본료 100,000원 + 대당 25,000원
8. 법 제38조제2항에 따라 관광종사원 자격시험에 응시하려는 자	20,000원
9. 법 제38조제2항에 따라 관광종사원의 등록을 신청하는 자	5,000원
10. 법 제38조제4항에 따라 관광종사원 자격증의 재발급을 신청하는 자	3,000원
11. 삭제 <2019. 4. 25.>	
12. 법 제48조의10제1항에 따라 한국관광 품질인증을 신청하는 자	품질인증에 관한 평가·심사 인원의 수 및 지급 수당 등을 고려하여 문화체육관광부장관이 정하여 고시하는 기준에 따른 금액

제5절 행정권한의 위임 · 위탁

1. 행정권한의 위임 · 위탁

1) 행정권한의 위임 · 위탁

(1) 행정권한의 위임

관광진흥법 제80조(권한의 위임 · 위탁 등) ① 이 법에 따른 문화체육관광부장관의 권한은 대통령령으로 정하는 바에 따라 그 일부를 시 · 도지사에게 위임할 수 있다. 〈개정 2008.2.29〉

② 시 · 도지사(특별자치시장은 제외한다)는 제1항에 따라 문화체육관광부장관으로부터 위임받은 권한의 일부를 문화체육관광부장관의 승인을 받아 시장(「제주특별자치도 설치 및 국제자유도시 조성을 위한 특별법」 제11조제2항에 따른 행정시장을 포함한다) · 군수 · 구청장에게 재위임할 수 있다. 〈개정 2008.2.29., 2013.6.12.〉

(2) 행정권한의 위탁

관광진흥법 제80조(권한의 위임 · 위탁 등) ③ 문화체육관광부장관 또는 시 · 도지사 및 시장 · 군수 · 구청장은 다음 각 호의 권한의 전부 또는 일부를 대통령령으로 정하는 바에 따라 한국관광공사, 협회, 지역별 · 업종별 관광협회 및 대통령령으로 정하는 전문 연구 · 검사기관, 자격검정기관이나 교육기관에 위탁할 수 있다. 〈개정 2007. 7. 19., 2008. 2. 29., 2008. 6. 5., 2009. 3. 25., 2011. 4. 5., 2015. 2. 3., 2018. 3. 13., 2018. 12. 11., 2018. 12. 24., 2019. 12. 3., 2021. 6. 15.〉

1. 제6조에 따른 관광 편의시설업의 지정 및 제35조에 따른 지정 취소
1의2. 제13조제2항 및 제3항에 따른 국외여행 인솔자의 등록 및 자격증 발급
2. 제19조제1항에 따른 관광숙박업의 등급 결정
2의2. 삭제 〈2018.3.13.〉
3. 제25조제3항에 따른 카지노기구의 검사
4. 제33조제1항에 따른 안전성검사 또는 안전성검사 대상에 해당되지 아니함을 확인하는 검사
4의2. 제33조제3항에 따른 안전관리자의 안전교육
5. 제38조제2항에 따른 관광종사원 자격시험 및 등록
6. 삭제 〈2011.4.5.〉
7. 제48조의6 및 제48조의7에 따른 문화관광해설사 양성을 위한 교육프로그램 및 교육과정의 인증 및 그 취소
8. 제48조의10 및 제48조의11에 따른 한국관광 품질인증 및 그 취소
9. 제73조제3항에 따른 관광특구에 대한 평가

등록기관등의 장은 다음의 권한을 한국관광공사, 협회, 지역별 · 업종별 관광협회, 전문연구 · 검사기관, 자격검정기관 또는 교육기관에 각각 위탁한다. 이 경우 문화체육관광부장관 또는 시 · 도지사는 제3호, 제3호의2, 제6호 및 제8호의 경우 위탁한 업종별 관광협회, 전문 연구 · 검사기관 또는 관광 관련 교육기관의 명칭 · 주소 및 대표자 등을 고시해야 한다[10]. (관광진흥법시행령 제65조제1항(권한의 위탁))

① 관광 편의시설업 중 관광식당업 · 관광사진업 및 여객자동차터미널시설업의 지정 및 지정취소에 관한 권한 : 지역별 관광협회에 위탁(관광진흥법 제6조 및 제35조)

② 국외여행 인솔자의 등록 및 자격증 발급에 관한 권한: 업종별 관광협회에 위탁 (관광진흥법 제13조제2항 및 제3항)

---

10) 「유원시설 안전관리자 안전교육 기관 고시」

③ 카지노기구의 검사에 관한 권한 : 문화체육관광부장관이 지정하는 카지노기구 검사기관에 위탁 (관광진흥법 제25조제2항 및 제3항)

④ 유기시설 또는 유기기구의 안전성검사 및 안전성검사 대상에 해당되지 아니함을 확인하는 검사에 관한 권한 : 문화체육관광부령으로 정하는 인력과 시설 등을 갖추고 문화체육관광부령으로 정하는 바에 따라 문화체육관광부장관이 지정한[11] 업종별 관광협회 또는 전문 연구 · 검사기관.

⑤ 안전관리자의 안전교육에 관한 권한 : 업업종별 관광협회 또는 안전 관련 전문 연구 · 검사기관(관광진흥법 제33조제3항)

⑥ 관광종사원 중 관광통역안내사 · 호텔경영사 및 호텔관리사의 자격시험, 등록 및 자격증의 발급에 관한 권한 : 한국관광공사에 위탁. 다만, 자격시험의 출제, 시행, 채점 등 자격시험의 관리에 관한 업무는「한국산업인력공단법」에 따른 한국산업인력공단에 위탁(관광진흥법 제38조)

⑦ 관광종사원 중 국내여행안내사 및 호텔서비스사의 자격시험, 등록 및 자격증의 발급에 관한 권한 : 협회에 위탁. 다만, 자격시험의 출제, 시행, 채점 등 자격시험의 관리에 관한 업무는「한국산업인력공단법」에 따른 한국산업인력공단에 위탁(관광진흥법 제38조)

⑧ 문화관광해설사 양성을 위한 교육과정의 개설 · 운영에 관한 권한: 한국관광공사 또는 다음 각 목의 요건을 모두 갖춘 관광 관련 교육기관

ⓐ 기본소양, 전문지식, 현장실무 등 문화관광해설사 양성교육(이하 이 호에서 "양성교육"이라 한다)에 필요한 교육과정 및 교육내용을 갖추고 있을 것

ⓑ 강사 등 양성교육에 필요한 인력과 조직을 갖추고 있을 것

ⓒ 강의실, 회의실 등 양성교육에 필요한 시설과 장비를 갖추고 있을 것(관광진흥법 제48조의6제1항)

⑨ 한국관광 품질인증 및 그 취소에 관한 업무 : 한국관광공사에 위탁(관광진흥법 제48조의10 및 제48조의11)

⑩ 관광특구에 대한 평가: 제58조의2 각 호에 따른 조사 · 분석 전문기관(관광진흥법 제73조제3항)

11)「유기시설 또는 유기기구 안전성검사기관 지정 고시」

(3) 호텔업 등급경절 권한의 위탁 및 평가요원의 자격

관광진흥법시행령 제66조(등급결정 권한의 위탁) ① 문화체육관광부장관은 법 제80조제3항제2호에 따라 법 제19조제1항에 따른 호텔업의 등급결정권을 다음 각 호의 요건을 모두 갖춘 법인으로서 문화체육관광부장관이 정하여 고시하는 법인에 위탁한다. 〈개정 2008.2.29., 2014.11.28.〉

1. 문화체육관광부장관의 허가를 받아 설립된 비영리법인이거나 「공공기관의 운영에 관한 법률」에 따른 공공기관일 것
2. 관광숙박업의 육성과 서비스 개선 등에 관한 연구 및 계몽활동 등을 하는 법인일 것
3. 문화체육관광부령으로 정하는 기준에 맞는 자격을 가진 평가요원을 50명 이상 확보하고 있을 것

② 문화체육관광부장관은 제1항에 따른 위탁 업무 수행에 필요한 경비의 전부 또는 일부를 호텔업 등급결정권을 위탁받은 법인에 지원할 수 있다. 〈개정 2014.11.28.〉

③ 제1항에 따른 호텔업 등급결정권 위탁 기준 등 호텔업 등급결정권의 위탁에 필요한 사항은 문화체육관광부장관이 정하여 고시한다.[12]〈신설 2014.11.28.〉

평가요소별 평가요원의 자격은 다음과 같다.(관광진흥법시행규칙 제72조(평가요원의 자격))

① 호텔업에서 5년 이상 근무한 사람으로서 평가 당시 호텔업에 종사하고 있지 아니한 사람 1명 이상

② 「고등교육법」에 따른 전문대학 이상 또는 이와 같은 수준 이상의 학력이 인정되는 교육기관에서 관광 분야에 관하여 5년 이상 강의한 경력이 있는 교수, 부교수, 조교수 또는 겸임교원 1명 이상

③ 다음 각 목의 어느 하나에 해당하는 연구기관에서 관광 분야에 관하여 5년 이상 연구한 경력이 있는 연구원 1명 이상

ⓐ 「정부출연연구기관 등의 설립 · 운영 및 육성에 관한 법률」 또는 「과학기술분야 정부출연연구기관 등의 설립 · 운영 및 육성에 관한 법률」에 따라 설립된 정부출연연구기관

ⓑ 「특정연구기관 육성법」 제2조에 따른 특정연구기관

ⓒ 국공립연구기관

④ 관광 분야에 전문성이 인정되는 사람으로서 다음 각 목의 어느 하나에 해당하는 사람 1명 이상

12) 「호텔업 등급결정업무 위탁 및 등급결정에 관한 요령」

ⓐ 「소비자기본법」에 따른 한국소비자원 또는 소비자보호와 관련된 단체에서 추천한 사람

ⓑ 등급결정 수탁기관이 공모를 통하여 선정한 사람

⑤ 그 밖에 문화체육관광부장관이 제1호부터 제4호까지에 해당하는 사람과 동등한 자격이 있다고 인정하는 사람

(4) 안전성검사기관 지정요건 및 지정절차

가) 안전성검사기관 지정 요건

관광진흥법시행규칙 제70조(안전성검사기관 지정 요건) 영 제65조제1항제3호 전단에서 "문화체육관광부령으로 정하는 인력과 시설 등"이란 별표 24의 요건을 말한다. [전문개정 2015.8.4.]

[별표 24] **관광진흥법시행규칙 〈개정 2021. 6. 23.〉**

안전성검사기관의 지정 요건(제70조 관련)

구 분	등 록 요 건
1. 인력 기준	다음 각 목의 자격기준에 해당하는 자 중 7명 이상을 채용하되, 기계분야 자격자 4명(가목 해당자 1명 이상을 포함하여야 한다), 전기 분야 자격자 2명 및 산업안전 분야 자격자 1명을 포함하여야 한다. 가. 「국가기술자격법」에 따른 기계·전기 또는 기계안전 분야의 기술사 또는 공학박사 나. 「국가기술자격법」에 따른 기계·전기·전자 또는 산업안전 분야의 기사 이상 자격자로서 해당 실무경력이 3년 이상인 자 다. 기계·전기·전자 또는 산업안전 분야의 석사 이상의 학위 소지자로서 해당 실무경력이 3년 이상인 자 라. 「국가기술자격법」에 따른 기계·전기·전자 또는 산업안전 분야의 산업기사 이상 자격자로서 해당 실무경력이 5년 이상인 자 마. 「고등교육법」에 따른 대학졸업자(이와 동등 이상의 학력이 인정되는 자를 포함한다)로서 기계·전기·전자 또는 산업안전 관련 분야를 전공하고 유원시설 관련 실무경력이 5년 이상인 자 바. 고등교육법에 따른 전문대학의 졸업자(이와 동등 이상의 학력이 인정되는 자를 포함한다)로서 기계·전기·전자 또는 산업안전 관련 분야를 전공하고 유원시설 관련 실무경력이 7년 이상인 자 사. 가목부터 바목까지의 규정에 해당하는 자와 동등 이상의 자격이 있다고 문화체육관광부장관이 인정하는 자
2. 장비 기준	다음 각 목의 검사·시험 등을 위한 장비를 각각 1대 이상 보유하여야 한다. 가. 검사기기: 회전속도계, 절연저항계, 전류계, 전압계, 소음계, 온도계, 와이어로프결함테스터, 초음파두께측정기, 조도계, 접지저항계, 광파거리측정기, 경도측정기, 오실로스코프(입력전압의 변화를 화면에 출력하는 장치), 베어링검사기, 가속도측정기, 토크렌치(볼트와 너트를 규정된 회전력에 맞춰 조이는데 사용하는 공구), 유압테스터, 레이저거리측정기 나. 시험기기: 자분탐상시험기(자기를 이용한 결함 조사기), 초음파탐상시험기(초음파를 이용한 결함 조사기), 진동계, 진동분석장비[FFT분석기·임팩트해머(충격 효과를 주는 망치) 및 모달(modal)프로그램(진동 분석 프로그램) 포함] 다. 컴퓨터프로그램: 구조해석용 프로그램
3. 그 밖의 기준	다음 각 목의 요건을 갖추어야 한다. 가. 비영리법인일 것 나. 자체 사무실을 보유하고 2명 이상의 상근 관리직원을 둘 것 다. 안전성검사와 관련하여 유원시설업 관광객에게 피해를 준 경우 그 손해를 배상할 것을 내용으로 하는 보험 또는 공제에 가입할 것 라. 검사 신청 및 절차, 검사조직 운영, 검사결과 통지, 검사수수료 등이 포함된 안전성검사를 위한 세부규정을 마련하고 있을 것

나) 안전성검사기관 지정 신청 절차

관광진흥법시행규칙 제71조(안전성검사기관 지정 신청 절차 등) ① 영 제65조제1항제3호에 따라 지정 신청을 하려는 업종별 관광협회 또는 전문 연구·검사기관은 별지 제44호서식의 유기시설·기구 안전성검사기관 지정신청서에 다음 각 호의 서류를 첨부하여 문화체육관광부장관에게 제출해야 한다. 〈개정 2008. 3. 6., 2009. 3. 31., 2015. 8. 4., 2021. 6. 23.〉

1. 별표 24 제1호에 따른 인력을 보유함을 증명하는 서류

2. 별표 24 제2호에 따른 장비의 명세서(장비의 사진을 포함한다)
3. 사무실 건물의 임대차계약서 사본(사무실을 임차한 경우만 해당한다)
4. 관리직원 채용증명서 또는 재직증명서
5. 별표 24 제3호다목에 따른 보험 또는 공제 가입을 증명하는 서류
6. 별표 24 제3호라목에 따른 안전성검사를 위한 세부규정

[별지 제44호서식] 관광진흥법시행규칙 〈개정 2021. 6. 23.〉

유기시설·유기기구 안전성검사기관 지정신청서

접수번호	접수일자	처리기간 15일

신 청 인	협회(기관)명		대표자성명	
	대표자 생년월일		협회(기관)의 전화번호	
	협회(기관)의 주소			
보유 기술 인력	기계분야	명	전기분야	명
	산업안전분야	명	기타분야	명
보유 장비 내역	검사기기		시험기기	
	컴퓨터프로그램		기타장비	
기타요건	자체사무실	㎡		
	관리직원	명		

「관광진흥법 시행령」 제65조제1항제3호, 같은 법 시행규칙 제71조제1항에 따라 유기시설·유기기구 안전성검사기관 지정을 신청합니다.

년 월 일

신청인 성명 (서명 또는 인)

문화체육관광부장관 귀하

첨부서류	1. 「관광진흥법 시행규칙」 별표 24 제1호에 따른 인력을 보유함을 증명하는 서류 1부 2. 「관광진흥법 시행규칙」 별표 24 제2호에 따른 장비의 명세서(장비 사진을 포함합니다) 1부 3. 사무실 건물의 임대차계약서 사본(사무실 건물을 임차한 경우만 해당합니다) 1부 4. 관리직원 채용증명서 또는 재직증명서 1부 5. 「관광진흥법 시행규칙」 별표 24 제3호다목에 따른 보험 또는 공제 가입을 증명하는 서류 1부 6. 「관광진흥법 시행규칙」 별표 24 제3호라목에 따른 안전성검사 세부규정 1부	수수료 없음

처리절차

신청서 작성	→	접수	→	검토	→	결정	→	지정증 발급
신청인		처리기관 (문화체육관광부)		처리기관 (문화체육관광부)		처리기관 (문화체육관광부)		

210mm×297mm[백상지(80g/㎡) 또는 중질지(80g/㎡)]

다) 등록증 발급 및 등록부 관리

> **관광진흥법시행규칙 제71조(안전성검사기관 지정 신청 절차 등)** ② 문화체육관광부장관은 제1항에 따라 지정 신청을 한 업종별 관광협회 또는 전문 연구 · 검사기관에 대하여 별표 24에 따른 지정 요건에 적합하다고 인정하는 경우에는 별지 제45호서식의 지정서를 발급하고, 별지 제46호서식의 유기시설 · 기구 안전성검사기관 지정부를 작성하여 관리하여야 한다. 〈개정 2008. 3. 6., 2015. 3. 6., 2015. 8. 4.〉

[별지 제45호서식] 관광진흥법시행규칙
〈개정 2015.8.4.〉

제　　호

유기시설 · 기구 안전성검사기관 지정서

1. 협회(기관)명:

2. 대표자 성명:　　　　　　(생년월일:　　　　)

3. 협회(기관)의 주소:

4. 협회(기관)의 전화번호:

5. 지정기간:

「관광진흥법 시행령」 제65조제1항제3호 및 「관광진흥법 시행규칙」 제71조제2항에 따라 위와 같이 지정하였음을 증명합니다.

년　월　일

문화체육관광부장관　[직인]

210㎜×297㎜[백상지 150g/㎡]

[별지 제46호서식] 관광진흥법시행규칙
〈개정 2015.8.4.〉

유기시설·기구 안전성검사기관 지정부

지정번호	지정 연월일	협회(기관)의 명칭	대표자명 생년월일	협회(기관)의 주소	기술인력 보유장비	비고 (지정기간)

210㎜×297㎜[백상지 80g/㎡]

라) 안전성검사 지정기관의 전문 연구 · 검사기관

> **관광진흥법시행규칙 제71조(안전성검사기관 지정 신청 절차 등)** ③ 제2항에 따라 지정된 업종별 관광협회 또는 전문 연구 · 검사기관은 제40조제6항에 따라 문화체육관광부장관이 고시하는[13] 안전성검사의 세부검사기준 및 절차에 따라 검사를 하여야 한다. 〈개정 2008.3.6., 2015.8.4.〉 [제목개정 2015.8.4.]

2) 위임 · 위탁수행기관 및 수행자의 자격

관광진흥법 제80조(권한의 위임 · 위탁 등) ④ 제3항에 따라 위탁받은 업무를 수행하는 한국관광공사, 협회, 지역별 · 업종별 관광협회 및 전문 연구 · 검사기관이나 자격검정기관의 임원 및 직원과 제23조제2항 · 제25조제2항에 따라 검사기관의 검사 · 검정 업무를 수행하는 임원 및 직원은 「형법」 제129조부터 제132조까지의 규정을 적용하는 경우 공무원으로 본다. 〈개정 2008. 6. 5.〉

3) 위임 · 위탁수행기관 및 수행자의 자격 취소

관광진흥법 제80조(권한의 위임 · 위탁 등) ⑤ 문화체육관광부장관 또는 특별자치시장 · 특별자치도지사 · 시장 · 군수 · 구청장은 제3항제3호 및 제4호에 따른 검사에 관한 권한을 위탁받은 자가 다음 각 호의 어느 하나에 해당하면 그 위탁을 취소하거나 6개월 이내의 기간을 정하여 업무의 전부 또는 일부의 정지를 명하거나 업무의 개선을 명할 수 있다. 다만, 제1호에 해당하는 경우에는 그 위탁을 취소하여야 한다. 〈신설 2019. 12. 3.〉

1. 거짓이나 그 밖의 부정한 방법으로 위탁사업자로 선정된 경우
2. 거짓이나 그 밖의 부정한 방법으로 제25조제3항 또는 제33조제1항에 따른 검사를 수행한 경우
3. 정당한 사유 없이 검사를 수행하지 아니한 경우
4. 문화체육관광부령으로 정하는 위탁 요건을 충족하지 못하게 된 경우

⑥ 제5항에 따른 위탁 취소, 업무 정지의 기준 및 절차 등에 필요한 사항은 문화체육관광부령으로 정한다. 〈신설 2019. 12. 3.〉

관광진흥법시행규칙 제72조의2(검사기관에 대한 처분의 요건 및 기준 등) ① 법 제80조제5항제4호에서 "문화체육관광부령으로 정하는 위탁 요건"이란 다음 각 호의 구분에 따른 요건을 말한다.

1. 카지노기구검사기관의 경우: 별표 7의2에 따른 카지노기구검사기관의 지정 요건을 충족할 것
2. 안전성검사기관의 경우: 별표 24에 따른 안전성검사기관의 지정 요건을 충족할 것

② 법 제80조제5항에 따른 검사기관에 대한 처분기준은 별표 25와 같다.

③ 문화체육관광부장관 또는 특별자치시장 · 특별자치도지사 · 시장 · 군수 · 구청장은 법 제80조제5항에 따라 검사기관의 위탁을 취소하거나 업무정지 또는 업무개선을 명한 경우에는 지체 없이 그 사실을 문화체육관광부 또는 특별자치시 · 특별자치도 · 시 · 군 · 구의 인터넷 홈페이지에 공고해야 한다. [본조신설 2020. 6. 4.]

---

13) 「유기시설 또는 유기기구 안전성검사 등의 기준 및 절차」

2. 업무수행자의 위탁관련 보고

관광진흥법시행령 제65조(권한의 위탁) ② 제1항제1호에 따라 위탁받은 업무를 수행한 지역별 관광협회는 이를 시 · 도지사에게 보고하여야 한다.

③ 시 · 도지사는 제2항에 따라 지역별 관광협회로부터 보고받은 사항을 매월 종합하여 다음 달 10일까지 문화체육관광부장관에게 보고하여야 한다. 〈개정 2008.2.29.〉

④ 제1항제2호에 따라 카지노기구의 검사에 관한 권한을 위탁받은 카지노기구 검사기관은 문화체육관광부령으로 정하는 바에 따라 제1항제2호의 검사에 관한 업무 규정을 정하여 문화체육관광부장관의 승인을 받아야 한다. 이를 변경하는 경우에도 또한 같다. 〈개정 2008.2.29.〉

⑤ 제1항제3호에 따라 위탁받은 업무를 수행한 업종별 관광협회 또는 전문 연구 · 검사기관은 그 업무를 수행하면서 법령 위반 사항을 발견한 경우에는 지체 없이 관할 특별자치시장 · 특별자치도지사 · 시장 · 군수 · 구청장에게 이를 보고하여야 한다. 〈개정 2009. 1. 20., 2011. 10. 6., 2019. 4. 9.〉

⑥ 제1항제1호의2 및 제4호부터 제7호까지의 규정에 따라 위탁받은 업무를 수행한 한국관광공사, 협회, 업종별 관광협회, 한국산업인력공단 및 관광 관련 교육기관은 국외여행 인솔자의 등록 및 자격증 발급, 관광종사원의 자격시험, 등록 및 자격증의 발급, 문화관광해설사 양성을 위한 교육과정의 개설 · 운영, 한국관광 품질인증 및 그 취소에 관한 업무를 수행한 경우에는 이를 분기별로 종합하여 다음 분기 10일까지 문화체육관광부장관 또는 시 · 도지사에게 보고하여야 한다. 〈개정 2008. 2. 29., 2009. 10. 7., 2011. 10. 6., 2018. 6. 5., 2019. 4. 9.〉

⑦ 제1항제7호에 따라 한국관광 품질인증 및 그 취소에 관한 업무를 위탁받은 한국관광공사는 문화체육관광부령으로 정하는 바에 따라 한국관광 품질인증 및 그 취소에 관한 업무 규정을 정하여[14] 문화체육관광부장관의 승인을 받아야 한다. 이를 변경하는 경우에도 또한 같다. 〈신설 2018. 6. 5.〉

관광진흥법시행규칙 제71조의2(한국관광 품질인증 및 그 취소에 관한 업무 규정) 영 제65조제7항에 따른 업무 규정에는 다음 각 호의 사항이 모두 포함되어야 한다.

1. 한국관광 품질인증의 대상별 특성에 따른 세부 인증 기준
2. 서류평가, 현장평가 및 심의의 절차 및 방법에 관한 세부사항
3. 한국관광 품질인증의 취소 기준 · 절차 및 방법에 관한 세부사항
4. 그 밖에 문화체육관광부장관이 한국관광 품질인증 및 그 취소에 필요하다고 인정하는 사항 [본조신설 2018.6.14.]

14) 「(한국관광공사) 한국관광 품질인증 및 그 취소에 관한 업무규정」

제6절 고유식별정보의 처리

1. 고유식별정보의 처리

1) 문화체육관광부장관 및 지방자치단체의 고유식별정보의 처리

관광진흥법시행령 제66조의2(고유식별정보의 처리) ① 문화체육관광부장관(제65조에 따라 문화체육관광부장관의 권한을 위임 · 위탁받은 자를 포함한다) 및 지방자치단체의 장(해당 권한이 위임 · 위탁된 경우에는 그 권한을 위임 · 위탁받은 자를 포함한다)은 다음 각 호의 사무를 수행하기 위하여 불가피한 경우 「개인정보 보호법 시행령」 제19조에 따른 주민등록번호, 여권번호 또는 외국인등록번호가 포함된 자료를 처리할 수 있다. 〈신설 2017.3.27., 2018.6.5.〉

1. 법 제4조에 따른 여행업, 관광숙박업, 관광객 이용시설업 및 국제회의업의 등록 등에 관한 사무
2. 법 제5조에 따른 카지노업 또는 유원시설업의 허가 또는 신고 등에 관한 사무
3. 법 제6조에 따른 관광 편의시설업의 지정 등에 관한 사무
4. 법 제8조에 따른 관광사업의 양수 등에 관한 사무
5. 법 제15조에 따른 사업계획의 승인 등에 관한 사무
6. 법 제48조의8에 따른 문화관광해설사의 선발 및 활용 등에 관한 사무
7. 법 제48조의10 및 제48조의11에 따른 한국관광 품질인증 및 그 취소에 관한 사무

2) 공제 또는 영업보증금 예치 사무를 수행하기 위한 고유식별정보의 처리

관광진흥법시행령 제66조의2(고유식별정보의 처리) ② 다음 각 호의 어느 하나에 해당하는 자는 법 제9조에 따른 공제 또는 영업보증금 예치 사무를 수행하기 위하여 불가피한 경우 「개인정보 보호법 시행령」 제19조제1호 또는 제4호에 따른 주민등록번호 또는 외국인등록번호가 포함된 자료를 처리할 수 있다. 〈신설 2017.3.8., 2017.3.27.〉

1. 법 제43조제2항 및 이 영 제39조제1항에 따라 공제사업의 허가를 받은 협회
2. 영업보증금 예치 사무를 수행하는 문화체육관광부령으로 정하는 자

3) 관광사업의 시설에 대하여 분양 또는 회원 모집을 한 자의 고유식별정보의 처리

관광진흥법시행령 제66조의2(고유식별정보의 처리) ③ 법 제20조에 따라 관광사업의 시설에 대하여 분양 또는 회원 모집을 한 자는 같은 조 제5항제5호에 따른 회원증의 발급과 확인에 관한 사무를 수행하기 위하여 불가피한 경우 「개인정보 보호법 시행령」 제19조에 따른 주민등록번호 또는 외국인등록번호가 포함된 자료를 처리할 수 있다. 〈신설 2017.3.27.〉

4) 카지노사업자의 영업준칙을 이행하기 위한 고유식별정보의 처리

관광진흥법시행령 제66조의2(고유식별정보의 처리) ④ 카지노사업자는 법 제28조제2항에 따른 카지노사업자의 영업준칙을 이행(카지노영업소의 이용자의 도박 중독 등을 이유로 그 이용자의 출입을 제한하기 위한 경우 및 카지노영업소 이용자의 출입일수 관리를 위한 경우로 한정한다)하기 위한 사무를 수행하기 위하여 불가피한 경우 「개인정보 보호법 시행령」 제19조제1호, 제2호 또는 제4호에 따른 주민등록번호, 여권번호 또는 외국인등록번호가 포함된 자료를 처리할 수 있다. 〈개정 2015.2.3., 2017.3.8., 2017.3.27.〉

5) 관광종사원의 자격 취득 및 자격증 교부에 관한 사무 수행하기 위한 고유식별정보의 처리

관광진흥법시행령 제66조의2(고유식별정보의 처리) ⑤ 문화체육관광부장관(제65조에 따라 문화체육관광부장관의 권한을 위임 · 위탁받은 자를 포함한다)은 법 제38조제2항부터 제4항까지의 규정에 따른 관광종사원의 자격 취득 및 자격증 교부에 관한 사무를 수행하기 위하여 불가피한 경우「개인정보 보호법 시행령」제19조제1호 또는 제4호에 다른 주민등록번호 또는 외국인등록번호가 포함된 자료를 처리할 수 있다. 〈개정 2017.3.8., 2017.3.27.〉

6) 여행이용권의 지급 및 관리에 관한 사무를 수행하기 위한 고유식별정보의 처리

관광진흥법시행령 제66조의2(고유식별정보의 처리) ⑥ 문화체육관광부장관(법 제80조에 따라 문화체육관광부장관의 권한을 위임 · 위탁받은 자를 포함한다), 전담기관 및 지방자치단체의 장(해당 권한이 위임 · 위탁된 경우에는 그 권한을 위임 · 위탁받은 자를 프함한다)은 법 제47조의5에 따른 여행이용권의 지급 및 관리에 관한 사무를 수행하기 위하여 불가피한 경우「개인정보 보호법 시행령」제19조에 따른 주민등록번호, 여권번호, 운전면허의 면허번호 또는 외국인등록번호가 포함된 자료를 처리할 수 있다. 〈신설 2014. 11. 28., 2017. 3. 8., 2017. 3. 27.〉 [본조신설 2014. 8. 6.] [종전 제66조의2는 제66조의3으로 이동 〈2014. 8. 6.〉]

제7절 규제의 재검토

관광진흥법시행령 제66조의3(규제의 재검토) 문화체육관광부장관은 다음 각 호의 사항에 대하여 다음 각 호의 기준일을 기준으로 3년마다(매 3년이 되는 해의 1월 1일 전까지를 말한다) 그 타당성을 검토하여 개선 등의 조치를 해야 한다.

1. 제5조 및 별표 1에 따른 관광사업의 등록기준(같은 표 제2호사목에 따른 의료관광호텔업의 등록기준은 제외한다): 2020년 1월 1일

2. 제22조에 따른 호텔업 등급결정 대상 중 가족호텔업의 포함 여부: 2022년 1월 1일 [전문개정 2022. 3. 8.]

관광진흥법시행규칙 제73조(규제의 재검토) ① 삭제 〈2022. 6. 3.〉

② 문화체육관광부장관은 다음 각 호의 사항에 대하여 다음 각 호의 기준일을 기준으로 3년마다(매 3년이 되는 해의 기준일과 같은 날 전까지를 말한다) 그 타당성을 검토하여 개선 등의 조치를 해야 한다. 〈신설 2013. 12. 31., 2015. 8. 4., 2016. 12. 28., 2018. 11. 29., 2020. 6. 23., 2022. 6. 3.〉

1. 제7조에 따른 유원시설업의 시설 및 설비기준과 허가신청 절차 등: 2014년 1월 1일
2. 제15조에 따른 관광 편의시설업의 지정기준: 2014년 1월 1일
3. 제18조에 따른 여행업자의 보험 가입 등: 2014년 1월 1일

3의2. 제20조에 따른 타인 경영 금지 관광시설: 2017년 1월 1일

4. 제22조에 따른 국외여행 인솔자의 자격요건: 2014년 1월 1일
5. 제27조에 따른 휴양콘도미니엄 분양 또는 회원모집 첨부서류 등 모집기준: 2014년 1월 1일

5의2. 제28조의2 및 별표 7에 따른 야영장의 안전ㆍ위생기준: 2015년 8월 4일

6. 제39조의2에 따른 물놀이형 유기시설ㆍ유기기구의 안전ㆍ위생기준: 2014년 1월 1일
7. 제40조에 따른 유기시설 또는 유기기구의 안전성검사 등: 2014년 1월 1일
8. 제42조 및 별표 13에 따른 유원시설업자의 준수사항: 2022년 1월 1일
9. 제49조제1항에 따른 시험의 실시: 2022년 1월 1일
10. 제62조제1항에 따른 조성사업 허가 또는 협의신청서에 포함되어야 할 사항 및 첨부서류: 2020년 1월 1일

③ 문화체육관광부장관은 다음 각 호의 사항에 대하여 다음 각 호의 기준일을 기준으로 5년마다(매 5년이 되는 해의 기준일과 같은 날 전까지를 말한다) 그 타당성을 검토하여 개선 등의 조치를 해야 한다. 〈개정 2015. 12. 30., 2016. 12. 28., 2020. 6. 23., 2022. 6. 3.〉

1. 제2조제4항제3호의3 및 제3호의4에 따른 안전확인 서류: 2022년 1월 1일
2. 제3조제2항제2호에 따른 안전확인 서류: 2022년 1월 1일
3. 제57조의6 및 별표 17의5에 따른 한국관광 품질인증의 세부 인증 기준: 2022년 1월 1일 [본조신설 2009. 10. 22.]

제7장 벌칙

제1절 벌칙

1. 행정형벌

1) 위반행위별 행정형벌의 형량

(1) 5년 이하의 징역 또는 5천 만 원 이하의 벌금

관광진흥법 제81조(벌칙) 다음 각 호의 어느 하나에 해당하는 자는 5년 이하의 징역 또는 5천 만 원 이하의 벌금에 처한다. 이 경우 징역과 벌금은 병과(倂科)할 수 있다.

각 호는 다음과 같다.

① 카지노업의 허가를 받지 아니하고 카지노업을 경영한 자(관광진흥법 제5조제1항(허가와 신고))

② 법령에 위반되는 카지노기구를 설치하거나 사용하는 행위 또는 법령에 위반하여 카지노기구 또는 시설을 변조하거나 변조된 카지노기구 또는 시설을 사용하는 행위를 한 자(관광진흥법 제28조제1항(카지노사업자 등의 준수사항))

(2) 3년 이하의 징역 또는 3천만 원 이하의 벌금

관광진흥법 제82조(벌칙) 다음 각 호의 어느 하나에 해당하는 자는 3년 이하의 징역 또는 3천만 원 이하의 벌금에 처한다. 이 경우 징역과 벌금은 병과할 수 있다. 〈개정 2009.3.25., 2015.5.18.〉

각 호는 다음과 같다.

① 등록을 하지 아니하고 여행업 · 관광숙박업(사업계획의 승인을 받은 관광숙박업만 해당) · 국제회의업 및 관광객 이용시설업(제2종종합휴양업)을 경영한 자(관광진흥법 제4조제1항, 제15조제1항, 제3조제1항제3호나목))

② 허가를 받지 아니하고 유원시설업(종합유원시설업, 일반유원시설업)을 경영한 자(관광진흥법 제5조제2항))

③ 휴양콘도미니엄업 및 호텔업 또는 제2종종합휴양업의 시설을 분양(휴양콘도미니엄업만 해당)하거나 회원을 위반하여 모집한 자(관광진흥법 제20조제1, 2항))

④ 유기시설 또는 유기기구가 안전에 중대한 침해를 줄 수 있다고 판단하여 그 유원시설업자에게 사용중지 등의 명령을 위반한 자(관광진흥법 제33조의2제3항))

(3) 2년 이하의 징역 또는 2천만원 이하의 벌금

관광진흥법 제83조(벌칙) ① 다음 각 호의 어느 하나에 해당하는 카지노사업자(제28조제1항 본문에 따른 종사원을 포함한다)는 2년 이하의 징역 또는 2천만 원 이하의 벌금에 처한다. 이 경우 징역과 벌금은 병과할 수 있다. 〈개정 2007.7.19., 2011.4.5., 2015.2.3.〉

② 제4조제1항에 따른 등록을 하지 아니하고 야영장업을 경영한 자는 2년 이하의 징역 또는 2천만 원 이하의 벌금에 처한다. 이 경우 징역과 벌금은 병과할 수 있다. 〈신설 2015.2.3〉

각 호는 다음과 같다.

① 카지노업의 중요한 사항에 대한 변경허가를 받지 아니하거나 변경신고를 하지 아니하고 영업을 한 자(관광진흥법 제5조제3항))

② 카지노업의 지위를 승계한 자는 승계한 날부터 1개월 이내에 관할 등록기관등의 장에게 신고하여야 하는데, 이를 위반하여 지위승계신고를 하지 아니하고 영업을 한 자(관광진흥법 제8조제4항))

③ 타인경영이 금지된 카지노업운영에 필요한 시설 및 기구를 타인으로 하여금 경영하게 한 자(관광진흥법 제11조제1항))

④ 검사를 받아야 하는 카지노시설을 검사를 받지 아니하고 이를 이용하여 영업을 한 자(관광진흥법 제23조제2항))

⑤ 검사를 받지 아니하거나 검사결과 공인기준 등에 맞지 아니한 카지노기구를 이용하여 영업을 한 자(관광진흥법 제25조제3항))

⑥ 카지노기구 검사합격증명서를 훼손하거나 제거한 자(관광진흥법 제25조제4항))

⑦ 카지노사업자의 준수사항 중 ⓐ 허가받은 전용영업장 외에서 영업을 하는 행위, ⓑ 내국인(해외이주자는 제외)을 입장하게 하는 행위, ⓒ 지나친 사행심을 유발하는 등 선량한 풍속을 해칠 우려가 있는 광고나 선전을 하는 행위, ⓓ 카지노업의 영업종류에 해당하지 아니하는 영업을 하거나 영업방법 및 배당금 등에 관한 신고를 하지 아니하고 영업하는 행위, ⓔ 카지노사업자가 총매출액을 누락시켜 관광진흥개발기금 납부금액을

감소시키는 행위, ⓕ 19세 미만인 자를 입장시키는 행위 규정을 위반한 자(관광진흥법 제28조제1항제3호부터제8호))

⑧ 카지노업의 사업정지처분을 위반하여 사업정지 기간에 영업을 한 자(관광진흥법 제35조제1항))

⑨ 카지노업의 시설 및 운영의 개선명령을 위반한 자(관광진흥법 제35조제1항))

⑩ 관광사업의 경영 또는 사업계획을 추진함에 있어서 뇌물을 주고받은 경우로서 위반한 자(관광진흥법 제35조제1항제19호))

⑪ 문화체육관광부장관의 카지노업에 관한 보고 또는 서류의 제출을 하지 아니하거나 거짓으로 보고를 한 자나, 그리고 허가관청 관계 공무원의 출입 · 검사를 거부 · 방해하거나 기피한 자(관광진흥법 제78조제2,3항))

(4) 1년 이하의 징역 또는 1천만 원 이하의 벌금

관광진흥법 제84조(벌칙) 다음 각 호의 어느 하나에 해당하는 자는 1년 이하의 징역 또는 1천만 원 이하의 벌금에 처한다. 〈개정 2007. 7. 19., 2009. 3. 25., 2019. 12. 3., 2020. 6. 9.〉

각 호는 다음과 같다.

① 유원시설업(종합유원시설업 및 일반유원시설업)의 변경허가를 받지 아니하거나 변경신고를 하지 아니하고 영업을 한 자(관광진흥법 제5조제3항))

② 기타유원시설업의 신고를 하지 아니하고 영업을 한 자(관광진흥법 제5조제4항))

②의2 국외여행 인솔자 자격증을 빌려주거나 빌린 자 또는 이를 알선한 자(관광진흥법 제13조제4항))

②의3 카지노기구 또는 안전성검사 대상 유기시설 또는 유기기구를 거짓이나 그 밖의 부정한 방법으로 검사를 수행한 자(관광진흥법 제25조제3항, 제33조제1항))

③ 안전성검사를 받지 아니하고 유기시설 또는 유기기구를 설치한 자(관광진흥법 제33조))

③의2 안전성검사 대상 유기시설 또는 유기기구를 거짓이나 그 밖의 부정한 방법으로 검사를 받은 자(관광진흥법 제13조제1항))

④ 법령을 위반하여 유기시설 · 유기기구 또는 유기기구의 부분품(部分品)을 설치하거나 사용한 자(관광진흥법 제34조제2항))

④의2 물놀이형 유원시설 등의 안전 · 위생기준을 지키지 아니한 경우에; 해당되어 관할 등록기관등의 장이 발한 명령을 위반한 자(관광진흥법 제35조제1항제14호))

⑤ 여행업자로서 고의로 여행계약을 위반하여 관할 등록기관등의 장이 발한 개선명령을 위반한 자(관광진흥법 제35조제1항제20호))

⑤의2 관광종사원 자격증을 빌려주거나 빌린 자 또는 이를 알선한 자(관광진흥법 제38조제8항))

⑤의3 허가 또는 변경허가를 받지 아니하고 같은 항에 규정된 행위를 한 자(관광진흥법 제52조의2제1항))

⑤의4 허가 또는 변경허가를 거짓이나 그 밖의 부정한 방법으로 받은 자(관광진흥법 제52조의2제1항))

⑤의5 원상회복명령을 이행하지 아니한 자(관광진흥법 제52조의2제4항))

⑥ 관광지나 관광단지의 조성계획의 승인을 얻지 아니한 자로서 특별자치도사 · 시장 · 군수 · 자치구의 구청장의 허가나 관광잔디의 경우 사업시행자(조성계획의 승인을 얻는 자)인 관광단지개발자와 협의없이 조성사업을 한 자(관광진흥법 제55조제3항))

2) 양벌규정

관광진흥법 제85조(양벌규정) 법인의 대표자나 법인 또는 개인의 대리인, 사용인, 그 밖의 종업원이 그 법인 또는 개인의 업무에 관하여 제81조부터 제84조까지의 어느 하나에 해당하는 위반행위를 하면 그 행위자를 벌하는 외에 그 법인 또는 개인에게도 해당 조문의 벌금형을 과(科)한다. 다만, 법인 또는 개인이 그 위반행위를 방지하기 위하여 해당 업무에 관하여 상당한 주의와 감독을 게을리하지 아니한 경우에는 그러하지 아니하다. [전문개정 2010. 3. 17.]

제2절 과태료(행정질서벌)

1. 과태료처분대상 위반행위

1) 500만 원 이하의 과태료 부과

관광진흥법 제86조(과태료) ① 다음 각 호의 어느 하나에 해당하는 자에게는 500만 원 이하의 과태료를 부과한다. 〈신설 2015. 5. 18., 2019. 12. 3.〉

① 유원시설업자의 사고보고의무 및 사고조사는 특별자치시장 · 특별자치도지사 · 시장 · 군수 · 구청장에게 통보하여야 하는데 통보를 위반한 자(관광진흥법 제33조의2제1항 위반))

② 관광통역안내의 자격이 없는 사람이 관광통역안내를 한 자(관광진흥법 제38조제6항 위반))

2) 100만 원 이하의 과태료 부과

관광진흥법 제86조(과태료) ② 다음 각 호의 어느 하나에 해당하는 자에게는 100만 원 이하의 과태료를 부과한다. 〈개정 2011. 4. 5., 2014. 3. 11., 2015. 2. 3., 2015. 5. 18., 2016. 2. 3., 2018. 3. 13.〉

각호는 다음과 같다.

① 관광사업자가 아닌 자는 관광표지를 사업장에 붙이지 못하며, 관광사업자로 잘못 알아볼 우려가 있는 경우에는 관광사업의 명칭 중 전부 또는 일부가 포함되는 상호를 사용할 수 없는데 이를 위반한 자(관광진흥법 제10조제3항 위반))

② 카지노사업자는 카지노업의 건전한 육성 · 발전을 위하여 필요하다고 인정하여 문화체육관광부령으로 정하는 영업준칙을 지켜야 하는데, 이를 위반하여 영업준칙을 지키지 아니한 자(관광진흥법 제28조제2항 전단 위반))

③ 안전관리자는 문화체육관광부장관이 실시하는 유기시설 및 유기기구의 안전관리에 관한 교육을 정기적으로 받아야 하는데, 안전교육을 받지 아니한 자(관광진흥법 제33조제3항 위반))

④ 유원시설업자는 안전관리자가 안전교육을 받도록 하여야 하는데, 안전관리자에게 안전교육을 받도록 하지 아니한 자(관광진흥법 제33조제4항 위반))

⑤ 관광통역안내의 자격을 가진 사람이 관광안내를 하는 경우에는 자격증을 패용하여야 하는데, 자격증을 패용하지 아니한 자(관광진흥법 제33조제7항 위반))

⑥ 한국관광 품질인증을 받은 자가 아니면 인증표지 또는 이와 유사한 표지를 하거나 한국관광 품질인증을 받은 것으로 홍보하여서는 아니 되는데, 인증표지 또는 이와 유사한 표지를 하거나 한국관광 품질인증을 받은 것으로 홍보한 자(관광진흥법 제48조의10제3항 위반))

과태료의 부과기준은 별표 5와 같다.(관광진흥법시행령 제67조(과태료의 부과))

[별표 5] 관광진흥법시행령 〈개정 2020. 6. 2.〉

과태료의 부과기준(제67조 관련)

1. 일반기준

가. 위반행위의 횟수에 따른 과태료의 가중된 부과기준은 최근 2년간 같은 위반행위로 과태료 부과처분을 받은 경우에 적용한다. 이 경우 기간의 계산은 위반행위에 대하여 과태료 부과처분을 받은 날과 그 처분 후 다시 같은 위반행위를 하여 적발된 날을 기준으로 한다.

나. 가목에 따라 가중된 부과처분을 하는 경우 가중처분의 적용 차수는 그 위반행위 전 부과처분 차수(가목에 따른 기간 내에 과태료 부과처분이 둘 이상 있었던 경우에는 높은 차수를 말한다)의 다음 차수로 한다.

다. 부과권자는 다음의 어느 하나에 해당하는 경우에는 제2호의 개별기준에 따른 과태료 금액의 2분의 1의 범위에서 그 금액을 줄일 수 있다. 다만, 과태료를 체납하고 있는 위반행위자에 대해서는 그렇지 않다.

1) 위반행위자가 「질서위반행위규제법 시행령」 제2조의2제1항 각 호의 어느 하나에 해당하는 경우

2) 위반행위자가 처음 해당 위반행위를 한 경우로서 5년 이상 해당 업종을 모범적으로 영위한 사실이 인정되는 경우

3) 위반행위자가 자연재해·화재 등으로 재산에 현저한 손실이 발생하거나 사업여건의 악화로 사업이 중대한 위기에 처하는 등의 사정이 있는 경우

4) 위반행위가 사소한 부주의나 오류로 인한 것으로 인정되는 경우

5) 위반행위자가 같은 위반행위로 벌금이나 사업정지 등의 처분을 받은 경우

6) 위반행위자가 법 위반상태를 시정하거나 해소하기 위하여 노력한 것으로 인정되는 경우

7) 그 밖에 위반행위의 정도, 위반행위의 동기와 그 결과 등을 고려하여 과태료의 금액을 줄일 필요가 있다고 인정되는 경우

2. 개별기준

(단위: 만원)

위반행위	근거 법조문	과태료 금액		
		1차 위반	2차 위반	3차 이상 위반
가. 법 제10조제3항을 위반하여 관광표지를 사업장에 붙이거나 관광사업의 명칭을 포함하는 상호를 사용한 경우	법 제86조 제2항제2호	30	60	100
나. 법 제28조제2항 전단을 위반하여 영업준칙을 지키지 않은 경우	법 제86조 제2항제4호	100	100	100
다. 법 제33조제3항을 위반하여 안전교육을 받지 않은 경우	법 제86조 제2항 제4호의2	30	60	100
라. 법 제33조제4항을 위반하여 안전관리자에게 안전교육을 받도록 하지 않은 경우	법 제86조 제2항 제4호의3	50	100	100
마. 법 제33조의2제1항을 위반하여 유기시설 또는 유기기구로 인한 중대한 사고를 통보하지 않은 경우	법 제86조 제1항제1호	100	200	300
바. 법 제38조제6항을 위반하여 관광통역안내를 한 경우	법 제86조 제1항제2호	150	300	500
사. 법 제38조제7항을 위반하여 자격증을 패용하지 않은 경우	법 제86조 제2항 제4호의5	3	3	3
아. 삭제 <2019. 4. 9.>				
자. 법 제48조의10제3항을 위반하여 인증표지 또는 이와 유사한 표지를 하거나 한국관광 품질인증을 받은 것으로 홍보한 경우	법 제86조 제2항제6호	30	60	100

2. 과태료 부과 및 징수

관광진흥법 제86조(과태료) ③ 제1항 및 제2항에 따른 과태료는 대통령령으로 정하는 바에 따라 관할 등록기관등의 장이 부과·징수한다. 〈개정 2015. 5. 18.〉

④ 삭제 〈2009. 3. 25.〉

⑤ 삭제 〈2009. 3. 25.〉

과태료는 대통령령으로 정하는 바에 따라 관할 등록기관등의 장이 부과·징수한다.

IV

국제회의산업 육성에 관한 법률

(약칭 : 국제회의산업법)

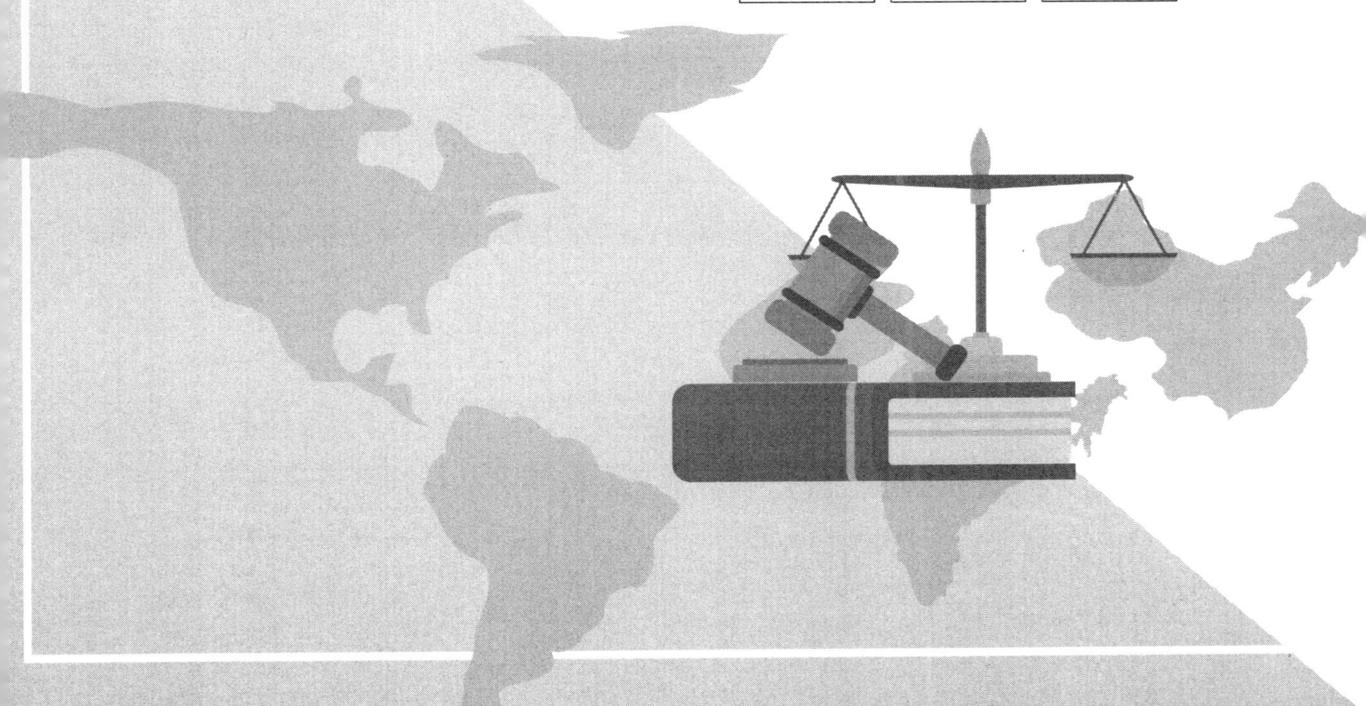

Ⅳ

국제회의산업 육성에 관한 법률
(약칭 : 국제회의산업법)

제1절 국제회의산업 육성에 관한 법률의 이해

1. 국제회의산업 육성에 관한 법률(약칭: 국제회의산업법)

[시행 1997. 3. 31.] [법률 제5210호, 1996. 12. 30., 제정]
[시행 2023. 5. 16.] [법률 제19411호, 2023. 5. 16., 타법개정]

1) 국제회의산업 육성에 관한 법률의 제정이유

대규모의 국제회의를 개최할 경우 직 · 간접적으로 고용이 증대되고, 국제회의와 관련된 산업이 발전되며, 각종 정보의 교류로 인한 산업의 경쟁력이 향상되는 등 국제회의 자체가 하나의 산업적인 의미를 가지고 있으나 우리나라는 이러한 대규모의 국제회의 개최에 필요한 인적 · 물적자원이 취약한 바, 특히 ASEM · 월드컵 등 각종 행사와 관련하여 국제회의의 유치를 촉진하고 그 원활한 개최를 지원하여 국내기반이 취약한 국제회의산업을 육성 · 진흥함으로써 관광산업의 발전과 국민경제의 향상에 이바지하기 위하여 1996년 12월 30일 제정되었다.

① 문화체육부장관은 국제회의산업의 육성 · 진흥을 위하여 국제회의산업 육성기본계획을 수립하도록 하고, 동 계획에는 국제회의의 유치 및 개최에 관한 사항, 국제회의 전문인력의 양성에 관한 사항, 국제회의시설의 설치 및 확충에 관한 사항 등이 포함되도록 한다.

② 문화체육부장관은 국제회의의 유치를 촉진하고 그 원활한 개최를 위하여 이를 유치 ·

개최하는 자에 대하여 필요한 정보제공 및 자문을 하고, 국제회의유치를 위한 해외홍보를 하는 등의 필요한 지원을 하도록 한다.

③ 문화체육부장관은 국제회의산업의 육성 · 진흥을 위하여 필요한 경우에는 특정지역을 국제회의도시로 지정할 수 있도록 하고, 국제회의도시안의 국제회의 관련사업 또는 국제회의시설에 대하여는 관광진흥개발기금을 우선지원할 수 있도록 한다.

④ 국제회의시설의 설치를 촉진하기 위하여 건축법에 의한 건축허가를 받은 국제회의시설에 대하여는 하수도법등 관련 법률에 의한 허가 · 인가 등을 받은 것으로 의제한다.

2) 국제회의산업 육성에 관한 법률의 개정이유

행정법 분야의 집행 원칙과 기준을 정하고 주요 행정 법제도에 관한 통일적인 규정을 마련하여 국민 중심의 행정법 체계를 실현하기 위한 「행정기본법」이 제정(법률 제17979호, 2021. 3. 23. 공포, 2023. 3. 24. 시행)됨에 따라, 「행정기본법」과 중복되거나 「행정기본법」보다 국민에게 불리한 규정은 삭제하고, 「행정기본법」과 개별 법률 간의 적용관계를 명확히 하는 규정을 신설하는 등 인허가의제 및 처분에 대한 이의신청에 관한 문화체육관광부 소관 개별 법률들을 일괄 정비함으로써 행정법 체계의 정합성 및 형평성을 확보하고 국민들이 행정법 적용관계를 이해하기 쉽게 하기 위해 개정되었다.

2. 국제회의산업 육성에 관한 법률 시행령(약칭: 국제회의산업법 시행령)

[시행 1997. 4. 4.] [대통령령 제15337호, 1997. 4. 4., 제정]
[시행 2022. 12. 28.] [대통령령 제33127호, 2022. 12. 27., 일부개정]

1) 국제회의산업 육성에 관한 법률 시행령의 제정이유

「국제회의산업 육성에 관한 법률」이 제정(1996.12.30, 법률 제5210호)됨에 따라 국제회의의 종류 및 규모, 국제회의시설의 종류 및 규모, 국제회의도시의 지정요건 등 동법에서 위임된 사항과 그 시행에 관하여 필요한 사항을 정하기 위해 1997년 4월 4일 제정되었다.

주요내용은 다음과 같다.

① 국제회의의 종류는 국제기구 또는 국제기구에 가입한 기관 또는 법인 · 단체 및 국제기구에 가입하지 아니한 기관 또는 법인 · 단체가 개최하는 세미나 · 토론회 · 학술대회 · 심포지움 · 전시회 · 박람회 기타 회의로 정함(영 제2조제1항).

② 국제회의의 규모는 국제기구 또는 국제기구에 가입한 기관 또는 법인 · 단체가 개최하는

회의의 경우 5개국 이상이 참가하고, 회의참가자는 300인 이상으로서 그 중 외국인이 100인 이상이어야 하며, 3일 이상 진행되는 회의이어야 하는 등으로 정함(영 제2조제2항).

③ 국제회의시설의 종류는 전문회의시설 · 준회의시설 · 전시시설 및 부대시설로 구분하고, 이 중 전문회의시설은 2천 인이상의 인원을 수용할 수 있는 대회의실이 있고, 30인 이상의 인원을 수용할 수 있는 중소회의실이 10실 이상 있어야 하며, 2천 500제곱미 터 이상의 옥내전시면적의 규모를 갖추도록 함(영 제3조제1항 및 제2항).

④ 문화체육부장관은 국제회의 개최자에 대하여 국제기구등이 개최하는 국제회의에 관한 정보의 제공, 국내에 있는 국제회의시설 및 관광자원에 관한 홍보물의 제공, 국제회의의 개최를 위한 각종준비 및 회의진행에 관한 자문등의 지원을 할 수 있도록 함(영 제5조).

⑤ 문화체육부장관은 당해 도 시안에 전문회의시설이 있거나 그 시설설치를 위한 구체적인 계획이 수립되어 있고, 숙박시설 · 교통시설 · 교통안내체계 등 국제회의 참가자를 위한 편의시설이 갖추어져 있으며, 풍부한 관광자원이 있는 등의 요건을 갖춘 도시를 국제회의도시로 지정할 수 있도록 함(영 제6조).

2) 국제회의산업 육성에 관한 법률 시행령의 개정이유

국제회의 개최와 관련된 지원시설을 국제회의시설의 범위에 포함하는 등의 내용으로 「국제회의산업 육성에 관한 법률」이 개정(법률 제18983호, 2022. 9. 27. 공포, 12. 28. 시행)됨에 따라 지원시설은 카메라와 마이크 등 원격영상회의 설비를 갖추도록 하는 등 법률에서 위임된 사항과 그 시행에 필요한 사항을 정하는 한편, 원격영상회의의 확산 등에 따라 국제회의에서 실제 회의장에 직접 참석하는 참가자의 규모가 줄어들고 있는 추세에 맞추어 국제회의 참가국 기준을 '5개국'에서 '3개국'으로, 국제회의의 외국인 참가자 수 기준을 '100명'에서 '50명'으로 조정하기 위해 개정되었다.

3. 국제회의산업 육성에 관한 법률 시행규칙(약칭: 국제회의산업법 시행규칙)

[시행 1997. 5. 12.] [문화체육부... 제37호, 1997. 5. 12., 제정]
[시행 2020. 11. 10.] [문화체육관광부령 제409호, 2020. 11. 10., 일부개정]

1) 국제회의산업 육성에 관한 법률 시행규칙의 제정이유

ASEM회의 및 월드컵축구대회 등 각종 국제행사와 관련하여 국제회의의 유치를 촉진하고 그 원활한 개최를 지원하여 국내기반이 취약한 국제회의산업을 육성 · 진흥하기 위하여 「국제회의산업 육성에 관한 법률」이 제정(1996.12.30, 법률 제5210호)됨에 따라 국제회의를 유치 · 개최하고자 하는 자가 국가의 지원을 받고자 하는 경우의 지원신청절차를 정하고, 동법에 의한 우선지원대상이 되는 국제회의도시의 지정신청절차 등을 정하기 위해 1997년 5월 12일 제정되었다.

주요내용은 다음과 같다.

① 국제회의 유치 · 개최자는 국제회의 유치에 관한 정보의 제공, 국제회의 진행 · 개최 등에 관한 자문등의 지원을 받고자 하는 경우에는 당해 국제회의 유치 · 개최계획서등의 서류를 첨부하여 한국관광공사 사장에게 지원을 신청하도록 함(제2조).

② 특별시장 · 광역시장 · 시장은 그 관할구역안의 국제회의 관련사업자가 「관광진흥개발기금법」에 의한 관광진흥개발기금의 우선지원을 받을 수 있는 국제회의도시로 지정을 받고자 하는 경우에는 당해 도시 안의 국제회의 시설 · 숙박시설 · 교통시설 등의 현황과 관광자원의 현황 및 개발계획 등을 기재한 서류를 첨부하여 문화체육부장관에게 지정을 신청하도록 함(제3조).

③ 국제회의시설에 대한 건축허가를 신청한 자로서 건축허가시 하수도법 · 수도법 · 전기사업법등 다른 법령에 의한 인 · 허가 등을 의제받고자 하는 자는 당해 건축허가신청시에 다른 법령에 의한 관련 인 · 허가에 필요한 서류도 함께 제출하도록 하여 민원인의 편의를 도모함(제5조).

2) 국제회의산업 육성에 관한 법률 시행규칙의 개정이유

제1급감염병 확산으로 외국인이 회의장에 직접 참석하기 곤란한 기간에 개최된 회의가 국제회의의 기준을 충족하게 되어 해당 회의를 유치하거나 개최한 자가 지원금을 받게 된 경우에는 문화체육관광부장관이 정하여 고시하는 기한까지 사업 결과 보고서를 제출하도록 하기 위해 개정되었다.

4. 국제회의산업 육성에 관한 법률의 성격

「국제회의산업 육성에 관한 법률」은 국제회의 유치를 지원하여 국제회의산업을 육성 · 진흥함으로써 관광산업 발전과 국민경제 향상 등에 이바지하기 위해 제정한 법(1996.12.30, 법률 제5210호). 1996년 제정된 뒤 2009년 6월 9일, 법률 제9770호까지 14차례 개정되었다. '국제회의'란 세미나 · 토론회 · 전시회 등을 포함하여 외국인이 참가하는 회의로서 대통령령이 정하는 종류와 규모에 해당해야 한다. '국제회의산업'이란 국제회의 유치 및 개최에 필요한 국제회의 시설, 서비스 등과 관련된 산업을 말한다.

국가는 국제회의산업의 육성과 진흥을 위해 필요한 계획을 세우는 등 행정과 재정상의 지원조치를 강구해야 한다. 이를 지원하기 위해 문화체육관광부 장관에 소속되는 국제회의산업 육성위원회를 둔다.

문화체육관광부 장관은 국제회의산업 육성을 위해 국제회의 전담조직을 지정할 수 있다. 또 국제회의 유치 · 촉진과 원활한 개최, 인력양성, 시설 설치 및 확충 등을 내용으로 하는 국제회의산업 육성 기본계획을 세우고 이를 시행해야 한다.

문화체육관광부 장관은 국제회의를 유치 또는 개최하는 자를 지원할 수 있다. 또 국제회의산업 육성기반을 조성하기 위해 시설건립, 전문인력 양성, 국제협력, 인터넷 등 통신망을 통한 전자국제회의 기반구축, 정보 및 통계의 수집 · 분석 및 유통 등의 사업을 추진해야 한다.

국제회의 도시는 지역 간의 균형발전을 고려하여 지정해야 하며, 지정된 도시에 대해서는 「관광진흥개발기금법」에서 기금의 용도로 규정한 사업 등을 우선적으로 지원할 수 있다. 또 「관광진흥개발기금법」의 규정에 따른 국외여행자의 납부금 총액의 10% 범위 안에서 국제회의산업 육성 재원으로 지원할 수 있고, 국제회의 전담조직 운영과 유치 및 개최자에 대한 지원, 전문인력 양성 등의 사업비용을 지원할 수 있다.

전문 18조와 부칙으로 구성되어 있으며(2017년 11월 28일 개정), 시행령과 시행규칙이 있다.

제2절 국제회의산업 육성에 관한 법률(약칭: 국제회의산업법)의 해설

1. 국제회의산업의 목적

국제회의산업법 제1조(목적) 이 법은 국제회의의 유치를 촉진하고 그 원활한 개최를 지원하여 국제회의산업을 육성 · 진흥함으로써 관광산업의 발전과 국민경제의 향상 등에 이바지함을 목적으로 한다. [전문개정 2007.12.21]

국제회의산업법시행령 제1조(목적) 이 영은 「국제회의산업 육성에 관한 법률」에서 위임된 사항과 그 시행에 필요한 사항을 규정함을 목적으로 한다. [전문개정 2011. 11. 16.]

국제회의산업법시행규칙 제1조(목적) 이이 규칙은 「국제회의산업 육성에 관한 법률」 및 같은 법 시행령에서 위임된 사항과 그 시행에 필요한 사항을 규정함을 목적으로 한다. [전문개정 2011.11.24.]

「국제회의산업 육성에 관한 법률」은 국제회의의 유치를 촉진하고 그 원활한 개최를 지원하여 국제회의산업을 육성 · 진흥함으로써 관광산업의 발전과 국민경제의 향상 등에 이바지함을 목적으로 한다.

2. 국제회의산업 육성에 관한 법률에서 사용하는 용어의 정의

이 법에서 사용하는 용어의 뜻은 다음과 같다.(국제회의산업법 제2조(정의))

1) 국제회의

"국제회의"란 상당수의 외국인이 참가하는 회의(세미나 · 토론회 · 전시회 · 기업회의 등을 포함한다)로서 대통령령으로 정하는 종류와 규모에 해당하는 것을 말한다.

2) 국제회의산업

"국제회의산업"이란 국제회의의 유치와 개최에 필요한 국제회의시설, 서비스 등과 관련된 산업을 말한다.

3) 국제회의시설

"국제회의시설"이란 국제회의의 개최에 필요한 회의시설, 전시시설 및 이와 관련된 지원시설 · 부대시설 등으로서 대통령령으로 정하는 종류와 규모에 해당하는 것을 말한다.

4) 국제회의도시

"국제회의도시"란 국제회의산업의 육성 · 진흥을 위하여 제14조에 따라 지정된 특별시 · 광역시 또는 시를 말한다.

5) 국제회의 전담조직

"국제회의 전담조직"이란 국제회의산업의 진흥을 위하여 각종 사업을 수행하는 조직을 말한다.

6) 국제회의산업 육성기반

"국제회의산업 육성기반"이란 국제회의시설, 국제회의 전문인력, 전자국제회의체제, 국제회의 정보 등 국제회의의 유치 · 개최를 지원하고 촉진하는 시설, 인력, 체제, 정보 등을 말한다.

7) 국제회의복합지구

"국제회의집적시설"이란 국제회의복합지구 안에서 국제회의시설의 집적화 및 운영 활성화에 기여하는 숙박시설, 판매시설, 공연장 등 대통령령으로 정하는 종류와 규모에 해당하는 시설로서 제15조의 3에 따라 지정된 시설을 말한다.

8) 국제회의집적시설

"국제회의집적시설"이란 국제회의복합지구 안에서 국제회의시설의 집적화 및 운영 활성화에 기여하는 숙박시설, 판매시설, 공연장 등 대통령령으로 정하는 종류와 규모에 해당하는 시설로서 제15조의 3에 따라 지정된 시설을 말한다.

3. 국제회의와 국제회의시설의 종류와 규모

1) 국제회의의 종류 · 규모

국제회의산업법시행령 제2조(국제회의의 종류 · 규모) 「국제회의산업 육성에 관한 법률」(이하 "법"이라 한다) 제2조제1호에 따른 국제회의는 다음 각 호의 어느 하나에 해당하는 회의를 말한다. 〈개정 2020. 11. 10., 2022. 12. 27.〉

1. 국제기구, 기관 또는 법인 · 단체가 개최하는 회의로서 다음 각 돈의 요건을 모두 갖춘 회의
   가. 해당 회의에 3개국 이상의 외국인이 참가할 것
   나. 회의 참가자가 100명 이상이고 그 중 외국인이 50명 이상일 것
   다. 2일 이상 진행되는 회의일 것
2. 삭제 〈2022. 12. 27.〉
3. 국제기구, 기관, 법인 또는 단체가 개최하는 회의로서 다음 각 목의 요건을 모두 갖춘 회의
   가. 「감염병의 예방 및 관리에 관한 법률」 제2조제2호에 따른 제1급감염병 확산으로 외국인이 회의장에 직접 참석하기 곤란한 회의로서 개최일이 문화체육관광부장관이 정하여 고시하는 기간 내일 것
   나. 회의 참가자 수, 외국인 참가자 수 및 회의일수가 문화체육관광부장관이 정하여 고시하는 기준에 해당할 것 [전문개정 2011. 11. 16.]

2) 국제회의시설의 종류 · 규모

국제회의산업법시행령 제3조(국제회의시설의 종류 · 규모) ① 법 제2조제3호에 따른 국제회의시설은 전문회의시설 · 준회의시설 · 전시시설 · 지원시설 및 부대시설로 구분한다. 〈개정 2022. 12. 27.〉

② 전문회의시설은 다음 각 호의 요건을 모두 갖추어야 한다.

1. 2천명 이상의 인원을 수용할 수 있는 대회의실이 있을 것
2. 30명 이상의 인원을 수용할 수 있는 중 · 소회의실이 10실 이상 있을 것
3. 옥내와 옥외의 전시면적을 합쳐서 2천제곱미터 이상 확보하고 있을 것

③ 준회의시설은 국제회의의 개최에 필요한 회의실로 활용할 수 있는 호텔연회장 · 공연장 · 체육관 등의 시설로서 다음 각 호의 요건을 모두 갖추어야 한다.

1. 200명 이상의 인원을 수용할 수 있는 대회의실이 있을 것
2. 30명 이상의 인원을 수용할 수 있는 중、소회의실이 3실 이상 있을 것

④ 전시시설은 다음 각 호의 요건을 모두 갖추어야 한다.

1. 옥내와 옥외의 전시면적을 합쳐서 2천제곱미터 이상 확보하고 있을 것
2. 30명 이상의 인원을 수용할 수 있는 중、소회의실이 5실 이상 있을 것

⑤ 지원시설은 다음 각 호의 요건을 모두 갖추어야 한다. 〈신설 2022. 12. 27.〉

1. 다음 각 목에 따른 설비를 모두 갖출 것
   가. 컴퓨터, 카메라 및 마이크 등 원격영상회의에 필요한 설비
   나. 칸막이 또는 방음시설 등 이용자의 정보 노출방지에 필요한 설비
2. 제1호 각 목에 따른 설비의 설치 및 이용에 사용되는 면적을 합한 면적이 80제곱미터 이상일 것

⑥ 부대시설은 국제회의의 개최와 전시의 편의를 위하여 제2항 및 제4항의 시설에 부속된 숙박시설 · 주차시설 · 음식점시설 · 휴식시설 · 판매시설 등으로 한다. 〈개정 2022. 12. 27.〉 [전문개정 2011. 11. 16.]

4. 국제회의집적시설의 종류와 규모

국제회의산업법시행령 제4조(국제회의집적시설의 종류 · 규모) 법 제2조제8호에서 "숙박시설, 판매시설, 공연장 등 대통령령으로 정하는 종류와 규모에 해당하는 시설"이란 다음 각 호의 시설을 말한다. 〈개정 2022. 8. 2.〉

1. 「관광진흥법」 제3조제1항제2호에 따른 관광숙박업의 시설로서 100실(「관광진흥법」 제19조제1항에 따라 같은 법 시행령 제22조제2항의 4성급 또는 5성급으로 등급결정을 받은 호텔업의 경우에는 30실) 이상의 객실을 보유한 시설
2. 「유통산업발전법」 제2조제3호에 따른 대규모점포
3. 「공연법」에 따른 공연장으로서 300석 이상의 객석을 보유한 공연장
4. 그 밖에 국제회의산업의 진흥 및 발전을 위하여 국제회의집적시설로 지정될 필요가 있는 시설로서 문화체육관광부장관이 정하여 고시하는 시설 [본조신설 2015. 9. 22.]

5. 국제회의산업 육성을 위한 국가 및 정부의 책무

1) 국가의 책무

국제회의산업법 제3조(국가의 책무) ① 국가는 국제회의산업의 육성 · 진흥을 위하여 필요한 계획의 수립 등 행정상 · 재정상의 지원조치를 강구하여야 한다.

② 제1항에 따른 지원조치에는 국제회의 참가자가 이용할 숙박시설, 교통시설 및 관광 편의시설 등의 설치 · 확충 또는 개선을 위하여 필요한 사항이 포함되어야 한다. [전문개정 2007. 12. 21.]

2) 국제회의 전담조직의 지정 및 설치

(1) 국제회의 전담조직의 지정 및 설치

국제회의산업법 제5조(국제회의 전담조직의 지정 및 설치) ① 문화체육관광부장관은 국제회의산업의 육성을 위하여 필요하면 국제회의 전담조직(이하 "전담조직"이라 한다)을 지정할 수 있다. 〈개정 2008. 2. 29.〉

② 국제회의시설을 보유 · 관할하는 지방자치단체의 장은 국제회의 관련 업무를 효율적으로 추진하기 위하여 필요하다고 인정하면 전담조직을 설치 · 운영할 수 있으며, 그에 필요한 비용의 전부 또는 일부를 지원할 수 있다. 〈개정 2016. 12. 20.〉

③ 전담조직의 지정 · 설치 및 운영 등에 필요한 사항은 대통령령으로 정한다. [전문개정 2011. 11. 16.]

(2) 국제회의 전담조직의 업무

국제회의산업법시행령 제9조(국제회의 전담조직의 업무) 법 제5조제1항에 따른 국제회의 전담조직은 다음 각 호의 업무를 담당한다.

1. 국제회의의 유치 및 개최 지원
2. 국제회의산업의 국외 홍보
3. 국제회의 관련 정보의 수집 및 배포
4. 국제회의 전문인력의 교육 및 수급(需給)
5. 법 제5조제2항에 따라 지방자치단체의 장이 설치한 전담조직에 대한 지원 및 상호 협력
6. 그 밖에 국제회의산업의 육성과 관련된 업무 [전문개정 2011. 11. 16.]

(3) 국제회의 전담조직의 지정

국제회의산업법시행령 제10조(국제회의 전담조직의 지정) 문화체육관광부장관은 법 제5조 제1항에 따라 국제회의 전담조직을 지정할 때에는 제9조 각 호의 업무를 수행할 수 있는 전문인력 및 조직 등을 적절하게 갖추었는지를 고려하여야 한다. [전문개정 2011. 11. 16.]

3) 국제회의산업 육성 기본계획의 수립 · 시행

국제회의산업법 제6조(국제회의산업육성기본계획의 수립 등) ① 문화체육관광부장관은 국제회의산업의 육성 · 진흥을 위하여 다음 각 호의 사항이 포함되는 국제회의산업육성기본계획(이하 "기본계획"이라 한다)을 5년마다 수립 · 시행하여야 한다. 〈개정 2008. 2. 29., 2017. 11. 28., 2020. 12. 22., 2022. 9. 27.〉

1. 국제회의의 유치와 촉진에 관한 사항
2. 국제회의의 원활한 개최에 관한 사항
3. 국제회의에 필요한 인력의 양성에 관한 사항
4. 국제회의시설의 설치와 확충에 관한 사항
5. 국제회의시설의 감염병 등에 대한 안전 · 위생 · 방역 관리에 관한 사항
6. 국제회의산업 진흥을 위한 제도 및 법령 개선에 관한 사항
7. 그 밖에 국제회의산업의 육성 · 진흥에 관한 중요 사항

② 문화체육관광부장관은 기본계획에 따라 연도별 국제회의산업육성시행계획(이하 "시행계획"이라 한다)을 수립 · 시행하여야 한다. 〈신설 2017. 11. 28.〉

③ 문화체육관광부장관은 기본계획 및 시행계획의 효율적인 달성을 위하여 관계 중앙행정기관의 장, 지방자치단체의 장 및 국제회의산업 육성과 관련된 기관의 장에게 필요한 자료 또는 정보의 제공, 의견의 제출 등을 요청할 수 있다. 이 경우 요청을 받은 자는 정당한 사유가 없으면 이에 따라야 한다. 〈개정 2017. 11. 28.〉

④ 문화체육관광부장관은 기본계획의 추진실적을 평가하고, 그 결과를 기본계획의 수립에 반영하여야 한다. 〈신설 2017. 11. 28.〉

⑤ 기본계획 · 시행계획의 수립 및 추진실적 평가의 방법 · 내용 등에 필요한 사항은 대통령령으로 정한다. 〈개정 2017. 11. 28.〉 [전문개정 2007. 12. 21.]

시행은 다음과 같다.(국제회의산업시행령 제11조(국제회의산업육성기본계획의 수립 등))

① 국제회의산업육성기본계획과 국제회의산업육성시행계획을 수립하거나 변경하는 경우에는 국제회의산업과 관련이 있는 기관 또는 단체 등의 의견을 들어야 한다.

② 국제회의산업육성기본계획의 추진실적을 평가하는 경우에는 연도별 국제회의산업육성시행계획의 추진실적을 종합하여 평가하여야 한다.

③ 국제회의산업육성기본계획의 추진실적 평가에 필요한 조사 · 분석 등을 전문기관에 의뢰할 수 있다.

4) 국제회의 유치 및 개최지원

(1) 국제회의 유치 · 개최 지원

국제회의산업법 제7조(국제회의 유치 · 개최 지원) ① 문화체육관광부장관은 국제회의의 유치를 촉진하고 그 원활한 개최를 위하여 필요하다고 인정하면 국제회의를 유치하거나 개최하는 자에게 지원을 할 수 있다. 〈개정 2008.2.29.〉

(2) 국제회의 유치 · 개최 지원신청

국제회의산업법 제7조(국제회의 유치 · 개최 지원) ② 제1항에 따른 지원을 받으려는 자는 문화체육관광부령으로 정하는 바에 따라 문화체육관광부장관에게 그 지원을 신청하여야 한다. 〈개정 2008.2.29.〉 [전문개정 2007. 12. 21.]

지원신청 시에는「국제회의산업 육성에 관한 법률」에 따라 국제회의 유치 · 개최에 관한 지원을 받고자 하는 자는 별지 서식의 국제회의지원신청서에 다음의 서류를 첨부하여 국제회의전담조직의 장에게 제출하여야 한다.(국제회의산업시행령규칙제2조(국제회의유치 · 개최지원신청))

① 국제회의 유치 · 개최 계획서(국제회의의 명칭, 목적, 기간, 장소, 참가자 스, 필요한 비용 등이 포함되어야 한다) 1부

② 국제회의 유치 · 개최 실적에 관한 서류(국제회의를 유치 · 개최한 실적이 있는 경우만 해당한다) 1부

③ 지원을 받으려는 세부 내용을 적은 서류 1부

[별지 제1호서식] 국제회의산업 육성에 관한 법률 시행규칙 〈개정 2015.9.25.〉

국제회의 지원신청서

접수번호	접수일자	처리기간 30일

신청인	대표자 성명	생년월일
	주소(대표자)	전화번호
	단체명·상호	자본금
	주소(단체)	전화번호
	설립목적	설립연도
	지원 요망사항	

「국제회의산업 육성에 관한 법률」 제7조제2항 및 같은 법 시행규칙 제2조에 따라 위와 같이 신청합니다.

년 월 일

신청인 (서명 또는 인)

국제회의 전담조직의 장 귀하

첨부서류	1. 국제회의 유치·개최 계획서(국제회의의 명칭, 목적, 기간, 장소, 참가자 수, 필요한 비용 등이 포함되어야 합니다) 1부 2. 국제회의 유치·개최 실적에 관한 서류(국제회의를 유치·개최한 실적이 있는 경우만 제출합니다) 1부 3. 지원을 받으려는 세부 내용을 적은 서류 1부	수수료 없음

처리절차

신청서 작성	→	접수	→	검토	→	결정	→	통보
신청인		국제회의 전담조직		국제회의 전담조직		국제회의 전담조직		신청인

210mm×297mm[백상지 80g/㎡(재활용품)]

[별지 제2호서식] 국제회의산업 육성에 관한 법률 시행규칙 〈신설 2015.9.25.〉

국제회의집적시설 지정신청서

※ [ ]에는 해당되는 곳에 √표를 합니다

접수번호	접수일자	처리기간

신청인	기관 명칭	사업자등록번호
	주 소	전화번호
	대표자 성명	생년월일
집적시설 위치	(주소) (해당 국제회의복합지구의 명칭 및 위치) (인근 전문회의시설의 명칭 및 해당 시설로부터의 거리)	
집적시설 종류	[ ] 숙박시설 [ ] 판매시설 [ ] 공연장	
집적시설 규모	(숙박시설) 「관광진흥법」 및 같은 법 시행령에 따른 세부 업종, 객실 수, 면적 표기 (판매시설) 「유통산업발전법」 별표에 따른 대규모점포 종류 및 면적 표기 (공 연 장) 「공연법」에 따른 공연장 여부, 객석 수, 면적 표기	
전문회의시설과의 관계 및 편의시설 등	복합지구 내 전문회의시설과의 업무제휴 협약 내용 외국인 이용자를 위한 안내체계 및 편의시설 현황	

「국제회의산업 육성에 관한 법률」 제15조의3제2항 및 같은 법 시행령 제13조의4제2항에 따라 위와 같이 국제회의집적시설의 지정을 신청합니다.

년 월 일

신청인 (서명 또는 인)

문화체육관광부장관 귀하

첨부서류	1. 지정 신청 당시 설치가 완료된 시설인 경우: 「국제회의산업 육성에 관한 법률 시행령」(이하 "영"이라 함) 제4조 각 호의 어느 하나에 해당하는 시설에 해당하고 영 제13조의4제1항 각 호의 지정 요건을 갖추고 있음을 증명할 수 있는 서류 2. 지정 신청 당시 설치가 완료되지 아니한 시설의 경우: 설치가 완료되는 시점에는 영 제4조 각 호의 어느 하나에 해당하는 시설에 해당하고 영 제13조의4제1항 각 호의 요건을 충족할 수 있음을 확인할 수 있는 서류	수수료 없음

처리절차

신 청	→	접 수	→	검 토	→	집적시설의 지정 및 공고	→	통 보
신청인		처리기관 (문화체육관광부)		처리기관 (문화체육관광부)		처리기관 (문화체육관광부)		신청인

210mm×297mm[백상지(80g/㎡) 또는 중질지(80g/㎡)]

(3) 지원결과보고

국제회의산업법시행규칙 제3조(지원결과보고) 법 제7조에 따라 지원을 받은 국제회의 유치·개최자는 해당 사업이 완료된 후 1개월(영 제2조제3호에 따른 국제회의를 유치하거나 개최하여 지원금을 받은 경우에는 문화체육관광부장관이 정하여 고시하는 기한) 이내에 법 제5조제1항에 따른 국제회의 전담조직의 장에게 사업 결과 보고서를 제출해야 한다. 〈개정 2020. 11. 10.〉 [전문개정 2011. 11. 24.]

(4) 국제회의 유치·개최의 지원권한의 위탁

가) 법인 또는 단체에 위탁

국제회의산업법 제18조(권한의 위탁) ① 문화체육관광부장관은 제7조에 따른 국제회의의 유치·개최의 지원에 관한 업무를 대통령령으로 정하는 바에 따라 법인이나 단체에 위탁할 수 있다. 〈개정 2008.2.29.〉

② 문화체육관광부장관은 제1항에 따른 위탁을 한 경우에는 해당 법인이나 단체에 예산의 범위에서 필요한 경비(經費)를 보조할 수 있다. 〈개정 2008.2.29.〉 [전문개정 2007.12.21.]

나) 국제회의전담조직에 위탁

국제회의산업법시행령 제16조(권한의 위탁) ① 문화체육관광부장관은 제7조에 따른 국제회의 유치 · 개최의 지원에 관한 업무를 대통령령으로 정하는 바에 따라 법인이나 단체에 위탁할 수 있다. 〈개정 2008. 2. 29.〉

② 문화체육관광부장관은 제1항에 따른 위탁을 한 경우에는 해당 법인이나 단체에 예산의 범위에서 필요한 경비(經費)를 보조할 수 있다. 〈개정 2008. 2. 29.〉 [전문개정 2007. 12. 21.]

5) 국제회의산업 육성기반의 조성

(1) 조성사업

국제회의산업법 제8조(국제회의산업 육성기반의 조성) ① 문화체육관광부장관은 국제회의산업 육성기반을 조성하기 위하여 관계 중앙행정기관의 장과 협의하여 다음 각 호의 사업을 추진하여야 한다. 〈개정 2008. 2. 29., 2022. 9. 27.〉

1. 국제회의시설의 건립
2. 국제회의 전문인력의 양성
3. 국제회의산업 육성기반의 조성을 위한 국제협력
4. 인터넷 등 정보통신망을 통하여 수행하는 전자국제회의 기반의 구축
5. 국제회의산업에 관한 정보와 통계의 수집 · 분석 및 유통
6. 국제회의 기업 육성 및 서비스 연구개발
7. 그 밖에 국제회의산업 육성기반의 조성을 위하여 필요하다고 인정되는 사업으로서 대통령령으로 정하는 사업

법 제8조제1항제7호에서 "대통령령으로 정하는 사업"이란 다음 각 호의 사업을 말한다.(국제회의산업법시행령 제12조제1항(국제회의산업육성기반조성사업 및 사업시행기관))

① 국제회의 전담조직의 육성

② 국제회의산업에 관한 국외 홍보사업

(2) 조성사업시행기관

국제회의산업법 제8조(국제회의산업 육성기반의 조성) ② 문화체육관광부장관은 다음 각 호의 기관 · 법인 또는 단체(이하 "사업시행기관"이라 한다) 등으로 하여금 국제회의산업 육성기반의 조성을 위한 사업을 실시하게 할 수 있다. 〈개정 2008.2.29.〉

1. 제5조제1항 및 제2항에 따라 지정 · 설치된 전담조직
2. 제14조제1항에 따라 지정된 국제회의도시
3. 「한국관광공사법」에 따라 설립된 한국관광공사
4. 「고등교육법」에 따른 대학 · 산업대학 및 전문대학
5. 그 밖에 대통령령으로 정하는 법인 · 단체 [전문개정 2007.12.21.]

법 제8조제2항제5호에서 "대통령령으로 정하는 법인 · 단체"란 국제회의산업의 육성과 관련된 업무를 수행하는 법인 · 단체로서 문화체육관광부장관이 지정하는 법인 · 단체를 말한다.(국제회의산업법시행령 제12조제2항(국제회의산업육성기반조성사업 및 사업시행기관)

6) 국제회의산업 육성기반의 정부지원

(1) 국제회의시설의 건립 및 운영촉진을 위한 사업에 대한 지원

국제회의산업법 제9조(국제회의시설의 건립 및 운영 촉진 등) 문화체육관광부장관은 국제회의시설의 건립 및 운영 촉진 등을 위하여 사업시행기관이 추진하는 다음 각 호의 사업을 지원할 수 있다. 〈개정 2008. 2. 29.〉

1. 국제회의시설의 건립
2. 국제회의시설의 운영
3. 그 밖에 국제회의시설의 건립 및 운영 촉진을 위하여 필요하다고 인정하는 사업으로서 문화체육관광부령으로 정하는 사업 [전문개정 2007. 12. 21.]

법 제9조제3호에서 "문화체육관광부령으로 정하는 사업"이란 국제회의시설의 국외 홍보활동을 말한다.(국제회의산업법시행규칙 제4조(국제회의시설의 지원))

(2) 국제회의 전문인력의 교육 · 훈련을 위한 사업에 대한 지원

국제회의산업법 제10조(국제회의 전문인력의 교육 · 훈련 등) 문화체육관광부장관은 국제회의 전문인력의 양성 등을 위하여 사업시행기관이 추진하는 다음 각 호의 사업을 지원할 수 있다. 〈개정 2008.2.29.〉

1. 국제회의 전문인력의 교육 · 훈련

2. 국제회의 전문인력 교육과정의 개발 · 운영
3. 그 밖에 국제회의 전문인력의 교육 · 훈련과 관련하여 필요한 사업으로서 문화체육관광부령으로 정하는 사업 [전문개정 2007. 12. 21.]

법 제10조제3호에서 "문화체육관광부령으로 정하는 사업"이란 국제회의 전문인력 양성을 위한 인턴사원제도 등 현장실습의 기회를 제공하는 사업을 말한다.(국제회의산업법시행규칙제5조(전문인력의 교육훈련))

(3) 국제협력의 촉진을 위한 사업에 대한 지원

국제회의산업법 제11조(국제협력의 촉진) 문화체육관광부장관은 국제회의산업 육성기반의 조성과 관련된 국제협력을 촉진하기 위하여 사업시행기관이 추진하는 다음 각 호의 사업을 지원할 수 있다. 〈개정 2008.2.29.〉
1. 국제회의 관련 국제협력을 위한 조사 · 연구
2. 국제회의 전문인력 및 정보의 국제 교류
3. 외국의 국제회의 관련 기관 · 단체의 국내 유치
4. 그 밖에 국제회의 육성기반의 조성에 관한 국제협력을 촉진하기 의하여 필요한 사업으로서 문화체육관광부령으로 정하는 사업 [전문개정 2007.12.21.]

법 제11조제4호에서 "문화체육관광부령으로 정하는 사업"이란 다음 각 호의 사업을 말한다.(국제회의산업법시행규칙 제6조(국제협력의 촉진))

1. 국제회의 관련 국제행사에의 참가
2. 외국의 국제회의 관련 기관 · 단체에의 인력 파견

(4) 전자국제회의 기반의 확충을 위한 사업에 대한 지원

국제회의산업법 제12조(전자국제회의 기반의 확충) ① 정부는 전자국제회의 기반을 확충하기 위하여 필요한 시책을 강구하여야 한다.

② 문화체육관광부장관은 전자국제회의 기반의 구축을 촉진하기 위하여 사업시행기관이 추진하는 다음 각 호의 사업을 지원할 수 있다. 〈개정 2008.2.29.〉
1. 인터넷 등 정보통신망을 통한 사이버 공간에서의 국제회의 개최
2. 전자국제회의 개최를 위한 관리체제의 개발 및 운영
3. 그 밖에 전자국제회의 기반의 구축을 위하여 필요하다고 인정하는 사업으로서 문화체육관광부령으로 정하는 사업 [전문개정 2007.12.21.]

법 제12조제2항제3호에서 "문화체육관광부령으로 정하는 사업"이란 전자국제회의 개최를 위한 국내외 기관 간의 협력사업을 말한다.(국제회의산업법시행규칙 제7조(전자국제회의 기반구축))

(5) 국제회의 정보의 유통 촉진을 위한 사업에 대한 지원

국제회의산업법 제13조(국제회의 정보의 유통촉진) ① 정부는 국제회의 정보의 원활한 공급·활용 및 유통을 촉진하기 위하여 필요한 시책을 강구하여야 한다.

② 문화체육관광부장관은 국제회의 정보의 공급·활용 및 유통을 촉진하기 위하여 사업시행기관이 추진하는 다음 각 호의 사업을 지원할 수 있다. 〈개정 2008.2.29.〉

1. 국제회의 정보 및 통계의 수집·분석
2. 국제회의 정보의 가공 및 유통
3. 국제회의 정보망의 구축 및 운영
4. 그 밖에 국제회의 정보의 유통 촉진을 위하여 필요한 사업으로 문화체육관광부령으로 정하는 사업

③ 문화체육관광부장관은 국제회의 정보의 공급·활용 및 유통을 촉진하기 위하여 필요하면 문화체육관광부령으로 정하는 바에 따라 관계 행정기관과 국제회의 관련 기관·단체에 대하여 국제회의 정보의 제출을 요청하거나 국제회의 정보를 제공할 수 있다. 〈개정 2008.2.29.〉 [전문개정 2007.12.21.]

국제회의산업법시행규칙 제8조(국제회의 정보의 유통촉진) ① 법 제13조제2항제4호에서 "문화체육관광부령으로 정하는 사업"이란 국제회의 정보의 활용을 위한 자료의 발간 및 배포를 말한다.

② 문화체육관광부장관은 법 제13조제3항에 따라 국제회의 정보의 제출을 요청하거나, 국제회의 정보를 제공할 때에는 요청하려는 정보의 구체적인 내용 등을 적은 문서로 하여야 한다. [전문개정 2011.11.24.]

법 제13조제2항제4호에서 "문화체육관광부령으로 정하는 사업"이란 국제회의 정보의 활용을 위한 자료의 발간 및 배포를 말한다.(국제회의산업법시행규칙 제8조(국제회의 정보의 유통촉진))

법 제13조제3항에 따라 문화체육관광부장관은 국제회의 정보의 제출을 요청하거나, 국제회의 정보를 제공할 때에는 요청하려는 정보의 구체적인 내용 등을 적은 문서로 하여야 한다.

7) 국제회의도시의 지정 및 재원

(1) 국제회의도시의 지정

국제회의산업법 제14조(국제회의도시의 지정 등) ① 문화체육관광부장관은 대통령령으로 정하는 국제회의도시 지정기준에 맞는 특별시 · 광역시 및 시를 국제회의도시로 지정할 수 있다. 〈개정 2008.2.29., 2009.3.18.〉

② 문화체육관광부장관은 국제회의도시를 지정하는 경우 지역 간의 균형적 발전을 고려하여야 한다. 〈개정 2008.2.29.〉 [전문개정 2007.12.21.]

가) 국제회의도시의 지정기준

국제회의산업법 제14조(국제회의도시의 지정 등) ⑤ 제1항과 제3항에 따른 국제회의도시의 지정 및 지정취소 등에 필요한 사항은 대통령령으로 정한다. [전문개정 2007.12.21.]

국제회의도시의 지정기준은 다음과 같다.(국제회의산업법시행령 제13조(국제회의도시의 지정기준))

① 지정대상 도시에 국제회의시설이 있고, 해당 특별시 · 광역시 또는 시에서 이를 활용한 국제회의산업 육성에 관한 계획을 수립하고 있을 것

② 지정대상 도시에 숙박시설 · 교통시설 · 교통안내체계 등 국제회의 참가자를 위한 편의시설이 갖추어져 있을 것

③ 지정대상 도시 또는 그 주변에 풍부한 관광자원이 있을 것

나) 국제회의도시의 지정신청

국제회의산업법시행규칙 제9조(국제회의도시의 지정신청) 법 제14조제1항에 따라 국제회의도시의 지정을 신청하려는 특별시장 · 광역시장 또는 시장은 다음 각 호의 내용을 적은 서류를 문화체육관광부장관에게 제출하여야 한다.

1. 국제회의시설의 보유 현황 및 이를 활용한 국제회의산업 육성에 관한 계획
2. 숙박시설 · 교통시설 · 교통안내체계 등 국제회의 참가자를 위한 편의시설의 현황 및 확충계획
3. 지정대상 도시 또는 그 주변의 관광자원의 현황 및 개발계획
4. 국제회의의 유치 · 개최 실적 및 계획 [전문개정 2011.11.24.]

다) 국제회의도시의 지정취소

국제회의산업법 제14조(국제회의도시의 지정 등) ③ 문화체육관광부장관은 국제회의도시가 제1항에 따른 지정기준에 맞지 아니하게 된 경우에는 그 지정을 취소할 수 있다. 〈개정 2008.2.29., 2009.3.18.〉

④ 문화체육관광부장관은 제1항과 제3항에 따른 국제회의도시의 지정 또는 지정취소를 한 경우에는 그 내용을 고시하여야 한다.[15] 〈개정 2008.2.29.〉

⑤ 제1항과 제3항에 따른 국제회의도시의 지정 및 지정취소 등에 필요한 사항은 대통령령으로 정한다. [전문개정 2007.12.21.]

(2) 국제회의도시의 지원

국제회의산업법 제15조(국제회의도시의 지원) 문화체육관광부장관은 제14조제1항에 따라 지정된 국제회의도시에 대하여는 다음 각 호의 사업에 우선 지원할 수 있다. 〈개정 2008.2.29.〉

1. 국제회의도시에서의 「관광진흥개발기금법」 제5조의 용도에 해당하는 사업
2. 제16조제2항 각 호의 어느 하나에 해당하는 사업(재정지원에 해당하는 사업) [전문개정 2007.12.21.]

가) 국제회의도시의 재정지원

국제회의산업법 제16조(재정지원) ① 문화체육관광부장관은 이 법의 목적을 달성하기 위하여 「관광진흥개발기금법」 제2조제2항제3호에 따른 국외 여행자의 출국납부금 총액의 100분의 10에 해당하는 금액의 범위에서 국제회의산업의 육성재원을 지원할 수 있다. 〈개정 2008.2.29.〉

나) 국제회의도시의 지원대상사업

국제회의산업법 제16조(재정지원) ② 문화체육관광부장관은 제1항에 따른 금액의 범위에서 다음 각 호에 해당되는 사업에 필요한 비용의 전부 또는 일부를 지원할 수 있다. 〈개정 2008.2.29., 2015.3.27.〉

1. 제5조제1항 및 제2항에 따라 지정 · 설치된 전담조직의 운영

---

15) 「국제회의도시 지정」[시행 2014. 12. 23.] [문화체육관광부고시 제2014-53호, 2014. 12. 23., 제정]
· 신규 국제회의도시 지정 : 경기도 고양시, 강원도 평창군(평창 건강올림픽 종합특구), 경상북도 경주시

2. 제7조제1항에 따른 국제회의 유치 또는 그 개최자에 대한 지원
3. 제8조제2항제2호부터 제5호까지의 규정에 따른 사업시행기관에서 실시하는 국제회의산업 육성기반 조성사업
4. 제10조부터 제13조까지의 각 호에 해당하는 사업
4의2. 제15조의2에 따라 지정된 국제회의복합지구의 육성 · 진흥을 위한 사업
4의3. 제15조의3에 따라 지정된 국제회의집적시설에 대한 지원 사업
5. 그 밖에 국제회의산업의 육성을 위하여 필요한 사항으로서 대통령령으로 정하는 사업

다) 지원신청

국제회의산업법 제16조(재정지원) ④ 제2항에 따른 지원을 받으려는 자는 대통령령으로 정하는 바에 따라 문화체육관광부장관 또는 제18조에 따라 사업을 위탁받은 기관의 장에게 지원을 신청하여야 한다. 〈개정 2008. 2. 29.〉 [전문개정 2007. 12. 21.]

라) 지원금의 교부

국제회의산업법 제16조(재정지원) ③ 제2항에 따른 지원금의 교부에 필요한 사항은 대통령령으로 정한다.

법 제16조제2항에 따른 지원금은 해당 사업의 추진 상황 등을 고려하여 나누어 지급한다. 다만, 사업의 규모 · 착수시기 등을 고려하여 필요하다고 인정할 때에는 한꺼번에 지급할 수 있다.(국제회의산업법시행령 제14조(재정지원 등))

마) 지원금의 관림 및 회수

국제회의산업법시행령 제15조(지원금의 관리 및 회수) ① 법 제16조제2항에 따라 지원금을 받은 자는 그 지원금에 대하여 별도의 계정(計定)을 설치하여 관리해야 하고, 그 사용 실적을 사업이 끝난 후 1개월(제2조제3호에 따른 국제회의를 유치하거나 개최하여 지원금을 받은 경우에는 문화체육관광부장관이 정하여 고시하는 기한) 이내에 문화체육관광부장관에게 보고해야 한다. 〈개정 2020. 11. 10.〉

② 법 제16조제2항에 따라 지원금을 받은 자가 법 제16조제2항 각 호에 다른 용도 외에 지원금을 사용하였을 때에는 그 지원금을 회수할 수 있다. [전문개정 2011. 11. 16.]

8) 국제회의복합지구의 지정 및 육성 · 진흥계획

(1) 국제회의복합지구의 지정

국제회의산업법 제15조의2(국제회의복합지구의 지정 등) ① 특별시장 · 광역시장 · 특별자치시장 · 도지사 · 특별자치도지사(이하 "시 · 도지사"라 한다)는 국제회의산업의 진흥을 위하여 필요한 경우에는 관할구역의 일정 지역을 국제회의복합지구로 지정할 수 있다.

⑥ 제1항에 따라 지정된 국제회의복합지구는 「관광진흥법」 제70조에 따른 관광특구로 본다.

가) 국제회의복합지구의 지정요건

국제회의산업법시행령 제13조의2(국제회의복합지구의 지정 등) ① 법 제15조의2제1항에 따른 국제회의복합지구 지정요건은 다음 각 호와 같다. 〈개정 2022. 8. 2.〉

1. 국제회의복합지구 지정 대상 지역 내에 제3조제2항에 따른 전문회의시설이 있을 것
2. 국제회의복합지구 지정 대상 지역 내에서 개최된 회의에 참가한 외국인이 국제회의복합지구 지정일이 속한 연도의 전년도 기준 5천명 이상이거나 국제회의복합지구 지정일이 속한 연도의 직전 3년간 평균 5천명 이상일 것. 이 경우 「감염병의 예방 및 관리에 관한 법률」에 따른 감염병의 확산으로 「재난 및 안전관리 기본법」 제38조제2항에 따른 경계 이상의 위기경보가 발령된 기간에 개최된 회의에 참가한 외국인의 수는 회의에 참가한 외국인의 수에 문화체육관광부장관이 정하여 고시하는 가중치를 곱하여 계산할 수 있다.
3. 국제회의복합지구 지정 대상 지역에 제4조 각 호의 어느 하나에 해당하는 시설이 1개 이상 있을 것
4. 국제회의복합지구 지정 대상 지역이나 그 인근 지역에 교통시설 · 교통안내체계 등 편의시설이 갖추어져 있을 것

나) 국제회의복합지구의 지정면적

국제회의산업법시행령 제13조의2(국제회의복합지구의 지정 등) ②국제회의복합지구의 지정 면적은 400만 제곱미터 이내로 한다.

(2) 국제회의복합지구의 지정변경

국제회의산업법시행령 제13조의2(국제회의복합지구의 지정 등) ③ 특별시장 · 광역시장 · 특별자치시장 · 도지사 · 특별자치도지사(이하 "시 · 도지사"라 한다)는 국제회의복합지구의 지정을 변경하려는 경우에는 다음 각 호의 사항을 고려하여야 한다.

1. 국제회의복합지구의 운영 실태
2. 국제회의복합지구의 토지이용 현황
3. 국제회의복합지구의 시설 설치 현황
4. 국제회의복합지구 및 인근 지역의 개발계획 현황

(3) 국제회의복합지구의 지정해제

국제회의산업법 제15조의2(국제회의복합지구의 지정 등) ④ 시ㆍ도지사는 사업의 지연, 관리 부실 등의 사유로 지정목적을 달성할 수 없는 경우 국제회의복합지구 지정을 해제할 수 있다. 이 경우 문화체육관광부장관의 승인을 받아야 한다.

시ㆍ도지사는 법 제15조의2제4항에 따라 국제회의복합지구의 지정을 해제하려면 미리 해당 국제회의복합지구의 명칭, 위치, 지정 해제 예정일 등을 20일 이상 해당 지방자치단체의 인터넷 홈페이지에 공고하여야 한다.(국제회의산업법시행령 제13조의2제4항(국제회의복합지구의 지정 등)

(4) 국제회의복합지구의 지정, 지정변경, 지정해제시 내용 공고

국제회의산업법 제15조의2(국제회의복합지구의 지정 등) ⑤ 시ㆍ도지사는 제1항 및 제2항에 따라 국제회의복합지구를 지정하거나 지정을 변경한 경우 또는 제4항에 따라 지정을 해제한 경우 대통령령으로 정하는 바에 따라 그 내용을 공고하여야 한다.

시ㆍ도지사는 국제회의복합지구를 지정하거나 지정을 변경한 경우 또는 지정을 해제한 경우에는 다음의 사항을 관보, 일반일간신문 또는 해당 지방자치단체의 인터넷 홈페이지에 공고하고, 문화체육관광부장관에게 국제회의복합지구의 지정, 지정 변경 또는 지정 해제의 사실을 통보하여야 한다.(국제회의산업법시행령 제13조의2제5항(국제회의복합지구의 지정 등))

① 국제회의복합지구의 명칭
② 국제회의복합지구를 표시한 행정구역도와 지적도면
③ 국제회의복합지구 육성ㆍ진흥계획의 개요(지정의 경우만 해당)
④ 국제회의복합지구 지정 변경 내용의 개요(지정 변경의 경우만 해당)
⑤ 국제회의복합지구 지정 해제 내용의 개요(지정 해제의 경우만 해당)

(5) 국제회의복합지구의 육성 · 진흥계획

가) 국제회의복합지구 육성 · 진흥계획 수립

국제회의산업법 제15조의2(국제회의복합지구의 지정 등) ② 시 · 도지사는 국제회의복합지구를 지정할 때에는 국제회의복합지구 육성 · 진흥계획을 수립하여 문화체육관광부장관의 승인을 받아야 한다. 대통령령으로 정하는 중요한 사항을 변경할 때에도 또한 같다.
⑦ 제2항에 따른 국제회의복합지구 육성 · 진흥계획의 수립 · 시행, 국제회의복합지구 지정의 요건 및 절차 등에 필요한 사항은 대통령령으로 정한다. [본조신설 2015.3.27.]

"대통령령으로 정하는 중요한 사항"이란 국제회의복합지구의 위치, 면적 또는 지정 목적을 말하며, 국제회의복합지구 육성 · 진흥계획에 포함되어야 하는 사항은 다음과 같다.(국제회의산업법시행령 제13조의3제1,2항(국제회의복합지구육성 · 기본계획의 수립 등)

① 국제회의복합지구의 명칭, 위치 및 면적
② 국제회의복합지구의 지정 목적
③ 국제회의시설 설치 및 개선 계획
④ 국제회의집적시설의 조성 계획
⑤ 회의 참가자를 위한 편의시설의 설치 · 확충 계획
⑥ 해당 지역의 관광자원 조성 · 개발 계획
⑦ 국제회의복합지구 내 국제회의 유치 · 개최 계획
⑧ 관할 지역 내의 국제회의업 및 전시사업자 육성 계획
⑨ 그 밖에 국제회의복합지구의 육성과 진흥을 위하여 필요한 사항

나) 국제회의복합지구 육성 · 진흥계획 타당성 검토 및 조치

시 · 도지사는 수립된 국제회의복합지구 육성 · 진흥계획에 대하여 5년마다 그 타당성을 검토하고 국제회의복합지구 육성 · 진흥계획의 변경 등 필요한 조치를 하여야 한다.(국제회의산업법시행령 제13조의3제3항(국제회의복합지구육성 · 기본계획의 수립 등)

다) 국제회의복합지구 육성 · 진흥계획 시행

국제회의산업법 제15조의2(국제회의복합지구의 지정 등) ③ 시 · 도지사는 제2항에 따른 국제회의복합지구 육성 · 진흥계획을 시행하여야 한다.

9) 국제회의집적시설의 지정

(1) 국제회의집적시설의 지정요건

국제회의산업법 제15조의3(국제회의집적시설의 지정 등) ① 문화체육관광부장관은 국제회의복합지구에서 국제회의시설의 집적화 및 운영 활성화를 위하여 필요한 경우 시 · 도지사와 협의를 거쳐 국제회의집적시설을 지정할 수 있다.
④ 그 밖에 국제회의집적시설의 지정요건 및 지정신청 등에 필요한 사항은 대통령령으로 정한다.

국제회의집적시설의 지정요건은 다음과 같다.(국제회의산업법시행령 제13조의4제1항(국제회의집적시설의 지정 등)

① 해당 시설(설치 예정인 시설을 포함한다. 이하 이 항에서 같다)이 국제회의복합지구 내에 있을 것
② 해당 시설 내에 외국인 이용자를 위한 안내체계와 편의시설을 갖출 것
③ 해당 시설과 국제회의복합지구 내 전문회의시설 간의 업무제휴 협약이 체결되어 있을 것

(2) 국제회의집적시설의 지정신청

국제회의산업법 제15조의3(국제회의집적시설의 지정 등) ② 제1항에 따른 국제회의집적시설로 지정을 받으려는 자(지방자치단체를 포함한다)는 문화체육관광부장관에게 지정을 신청하여야 한다.

국제회의산업법시행령 제13조의4(국제회의집적시설의 지정 등) ② 국제회의집적시설의 지정을 받으려는 자는 법 제15조의3제2항에 따라 문화체육관광부령으로 정하는 지정신청서를 문화체육관광부장관에게 제출하여야 한다.
③ 국제회의집적시설 지정 신청 당시 설치가 완료되지 아니한 시설을 국제회의집적시설로 지정받은 자는 그 설치가 완료된 후 해당 시설이 제1항 각 호의 요건을 갖추었음을 증명할 수 있는 서류를 문화체육관광부장관에게 제출하여야 한다.

국제회의산업법시행규칙 제9조의2(국제회의집적시설의 지정신청) 국제회의집적시설의 지정을 받으려는 자는 법 제15조의3제2항에 따라 별지 제2호서식의 지정신청서에 다음 각 호의 서류를 첨부하여 문화체육관광부장관에게 지정을 신청하여야 한다.

1. 지정 신청 당시 설치가 완료된 시설인 경우 : 「국제회의산업 육성에 관한 법률 시행령」(이하 "영"이라 한다) 제4조 각 호의 어느 하나에 해당하는 시설에 해당하고 영 제13조의4제1항 각 호의 지정 요건을 갖추고 있음을 증명할 수 있는 서류
2. 지정 신청 당시 설치가 완료되지 아니한 시설의 경우 : 설치가 완료되는 시점에는 영 제4조 각 호의 어느 하나에 해당하는 시설에 해당하고 영 제13조의4제1항 각 호의 요건을 충족할 수 있음을 확인할 수 있는 서류 [본조신설 2015.9.25.]

(3) 국제회의집적시설의 지정해제

국제회의산업법 제15조의3(국제회의집적시설의 지정 등) ③ 문화체육관광부장관은 국제회의집적시설이 지정요건에 미달하는 때에는 대통령령으로 정하는 바에 따라 그 지정을 해제할 수 있다.

문화체육관광부장관은 국제회의집적시설의 지정을 해제하려면 미리 관할 시 · 도지사의 의견을 들어야 한다.(국제회의산업법시행령 제13조의4제4항(국제회의집적시설의 지정 등)

(4) 국제회의집적시설의 지정, 지정해제 공고

국제회의산업법시행령 제13조의4(국제회의집적시설의 지정 등) ⑤ 문화체육관광부장관은 법 제15조의3제1항에 따라 국제회의집적시설을 지정하거나 같은 조 제3항에 따라 지정을 해제한 경우에는 관보, 「신문 등의 진흥에 관한 법률」 제2조제1호가목에 따른 일반일간신문 또는 문화체육관광부의 인터넷 홈페이지에 그 사실을 공고하여야 한다.

(5) 설치 예정인 국제회의집적시설의 고시

국제회의산업법시행령 제13조의4(국제회의집적시설의 지정 등) ⑥ 제1항부터 제5항까지에서 규정한 사항 외에 설치 예정인 국제회의집적시설의 인정 범위 등 국제회의집적시설의 지정 및 해제에 필요한 사항은 문화체육관광부장관이 정하여 고시한다.[16] [본조신설 2015. 9. 22.]

16) 「국제회의집적시설 지정 및 관리에 관한 고시」

6. 부담금의 감면

국제회의산업법 제15조의4(부담금의 감면 등) ① 국가 및 지방자치단체는 국제회의복합지구 육성 · 진흥사업을 원활하게 시행하기 위하여 필요한 경우에는 국제회의복합지구의 국제회의시설 및 국제회의집적시설에 대하여 관련 법률에서 정하는 바에 따라 다음 각 호의 부담금을 감면할 수 있다.

1. 「개발이익 환수에 관한 법률」 제3조에 따른 개발부담금
2. 「산지관리법」 제19조에 따른 대체산림자원조성비
3. 「농지법」 제38조에 따른 농지보전부담금
4. 「초지법」 제23조에 따른 대체초지조성비
5. 「도시교통정비 촉진법」 제36조에 따른 교통유발부담금

② 지방자치단체의 장은 국제회의복합지구의 육성 · 진흥을 위하여 필요한 경우 국제회의복합지구를 「국토의 계획 및 이용에 관한 법률」 제51조에 따른 지구단위계획구역으로 지정하고 같은 법 제52조제3항에 따라 용적률을 완화하여 적용할 수 있다. [본조신설 2015.3.27.]

7. 국제회의시설의 설치자와 다른 법률과의 관계

1) 국제회의시설의 설치자의 허가 · 인가 또는 신고

국제회의산업법 제17조(다른 법률에 따른 허가 · 인가 등의 의제) ① 국제회의시설의 설치자가 국제회의시설에 대하여 「건축법」 제11조에 따른 건축허가를 받으면 같은 법 제11조제5항 각 호의 사항 외에 특별자치도지사 · 시장 · 군수 또는 구청장(자치구의 구청장을 말한다. 이하 이 조에서 같다)이 다음 각 호의 허가 · 인가 등의 관계 행정기관의 장과 미리 협의한 사항에 대해서는 해당 허가 · 인가 등을 받거나 신고를 한 것으로 본다. 〈개정 2008. 3. 21., 2009. 6. 9., 2011. 8. 4., 2017. 1. 17., 2017. 11. 28., 2021. 11. 30., 2023. 5. 16.〉

1. 「하수도법」 제24조에 따른 시설이나 공작물 설치의 허가
2. 「수도법」 제52조에 따른 전용상수도 설치의 인가
3. 「소방시설 설치 및 관리에 관한 법률」 제6조제1항에 따른 건축허가의 동의
4. 「폐기물관리법」 제29조제2항에 따른 폐기물처리시설 설치의 승인 또는 신고
5. 「대기환경보전법」 제23조, 「물환경보전법」 제33조 및 「소음 · 진동관리법」 제8조에 따른 배출시설 설치의 허가 또는 신고

2) 국제회의시설의 설치자의 검사 또는 신고

국제회의산업법 제17조(다른 법률에 따른 허가 · 인가 등의 의제) ② 국제회의시설의 설치자가 국제회의시설에 대하여 「건축법」 제22조에 따른 사용승인을 받으면 같은 법 제22조 제4항 각 호의 사항 외에 특별자치도지사 · 시장 · 군수 또는 구청장이 다음 각 호의 검사 · 신고 등의 관계 행정기관의 장과 미리 협의한 사항에 대해서는 해당 검사를 받거나 신고를 한 것으로 본다. 〈개정 2008. 3. 21., 2009. 6. 9. 2017. 1. 17., 2023. 5. 16.〉

1. 「수도법」 제53조에 따른 전용상수도의 준공검사
2. 「소방시설공사업법」 제14조제1항에 따른 소방시설의 완공검사
3. 「폐기물관리법」 제29조제4항에 따른 폐기물처리시설의 사용개시 신고
4. 「대기환경보전법」제30조 및 「물환경보전법」 제37조에 따른 배출시설 등의 가동개시(稼動開始) 신고

3) 의제처리

(1) 의제처리시 신청서류

국제회의산업법 제17조(다른 법률에 따른 허가 · 인가 등의 의제) ③ 제1항과 제2항에 따른 협의를 요청받은 행정기관의 장은 그 요청을 받은 날부터 15일 이내에 의견을 제출하여야 한다. 〈개정 2023. 5. 16.〉

국제회의산업법시행규칙 제10조(인가 · 허가 등의 의제를 위한 서류 제출) 법 제17조제3항에서 "문화체육관광부령으로 정하는 관계 서류"란 법 제17조제1항 및 제2항에 따라 의제(擬制)되는 허가 · 인가 · 검사 등에 필요한 서류를 말한다. [전문개정 2011.11.24.]

(2) 관계행정기관의 장과의 협의

국제회의산업법 제17조(다른 법률에 따른 허가 · 인가 등의 의제) ④ 제1항부터 제3항까지에서 규정한 사항 외에 허가 · 인가, 검사 및 신고 등 의제의 기준 및 효과 등에 관하여는 「행정기본법」 제24조부터 제26조까지를 따른다. 이 경우 같은 법 제24조제4항 전단 중 "20일"은 "15일"로 한다. 〈개정 2023. 5. 16.〉 [전문개정 2007. 12. 21.] [제목개정 2023. 5. 16.]

참고문헌

박철호 · 한수정(2011). 스마트 관광법규론, 기문사.
박철호 · 한수정(2018). 관광창업대비 관광법규, 기문사.
한수정(2020). 판례와 함께하는 관광법의 이해, 아이콘커뮤니케이션.

문화체육관광부(2022). 2021년 기준 관광동향에 관한 연차보고서
한국호텔업협회(2022). 2021 호텔업운영현황

공공데이터포탈	https://www.data.go.kr/
관광지식정보시스템	http://www.tour.go.kr/
국가기록나라원	http://contents.archives.go.kr/
국가통계포털 KOSIS	http://www.kosis.kr/
문화체육관광부	http://www.mcst.go.kr/
법률지식정보시스템	http://likms.assembly.go.kr/law/
법무부	http://www.moj.go.kr/
법제처	http://www.moleg.go.kr/
사행산업감독위원회	http://www.ngcc.go.kr/
지방공기업경영정보공개시스템	http://www.cleaneye.go.kr/
한국관광공사	http://www.visitkorea.or.kr/
한국문화관광연구원	http://www.kcti.re.kr/
호텔앤레스토랑	http://www.hotelrestaurant.co.kr/
호텔업등급결정사업	https://www.hotelrating.or.kr/
K-MICE	http://k-mice.visitkorea.or.kr/
한국관광협회중앙회	http://www.koreatravel.or.kr/
한국일반여행업협회	http://www.kata.or.kr/
한국호텔업협회	http://www.hotelskorea.or.kr/
한국외국인관광시설협회	http://cafe.naver.com/ksta/
한국종합유원시설협회	http://www.kaapa.or.kr/
한국카지노업관광협회	http://www.koreacasino.or.kr/
한국휴양콘도미니엄경영협회	http://www.condo.or.kr/
한국 MICE협회	http://www.kceia.org/
서울특별시관광협회	http://www.sta.or.kr/
부산광역시관광협회	http://www.bta.or.kr/
대구광역시관광협회	http://www.daegutravel.or.kr/
인천광역시관광협회	http://www.incheontravel.or.kr/
광주광역시관광협회	http://www.gjtravel.or.kr/
대전광역시관광협회	http://www.djta.or.kr/

울산광역시관광협회	http://www.ulsantour.or.kr/
경기도관광협회	http://www.gta.or.kr/
강원도관광협회	http://www.gwd-ta.co.kr/
충청북도관광협회	http://www.2010visit.org/
충청남도관광협회	http://www.cntour.or.kr/
전라북도관광협회	http://www.tourkorea.org/
전라남도관광협회	http://www.jntour.or.kr/
경상북도관광협회	http://www.gogbta.or.kr/
경상남도관광협회	http://www.tourgsnd.or.kr/
제주도관광협회	http://www.hijeju.or.kr/
경기관광공사	http://www.gto.or.kr/
인천광역시관광공사	http://www.into.or.kr/
제주관광공사	http://www.ijto.or.kr/
경북관광개발공사	http://www.ktd.co.kr/

저자소개

■ 박철호

- 경기대학교 관광경영학과(관광경영전공)
- 경기대학교 대학원 경영학 석사(관광경영전공)
- 경기대학교 대학원 경영학 박사(관광경영전공)
- George Mason University(USA, Visiting Scholar)

현)

- 안양대학교 관광경영학과 교수
- 한국문화레저관광산업연구회 회장
- 한국여행학회 고문
- 한국문화관광연구학회 부회장
- 한국관광연구학회 부회장
- 학교법인 송곡학원(송곡대학교, 송곡고등학교, 송곡여자고등학고, 송곡관광고등학교, 송곡여자중학교) 이사
- 서울특별시 송파 · 강동 교육지원청 교육발전자문위원회 위원장
- 서울특별시 송파 · 강동 교육지원청 인사위원
- 한국관광호텔등급 심사위원
- 국립 산림치유원 고객단족위원회 위원
- 슬로우시티 평가위원
- 안양시 관광자문위원
- 경기남부지방경찰청 경찰공무원 면접위원

전)

- 한국여행학회 회장
- 한국해양관광학회 부회장
- 한국서비스경영학회 편집위원
- 국무총리실 정책평가위원회 정책평가 전문위원(관광정책)
- (주)대교개발(서울교육문화회관호텔, 경주교육문화호텔, 지리산가족호텔, 설악유스호스텔, 교원 공제회 여행사)사외이사
- GKL 사회공헌재단 이사
- 문화체육관광부 국제회의 산업자문단 자문위원
- 광통역안내원 시험출제 및 면접위원
- 중앙인사위원회 국가고시 출제위원
- 국무총리실 사행산업통합감독위원회 위원
- 한국학술진흥재단 교수공모과제 심사위원
- 서울특별시 교육청 동작교육지원청 인사위원
- 서울특별시 공무원 면접위원
- 문화체육관광부 축제평가 및 선정위원
- 경기도 문화관광축제 평가위원
- 안양시민축제 추진위원회 의원
- 의왕시 축제 추진위원회 위원
- 안양시 시정발전위원(관광정책)
- 인천광역시 관광진흥위원회 위원
- 기업도시선정 평가위원
- 안양상공회의소 안양지역 경제센터 연구위원
- 한국문화관광정책연구원 관광아카데미 강사

■ **한수정**

- 안양대학교 대학원 관광경영학 박사(관광경영전공)
- サム 日本語學校(東京) 수료

현)

- 안양대학교 관광경영학과 부교수
- 대한관광경영학회 학술이사
- 한국호텔리조트학회 이사
- 한국관광산업학회 이사
- 한국호텔관광학회, 한국관광레저학회, 한국관광연구학회, 한국외식산업학회, 한국에듀테인먼트학회 논문심사위원
- 경기도 안양시 평가위원회, 적극행정위원회, 인사위원회, 건전재정위원회, 임원추천위
- 경기도 화성시 축제위원회, 심의위원회 의원
- 경기도 중학생 스마일&스피치 콘테스트 심사위원
- 한국콘텐츠진흥원 기술평가위원
- 경기연구원 비상임연구위원
- 인천관광공사 평가위원
- 서울특별시 관광프로젝트 평가위원
- 경기도 강화군청, 성남시청, 안산시청, 안성시청, 화성시청 관광프로젝트 평가위원
- 평택국제교류재단 평가위원

전)

- (주)큐빅플러스 사외이사
- (사)한아관광문화교류연구원 부원장
- 경기신문「아침의향」관광칼럼 집필진
- 한국문화관광연구원 자문위원
- 경기연구원 자문위원
- 경기도 화성 지역문화콘텐츠개발사업 자문위원
- UN식량농업기구 FAO 세계수산대학설립 입지선정 심사위원
- at 농식품유통교육원 평가위원
- 오션바이오 융복합 신산업 기반 구축 사업 TFT 기획위원
- 코리아드라마페스티벌 평가위원

관광법규론

2023년 8월 31일 초　판 발행
2024년 8월 31일 1판 2쇄 발행

저　자 박철호 · 한수정
발행인 한인환 · 한재성
발행처 도서출판 **기문사**
등　록 1978. 8. 9. NO. 6-0637
주　소 서울시 동대문구 안암로 50-1(용두동) 홍신빌딩 3층
전　화 02) 2265-7214/922-8662~8663
팩　스 02) 922-8772

homepage : www.kimoonsa.co.kr
e-mail : book@kimoonsa.co.kr

ISBN : 978-89-7723-960-9 13900

저자와의
협의하에
인지생략

정가 : 20,000원